Franz Alt
Peter Spiegel

Gute Geschäfte

Humane Marktwirtschaft als Ausweg aus der Krise

aufbau
VERLAG

Mit 17 Abbildungen

ISBN 978-3-351-02707-0

Aufbau ist eine Marke der Aufbau Verlag GmbH & Co. KG

1. Auflage 2009
© Aufbau Verlag GmbH & Co. KG, Berlin 2009
Einbandgestaltung heilmann/hißmann, Hamburg
Satz LVD GmbH, Berlin
Druck und Binden CPI – Clausen & Bosse, Leck
Printed in Germany

www.aufbau-verlag.de

Inhalt

Prolog 1 + 2 9
Berliner Erklärung 13
Vorwort 17

I. Das Kapital-Verbrechen 20
  1. Wie vernichtet man 32 000 Milliarden Dollar? 20
  2. Sind wir noch zu retten? 23
  3. Börsenkurven von links oben nach rechts unten 27
  4. Das Kapital ruiniert die Wirtschaft 31
  5. Harry Potter ist kein Vorbild für Finanzminister 32
  6. Die Krise des Kapitalismus 34
  7. Karl Marx und sein Bruder Reinhard 37
  8. Nachhaltigkeit? Gestern ein Modewort – in der Krise ein
     Fremdwort 41
  9. Wo bleibt die staatliche Ordnungspolitik? 43
  10. Weitermachen wie bisher, geht nicht mehr 45
  11. Geld regiert die Welt – aber wer regiert das Geld? 46
  12. Was will dieses Buch? 51
  13. Jesus: Geld oder Gott? 53
  14. Banken – die fünfte Macht im Staat 57
  15. Den Hunger ins Museum der Geschichte stellen 59
  16. Wie verhungert ein Kind? 60
  17. Das globale Wirtschaftswunder 62
  18. Muhammad Yunus: »Arme sind unglaublich kreativ« 65
  19. Kredit statt Almosen 69
  20. Solarstrom für die Ärmsten 70
  21. Grameen: Die Raiffeisenbank des Südens 73
  22. Gibt es ein Zauberwort? 76
  23. Das Ende des Kapitalismus 76
  24. Ökosozial statt marktradikal 77
  25. Die solare Weltwirtschaft 79

26. Die Erde ist reich 80
27. Solarpolitik ist Sozialpolitik 83
28. Von der ökonomischen Not zur ökologischen Tugend 84

II. **Die Ökologie wird die intelligentere Ökonomie** 88
  1. Grünes Geld für eine gerechte Zukunft 88
  2. Die erfolgreiche Nürnberger Umweltbank 92
  3. Geldverbesserer werden Weltverbesserer. 94
  4. Die Solarenergie-Plus-Häuser des Rolf Disch 96
  5. Häuser sind Antennen zur Sonne 98
  6. Masdar – die solare Hauptstadt der Welt 100
  7. Kraftwerk Haus: Tschüss Öl – Ciao Gas!. 103
  8. Das solare Kloster: Mönche glauben an die Kraft der Sonne . 106
  9. Auch der Papst wird grün 109
  10. Deutschland wird erneurbar 110
  11. Deutschland noch im Würgegriff der Energie-Konzerne . . 113
  12. Die Stromrebellen von Schönau. 117
  13. »BILD« trommelt für Ökostrom 119
  14. Es weht ein frischer Wind in Dardesheim 120
  15. Güssings Holzweg ist ein guter Weg 125
  16. SolarWorld wollte Opel kaufen 127
  17. Aloys Wobben: Der »Bill Gates von Ostfriesland« 132
  18. Keine Energiewende ohne Verkehrswende 135
  19. Höchste Eisenbahn für die Verkehrswende 136
  20. Loremo – das Traumauto der Zukunft? 143
  21. Neue Autos braucht das Land 146
  22. Es macht keinen Sinn, der Reichste auf dem Friedhof zu sein 148
  23. Die ökosoziale Transformation 151

III. **Das Kapital des Vertrauens –**
  Basis des globalen ökosozialen Wirtschaftswunders 154
  1. Die Weichen werden jetzt gestellt!. 154
  2. Globale Armutsüberwindung als die Rettung der Industrie-
    länder. 161
  3. Die Mobilisierung des kostbarsten Kapitals der
    Menschheitsgeschichte: Jeder Mensch ist Unternehmer . . . 163
  4. Die menschliche Weltmacht namens Vertrauen 166
  5. Das entscheidende Wirtschaftswachstum der nächsten Jahr-
    zehnte kommt von » unten«. 170

6. Von der Bettler- zur selbstbewussten Bürgergesellschaft . . . 171
7. Selbsttragende »Wirtschaft aus der Armut« statt Helfersyn-
   drom oder neue Ausbeutung 171
8. Ein Global Marshall Plan für ein flächendeckendes globales
   Netz von Kleinkreditsystemen 175
9. Selbsttragende Kleinkreditsysteme sparen erhebliche Kosten
   bei traditioneller Entwicklungshilfe 178
10. Die besten Experten sind die Betroffenen – das radikal andere
    Expertenwesen 180
11. Weltweiter Innovations- und Wohlstandssprung für alle dank
    Einstellung auf die Bedarfe der heutigen Armen 183
12. Wie das vielleicht innovativste Bildungssystem entstand –
    weil die Betroffenen als Experten erschlossen wurden 188
13. Die neuen Entwicklungsexpertinnen von WORTH 191
14. Ein globale Bildungsrevolution für eine unternehmerische
    Kultur organisieren 193
15. Kooperation macht alle viel reicher – der Quantensprung von
    der Konkurrenz- zur Win-Win-Ökonomie 194

IV. Der beste neue Antriebsstoff für Gesellschaft und
    Wirtschaft: Verantwortung aller für alle 199
1. Die Vollendung der bürgerlichen Revolution 199
2. Die neue Ökonomie ist eine Ökonomie der
   Verantwortung 202
3. Von der Notwendigkeit der Not-Wendigkeit – oder:
   Gewinnbringende Beziehungen dank Social Joint Ventures . 203
4. Das erste Social Joint Venture: Grameen Danone 204
5. Das Interesse an der Gründung von Partnerunternehmen
   gemeinsam mit Grameen ist groß 206
6. Social Joint Ventures mit deutschen Unternehmen –
   BASF macht den Start 208
7. Gewinnbringende Beziehungen zwischen Wirtschaft,
   Armen und NGOs dank Social Joint Ventures 211
8. Soziale Projekte zu Sozialunternehmen fortentwickeln –
   die Beispiele von Rodrigo Baggio und Murat Vural 214
9. Die Armen zu Eigentümern machen 217
10. Social Business als beste Unternehmensstrategie –
    von Corporate Social Responsibility zu Sozialunternehmen . 219

11. Sozialunternehmen können sozialen Dienstleistungen weitreichende neue Wirkmöglichkeiten geben 221

12. Warum soziale Unternehmer beste Voraussetzungen für erfolgreiche Sozialunternehmen haben 222

13. Die neu entstehende Finanzwelt für Social Businesses: Social Business Fonds und Sozialbörsen 224

14. Ein New Deal für Sozialunternehmen – angetrieben mit Hilfe der Sozialbörsen 227

15. Der Social-Business-Boom beginnt auch in Deutschland – von eigenen Fonds bis zur Neuorientierung von Stiftungen . . . 228

16. Der Good Growth Fund 232

17. Inkubatoren für Social Businesses: Das Grameen Creative Lab und die Social Business Management GmbH 233

18. Sinnstiftende Lebensperspektive dank Social Business 234

V. »Yes, we can« – Wie Deutschland Musterland für Lebensunternehmer und Sozialunternehmer wird. 236

1. »Deutschland sucht seine sozialen Helden« 236

2. Weltagentur der besten ökosozialen Projekte und Sozialunternehmen. 238

3. »Grameen Deutschland« – ein strategisches Schlüsselprojekt 239

4. Trainingsprogramme für den Weg von sozialen Ideen zu funktionierenden Sozialunternehmen. 244

5. Förderung von Lebensunternehmer-Qualitäten als ein Sozialunternehmer-Pionierprojekt 245

6. Sozialunternehmen als dritten Weg zwischen staatlichen Einrichtungen und Privatisierung erkennen. 249

7. Not-wendig: ein Thinktank der Zukunfts-Unternehmer . . 252

8. Berlin als Zentrum plus starke regionale Entwicklung 256

9. Der Start einer Kampagne: »Next Wall to Fall«. 257

Literaturhinweise 258

Bildnachweis 263

Prolog 1

Der tote Gaul und das amerikanische Finanzsystem

Der junge Chuck will mit einer eigenen Ranch reich werden. Als Anfang kauft er einem Farmer ein Pferd ab. Er übergibt dem Farmer 100 Dollar – sein gesamtes Geld – und dieser verspricht, ihm das Pferd am nächsten Tag zu liefern.

Am nächsten Tag kommt der Farmer vorbei und teilt Chuck eine schlechte Nachricht mit: »Es tut mir leid, Kleiner, aber das Tier ist in der Nacht tot umgefallen.«

Meint Chuck: »Kein Problem. Gib mir einfach mein Geld zurück.«

»Geht nicht«, eröffnet ihm der Farmer. »Ich habe das Geld gestern bereits für Dünger ausgegeben.«

Chuck überlegt kurz. »Na dann, aber ich nehme das tote Biest trotzdem.«

»Wozu denn?«, fragt der Farmer.

»Ich will es verlosen«, erklärt ihm Chuck.

»Du kannst doch kein totes Pferd verlosen!«, staunt der Farmer.

Doch Chuck antwortet: »Kein Problem, ich erzähl einfach keinem, dass es schon tot ist …«

Monate später laufen sich Chuck – fein in Anzug und schicken Schuhen – und der Farmer in der Stadt über den Weg. Fragt der Farmer: »Chuck! Wie lief's denn mit der Verlosung des Pferde-Kadavers?« »Spitze«, erzählt ihm Chuck. »Ich habe über 500 Lose zu je 2 Dollar verkauft und meine ersten 1000 Dollar Profit gemacht.«

»Ja, … gab's denn keine Reklamationen?«

»Doch – vom Gewinner«, sagt Chuck. »Dem habe ich dann einfach seine 2 Dollar wieder zurückgegeben.«

Heute verkauft Chuck strukturierte Finanzprodukte bei einer großen Investmentbank.

Gefunden im Forum Finanzcrash
Verfasser unbekannt

Prolog 2

Was ist Social Business?

Muhammad Yunus gibt in seinem Buch »Die Armut besiegen« folgende Definition von Social Business beziehungsweise von Sozialunternehmen: »Ich glaube an den Markt als Quelle der Inspiration und Freiheit für alle. Ich habe mein Leben dem Versuch gewidmet, die Früchte der freien Marktwirtschaft auch den Vernachlässigten dieser Welt zugänglich zu machen, das heißt Armen, die nicht berücksichtigt werden, wenn die Wirtschaftswissenschaftler und Manager über den Markt sprechen. Ich habe die Erfahrung gemacht, dass der Markt, mächtig und nützlich, wie er ist, zur Lösung von Problemen wie der globalen Armut und der Umweltzerstörung beitragen könnte. Doch das wird er nicht tun, wenn er ausschließlich den finanziellen Zielen der reichsten Marktteilnehmer dienen muss ...

Wir müssen eine andere Art von Unternehmen einführen, Unternehmen, die der mehrdimensionalen Natur des Menschen gerecht werden. Wenn wir unsere gegenwärtigen Unternehmen als gewinnorientierte Unternehmen definieren, so könnten wir dieses neuartige Unternehmensmodell als Sozialunternehmen bezeichnen. Gemeint ist damit ein Betrieb, den der Unternehmer nicht gründet, um nach einem ausschließlich persönlichen Gewinn zu streben, sondern um spezifische soziale Ziele zu verfolgen ...

Indem wir darauf bestanden haben, dass jedes Unternehmen zwangsläufig Gewinn erzielen muss, und indem wir diese Definition als eine Art von axiomatischer Wahrheit behandelt haben, haben wir eine Welt geschaffen, in der die Mehrdimensionalität des Menschen keine Beachtung findet. Die Folge ist, dass die Unternehmen nicht imstande sind, viele unserer gravierenden sozialen Probleme in Angriff zu nehmen.

Wir müssen der tatsächlichen menschlichen Natur und der Tatsache gerecht werden, dass der Mensch vielfältige Wünsche hat. Dazu brauchen wir ein andersartiges Unternehmen, das Ziele verfolgt, die über die Gewinnmaximierung hinausgehen – ein Unternehmen, das sich ausschließlich der Aufgabe widmet, soziale und Umweltprobleme zu lösen.

Die Organisationsstruktur dieses neuen Unternehmenstyps ist im Grunde dieselbe wie die des herkömmlichen gewinnorientierten Unternehmens. Nur verfolgt es andere Ziele. Wie andere Unternehmen beschäftigt es Arbeitskräfte, erzeugt Güter oder erbringt Dienstleistungen und stellt diese seinen Abnehmern zu einem Preis zur Verfügung, der sich mit seiner Zielsetzung deckt. Aber sein grundlegendes Ziel – und das Kriterium, an dem seine Leistungen gemessen werden sollten – besteht darin, den sozialen Bedürfnissen jener zu dienen, deren Leben es berührt. Das Sozialunternehmen selbst kann Gewinne erzielen, aber die Investoren, die es mit Kapital ausgestattet haben, nehmen keinerlei Gewinne aus dem Unternehmen heraus, die über die Rückerstattung ihrer ursprünglichen Investition hinausgehen. Ein Sozialunternehmen ist somit ein Unternehmen, das nicht der Gewinnmaximierung, sondern einer Sache dient und das Potenzial hat, Veränderungen in der Welt herbeizuführen.«

Dieser Impuls von Muhammad Yunus hat sich in kürzester Zeit zu einer weltweiten Bewegung entwickelt. Doch nicht jedes Social-Business-Projekt, das daraus hervorging, folgt zu 100 Prozent der Yunus-Definition. Insbesondere die Vorgabe, dass die Investoren in Sozialunternehmen keinerlei Gewinne aus dem Unternehmen entnehmen sollen, erfüllen viele nicht, auch wenn sie allen sonstigen Merkmalen von Social Business vollständig entsprechen. Die Existenz dieser Kategorie von Sozialunternehmen erfordert eine begriffliche Differenzierung:

Unternehmerische Projekte, bei denen die Investoren sich allein mit der Rückzahlung des ursprünglichen Investitionsbetrags zufrieden geben, bezeichnet Yunus als »Grameen Social Businesses«. Ein Grameen Social Business meint jedoch nicht, dass dieses unter Einbeziehung der Grameen-Unternehmensfamilie erfolgen müsste – jedes Sozialunternehmen kann ein Grameen Social Business sein. Es geht Yunus ausschließlich um die Unterscheidung zwischen Sozialunternehmen, die vollständig seiner Definition entsprechen, und solchen, die nicht alle Kriterien übernehmen. »Grameen Social Business« ist somit ein besonderes Gütesiegel.

Hiervon zu unterscheiden sind solche unternehmerischen Projekte, die ebenfalls den »Social Impact«, also den gesellschaftlichen Nutzen, konsequent und vollständig zu ihrem einzigen Gründungs- und Daseinszweck machen, aber eine begrenzte Verzinsung des für ihr Projekt bereitgestellten Kapitals als sinnvoll und gerechtfertigt erachten. Das Genisis Institute verwendet für solcherart Sozialunternehmen den Begriff »Social Impact Businesses«.

Daraus ergibt sich die Frage: Welche Kapitalverzinsung kann bei Social

Impact Businesses als gerechtfertigt und sinnvoll angesehen werden? Die Herausforderung ist letztlich, eine klare und zugleich praktikable Definition zu liefern. Doch noch sind die Erfahrungen mit diesem neuen Unternehmenstypus zu gering, als dass es als klug erscheinen könnte, bereits jetzt allzu forsche Festlegungen vorzunehmen. Soviel lässt sich dazu zum gegenwärtigen Zeitpunkt sagen: Entscheidend ist der Ausschluss des spekulativen Faktors. Der Investor in ein Social Impact Business muss sich in aller Eindeutigkeit darauf einlassen, dass er mit diesem Investment keinerlei Spekulation betreiben kann. Manche sehen bei Social Impact Businesses einen Inflationsausgleich als angemessen an, manche zusätzlich einen transparent definierten und dadurch begrenzten Risikoausgleich und weitere zusätzlich auch eine minimale Marge zur effektiven Kapitalvermehrung, die sich jedoch in sehr engen und klar definierten Grenzen bewegt. Wenn die Kriterien eindeutig und transparent sind, kann auf diese Weise jeglicher spekulative Faktor ausgeschlossen werden.

Es gibt sehr viele gute Gründe, die in diesem Buch näher erläutert werden, dass möglichst viele Sozialunternehmen der Definition von »Grameen Social Businesses« folgen. Dennoch macht es ebenfalls viel Sinn, die Kategorie der »Social Impact Businesses« vom Rest des wirtschaftlichen Geschehens definitorisch deutlich abzuheben. Ein auf Gewinnmaximierung hin orientiertes Unternehmen ist, selbst wenn es sich sehr ernsthaft um ein sozial und ökologisch verantwortungsvolles Verhalten bemühen sollte, nicht dasselbe wie ein Unternehmen, das den Social Impact zur Lösung gesellschaftlicher Probleme zum eigentlichen und einzigen Unternehmenszweck erklärt und bei dem der Einsatz von Investitionen sich diesem Ziel unterordnet im Sinne des Verzichts auf spekulativen Gewinn.

Wenn wir in diesem Buch von Social Business beziehungsweise von Sozialunternehmen sprechen, meinen wir somit »Grameen Social Business« und »Social Impact Business«. Beides stellt einen bedeutenden Paradigmenwechsel und Fortschritt gegenüber jener Art von Wirtschaft dar, die bis dahin als die sozial und ökologisch verantwortungsvollste galt und mit dem Begriff der »Corporate Social Responsibility« verbunden war. Diese substanzielle Weiterentwicklung der ökosozialen Marktwirtschaft verdient somit auch einen neuen, eigenen Namen. Franz Alt und ich nennen sie »humane Marktwirtschaft«.

Peter Spiegel

Berliner Erklärung

Veröffentlicht am 2. November 2008 zum 2. VISION SUMMIT

New Deal for Social Business
Globaler Pakt für Nachhaltigkeit
1-Billion-Bürgschaft für Unternehmen für nachhaltige Entwicklung als Einstieg in eine neue Qualität einer globalen ökosozialen Marktwirtschaft

Was sind uns die Banken wert? Und was ist uns der Rest wert, also die Summe aller unserer sozialen und ökologischen Systeme? Die Krise unseres heutigen Bankensystems muss uns diese Frage genau zum jetzigen Zeitpunkt und mit aller Eindringlichkeit stellen lassen. Ansonsten droht die Gefahr, dass wir die Entscheidungshoheit über die Richtung unserer kollektiven Zukunftsgestaltung nicht zurückerlangen, sondern sie viel zu sehr ein Spielball partikularer Interessen bleibt. Wenn wir nicht jetzt klare Entscheidungen verlangen zu der Frage, welche Art von Investitionen wir bevorzugt wollen, dann ist vorprogrammiert, dass die sozialen und die ökologischen Systeme in absehbarer Zeit mit gleicher oder noch viel größerer Wucht kollabieren wie jetzt das Bankensystem.

Die Rettung unseres Bankensystems ist uns allein in Deutschland eine halbe Billion Euro wert. Weltweit ist uns diese Rettungsaktion mehrere Billionen wert. Was ist uns die Rettung unserer Ökosysteme und die Rettung vor Hunger und Elend von Milliarden Menschen wert? Die Beantwortung dieser Fragen muss unbedingt zentraler Bestandteil der Antwort sein, *wie* wir die gegenwärtige Bankenkrise lösen, also welches konkrete Design die damit verbundenen staatlichen Bürgschaften haben. Diese Frage muss Gegenstand der weltweiten öffentlichen Diskussion in den nächsten Wochen sein. Wir schlagen dafür konkret eine Bindung der weltweiten staatlichen Bürgschaften in Höhe von 1 Billion Euro an einen New Deal for Sustainability im Sinne von Social Business vor.

Was meinen wir damit konkret: Ein Drittel bis zur Hälfte der im Rahmen der Bewältigung der Bankenkrise zugesagten staatlichen Garantien sollten nur für Darlehen in Investitionen für eine sozial und ökologisch nachhaltige Entwicklung eingesetzt werden dürfen. Besonderen Vorzug sollten dabei solche Investitionen haben, die möglichst weitgehend der Definition von Social Business entsprechen.

Der Zweck von Unternehmen, die dem Social-Business-Gedanken folgen, ist nach der Definition von dessen Initiator Muhammad Yunus die Lösung gesellschaftlicher Probleme. Social-Business-Unternehmen sind dem Dienst für individuellen, gemeinschaftlichen und gesellschaftlichen Fortschritt im Sinne einer sozial und ökologisch nachhaltigen Entwicklung gewidmet und wurden zu diesem Zweck gegründet. Social-Business-Unternehmen arbeiten ebenso wie normale Unternehmen gewinnorientiert, aber der Hauptteil des Gewinns verbleibt im Unternehmen und wird zur Ausweitung von dessen jeweiligen sozialen bzw. ökologischen Zweck eingesetzt. Während eine auf Gier ausgerichtete Ökonomie auf monetäre Gewinnmaximierung setzt, setzt eine Social-Business-Ökonomie auf eine Maximierung des sozialen und ökologischen Gewinns bei gleichzeitig hoher ökonomischer Vernunft.

Wenn es uns gelingt, dass sich als kollektiver Lernprozess aus der jetzigen Krise die Wirtschaftsphilosophie von Social Business durchsetzt, würde dies nicht nur eine völlig neue Qualität *ökologischen und sozialen* Gewinns freisetzen, sondern auch eine grundsätzlich neue *wirtschaftliche* Dynamik, die der Gier-orientierten-Ökonomie auch in diesem Punkt weit überlegen ist. Was hat die Social-Business-Ökonomie bisher an Ergebnissen vorzuweisen, welches Potential liegt in ihr:

- **Finanzpolitische Innovationskraft.** Die zu sehr auf Gier orientierte Ökonomie führte weit mehr als zwei Drittel der Menschheit in ein Gefängnis aus Almosen, Sozialhilfe oder unwürdige Arbeits- und Abhängigkeitsverhältnisse. In ihr wurde der weitaus größte Teil der Menschheit beispielsweise als kreditunwürdig erklärt und damit von der Chance ausgeschlossen, ihr Leben selbst in die Hand zu nehmen. Die Social-Business-Ökonomie kreierte hingegen ein Bankensystem von inzwischen mehreren Tausend Mikrofinanzinstitutionen, die bis heute bereits 130 Millionen »Kreditunwürdigen« Kredite gaben, welche sie pünktlich zurückzahlten. Rund eine halbe Milliarde Menschen konnten dadurch bereits aus dem Teufelskreis der Armut befreit werden. Das »Wirtschaftswunder von unten« ist in Bangladesch längst eine sehr belastbare Realität geworden. Und das Kleinkreditsystem hat sich als skalierbar auf alle Armutsregionen der Welt erwiesen. Durch die Ausweitung von Kleinkreditsystemen auf alle Menschen, die heute noch keinen Zugang zu fairen Krediten haben, würde die gesamte Weltökonomie immens profitieren.
- **Ökologische Innovationskraft.** Die bisher zu sehr auf Gier orientierte Ökonomie hat chronische Probleme, den überlebensentscheidenden ökologischen Erfordernissen gerecht zu werden. Vor allem in den wei-

ten Armutsregionen der Welt bleibt hierfür fast kein Freiraum. Die Social-Business-Ökonomie kreierte durch »Grameen Shakti« beispielsweise ein System, das Armutshaushalte mit ausreichend Solarenergie versorgt – ohne Subventionen von außen und zu Tarifen, die weit unter dem liegen, was die Armen bisher für Energie bezahlen mussten. Auch das Grameen-Shakti-System für so genannte Solar Home Systems ist skalierbar auf nahezu alle Armutshaushalte weltweit. Durch die Förderung von ökologischen Innovationen und Investitionen zu einer auch ökologisch nachhaltigen Entwicklung der heute noch zwei Drittel Armen der Welt bekäme die ökologische Wende der Weltwirtschaft einen entscheidenden Schub.

• **Weltwirtschaftliche Innovationskraft.** Immer mehr mittelständische bis große Unternehmen erkennen derzeit, dass die Zukunft der Weltwirtschaft und ihre eigene Zukunft in der Entwicklung von Produkten und Dienstleistungen für die heute noch wenig oder nicht entwickelten Märkte in den bisherigen Armutsregionen der Welt liegt. Immer mehr Social Joint Ventures wie jenes zwischen Grameen und Danone entstehen aus diesem Grund. Gerade exportorientierte Ökonomien wie die deutsche wachsen in der Zukunft vor allem entsprechend ihrer Leistung für die globale Überwindung der Armut. Ökologische und soziale Joint Ventures würden den heutigen Armutsregionen *und* den heutigen Wohlstandsregionen gleichzeitig entscheidende neue Impulse geben.

• **Innerbetriebliche Innovationskraft.** Selbst innerhalb der Rahmenbedingungen einer zu sehr auf Gier hin orientierten Ökonomie erweisen sich immer mehr gerade jene Unternehmen als die erfolgreichsten, die ihre Mitarbeiter besser behandeln als ihre Konkurrenten. Auch hier erweist sich Sinnhaftigkeit und Nachhaltigkeit als Antrieb für individuelle und gemeinschaftliche Leistungen der Gier weit überlegen. Solche Unternehmen sind gesellschaftlich nützlicher, ökonomisch profitabler und individuell sinnerfüllender und damit bereichernder. Bei der Vergabe von Krediten, die durch staatliche Garantien abgesichert werden, sollten solche Kriterien eines ökologisch und sozial nachhaltigen Wirtschaftens eine zunehmende Rolle spielen.

Nach dem Zweiten Weltkrieg erwies sich die Soziale Marktwirtschaft als ein höchst wirkungsvoller und belastbarer Turbo eines großen Wirtschaftswunders. Verantwortlich für die Sicherstellung des Sozialen war hier vor allem der Staat. Die Social-Business-Ökonomie bedeutet demgegenüber ein neues Paradigma. In ihr sind nach wie vor klare, von der

Gesellschaft und unserer staatlichen Gemeinschaft bestimmte Rahmenbedingungen unabdingbar. Aber das Soziale ist hier nicht mehr so sehr eine staatliche Ausgleichsleistung, sondern unmittelbarer Leistungsantrieb für die Menschen in ihrer ökonomischen Tätigkeit. Überall dort, wo sich bisher die neue Social-Business-Ökonomie entfaltete, werden immer neue Zusammenhänge zwischen individueller Sinnhaftigkeit und sozialer Qualität und Nachhaltigkeit auf der einen Seite und ökonomischem Erfolg auf der anderen Seite entdeckt.

Die Social-Business-Ökonomie ist nicht nur in jeder – auch wirtschaftlicher – Hinsicht die wesentlich bessere Ökonomie als eine Gier-Ökonomie. Sie ist zugleich auch die wesentlich sozialere Marktwirtschaft im Vergleich zur bisherigen Sozialen Marktwirtschaft. Sie ist eine Soziale Marktwirtschaft einer höheren Ordnung. In ihr wird nicht nur der Staat, sondern werden wir sozialer, weil wir dies als persönlich und ökonomisch weitaus intelligenter, nachhaltiger und sinn-reicher erkennen.

Initiatoren dieser Erklärung waren: Dr. Franz Alt, Dr. Christian Neugebauer, Peter Spiegel. Den Text schrieb Peter Spiegel. Die Kernforderung, ein Drittel bis zur Hälfte der staatlichen Garantien in der weltweiten Finanzkrise an den Einsatz für ökologisch nachhaltige Entwicklung und vorrangig für Social Businesses zu binden, wird ausdrücklich von Professor Muhammad Yunus unterstützt.

Vorwort

Geraint Anderson war in London dreimal »Aktienexperte des Jahres«. Der Mittdreißiger erhielt als junger Finanzstar pro Jahr 500000 Pfund Bonus neben seinem Gehalt von 120000 Pfund. Aber er bekam ein schlechtes Gewissen und stieg neun Monate vor dem großen Crash im Herbst 2007 aus.

Über die Leute, mit denen er gearbeitet hatte, sagt er heute: »Sie wollen der Welt nichts Gutes tun. Sie wollen einen Ferrari.«

Während die Casino-Ökonomie des Schuldenmachens vor dem Offenbarungseid steht, finanziert Geraint Anderson heute Hilfsprojekte in Kenia und hat wieder angefangen, Aktien zu kaufen. 30 000 Pfund investierte er in Wind- und Solaraktien. Er will jetzt ethisch investieren und mit seinem Geld dem Leben dienen.

Der Umgang mit Geld sagt viel über uns. Er ist ein Spiegel unserer Seele und Werte. Wenn wir von Geld träumen, steht es unter anderem für in-

Muhammad Yunus und Franz Alt beim Vision Summit in Berlin im November 2008.

nere Energie. Da Geld immer auch Gier erzeugt, ist der Umgang mit Geld zudem eine moralische Frage.

In diesem Buch erörtern Peter Spiegel und ich, ob Frieden, Gerechtigkeit und Klimaschutz durch ethischen Umgang mit Geld erreicht werden können. Gibt es dafür eine »Zauberformel«?

Wir unterbreiten Vorschläge für eine gerechtere Weltordnung. Patentrezepte können wir nicht anbieten, denn auch für diese neuen Wege gilt das alte spanische Sprichwort: Es gibt keinen Weg – außer man geht ihn.

Nicht jede Krise ist eine Chance, doch geht es zumindest darum, Krisenkompetenz zu lernen. In einem Interview sagte mir der Dalai Lama zur aktuellen Wirtschaftskrise: »Ich bin ganz sicher, dass es auch in dieser Krise eine Chance gibt. Wir haben weltpolitisch eine völlig neue Situation. Die Leute waren zu lange fast nur aufs Geld fixiert. Das ist die wahre Ursache der Krise. Geistige Werte und vor allem die Werte, die eine glückliche Familie ausmachen, kamen viel zu kurz. Die Finanzkrise lehrt uns hauptsächlich, dass wir eine neue Bescheidenheit lernen müssen«. In der Krise kann etwas Neues entstehen, aber es können auch viele auf der Strecke bleiben. Auf jeden Fall sind Krisenzeiten spannende Zeiten.

Wie produktiv und innovativ auch Politiker mit Krisen umgehen können, bewies Barack Obama im Januar 2009 bei seiner Inaugurationsrede: »Wir werden die Sonne, den Wind und die Erde nutzen, um unsere Autos zu betanken und unsere Fabriken zu betreiben. Und wir werden unsere Schulen, Colleges und Universitäten reformieren, um den Anforderungen einer neuen Zeit gerecht zu werden. All das können wir tun. Und all das werden wir tun.

Einige stellen nun das Ausmaß unserer Ambitionen infrage – sie meinen, unser System könne zu viele große Pläne nicht verkraften. Sie haben ein kurzes Gedächtnis. Sie haben vergessen, was dieses Land bereits geleistet hat, was freie Männer und Frauen erreichen können, wenn Vorstellungskraft mit gemeinsamen Zielen und Notwendigkeit mit Mut gepaart wird.

Was die Zyniker nicht begreifen, ist, dass sich der Boden unter ihren Füßen bewegt hat – dass die abgedroschenen politischen Argumente, mit denen wir solange unsere Zeit verschwendet haben, nicht mehr zutreffen.«

Der Umgang mit Krisen ist *die* Schlüsselqualifikation unseres Lebens, unseres Liebens, unseres Arbeitens und unseres Wirtschaftens.

Günter Faltin, Wirtschaftspädagoge und Experte für Entrepreneurship an der Freien Universität Berlin, ist überzeugt, dass heute Unternehmensgründungen möglich sind, die nicht von Kapital und Großtechnologien, sondern von der Kreativität und den Ideen ihrer Gründer geprägt sind. In seinem Buch »Kopf schlägt Kapital« schreibt er: »Erfolgreiche Unternehmen entstehen im Kopf. Je besser eine unternehmerische Idee ist, je durchdachter und ausgearbeiteter, je mehr sie einem vollendeten Kunstwerk gleicht, desto mehr wird sie sich durchsetzen.« Ökonomischer Erfolg wird künftig ganz wesentlich von der Qualität der Ideen und Konzepte abhängen. Jeder kann Unternehmer einer besseren Welt werden.

Franz Alt

Kapitel 1

Das Kapital-Verbrechen

1. Wie vernichtet man 32 000 Milliarden Dollar?

Das größte Kapital-Verbrechen aller Zeiten wurde nicht von Bankräubern begangen, sondern von Bankern höchstpersönlich, geduldet von Politikern. Angesichts der aktuellen Welt-Finanzkrise kommt mir Bert Brechts Frage in den Sinn: Was ist der Einbruch in eine Bank gegen die Gründung einer Bank!

Im Herbst 2008 wurden durch die größte Finanzkrise seit 1929 Werte von 32 000 Milliarden Dollar vernichtet und 22 US-Banken ruiniert. Millionen Arbeitsplätze gingen und gehen verloren, Millionen US-Bürger verloren und verlieren ihre Häuser, und noch mehr Millionen Menschen als bisher müssen hungern und verhungern – eine Ausgeburt an bis dahin unvorstellbaren Frivolitäten! Die Perfektion der Perversion!

Kennen Sie, liebe Leser, den Unterschied zwischen Kapitalismus und Kommunismus? Im Kommunismus werden die Banken zuerst verstaatlicht und gehen danach pleite. Im Kapitalismus ist es umgekehrt. Den Witz hat Angela Merkel vor Bankern erzählt. Es gibt Leute, die inzwischen vorm Besuch ihres Anlageberaters mehr Angst haben als vor Terroristen.

Der 15. September 2008 ist der Tag, an dem die Investmentbank Lehman Brothers unterging, es war einer der schrecklichen schwarzen Tage der Wirtschaftsgeschichte – ähnlich wie der Tag des Börsenkrachs vom 24. Oktober 1929. In den Monaten danach hat sich die Wirtschaftspolitik mehr verändert als in den 60 Jahren zuvor. Die Regierungen haben Tausende Milliarden Dollar und Euro Schulden auf sich genommen. Ihr Motto lautete: Noch mehr Schulden als zuvor sind immer noch erträglicher als eine Wirtschaftskrise wie 1929 und die ihr folgende Weltkatastrophe wenige Jahre später.

Wenige Wochen bevor Gordon Brown 2007 britischer Premierminister wurde, sagte er vor handverlesenen Bankern an der Londoner Börse: »Die Ära wird in der Geschichte später einmal als der Beginn des Goldenen Zeitalters der City of London beschrieben werden.« Doch jetzt erleben England und andere Industriestaaten die härteste Rezession seit Generationen.

Im »Goldenen Zeitalter der City of London« fanden noch 2006 über 6 Millionen Briten Arbeit im Finanzsektor. In der Finanzkrise verlieren jede Woche mehr als 10 000 Menschen ihren Job im Geldgeschäft. 2009 und 2010 werden allein in der City of London 370 000 Menschen ihren Arbeitsplatz los. Die Ärmsten trifft es noch weit schlimmer.

Viele arme Länder, darunter auch EU-Staaten wie Rumänien und Litauen, stehen vor dem Staatsbankrott. Dabei haben sie die Wirtschaftskrise so wenig verschuldet wie die Klimakrise, aber sie sind von beiden Krisen am meisten betroffen. Und beide aktuellen Krisen verstärken die Hungerkrise zusätzlich. Jedes Prozent weniger Wirtschaftswachstum bedeutet weltweit 20 Millionen Hungernde mehr. Aber jedes Prozent mehr Wachstum unter den heutigen Produktionsweisen führt zu mehr ökologischer Zerstörung.

Gibt es einen Ausweg aus dem Teufelskreis? Gibt es ein Wirtschaftssystem, das nicht nur auf Gier und Geld-Gewinn, sondern sozial, ökologisch und kulturell ausgerichtet ist? Wie könnte eine neue Wirtschaftsethik aussehen? Was kommt nach dem Zusammenbruch des Gier-Kapitalismus? Ist irgendwo ein Wirtschafts- und Gesellschaftskonzept erkennbar mit einer ähnlichen Strahlkraft wie einst die Soziale Marktwirtschaft von Ludwig Erhard?

Peter Spiegel und ich zeigen in diesem Buch, dass der Friedensnobelpreisträger Muhammad Yunus eine humane Wirtschaftsordnung vorschlägt und schon zu verwirklichen begonnen hat, die sich nicht länger in den Dienst der Gewinnmaximierung stellt, aber dennoch oder gerade deshalb die zentralen politischen und wirtschaftlichen Herausforderungen unserer Zeit meistern kann. Eine Illusion?

Die Rettung in der gegenwärtigen Weltwirtschaftskrise soll nicht aus Paris oder Peking, aus Washington oder Berlin, sondern aus dem armen Bangladesch kommen? Aus jenem Land, das US-Präsident Richard Nixon einst als »hoffnungslosen Fall am Rande der Weltpolitik« bezeichnete?

Mit erstaunlicher Geschwindigkeit schließen sich kluge Köpfe aus allen Sektoren der Weltgesellschaft den Ideen und Vorschlägen von Muhammad Yunus aus Bangladesch, dem früheren Armenhaus Asiens, an. Sie erkennen mit ihm nichts Geringeres als die Chance auf das bisher größte weltweite Wirtschaftswunder, das zudem eine radikale Wende zu globaler Nachhaltigkeit, Klimaschutz und einer neuen sozialen Balance bedeuten könnte. Die Social Business Economy des Friedensnobelpreisträgers, die neue Bewegung von sozial sensiblen Unternehmern, könnte zu einem sozial-ökologischen Weltwirtschaftswunder führen.

In Paris z. B. ist die Inspiration aus Bangladesch am 1. Januar 2009 angekommen: Dort gibt es neuerdings Mikrokredite für Arme. Reiche bekommen genauso wie bei den Grameen Banken in den Ländern der Dritten Welt keine Kredite. Eine 44 Jahre alte Sozialhilfeempfängerin beantragte als erste Französin einen Kredit für einen Computer ihres Sohnes. Sie hatte von ihrem Einkommen von 685 Euro im Monat schon etwas angespart, aber noch fehlten 300 Euro zum Kauf des Computers. Der Chef der »Bank für die Armen«, Bernard Candiard, genehmigte den Kredit. Seine Begründung: »Ein Computer gehört heute für Heranwachsende zur Grundversorgung.«

Die Grameen Bank vergibt jetzt flächendeckend Kleinkredite in ganz Paris. Sie tut es im Namen der Stadt, der die Bank gehört. Sie will jenen helfen, die in den herkömmlichen Banken als kreditunwürdig gelten – das Prinzip ist im reichen Paris dasselbe wie im armen Bangladesch. Nur die Höhe der Kredite ist unterschiedlich. Die Kreditsumme liegt in armen Ländern oft bei wenigen Dollars, um die Armut zu überwinden. In Paris werden zwischen 300 und 3000 Euro für Computer, einen Führerschein oder einen Fortbildungskurs ausgezahlt. Der Zins beträgt vier Prozent – davon muss der Kreditnehmer nur die Hälfte bezahlen, wenn er das Darlehen innerhalb von drei Jahren zurückbezahlt. Die anderen zwei Prozent übernimmt dann die Stadt. Schon am ersten Tag erkundigten sich über ein Dutzend Menschen nach den neuen Kreditchancen für Arme.

Wir suchen in diesem Buch Antworten auf die zentralen Überlebensfragen der Menschheit im 21. Jahrhundert. Das bisherige freie Spiel der Kräfte führte zu einem freien Spiel der Kräftigen und hatte Währungsinstabilität, Umwelt- und Klimazerstörung sowie soziale Katastrophen zur Folge. Und jetzt betteln hochbezahlte Banker, die immer auf Staatsferne bedacht waren, den Staat, also die Steuerzahler, um Milliarden an. Dieser Banken-Sozialismus gehört zu den besonders absurden Kapiteln in der an Absurditäten wahrlich nicht armen Finanzkrise.

Wer hätte noch vor kurzem gedacht, dass aus den Vereinigten Staaten von Amerika, USA, die USSA werden würden, die Vereinigten Sozialistischen Staaten von Amerika?

2. Sind wir noch zu retten?

Milliarden-Korruption bei Siemens, kriminelle Machenschaften beim weltgrößten Energiekonzern Enron, der Zusammenbruch der Lehman-Bank, das gigantische Betrugsmanöver von Bernard Madoff, der weltweit seine Anleger um 50 Milliarden Dollar geprellt hat, unvorstellbares Versagen bei allen deutschen Landesbanken, die größten Autobauer der Welt vor der Pleite: Hatte Karl Marx recht mit dem Fazit seiner Analyse, dass sich der Kapitalismus selbst zerlegen werde? Und wie lernfähig ist eine kapitalistische Gesellschaft wirklich, die nur wenige Jahre nach der Katastrophe der IT-Branche einen Casino-Kapitalismus inszenierte, den wiederum niemand verstand?

Der Starinvestor Madoff hat bei seiner Vernehmung durch die amerikanische Bundespolizei zugegeben, dass er pleite sei, »Investoren mit Geld bezahlte, das es gar nicht gab«, und seine Geschäfte »eine einzige Lüge« waren.

Nach 1989 hatte ich die Gesammelten Werke von Karl Marx aus dem Bücherregal genommen und in den Keller verbannt. Muss ich sie jetzt wieder hervorholen? Hatte Karl Marx doch recht? Wird aus der Krise eine Katastrophe?

Der ganz große Crash könnte ja noch bevorstehen. Fest steht, dass wegen der Krise – allein in Deutschland – tausende Unternehmen dicht machen müssen und hunderttausende Menschen ihren Arbeitsplatz verlieren. Jeder dritte Mittelständler will Stellen streichen. 2009 jährt sich die Gründung der alten Bundesrepublik zum 60. Mal. Es sollte ein fröhliches Fest werden – aber es wird wohl eher ein trauriges Jahr, ein »Jahr schlechter Nachrichten«, wie die Bundeskanzlerin befürchtet. Die Deutschen haben die Demokratie durch wachsenden Wohlstand akzeptieren und sogar ein bisschen lieben gelernt – was aber, wenn der Wohlstand schmilzt wie der Schnee in der Frühjahrssonne? Eine existenzielle Frage unserer Zukunftsfähigkeit heißt: Wie kann der Finanzkapitalismus transparent gemacht und reguliert werden?

Wenn der Immobilienspekulant Jürgen Schneider in der »Süddeutschen Zeitung« unwidersprochen fragen darf, warum *er* ins Gefängnis musste, aber nicht die Oberspekulanten unter den Bankern, dann ist unsere Welt seit dem Herbst 2008 eine andere geworden. Werden die Schuldigen der Blase nicht zur Rechenschaft gezogen werden, dann ist die Gefahr der Wiederholung immanent.

Finanzkapitalisten in aller Welt haben mit Geld spekuliert, das sie gar

23

nicht hatten. Jetzt fragen sich alle: Wie war das möglich? Wie können langfristig Renditen von 25 Prozent und noch mehr pro Jahr versprochen werden, wenn das reale Wachstum der Industrieländer unter zwei Prozent liegt? Die ökonomische Substanz wird dabei angezapft und irgendwann ist diese dann aufgezehrt. Natürlich lassen sich die Löhne der Arbeitnehmer senken, aber kurz vor Null ist eben Schluss mit immer niedrigeren Löhnen.

Nach Angaben des Internationalen Währungsfonds über die Globalisierung der Arbeit sind die Lohn- und Gehaltseinkommen in Kontinentaleuropa im Verhältnis zum Bruttosozialprodukt seit dem Jahr 2000 von 74 auf 63 Prozent gesunken, in den angelsächsischen Ländern von 67 auf 62 Prozent und in Japan von 70 auf 58 Prozent. In Deutschland ist der Anteil der Löhne am Bruttosozialprodukt seit dem Jahr 2000 um 10 Prozent gefallen. So wurde der Zufluss zum großen Geld von unten nach oben gesichert. 1990 hat ein Topmanager in Deutschland das Zwanzigfache eines Arbeiters verdient, heute »verdient« er das 400fache. Vorstandsvorsitzende von DAX-Unternehmen »verdienen« das 200fache ihrer Hauptabteilungsleiter.

Hinzu kam, dass die wirtschaftliche Wachstumsrate der Industrieländer in den letzten Jahren wesentlich geringer war als früher. Zum Vorteil für die Umwelt und das Klima, aber zum Nachteil der Wachstumsfetischisten. Es zeigt sich: Wer mit immer mehr Wachstum die Probleme der Gewinn-Streber am Finanzmarkt lösen will, vergrößert die Probleme des Klimawandels und der massenhaften Verelendung. Mit immer mehr materiellem Wachstum setzen wir die Zukunft der nächsten Generationen aufs Spiel. Beim Energieverbrauch wird das Dilemma am deutlichsten. Ohne Energie kein Wachstum! Aber schon heute verbrauchen wir an *einem* Tag so viel Kohle, Gas und Erdöl, wie die Natur in 500 000 Tagen angesammelt hat. Diese Wachstumsideologie muss schiefgehen. Jedes Kind weiß, dass es in einer endlichen Welt kein unendliches Wachstum geben kann. Kein Mensch, kein Tier und keine Pflanze wächst ewig. Die Wachstumsökonomie vertritt eine Krebs-Wirtschaft. Aber auch der Krebs wächst nur so lange, bis er und sein Wirt tot sind.

Einige der Fragen, die jetzt dringend auf eine Antwort warten, wenn wir Neoliberalismus und Marktradikalismus dauerhaft überwinden wollen: Sinnvolles und naturverträgliches Wachstum oder weiterhin Wachstum um jeden Preis? Wie lässt sich strukturelle Gewalt von E.ON bis Monsanto stoppen? Wie demokratisieren wir die Wirtschaft? Wie werden ökologisch wirtschaftende und sozial verantwortlich arbeitende Betriebe zu

Schlüsselunternehmen in einer ökosozialen Marktwirtschaft? Diese Fragen müssen die sozialen und ökologischen Bewegungen und alle Politiker umtreiben. Unser Motto muss jetzt heißen: Visionen entwickeln – raus aus der Ohnmacht!

Wenn wir nicht lernen, *mit* der Natur zu wirtschaften, sondern immer weiter gegen sie arbeiten und die Zerstörung der natürlichen Lebensgrundlagen als Fortschritt feiern, werden wir immer häufiger an die Grenzen des Wachstums stoßen – wegen des Klimawandels, wegen der immer knapper werdenden Ressourcen, die Finanzkrise verschärft die Probleme noch. Bisher lebt und wirtschaftet die Ökonomie unter dem Fluch der Expansion und des Wachstums. Doch allmählich macht die Wachstumsideologie schlapp – selbst Toyota, der innovativste Autokonzern der Welt mit bescheidenen Managergehältern, macht Verluste und war nicht auf die Krise vorbereitet.

Die heutige Wachstumsökonomie verstößt eklatant gegen die Generationengerechtigkeit. Wir verbrennen die Zukunft unserer Kinder und Enkel.

Epoche der fossilen Brennstoffe
Nutzung fossiler Brennstoffe auf historischer Zeitskala

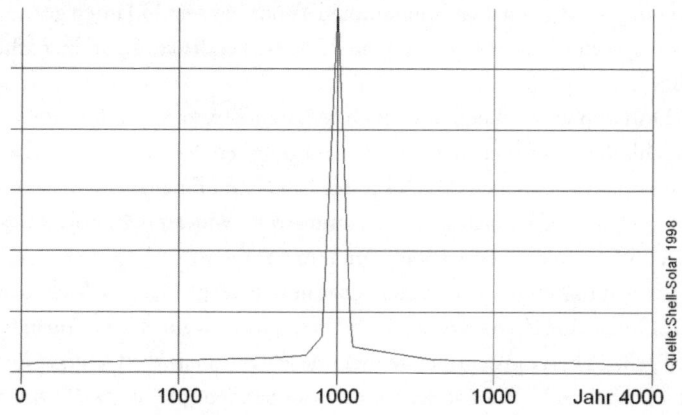

Verbrauch nicht erneuerbarer Energieträger
Die Grafik zeigt im linken Teil die Energieverbräuche der Menschheit in den letzten 2000 Jahren. In der Mitte geht die Kurve steil nach oben – das sind die Energieverbräuche in den letzten 100 Jahren. Jetzt haben wir die Hälfte aller Vorräte an Kohle, Gas, Öl und Uran verbraucht. Die Natur hat zum Anhäufen dieser Vorräte etwa 200 Millionen Jahre gearbeitet. Wenn wir so weiter machen mit der alten Energiepolitik, dann sind in etwa 60 Jahren sämtliche fossil-atomaren Energievorräte verbraucht.

Aber auch der dramatische Verlust an Artenvielfalt wird zu einem beispiellosen Rückgang der globalen Wirtschaftsleistung führen. Pavan Shukdev, Geschäftsführer der Abteilung Global Markets der Deutschen Bank in Indien, hat errechnet, dass zurzeit allein die Kosten der Entwaldung jedes Jahr 2000 Milliarden Euro betragen. In seiner Studie »The Economics of Ecosystems and Biodiversitiy« weist Shukdev darauf hin, dass die Zerstörung der Ökosysteme die armen Länder weit härter treffe als die reichen und auch eine entscheidende Ursache für die Zunahme der Armut sei. Deshalb sollte z. B. Brasilien für den Erhalt des Regenwaldes entschädigt werden, weil der Regenwald von unschätzbarem Wert für das Klima und die Artenvielfalt der gesamten Welt sei.

Wir leben in einem destruktiven Viereck von zusammenbrechenden Finanzmärkten, immer größerer Armut, Energiekrise und Klimawandel. Wie aber lässt sich in diesem destruktiven Viereck konstruktive Politik für Nachhaltigkeit und mehr Gerechtigkeit gestalten? Eine Chance besteht darin, dass Banken ihre ureigenen Aufgaben wieder entdecken und Geld dorthin leiten, wo es wirklich gebraucht wird: in Zukunftstechnologien, in Bildung und Umweltschutz, in die Produktion nützlicher Dinge und Maßnahmen zur Überwindung der Armut, so wie es der Direktor der UN-Umweltbehörde Achim Steiner und sein Vorgänger Klaus Töpfer vorgeschlagen haben. Muhammad Yunus hat seit 30 Jahren gezeigt, dass das geht und wie das geht. Und deshalb ist er die Leitfigur dieses Buches.

Dort, wo wir wirklich unendlich wachsen könnten – im kulturellen, psychischen, spirituellen, religiösen und geistigen Bereich – dort sind wir eher infantil geblieben. Das bisherige Geld- und Finanzsystem, das auf ewiges materielles Wachstum programmiert ist, widerspricht Naturgesetzen und ist seelenlos, gewissenlos und unmoralisch.

Es geht in diesem Buch bei der Suche nach einer gerechteren Welt nicht um Opfer, Verzicht oder Askese, es geht lediglich um ein bisschen mehr Intelligenz. Albert Einstein meinte am Ende seines Lebens, wir Heutigen nutzen höchstens 10 Prozent der uns innewohnenden Intelligenz. Wozu hat uns Gott 100 Milliarden Gehirnzellen mitgegeben, wenn wir nicht einmal einen Bruchteil davon nutzen? Gelänge es uns, auf 11 Prozent Intelligenznutzung zu kommen, wäre die Überwindung des Raubtier-Kapitalismus möglich und ein sozial-ökologisches Weltwirtschaftswunder machbar. Wichtig ist auch, dass wir eine schlichte Geschäftsregel lernen, die ich oft von meinen Eltern hörte. Sie betrieben nach 1945 erfolgreich ein kleines Baugeschäft und eine dörfliche Kohlenhandlung mit maximal fünf Mitarbeitern. Ihre »Geschäftsmoral« hieß ganz einfach: Ehrlich währt am längsten!

Bei gerechter Verteilung der Güter in einer reichen Welt ließe sich das Ziel erreichen, dass *alle* Menschen ein gutes Leben führen können. Schon Gandhi lehrte: »Es reicht für Jedermanns Bedürfnisse, aber nicht für Jedermanns Habgier.« Der Politikwissenschaftler Elmar Altvater, für den das Wort Marxist noch nie ein Schimpfwort war, schreibt: »Auf den Wettlauf um die Prozente lassen sich die Henkels und Ackermänner mit asozialer Rücksichtslosigkeit und ungebremster Gier ein, dabei sind sie armselig getriebene Charaktermasken oder auch Finanzwürstchen, die eine wichtige Funktion wahrgenommen haben. Sie haben mit dafür gesorgt, dass, obwohl das Wachstum nicht reicht, die Renditen auf Finanztitel nach oben korrigiert worden sind.« In der Krise sind die Folgen des neoliberalen Mottos stärker als früher zu spüren: Der Gewinn, der bleibt privat, die Verluste kauft der Staat. Wer hätte vor dem 15. September 2008 gedacht, dass George W. Bush als der größte Verstaatlicher seit Wladimir Iljitsch Lenin in die Geschichte eingehen wird? Bush mutierte zum Genossen George. Präsident Obama träumt von einem Kapitalismus mit menschlichem Gesicht, einer ökosozialen Marktwirtschaft, in der »ein jeder nicht nur von der eigenen Gier motiviert ist, sondern vom gemeinsamen Gut«.

Vor der großen Krise wurden Schulden gemacht, und zwar um jeden Preis. Doch es zeigte sich: Vermögensbildung mit Schulden, also auf Pump, ist tödlich. Das Karussell unserer Finanzmärkte muss immer höher fliegen, um nicht abzustürzen. Weil das aber naturgemäß nicht gehen kann, erleben wir immer wieder Zusammenbrüche und Abstürze. Und die Zeichen haben sich in den letzten Jahren gemehrt: Mexiko-Krise 1994, Ostasien-Krise 1997/98, Argentinien-Krise 1998–2002, Russland-Krise 1998/99 und jetzt die globale Krise.

Die Krisen zeigen auch, dass der Mensch aus Gier zu allem bereit ist, solange Geld die Welt regiert. Die Wirtschaftsfachleute haben zu allen Zeiten die Interessen der Herrschenden vertreten. Doch die Zeche zahlen jetzt wir alle – wer denn sonst?

3. Börsenkurven von links oben nach rechts unten

In den letzten Monaten sah man Börsenkurven, die sich immer von links oben nach rechts unten bewegten. 2008 hat der Deutsche Aktienindex (DAX) 40 Prozent verloren. 1989 ging der real existierende Sozialismus unter – erleben wir jetzt den Untergang des real existierenden Finanz-Kapitalismus? Zumindest diese Regel haben wir neu gelernt: »Dass rücksichtsloser Egoismus in moralischer Hinsicht falsch ist, wussten wir schon. Jetzt wissen wir, dass er auch in wirtschaftlicher Hinsicht falsch ist.« Das sagte US-Präsident Franklin D. Roosevelt vor mehr als 70 Jahren nach den Erfahrungen der damaligen Wirtschaftskrise. In der jüngsten Krise haben wir aber auch gelernt, dass ein gut funktionierendes Finanzsystem nicht nur die Angelegenheit von Bankern sein kann, sondern ein »öffentliches Gut« sein muss – das forderte der CDU-Politiker und Merkel-Berater Norbert Röttgen.

Weltweit haben Menschen das Gefühl, einer Bande von inkompetenten und zugleich raffgierigen Geschäftemachern aufgesessen zu sein. Der Verlust von Vertrauen in die viel beschworenen freien Kräfte des Marktes ist langfristig folgenreicher als der Verlust an Geldwerten. Dabei helfen die Staatskassen der Industriestaaten den betroffenen Großbanken mit einem Schutz-Schirm von über 3000 Milliarden Dollar und Euro. Auf ein paar hundert Milliarden Dollar kommt es Politikern, die kurz zuvor Hartz-IV-Empfängern noch klar gemacht haben, wie teuer sie der Gesellschaft zu stehen kommen, anscheinend nicht mehr an.

Vielleicht waren die Schutz-Schirme für die Banken tatsächlich unvermeidlich. Aber dann muss sich die Politik künftig auch Kontrolle und Einfluss verschaffen durch

- eine Devisen- und Börsen-Umsatzsteuer,
- das Verbot von Wetten auf den Finanzmärkten zu Lasten Dritter, Kreditrisiken dürfen nicht mehr weiterverkauft werden,
- eine wirksame Diskriminierung von Steuerflucht-Oasen wie Liechtenstein, der Schweiz, Luxemburg oder den karibischen Inselstaaten.

Künftig dürfen nicht mehr alle Investitionen fremdfinanziert werden. Eine gewisse Eigenkapitalquote muss vorhanden sein, und natürlich müssen die Bonus-Zahlungen begrenzt werden.

Die Finanzbranche muss sich darauf besinnen, dass sie in erster Linie Dienstleister für die Bürger und für die Wirtschaft ist. Finanzprodukte sollten künftig eine Art TÜV durchlaufen, in dem geklärt wird, ob sie volkswirtschaftlich überhaupt sinnvoll sind oder wie gehabt ohne jeden Sinn und Verstand und nur dem Umsatz der Finanzbranche dienen.

Auf jeden Fall muss die Aufsicht über die Finanzmärkte wirksamer werden – in Deutschland auch die Aufsicht über die staatlichen Landesbanken. Die deutschen Landesbanken, die lange als besonders seriös galten, stehen vor dem Ruin. Die Bayerische Landesbank hatte Ende 2008 über

138 Milliarden Euro Schulden, die Landesbank Baden-Württemberg 135, die Nord-LB 72, die Nordbank Hamburg/Schleswig-Holstein 67, die West-LB 40, die Hessische Landesbank 34 und die Landesbank Berlin 22 Milliarden Euro. Allein deshalb kommen auf die Steuerzahler in Deutschland Risiken in Höhe von mehreren hundert Milliarden Euro zu.

Etwa 60 000 Menschen sind allein in diesen deutschen Landesbanken beschäftigt – 40 000 müssen jetzt um ihren Job bangen. Und zwar auch deshalb, weil deutsche Landesbanken, deren Auftrag es ist, den heimischen Mittelstand mit günstigen Krediten zu versorgen, glaubten, unbedingt weltweit beim Handel mit Problem-Produkten dabei sein zu müssen: bei US-Ramschhypotheken ebenso wie Lehman-Zertifikaten oder Island-Anleihen. Auch deshalb, weil Landesfinanzminister in ganz Deutschland als Aufseher der Landesbanken zuließen, dass ihre Banken in dubiosen Steueroasen Filialen aufbauten und ihre eigene Bank mit Spielcasinos verwechselten. Dabei lernt jeder Auszubildende im ersten Banken-Lehrjahr: Je höher die Verzinsung, desto größer das Risiko.

Peer Steinbrück (SPD) hieß z. B. der Finanzminister Nordrhein-Westfalens in den Jahren 1998 bis 2002, und in Bayern hieß er von 1995 bis 1998 und 2007/08 Erwin Huber (CSU). Beim »Beaufsichtigen« ihrer Landesbanken müssen einige deutsche Finanzminister sehr tief geschlafen haben. Oder haben sie dem risikoreichen Treiben der Landesbanken bewusst zugestimmt, nur weil Gewinne erwirtschaftet wurden? Die Pleiten der deutschen Landesbanken sind eine Warnung vor zu großer Staatsgläubigkeit in der Krise.

Dieselben Manager der Dexia Bank, welche ihre Bank erst ruiniert hatten und dann vom belgischen Steuerzahler gerettet wurden, feierten ihre Rettung im vornehmen Hotel de Paris in Monaco mit einer 150 000 Euro teuren Party. Nachdem der Champagner reichlich geflossen war, gab es einen Trinkspruch: »Auf alle, die ihr Geld verloren haben.«

»Kredit« kommt vom lateinischen »credere«, das heißt glauben oder vertrauen. Kann man solchen Banken noch sein Geld anvertrauen?

Für das Welt-Finanzsystem gilt dasselbe wie für den Kaiser in Andersons Märchen. Keiner sieht, dass er nackt ist, weil es keiner sehen will. Außer einem Kind, das noch seinem gesunden Menschenverstand traute, die Wirklichkeit sah und ausrief: »Aber der Kaiser ist doch nackt.«

Auch im Real-Kapitalismus wurde der Schein mit dem Sein verwechselt. Über 95 Prozent des Kapitals, das bis 2008 um den Erdball geschoben wurde, war Schein-Geld und hatte mit realen Geld-Scheinen oder gar realen Gütern und ökonomischer Wertschöpfung nichts zu tun. In nur sechs Tagen kreiste 2008 so viel Schein-Geld um den Globus, dass man damit das gesamte Jahres-Bruttosozialprodukt der USA hätte kaufen können. Die Jagd nach hohen Renditen war attraktiver als seriöse Arbeit, Produktion und Dienstleistungen. Das Schein-Geld hat so bezeichnende Namen wie »Expander-Zertifikate« oder »Airbag-Zertifikate«. Gegenüber Norbert Blüms Versprechen »Die Rente ist sicher« ist das bisherige Weltfinanzsystem reiner Hokuspokus. In den USA übrigens haben nur ein Drittel der Pensionsfonds überlebt, zwei Drittel waren börsenorientiert. Und Millionen Rentner sitzen jetzt in der Armutsfalle. Einer umlagefinanzierten Rentenversicherung kann ein ähnliches Desaster nicht passieren.

Der Christdemokrat Norbert Blüm in der »Süddeutschen Zeitung«: »Eine durchkapitalisierte Gesellschaft ist eine bodenlose Gesellschaft. In ihr kommt der Mensch nur noch im Überbau, als ›Humankapital‹ vor. Auch als ›Ich-AG‹ kann der Arbeiter notfalls noch überleben, sozusagen ein Homunkulus, der Vorstandchef, Hauptaktionär, Arbeitnehmer und Kunde seiner selbst ist. Ohne Maske des Kapitals rührt sich eben nichts mehr in den kapitalistischen Gesellschaften. In einer solchen Gesellschaft flattern die Menschen wie Zugvögel hinter dem Kapital her. Heimatlos ist der moderne Arbeitnehmer. Er gehört nirgends hin. Zum Unternehmen jedenfalls nicht, das ist längst zur Kapitalsammelstelle degeneriert. Jahrtausende hat der Mensch gebraucht, um Sesshaftigkeit zu üben. Jetzt wird ihm wieder Wanderschaft zugemutet. Mobilität soll sein Wesen ausmachen. Nur nicht festlegen. Immer offen und beweglich soll er sein. Der Tagelöhner ist die Leitfigur der mobilen, flexiblen Wirtschaft, die keine anderen Regeln mehr kennt als den profitablen Kapitaleinsatz. Deshalb weg mit Kündigungsschutz, weg mit Mitbestimmung und so weiter. Arbeit ist Arbeitskraft und sonst nichts.«

Der englische Mediziner und Ökonom Sir William Petty hat im 18. Jahrhundert eine simple Definition des Reichtums vorgeschlagen: »Die Arbeit ist der Vater und die Erde die Mutter des Reichtums.« Das aber heißt: Die Produktivität der Arbeit und die Verfügbarkeit der natürlichen Ressourcen sind die Basis des Wohlstands. Kapital ist demnach kein Produktionsfaktor, sondern dient lediglich dazu, den Einsatz von Produktionsmitteln in Gang zu setzen. Es dient als Überbrückung. Doch im Kapitalismus erstickte das Kapital die beiden natürlichen und ursprünglichen Produktionsfaktoren.

4. Das Kapital ruiniert die Wirtschaft

»Der Neoliberalismus«, meint Norbert Blüm, »scheitert am Menschen, wie er ist, sein will und sein soll. Erst wenn sich das Kapital wieder in Eigentum zurück verwandelt, also wenn Mein und Dein wieder identifizierbar sind, hat es eine Überlebenschance. Eigentum muss auf Arbeit fußen, wenn es seine Legitimation behalten will.« In der christlichen Soziallehre rechtfertigt sich Eigentum als »Frucht der Arbeit«. Eigentum, das nicht in Arbeit seinen Ursprung hat, stand dagegen immer unter dem Verdacht, gestohlen zu sein, wurde allenfalls als »Besitzergreifung herrenlosen Gutes« akzeptiert.

Marktwirtschaft basiert auf Leistung und ist kein Casino, sondern Legitimation und Motivation für Erfolg. Den Glücksspielern und Casino-Kapitalisten schreibt Norbert Blüm ins Stammbuch: »Arbeit ist die reale Quelle des Wohlstands.« Die Finanz-Hyänen werden das kaum verstehen wollen. An Süchtige, Psychologen wissen es, kommt man mit Ratio nicht ran. Eher geben sie sich den letzten Schuss, als vernünftig zu handeln.

Die Krisen-Verursacher wollen in der Krise meist nur solche Veränderungen, die alles beim Alten belassen. Die alten Eliten sind von selbst nur selten einsichtig geworden. Demokratische, soziale und ökologische Fortschritte mussten immer von unten, von sozialen Bewegungen, erkämpft werden. Das war so bei den Bismarck'schen Sozialreformen, bei Roosevelts New Deal und bei der Erhard'schen Sozialen Marktwirtschaft: Starke Arbeiterbewegungen und starke Gewerkschaften haben die sozialen Fortschritte in mühseliger Kleinarbeit organisiert. Bei den Umweltbewegungen in der zweiten Hälfte des 20. Jahrhunderts war es genauso. Auch bei den jetzt anstehenden sozial-ökologischen Veränderungen wird es ohne Kampf, Mühsal und viel Aufklärungsarbeit ebenfalls nicht gehen. Dieses Buch will das befördern. Und wir ermuntern unsere Leser, dasselbe zu tun.

»Wie das Kapital die Wirtschaft ruiniert« ist der Titel eines spannenden Buches aus dem Jahr 2004 von Franz Groll. Schon damals hat der ehemalige IBM-Manager nachgewiesen, dass die Verfechter der Freie-Markt-Religion ihre Lehrmeister wie Keynes und Adam Smith nicht richtig gelesen haben. Er entlarvt wie Blüm die Missverständnisse der Marktradikalen und zeigt, dass Kapital kein Produktionsfaktor ist. »Nicht das Kapital bildet die Grundlage des Wohlstands, sondern unsere Kreativität und Arbeitskraft in Verbindung mit der Verfügbarkeit natürlicher Ressourcen.« Groll, früher CDU-Mitglied und heute bei Attac, befürchtet ein »dunkles Zeitalter«, wenn es nicht gelingt umzusteuern.

Seine Vorschläge, die er nach fünf Jahren praktischer Entwicklungsarbeit in Haiti und einem anschließenden Ökonomie-Studium entwickelt hat: verstärkte Investitionen in Zukunftsmärkte, Steuern auf die Verschwendung von Ressourcen statt auf Arbeitskraft, also Energie teurer und Arbeit billiger machen, um Arbeit zu fördern und Ressourcen zu sparen, Staaten übergreifende Partnerschaften, die Kontrolle der internationalen Finanzmärkte und mit gerechteren Steuern steuern!

Franz Grolls Rettungsvorschlag: Der Weg zu einer ökologisch-sozialen Gesellschaft.

Was aber macht Männer zu gierigen Spekulanten? (Es sind ja tatsächlich fast nur Männer, die an den Börsen wie wild durcheinanderschreien.) Gehört die scheinbar spielerische Spekulation zum Wesen von Männern? Das Phänomen der Gier ist nicht neu. Im Mittelalter gab es die macht- und geldgierigen Fugger, und es gab schon zu Jesu Zeiten die gierigen Geldwechsler, die er wütend mit einer Peitsche aus dem Tempel trieb. Im Film »Wall Street« (1987) spielt Michael Douglas den Spekulanten Gordon Gekko. Dieser verkündet wie ein Heilsprediger: »Gier ist gut, Gier ist richtig, Gier funktioniert. Gier schafft Klarheit, Gier trennt das Wichtige vom Unwichtigen, Gier ergreift das Wesen der Zukunft. Gier in all ihren Formen – als Gier nach Leben, nach Geld, nach Liebe, nach Wissen – hat das Beste im Menschen hervorgebracht.«

Es ist freilich nicht nur die Gier, es sind noch mehr die Kurzsichtigkeit und vor allem die Dummheit, die zur jetzigen Krise geführt haben. Oder ist es etwas anderes als dumm, nur kurzsichtige Gewinnchancen zu sehen, aber die mittelfristigen Risiken völlig zu ignorieren? Ein Investmentbanker in New York hat sein eigenes Tun schlicht und ordinär so beschrieben: »Nun, wir machen Hühnerscheiße zu Hühnersandwich. Kolossale Berge von Hühnerscheiße.« Gegenüber Investmentbankern gehören Gammelfleisch-Händler inzwischen schon zur ehrenwerten Gesellschaft.

5. Harry Potter ist kein Vorbild für Finanzminister

Die Finanzkrise hat fundamentale psychologische Ursachen und Folgen:
- Wer gierig Gewinnmaximierung über alles andere stellt, hat immanente Risiken verdrängt.
- Kurzfristiges Denken führt oft zu unerträglichen Lasten für Menschen, Umwelt und Ressourcen.
- Sorglosigkeit und Herdentrieb sind Ursachen von Erfolgsarroganz. Was

Jahre gut ging, wird wohl für immer gut gehen. Passt man sich dem Mainstream nicht an, ist das Prestige bedroht. So entsteht ein Rausch des Leichtsinns.

• Es ist für die Gesellschaft eine fatale Botschaft, wenn »Verantwortliche« nicht zur Verantwortung gezogen werden. So wird die nächste Krise programmiert.

• Hinter der Geldkrise steckt eine Wertekrise. Und die kann nicht mit Hokuspokus und dem Drucken neuer Geldscheine behoben werden. Finanzminister sollten sich nicht den Zauberer Harry Potter zum Vorbild nehmen.

Menschen sind, wenn es um Geld geht, so wenig rational wie wenn es um Sex geht. Das gilt vor allem für Ökonomen. Gegenüber deren Fehlspekulationen und Fehlprognosen ist die Theologie beinahe eine exakte Wissenschaft. Kurz bevor die Investmentbank Lehman Brothers pleite ging, ließ der Chef der Deutschen Bank, Josef Ackermann, erklären, das Gröbste sei überstanden. Aber danach ging es erst richtig los. Und als sich die schlimmste Kapitalismus-Krise der letzten 60 Jahre schon abzuzeichnen begann, veröffentlichte der CDU-Finanzfachmann Friedrich Merz ein Buch mit dem genialen Titel »Mehr Kapitalismus wagen«. In den letzten zehn Jahren habe ich als ökonomischer Laie mindestens 50 Banker gefragt, ob es gut gehen könne, wenn *täglich* 1500 Milliarden Dollar fast ausschließlich aus Spekulationsgründen um den Globus geschoben werden – ohne jede ökonomische Wertschöpfung. *Alle* befragten Banker sagten: »Nein, es muss schiefgehen.« Aber *alle* haben weitergemacht. Wenn ich einen Luftballon immer weiter aufblase, gibt es nur eine ganz natürliche Reaktion – er platzt.

Auch die meisten Wirtschaftsjournalisten haben über die Krise erst geschrieben, als sie da war. Es hatte ihnen einfach vorher niemand Bescheid gesagt. Der ehemalige WDR-Intendant Fritz Pleitgen spricht von einem »kapitalen Versagen« eines ganzen Berufsstands. Ein Buch wie »Der Raubtierkapitalismus« von Dieter Balkhausen war nur die berühmte Ausnahme von der Regel, wurde aber nicht ernst genommen. Die Wirtschaftskollegen waren auf dem Auge Kapitalismus-Kritik einfach blind.

Ähnlich unbedarft berichten viele Journalisten über den Klimawandel. 2007 hat der Weltklimarat das völlige Verschwinden des Eises am Nordpol bis zum Jahr 2080 prognostiziert, schon ein Jahr später sagten führende Klimaforscher dieses erschreckende Ereignis für das Jahr 2030 voraus, und Ende 2008 meinte das Potsdam-Institut für die Erforschung der Klimafolgen, der Nordpol könne schon 2015 eisfrei sein. Die Meldung ging zwischen Banalitäten unter. Die neue Eiszeit zwischen Boris Becker und seiner Ex-Verlobten war 2008 vielen Medien wichtiger als das Schmelzen des Eises in der Arktis und Antarktis. An Bilder der vom Aussterben bedrohten Eisbären und von der Eisbärmutter, die mit ihren Jungen auf einer Scholle ihrem traurigen Ende entgegensieht, haben wir uns offenbar schon so gewöhnt, dass niemand mehr erschrecken wird, wenn die Eisbären dann tatsächlich verschwinden.

Gier nach Geld kann den Menschen krank machen mit den bekannten Nebenwirkungen wie Nervosität, Schlaflosigkeit und tiefen Depressionen. Psychologen sprechen dann eher von Sucht als von Gier. Doch Gier oder Sucht führen Menschen immer in die Krise. Wir können unsere Seele nicht überlisten. Sie weiß es besser. Entscheidend ist freilich, ob wir die Warnsignale – z. B. über unsere Träume – hören oder hören wollen.

6. Die Krise des Kapitalismus

Der Kapitalismus ist in der Krise. Seit Beginn der 70er Jahre des 20. Jahrhunderts haben zuerst die Industriestaaten und später auch die Schwellenländer die freie Marktwirtschaft entfesselt. Zoll- und Handelsschranken wurden beseitigt, Staatskonzerne privatisiert und Finanzmärkte dereguliert. 1989 waren viele davon überzeugt, der Kapitalismus habe gesiegt, jetzt wissen wir, er hat nur überlebt.

1980 entfielen auf ein Prozent der US-Bevölkerung 40 Prozent der Firmengewinne, Dividenden und Zinsen. Doch danach spaltete sich die Gesellschaft noch viel stärker in Arm und Reich. Inzwischen kassiert ein Prozent der reichsten Amerikaner sogar 60 Prozent der gesamten Kapitaleinkommen. Aber 80 Prozent verfügen nur noch über 10 Prozent aller Gewinne und Dividenden. Auch die Lohneinkommen gingen gemessen am Volkseinkommen zurück. Und in dieser Zeit war die US-Wirtschaft stark gewachsen.

Die Präsidenten Ronald Reagan und George W. Bush, aber auch die Premierministerin Margaret Thatcher und in gewisser Weise auch Bundeskanzler Helmut Kohl haben uns ständig erklärt, dass die Kräfte des freien Marktes zum Wohle aller arbeiten würden. In Wirklichkeit wurde jedoch die These von Karl Marx bestätigt, wonach im Kapitalismus die Reichen reicher und die Armen ärmer würden. Deutschland hat heute 760 000 Millionäre, aber jedes fünfte Kind lebt in Armut und Elend. Die genannten Politiker deregulierten und privatisierten und begannen den

Sozialstaat abzubauen. Doch der Abbau sozialer Leistungen ging überwiegend zu Lasten der Armen.

Nach den Berechnungen der Internationalen Organisation für Arbeit (ILO) wurde in allen Industriestaaten der Abstand zwischen hohen und niedrigen Einkommen 30 Jahre lang immer größer. Zwischen oben und unten, zwischen unternehmerisch veranlagten Menschen und Menschen, die sich ökonomisch lieber führen lassen, wird es in freien Gesellschaften immer eine Kluft geben. Es sind nicht alle Menschen gleich veranlagt. Doch die Selbstbedienungsmentalität der Führungsschichten hat in den letzten Jahrzehnten das erträgliche Maß *weit* überschritten. Dies drückt natürlich die Motivation der Arbeitnehmer.

Wenn Politiker und Parteien eine weitere Radikalisierung und Entfremdung der Bürger von der Demokratie verhindern wollen, müssen sie rasch Konsequenzen ziehen und gerechtere Strukturen schaffen. Beispiele:

- Mindestlöhne könnten die schlimmste Ausbeutung verhindern. In diesen Tagen las ich eine Ausschreibung an einem Bahnhofs-Café im reichen Baden-Baden: »Bedienung gesucht – 4 Euro Stundenlohn«. Das ist schlicht eine Unverschämtheit. Davon kann wirklich niemand leben. Der real existierende Kapitalismus frisst seine Kinder, wie es der real existierende Sozialismus schon früher getan hat.

- Gewerkschaften und Unternehmer müssen bei ihren Tarifgesprächen die Einkommensunterschiede begrenzen.

- Politiker und Arbeitgeber sollten ihren jahrzehntelangen Reden von Mitbeteiligung und Mitbestimmung der Arbeitnehmer endlich Taten folgen lassen. Die breiten Massen müssen mehr an Unternehmensgewinnen beteiligt werden.

- Topmanager sollten mehr Bescheidenheit lernen. In Tokio fragte ich einen führenden Auto-Manager nach seinem Gehalt. »Ich verdiene ein Zehntel eines deutschen Auto-Managers«, sagte er, »aber dafür bauen wir Japaner bessere und umweltfreundlichere Autos.« Der Mann war wesentlich mitverantwortlich für den Welterfolg des ersten Hybridautos, nämlich des »Prius« von Toyota. Dieses Auto war übrigens 1972 an der Hochschule Aachen von zwei deutschen Professoren entwickelt worden. Aber die hochbezahlten deutschen Autobauer haben diese Zukunftstechnik 35 Jahre lang abgelehnt und verschlafen. Der japanische Auto-Manager mit seinem bescheidenen Gehalt beendete unser Gespräch mit der Bemerkung: »Für ein so hohes Gehalt wie meine deutschen Kollegen würde ich mich schämen. Es reicht mir, wenn ich 20mal

35

so viel verdiene wie unsere Arbeiter. Es müssen doch nicht 200mal so viel sein.« Einer der Gründe für das Desaster der deutschen Autowirtschaft ist die Hybris vieler ihrer Manager.

- Eine CO_2-Steuer einführen, wie sie die Umweltverbände seit Jahren fordern und Frankreich jetzt vorgeschlagen hat.
- Beim Finanzgipfel der G20-Staaten in London im April 2009 wurde immerhin beschlossen, die Steueroasen auszutrocknen, die Weltfinanzmärkte besser zu kontrollieren, die internationale Zusammenarbeit effektiver zu koordinieren und eine Billion Dollar zur Bekämpfung der Armut und des Klimawandels zur Verfügung zu stellen. Den vielleicht wichtigsten Satz des London-Gipfels sprach Präsident Obama: »Ich übernehme die Verantwortung [für die Finanzkrise], auch wenn ich damals noch gar nicht Präsident war.« Solche Sätze und solche Beschlüsse könnten der Beginn einer Läuterung sein, der Einstieg in ein maßvolleres Wirtschaftssystem mit verantwortungsbewussteren Politikern und Managern. Der Finanzgipfel in London war ein Fortschritt, aber noch kein Sieg über Steuerflüchtlinge, Spekulanten und Armut. Der nächste Gipfel der neuen G20-Gruppe findet im Herbst 2009 statt. Erst die weiteren Treffen werden zeigen, ob die G20-Gruppe so etwas wie eine neue Weltregierung wird und diesen Namen auch verdient. Krisenmanagement ist sicher wichtig, aber genauso wichtig ist das Nachdenken über Visionen für eine humane, weltweite ökosoziale Marktwirtschaft. In einer Weltfinanzkonferenz sollte nicht nur über Krisen-Management geredet, sondern viel intensiver über ökosoziale Visionen für einen Neuaufbau nachgedacht werden.
- Europa und die USA unter Barack Obama könnten der wirtschaftsökologische Motor einer gerechteren Weltwirtschaftsordnung werden. Auch das hat der London-Gipfel gezeigt: China, Indien und Brasilien sind bereit, weltweit Verantwortung zu übernehmen.
- Mehr Mitbestimmung und Erfolgsbeteiligung der Arbeitnehmer. Die Mitarbeitergesellschaft ist das Unternehmen der Zukunft. Die Demokratisierung der Wirtschaft darf kein Fremdwort bleiben. Wer hat denn beispielsweise das riesige BMW-Vermögen erwirtschaftet: Die Eigentümerfamilien? Es muss Schluss sein mit der praktischen Enteignung der Belegschaften. Mitarbeiter-Kompetenz besser nutzen – dies könnte der entscheidende Erfolgsfaktor von Unternehmen sein.

Dass übrigens jede Krise bekanntermaßen auch ihre Chance hat, erlebte ein Pfarrer nahe der Wall Street in New York an Weihnachten 2008. Seine Gottesdienste waren besser besucht als je zuvor. »Für uns ist die Bankenkrise einfach wunderbar«, erzählte er Journalisten, »früher glaubten die Investment-Banker nur ans Geld, doch jetzt, wo sie arbeitslos geworden sind, glauben sie wieder an Gott und kommen zu uns in die Kirche.«

Die Finanzkrise bedeutete für die Wall Street und ihre Geld-Gläubigen eine Umwertung aller Werte und manchmal sogar eine Rückbesinnung auf die Religion. Wenn's hilft! Die alles entscheidende Frage ist hierbei natürlich: Was ist Religion? Fromme Sprüche und Sentimentalitäten helfen gar nicht. Allein Taten sind entscheidend, nicht schöne Worte. Der junge Mann aus Nazareth: »Nur die Wahrheit wird euch frei machen«.

7. Karl Marx und sein Bruder Reinhard

Ein Vertreter der christlichen Soziallehre mit dem schönen Namen Marx – Vorname freilich nicht Karl, sondern Reinhard, katholischer Bischof von München – hat wie sein kommunistischer Namensvetter aus Trier ein Buch geschrieben mit dem bezeichnenden Titel »Das Kapital«. Doch während Karl Marx in seinem »Kapital« das Proletariat zum historisch unvermeidlichen Klassenkampf aufrief, formuliert Bischof Marx ein neues Gebot, das etwa so heißen könnte: Du sollst nicht betrügen und erst recht nicht die Konkurrenten ruinieren!

Schon im 19. Jahrhundert, zu Karl Marx' Zeiten also, dachten der Mainzer Bischof Wilhelm von Ketteler, Priester wie Adolf Kolping und Päpste wie Leo XIII., aber auch christliche Laien wie Franz Busse darüber nach, wie das Kapital zu zähmen sei und Arbeiter vor Ausbeutung geschützt werden könnten. Im 20. Jahrhundert entwickelten Oswald v. Nell-Breuning und Pius XI. die katholische Soziallehre weiter, parallel dazu arbeiteten protestantische Theologen, darunter Johann Hinrich Wichern, Friedrich von Bodelschwingh und Adolf Stoecker, die evangelische Sozialethik aus. Und nach 1945 begründeten Vertreter der »sozialen Marktwirtschaft« wie Ludwig Erhard und Alfred Müller-Armack darauf ihre Vorschläge für das klassische Wirtschaftswunder. Ihnen allen ist gemeinsam, dass sie eine evolutionäre Entwicklung hin zu einer gerechteren Welt wollten und keinen kommunistisch-sozialistischen Klassenkampf, aber auch keine »freie« oder kapitalistische Marktwirtschaft. Ein dritter Weg war das Ziel.

Der Münchner Bischof Reinhard Marx fordert eher systemkonform, dass der Globalisierung der Märkte eine Globalisierung von Solidarität und Verantwortung folgen muss. Er will kein anderes System als das kapitalistische, aber einen Kapitalismus mit sozialen Rahmenordnungen. Strittig ist freilich, ob das dann noch Kapitalismus ist. Heiner Geißler würde das bestreiten. Für ihn wie für Norbert Blüm ist die soziale Marktwirtschaft ein »dritter Weg« zwischen den Extremen von Kommunismus und Kapitalismus. Bischof Marx fordert »eine weltweite Regelung für Finanzströme, Arbeitnehmerrechte und das wirtschaftliche Verhalten«. Zumindest verbal ist Papst Benedikt in seiner Enzyklika »Deus caritas est« radikaler: Kapitalisten sind für Benedikt XVI. schlicht eine »Räuberbande«. Ein anderer Konservativer, der deutsche Christdemokrat und Bundespräsident Horst Köhler, hat gierige Banker gar als »Monster« tituliert und gefordert: »Eine Weltwirtschaftsordnung muss faire Handelsverträge garantieren und die Doppelmoral der Industrieländer abbauen. Dafür haben wir jetzt eine reale Chance.« Das Kapital müsse *allen* dienen. Versagt haben nach der Analyse des Bundespräsidenten »Staaten und Banken, Wirtschaftsprüfer, Beratungsunternehmen, Ratingagenturen, Anleger und die Medien«. Also alle. Seien wir ehrlich: Auch die vielen kleinen Gauner und ganz normalen Steuerhinterzieher haben die ganz großen Gauner und Gaunereien mit möglich gemacht.

Eigentumsdelikte werden in kapitalistischen Gesellschaften streng geahndet. Warum gelten aber dieselben strengen Gesetze nicht gegenüber Bankern, die Milliarden verzockt haben? Soll der größte Diebstahl aller Zeiten tatsächlich unbestraft bleiben, während die Kassiererin eines Supermarktes rechtmäßig verurteilt wird, weil sie 1.30 Euro unterschlagen haben soll? Neben der Räuberei der Investment-Banker bleibt bislang auch der Raubbau an der Natur unbestraft, er wird sogar in den meisten Staaten noch subventioniert mit unseren Steuergeldern. Der Deutsche Naturschutzring hat errechnet, dass jedes Jahr zwischen 480 und 680 Milliarden Dollar in umweltfeindliche Technologien investiert werden, mit denen die Natur zerstört wird, z. B. in Kohle- und Atomtechnologien. Eine Marktwirtschaft ohne ökologische und soziale Balance degeneriert zu einem System gesellschaftlicher Verantwortungslosigkeit.

In den Jahren 2007 und 2008 war das Thema Nachhaltigkeit und Klimaschutz endlich in allen Medien angekommen und hat weltweit das Umweltbewusstsein sensibilisiert. Bisher hat die Politik jedoch die Chance der Finanzkrise nicht genutzt, um im großen Stil grünen Technologien zum Durchbruch zu verhelfen. Die heutige Finanz- und Wirtschaftskrise und der Zusammenbruch von Finanzsystemen, die selbst von Fachleuten nicht mehr überblickt werden, haben dazu geführt, dass im Herbst 2008 binnen 16 Stunden die ersten Vorschläge zur Rettung der Banken und

Börsen in Billionenhöhe auf dem Tisch lagen. Nur wenige Tage danach wurden die Vorschläge politisch umgesetzt. Doch 16 Jahre nach der Rio-Konferenz warten wir immer noch auf die Umsetzung der dortigen Beschlüsse. Wir werden lernen müssen, dass die Finanzkrise vorübergeht, aber der Klimawandel sich verschärft. Ein erster Schritt in eine neue Richtung wäre: Die Milliarden-Spritzen, die jetzt Banken und Automobilwirtschaft erhalten, müssen in eine ökologische Richtung fließen, damit der Klimaschutz und nicht länger die Klimazerstörung durch Steuergelder unterstützt wird. Bessere Schulen und Umweltbildung sind für unsere Zukunft wichtiger als mehr Autobahnen.

Warum können wir die Banken retten – aber nicht die Erde? Und nicht die hungernden Kinder? Die Finanzkrise ist die Krise des fehlenden nachhaltigen Wirtschaftens. Deshalb müssen wir gerade jetzt in den Klimaschutz investieren, das heißt in das Dämmen unserer Altbauten, in Erneuerbare Energie, in umweltfreundlichere Autos und nicht in immer größere Autos, wie es die Bundesregierung vorgesehen hatte. Es wäre fatal, das aktuell dringendste Problem – die Finanz- und Wirtschaftskrise – zu Lasten des wichtigsten Problems – dem Klimawandel – zu lösen. Neue wirtschaftliche Dynamik kann entstehen, wenn wir das Geld jetzt endlich konsequent in Klimaschutz investieren. Wenn die Politik das Casino rettet, doch der Bildung und dem Umweltschutz Geld vorenthält, werden sich die Menschen vollends von der Politik abwenden. Vielleicht ist der Kapitalismus ja gar nicht in der Krise, allerdings ist er mit Sicherheit dort angekommen, wo ihn der »Club of Rome« schon vor 35 Jahren sah, an den Grenzen des Wachstums.

»Was ist das für eine Welt«, fragt Klaus Töpfer, »wo wir uns täglich zu immer mehr Konsum überreden lassen müssen, um die notwendigen Wachstumsraten der Wirtschaft zu erfüllen?« Die marktradikalen »Marktwirtschaftler« haben uns jahrelang gepredigt, dass der Markt gerecht sei. Die Kräfte des Marktes würden alle immer reicher machen. Doch der Markt hat keine Seele – er ist sozial, kulturell, ökologisch und gegenüber den Bedürfnissen künftiger Generationen blind. Deshalb herrscht tatsächlich wirtschaftlicher Krieg. Anarcho-Kapitalismus statt Ordnung! Die Krieger sehen inzwischen sehr müde und abgekämpft aus und viele Schlachtfelder ziemlich trostlos und bankrott – vom Immobilienmarkt über die Banken und von der Autoindustrie bis zu ihren Händlern und Zulieferern. Der globalisierte Markt hat begonnen, seine Kinder und seine Künder zu fressen. Der Markt war Religionsersatz und Ersatzreligion geworden.

Jetzt in der Krise sind die marktradikalen Ideologen sprachlos. Der

Grund für ihr Schweigen ist einfach: Sie haben keine Antwort, die vereinbar wäre mit ihrem Weltbild. Der internationale Mainstream der Ökonomen scheint noch immer lernunfähig. Die Krise verdeutlicht den intellektuellen Offenbarungseid der herrschenden Ökonomie. Es ist wie bei der Weltwirtschaftskrise von 1929. Erst 1936 erklärte der britische Ökonom John Maynard Keynes als Erster und plausibel, dass der freie Markt von sich aus keine soziale Balance schafft und der Staat deshalb eine aktive Ordnungsrolle in der sozialen Marktwirtschaft übernehmen muss – vor allem in Krisenzeiten. Gegenüber den Erkenntnissen von Keynes erinnern die heutigen Ökonomen an Physiker, die uns erklären, die Erde sei eine Scheibe. Bis zur Finanzkrise dachte ich immer, ich verstünde nicht viel von Ökonomie. Jetzt ist mir klar geworden, dass vor allem die Ökonomen wenig von Ökonomie verstehen.

Eine der tatsächlich schwer zu beantwortenden Fragen heißt: Wie viel Profit ist gerecht und was ist ein gerechter Lohn? Sandra Maischberger stellte in ihrer Talkshow Frauen aus Bangladesch vor, die sieben Tage in der Woche täglich zwölf Stunden Hosen nähen und dafür pro Monat 40 Euro erhalten. Diese Hosen werden dann in Deutschland für wenige Euro verkauft. Wer macht hier den Profit? Wahrscheinlich der Fabrikbesitzer und der Händler, aber auch wir als Käufer profitieren davon. Warum sind 40 Euro im Monat für 360 Arbeitsstunden nicht gerecht? Weil die Frauen davon nicht menschenwürdig leben können.

Ethischen Profit kann man vielleicht so definieren: Profit ist gerecht, wenn a l l e, die am Geschäft beteiligt sind, fair für ihre Arbeit bezahlt werden und einen gerechten Anteil bekommen. Das gilt freilich auch für den Endverbraucher, die Umwelt, die Mitwelt und die Nachwelt.

Als im September 2008 durch die Immobilienkrise die Finanz- und Wirtschaftskrise, die Konjunkturkrise und damit eine Arbeitsplatzkrise absehbar wurden, meinten die führenden deutschen Wirtschaftsinstitute, Ende 2009 werde es wieder aufwärtsgehen. So etwa reden Blinde von der Farbe. Wolfgang Franz, »Chef der Wirtschaftsweisen« der Bundesregierung, hat die Lage in vielen Medien schöngeredet: »Irgendwann wird die Krise zu Ende sein. Wir wissen nur nicht wann und wie.«

Konsequenzen aus dem Desaster? Keine! Die klassischen Parteien von links bis rechts überbieten sich noch immer, um »Wachstum, Wachstum, Wachstum« mit geradezu religiöser Inbrunst herbeizubeten.

Wir müssen uns endlich darüber verständigen, dass auch die Natur, die Tier- und Pflanzenvielfalt, das Wasser und die Wälder, ein gutes Klima und schöne Landschaften einen ökonomischen Wert haben wie Industrieprodukte. Deshalb wäre es intelligenter, in einen intakten Naturhaushalt zu investieren als in eine Autoindustrie, die seit 30 Jahren falsche Autos baut und jetzt zu ihrer Rettung nach Steuergeldern ruft. Die alte Autoindustrie soll leben, aber wer – außer den Umweltverbänden, den kleinen Umweltparteien und einigen wenigen Umweltpolitikern in den alten Parteien – sagt: »Die Schmetterlinge, die Bienen und die Wiesenblumen sollen leben!«

8. Nachhaltigkeit? Gestern ein Modewort – in der Krise ein Fremdwort!

Die Fähigkeit, Maß zu halten, ist eine Kulturleistung. Eltern von kleinen Kindern spüren bei jedem Besuch eines Spielzeuggeschäfts, wie schwer es ist, diese Haltung der nächsten Generation zu vermitteln. Kleine Kinder wollen immer alles und sofort. Ludwig Erhard wurde verspottet, als er bei der ersten bescheidenen Wirtschaftskrise des noch jungen Wirtschaftswunderlandes Deutschland mit gerade 2 Prozent Arbeitslosigkeit »Maß halten« empfahl. Wir Menschen verlangen nach immer höheren Gehältern, höheren Zinsen und höheren Renditen. Wer Maß halten rät, gilt als Spielverderber. Die Folgen der Sucht werden gerne verdrängt. Jetzt in der Krise übertreffen sich Politiker mit immer größeren Milliarden-Konjunkturprogrammen und kaum einer fragt, wer das einst bezahlen soll. Die Gefahr, dass die immense Schuldenlast künftige Generationen erschlägt, wird verdrängt.

Wenn aber schon Konjunkturprogramme, dann bitte in eine sozialökologische Richtung: Investitionen in Wärmedämmung, Erneuerbare Energien, Schienenwege und öffentlichen Nahverkehr helfen nicht nur der Wirtschaft, sondern auch dem Klima, und Investitionen in Infrastruktur, Personal von Kindergärten, Schulen und Universitäten eröffnen Kindern und Jugendlichen gleiche Bildungschancen, so dass ihre Zukunft nicht durch ihre Herkunft programmiert ist.

Noch vor kurzem sprachen Umweltpolitiker wie Angela Merkel oder Sigmar Gabriel von Konsummäßigung zugunsten der Ökologie – jetzt rufen dieselben Politiker zu mehr Konsum auf, um die Wirtschaft anzukurbeln. Manche Populisten wollen sogar Konsum-Gutscheine verteilen. Aber irgendwann werden die Steuerzahler und Wähler wissen wollen, was mit ihrem Geld passiert ist und passiert. Maß halten zugunsten künftiger Generationen? Alles schnell vergessen! Nachhaltigkeit? Gestern ein Modewort – in der Krise ein Fremdwort! Ausgeglichene öffentliche Haushalte?

41

Ja natürlich, aber bitte später! Gerade in Krisenzeiten darf die Politik nicht alle Prinzipien über den Haufen werfen.

Immerhin hat Angela Merkel auf dem letzten Weltwirtschafts-Forum in Davos eine »Weltcharta für Nachhaltiges Wirtschaften« angeregt. Entscheidend sind natürlich die Inhalte der politischen Entscheidungen, nicht die wohlklingenden Worte der Politiker. Die Kanzlerin schlägt – wie die Autoren dieses Buches – einen »dritten Weg zwischen Kommunismus und Kapitalismus« vor.

Alle ökologischen Überzeugungen werden jedoch in der Praxis über Bord geworfen, wenn es um die angeblichen Zwänge der Wachstumsideologie geht. Aus vernünftigen Politikern werden dann ganz schnell von Angst zerfressene Apokalyptiker. Endzeitstimmung statt Rationalität. Der Markt müsse unbedingt angekurbelt werden, weil er in der Krise angeblich nicht funktioniert. Dabei funktioniert er in der Krise ganz gut und korrigiert, was durch Maßlosigkeit falsch gelaufen ist. Die Leute kaufen z. B. kleinere und sparsamere Autos. Sie handeln maßvoll und angemessen. Die Autoindustrie ist darauf nicht vorbereitet, obwohl sich der große Run auf kleinere Autos schon seit Jahren abgezeichnet hat. 2008 wurden in Deutschland gegenüber dem Vorjahr 65 Prozent mehr kleinere Autos mit einem CO_2-Ausstoß von unter 120 Gramm verkauft, der Verkauf von CO_2-Dreckschleudern mit einem Ausstoß von über 200 Gramm ging um 29 Prozent zurück.

Für Daimler und Chrysler, für BMW und General Motors, die komplett am Markt vorbei produzierten, könnte es bald heißen: Auto-Land ist abgebrannt! Jetzt stehen die Bänder still, Kurzarbeit allerorten und unverkäufliche Autos überall. Viel Zeit, um in der Autozunft über die Auto-Zukunft nachzudenken, endlich rational und nicht mehr mit ideologischen Scheuklappen.

»Für die Finanzkrise können unsere Bosse nichts«, erzählte mir ein Daimler-Techniker nach einem Vortrag, »aber sie hätten schon viel früher mit dem Bau sparsamerer Motoren anfangen können.« Und sein Chef, ein Ingenieur, ergänzte: »Wir wollten das und wir konnten das. Aber wir durften nicht.« Darauf ein Mitglied des Daimler-Vorstands: »Das wäre doch alles viel zu teuer geworden.« Die Frage, wie teuer es wird, wenn man in der Marktwirtschaft Innovationen verpennt, stellen sich selbst in der Krise noch viel zu wenige Auto-Bosse.

Auf dem Weg zum Oberbürgermeister der Daimler-Stadt Sindelfingen läuft man über weiße Zebrastreifen, die mit Carrara-Marmor ausgelegt sind. Symbol dafür, dass Sindelfingen einst die reichste Stadt Deutschlands war. »Das ist lange vorbei«, sagt das heutige Stadtoberhaupt Bernd Vöhringer zu Journalisten. Der Stadt-Chef musste allein in den letzten Wochen des Jahres 2008 auf 10 Millionen Euro Gewerbesteuer-Einnahmen verzichten. Und kurz vor Jahresende kündigte der Daimler-Vorstand an, dass man 2009 wahrscheinlich an allen deutschen Standorten überhaupt keine Gewerbesteuer mehr zahle.

Ich hatte in den letzten Jahren Diskussionen mit Vorständen aller deutschen Autobauer. Einige waren auch Gast in meinen Zukunftssendungen im Fernsehen. Sie konnten und wollten sich in ihren kühnsten Träumen diese leicht absehbare Entwicklung nicht vorstellen. Ein mitleidiges Lächeln war noch ihre mildeste Reaktion auf meine kritischen Fragen nach zukunftsfähigen Autos. Der Autobau war einmal Deutschlands Leitbranche. Aber mit den alten Riesenschlitten trauen sich heute viele Vertreter einfach nicht mehr zu ihren Kunden.

Nach einem Vortrag vor 600 Vertretern der deutschen Autoindustrie beglückwünschten mich Autoingenieure, weil ich von der »Gegenwartsversessenheit und Zukunftsvergessenheit der deutschen Autowirtschaft« gesprochen hatte. Ihre Bosse jedoch waren nur »peinlich berührt«.

9. Wo bleibt die staatliche Ordnungspolitik?

Der Staat hat die ordnungspolitische Aufgabe, die Märkte intelligent zu steuern. Das heißt: Subventionen um jeden Preis sind Gift für intelligente Märkte. Alexandra Borchardt, Chefin vom Dienst in der Wirtschaftsredaktion der »Süddeutschen Zeitung«: »Das Ziel muss sein, die Wirtschaft zukunftsfähig zu machen, also so auszurichten, dass sie kommende Generationen ernährt und dabei die natürlichen Grundlagen erhält. Wachstum wird dafür gebraucht, es ist aber kein Wert an sich. Auf die Qualität des Wachstums kommt es an.«

Banker, Energieproduzenten und Autohersteller, die schlecht wirtschaften und falsche und veraltete Produkte anbieten, sollten vom Markt verschwinden – das ist der Sinn von Marktwirtschaft und einer der großen Vorteile gegenüber jeder Planwirtschaft. Intelligente politische Rahmenbedingungen unterstützen diesen Ausleseprozess. Die deutsche Politik subventioniert noch immer die Vergangenheit statt der Zukunft, die Kohlesubventionen sind nur das krasseste Beispiel für den Vergangenheitswahnsinn.

In diesem Buch zeigen wir, dass es genug Bedarf und genug Unternehmergeist für neue, zukunftsfähige Produkte und Dienstleistungen gibt und damit auch Chancen für Millionen neue Arbeitsplätze. Es geht um eine umweltverträgliche Energieversorgung, um nachhaltige Mobilität, weniger Autofixiertheit und weit mehr öffentlichen Verkehr als heute, um eine naturnahe Landwirtschaft mit weniger Chemie, um neue Arbeitsplätze in der Altenpflege einer alternden Gesellschaft, um die Entwicklung benutzerfreundlicher Technologien, um Millionen neue Arbeitsplätze in einem Bildungssystem, das diesen Namen verdient, und um die Vereinbarkeit von Familie und Beruf bei entschieden flexibleren Arbeitszeiten.

Der nächste Aufschwung kommt bestimmt. Deshalb gibt es intelligentere Möglichkeiten als Entlassungen: Kurzarbeit und Lehrgänge statt Kündigungen. Arbeitslose und in Teilzeit Arbeitende können z. B. Fremdsprachen lernen und so ihre Chancen in der sich globalisierenden Welt verbessern.

Pessimisten sagen für 2009 eine Wirtschaftsrezession von 3 Prozent voraus – selbst wenn diese Prognose zutrifft, haben wir einen Zustand wie 2007. Das soll die große Katastrophe sein? Ein Land, das sich wirklich mit den wichtigen Zukunftsthemen beschäftigt, kann diese Krise meistern.

Ist da nicht zu viel Zukunftsmusik? Ja, klar, es ist Musik für eine bessere und menschlichere Zukunft. Und die deutsche Wirklichkeit?

Innovationen haben es schwer, und Existenzgründer kommen kaum an Kredite. Der Staat allein kann all die Zukunftsprobleme nicht lösen. Das haben die untergegangenen sozialistischen Länder zur Genüge bewiesen. Kreative und innovativ denkende Menschen sind die Zukunft eines Landes. Sie sind die Unternehmer, welche die Arbeitsplätze von morgen schaffen. Nochmals Alexandra Borchardt: »Vielleicht gibt es ja in den Chefetagen den einen oder anderen Shai Agassi, den ehemaligen SAP-Vorstand, der Elektroautos zu seiner Mission gemacht hat. Daraus könnte dann der eine oder andere Bill Gates oder Dietmar Hopp (oder auch die in diesem Buch genannten Zukunftsunternehmer) werden, die Gründer von Microsoft und SAP, die Millionen ihres Vermögens in soziale Projekte oder Wachstumsbranchen investieren. Neue Unternehmer sollten aber zumindest drei Dinge beherzigen: Nur in Dinge investieren, die sie verstehen. Von der Leistungskraft, die ihnen gegeben ist, der Gesellschaft etwas zurückgeben. Und Maß halten.«

Gerade in Krisenzeiten gibt es viel zu tun. Die Geschichte wird weitergehen. So wie die Informationstechnologien vielen Menschen einen interessanten Arbeitsplatz beschert haben, wird es das viel wichtigere anstehende ökologische Wirtschaftswunder in einer ökologischen Moderne auch tun. Die Welt steckt voller Chancen für nachhaltiges Wirtschaften und sinnvolles, qualitatives Wachstum. Urlaub unter fernen Palmen ist sicher schön, aber genau so schön kann nachhaltiger Tourismus im Schwarzwald, am Bodensee, an der Nord- oder Ostsee oder auf einem Schiff in der Mecklenburgischen Seenplatte sein. Unser Kontinent mit seinen unermesslichen Natur- und Kulturschätzen bietet fantastische Entdeckungs- und Abenteuerreisen. Wollten Sie nicht schon immer mal eine Wanderung oder Pilgerreise auf dem Jakobsweg oder einem anderen alten Pilgerpfad machen?

10. Weitermachen wie bisher geht nicht mehr

Der Präsident des Deutschen Naturschutzrings, Hubert Weinzierl: »Wer weiß, wie viel ein Aktienpaket voller Wiesenblumen oder Schmetterlinge wert ist?« Eine nachhaltige Erholung der Weltwirtschaft wird nur möglich, wenn wir jetzt massiv in Klimaschutz und Erhalt unserer Lebensgrundlagen investieren. Doch tatsächlich erleben wir einen gewissenlosen, brutalen Ausverkauf unserer Zukunft. Eher nehmen wir den Zusammenbruch unserer Zivilisation und Kultur und den Hungertod von Millionen Menschen in Kauf, als dass wir rechtzeitig die hundertprozentige solare Energiewende organisieren. Klimapolitik ist Entwicklungspolitik und Friedenspolitik und Umweltpolitik – wie später in diesem Buch noch aufgezeigt wird. Die Welt braucht – sagt Präsident Obama zu Recht – einen »Green New Deal«.

Wir alle leben unter dem geistigen Gesetz der Polarität. Jeder Schrecken hat seine Kehrseite. Wir können aus Fehlern auch lernen. Wir können z. B. lernen, dass der jetzt größer gewordene Staatseinfluss bei Banken die Chance bietet, eine sozialere und ökologischere Gesellschaft aufzubauen. Der Gesetzgeber kann jetzt so handeln, dass verantwortungslosen Spekulanten und Anarcho-Kapitalisten das Handwerk gelegt wird. Wir können jetzt effizienter an einer Welt arbeiten, in der menschliche Entwicklung wichtiger ist als die Gier von Investment-Geiern. Nach der Globalisierung der Märkte brauchen wir jetzt eine Globalisierung der Gerechtigkeit. Im Wahljahr 2009 wird die Partei überzeugen, welche diese Themen in den Mittelpunkt ihrer Kampagnen stellt.

Die soziale Marktwirtschaft, wie sie nach 1945 in der Bundesrepublik aufgebaut wurde, war der erfolgreiche Versuch, Wettbewerb und soziale Gerechtigkeit zu koordinieren. Seit sich die Nationalwirtschaften globalisieren, ist sie unsozialer geworden, da ihr die sozial und ökologisch ordnende Hand fehlt. Auch die Europäische Union kümmert sich mehr um Marktfreiheit als um Marktordnung.

Das Kapital wurde von seinen Grenzen befreit, und viele Arbeitsplätze gingen verloren, weil sie in Billiglohn-Länder verlagert wurden, wo häufig auch keine ökologischen Auflagen gelten. Im Turbo-Kapitalismus gilt die Devise, dass Kapital wichtiger ist als Arbeit und Umwelt – Menschen werden überflüssig und Natur ist wertlos. Doch eine reife Demokratie funktioniert anders: Sie darf keine überflüssigen Menschen kennen und muss die Lebensgrundlagen schützen. Nicht immer mehr Wachstum ist das Ziel einer funktionierenden Ökonomie, sondern Reife.

Kein Lebewesen kann ewig wachsen, aber es kann – nach einer Phase des äußeren Wachstums – reifen. Zur Reife gehört das Erkennen von Zusammenhängen, der Zusammenhänge von Energie- und Umwelt-, von Finanz-, Ressourcen- und Klimakrise. Alle wissen, dass die Ressourcen knapper, teurer und unbezahlbar werden, aber kein Politiker will sich vorstellen, was es für das reiche Deutschland bedeutet, wenn schon bald viele Menschen ihre Heizölkosten im Winter nicht mehr bezahlen können. So wie sich niemand vorstellen will, was es für unsere Enkel bedeutet, dass sie sehr wahrscheinlich im Treibhaus leben müssen. Staatsverschuldung ist so wenig nachhaltig wie Ressourcenvergeudung oder Generationenungerechtigkeit.

Wenn es uns nicht gelingt, den Treibhauseffekt zu stoppen, wird er noch in tausend Jahren unsere Nachkommen belasten. Das alles kann man wissen, und aus diesem Wissen müssen endlich konsequente Schlüsse gezogen werden. Hat nicht die Katastrophe der Hitlerbarbarei gezeigt, welche Folgen diese politische Unreife und Zukunftsblindheit haben kann? Die Politik darf sich nicht mehr nur mit den Fragen des nächsten Wahlkampfes befassen, sondern muss sich endlich den Überlebensfragen der Menschheit stellen und wissen wollen, wie wir in 20 oder 30 Jahren leben sollen. Weitermachen wie bisher geht nicht mehr. Die »Weiter so«-Strategien führen unvermeidlich in ausweglose Sackgassen.

11. Geld regiert die Welt – aber wer regiert das Geld?

Das entscheidende Kriterium einer modernen Ökonomie ist nachhaltiges und qualitatives Wachstum. Eine internationale ökosoziale Marktwirtschaft hat Zukunft, wenn es gelingt, die internationale Finanz- und Wirtschaftsordnung so sozial verträglich zu gestalten wie etwa die der alten Bundesrepublik und mit den Erkenntnissen der Ökologie zu verbinden.

Vielleicht hilft die aktuelle Krise der Politik, ihren ordnungspolitischen Dornröschenschlaf zu überwinden. Folgende fünf Prinzipien sollten als ökonomische Mindeststandards verankert sein – Forderungen, die auch Bundespräsident Köhler in einer Rede am 24. März 2009 gestellt hat:

1. eine internationale Bankenaufsicht
2. eine gemeinsame Zinspolitik
3. eine internationale Spekulationssteuer
4. eine internationale ökologische Steuerreform
5. maßvolle Gehälter und Bonus-Zahlungen an Topmanager.

Das Superwahljahr 2009 mit seinen 16 Wahlen in Deutschland bietet die Chance, diese Vorschläge zu thematisieren und die Politik und die Volksparteien zu revitalisieren.

Zu einer wirksamen Demokratiereform gehören freilich auch Reformen der politischen Institutionen. Vor allem die internationalen Institutionen müssen entschieden demokratischer werden:

1. Die Welthandelsorganisation (WTO) ist faktisch ein globaler Gesetzgeber, aber ohne demokratische Kontrolle. Sie erlaubt den Anbau gentechnisch veränderter Produkte zugunsten großer Chemiekonzerne, jedoch gegen den Mehrheitswillen der Bevölkerung.
2. Das Europäische Parlament ist als demokratisches Kontrollorgan der europäischen Exekutive viel zu schwach.
3. Über eine demokratischere UNO wird seit Jahrzehnten diskutiert, allerdings sind wir Lichtjahre davon entfernt.

Wir alle können von Politikern und Parteien, die unsere Stimmen wollen, verlangen, dass sie mit demselben Eifer und derselben Eile, mit denen sie die Banken gerettet haben, die Bildungsausgaben und die Entwicklungshilfe erhöhen. Vielleicht war die Rettung der Banken wichtig. Aber sind die Rettung der Erde und die Überwindung des Hungers weniger wichtig?

Die deutsche Bundesregierung hat in wenigen Tagen einen Rettungsschirm über die Banken und die Wirtschaft gespannt, der 500 Milliarden Euro Steuergelder umfasst. Ist der Schirm auch wetterfest?

Für die Marktwirtschaftler galt die Maxime: Wenn es der Wirtschaft gut geht, geht es den Menschen gut. Finanz-Hyänen wie der Chef der Deutschen Bank Josef Ackermann, der frühere Vorstandschef von Daimler Chrysler Jürgen Schrempp oder der frühere Siemens-Chef Heinrich von Pierer haben diesen Grundsatz schon seit Jahren pervertiert. Alle drei Spitzenmanager haben Massenentlassungen ihrer Mitarbeiter gefordert, als es ihren Firmen sehr gut ging. Milliarden Gewinne machen und gleichzeitig Mitarbeiter entlassen ist moralisch unanständig und ökonomisch kurzsichtig.

Diese angeblichen Fachleute und großen Bosse waren nichts anderes als die Kasperlefiguren des großen Kapitals. Die Bilanz von Jürgen Schrempp, 5 Jahre Vorstandsvorsitzender von Daimler-Benz und 7 Jahre von Daimler-Chrysler, sieht nach den Berechnungen des Freiburger Publizisten Jürgen Grässlin etwa so aus: Schrempp hat 80 000 Menschen entlassen, seinen Konzern um 50 Milliarden Euro ärmer gemacht und für diese Management-Heldentaten 43 Millionen Gehalt kassiert und nochmal eine vergleichbare Summe an Aktien-Optionen mitgenommen. Wie sollen die Menschen Vertrauen in ein System haben, in dem an der Spitze das Motto galt: Je größer die Flaschen, desto höher die Gehälter? Doch Jürgen Schrempp ist heute als Unternehmensberater tätig!

Wenn die vom Staat geschnürten Konjunktur-Pakete keine Vertrauenspakete sind, werden sie nicht wirklich wirksam werden können. Menschen, die an die Devise glaubten, dass sich Leistung lohnt, fühlen sich von Bankern und Bossen betrogen, die nur in ihre eigene Tasche sowie die ihrer Aktionäre gewirtschaftet haben, und von Politikern getäuscht, die ihre Aufsichtspflicht, z. B. in den Landesbanken, sträflich vernachlässigt haben. Es hat sich nämlich herausgestellt, dass die Aufsichtspflicht überwiegend darin bestand, die Augen vor den Fakten zu verschließen. Wenn es stimmt, dass Geld die Welt regiert, ist die Frage dringlich: Wer regiert das Geld?

Vertrauen in eine funktionierende Marktwirtschaft könnte zurückkehren, wenn die Politik ein sozial-ökologisches Konjunkturprogramm beschließt, das z. B. so aussehen könnte:

1. Die Hartz-IV-Sätze werden so angehoben, dass damit ein würdevolles Leben, auch für die Kinder der Hartz-IV-Empfänger, möglich ist. In Deutschland leidet jedes fünfte Kind unter Hunger, Vernachlässigung oder katastrophalen Wohnverhältnissen. Eine Schande für ein reiches Land, das jedes Jahr 15 Milliarden Euro in die Rüstung steckt.
2. Bund und Länder starten endlich eine Bildungsoffensive, die diesen Namen verdient.
3. Es gibt mehr finanzielle Anreize für Erneuerbare Energie-Technologien und für Elektro-Autos.
4. Investitionen für den Ausbau des öffentlichen Nahverkehrs, weil es höchste Eisenbahn ist für eine ökologische Verkehrswende.
5. Ökologischer Landbau muss Standard werden.

So würde Deutschland zukunftsfähig.

Die Weltfinanzkrise hat zu einer neuen Gewichtung in der Weltpolitik geführt. Beim Finanz-Krisengipfel im November 2008 saßen in Washington erstmals 20 Staats- und Regierungschefs am Tisch gleichberechtigt nebeneinander: die Vertreter von Industriestaaten und Schwellenländern. Ohne Rangordnung. Aus Ost und West, aus Nord und Süd. Das gab es noch nie.

In der Finanzkrise wurde wie nie zuvor deutlich, dass die USA nicht mehr allein das Sagen in der Welt haben. Die künftige Weltordnung wird keine Zentralmacht mehr haben. »Unser Sonnensystem hat keine Sonne mehr«, schrieb der führende Kopf im US-Thinktank New America Foundation, Parag Khanna. Indien und China, die EU und Brasilien, Mexiko und Südafrika, Russland und Saudi-Arabien werden dafür eine wichtigere Rolle spielen. Arabische Scheichs und deren Staatsfonds, aber auch Chinas Nationalbank, deren Währungsreserven inzwischen mehr als zwei Billionen Dollar betragen, werden bei der Lösung der Finanzkrise so wichtig wie die Reaktionen der neuen US-Regierung. Die globale Krise bedarf globaler Lösungen. Deshalb ist es richtig, das kommunistisch regierte China in die Zusammenarbeit ebenso einzuschließen wie die kapitalistisch-demokratischen USA, die autoritär regierten islamischen Staaten genauso wie die demokratischen Wohlfahrtsstaaten von Euroland. Helmut Schmidt prognostiziert: »Die Amerikaner werden wegen ihrer hohen außenwirtschaftlichen Defizite eine weitere Abwertung des Dollar-Wechselkurses ertragen müssen – ebenso wie die Chinesen, die Japaner und die Europäer eine Aufwertung von Yuan, Yen und Euro.« Im Frühjahr 2009 hat Chinas Regierung vorgeschlagen, den US-Dollar als weltweite Leitwährung aufzugeben und ein internationales System von Währungsreserven aufzubauen.

Die Veränderungen auf dem geopolitischen Marktplatz werden durch die Krise beschleunigt. Wir erleben gerade den Übergang von der Alleinherrschaft der USA zu einer eher partnerschaftlichen Weltpolitik vieler Akteure. In der Vergangenheit war die Welt von maskulinem Militarismus beherrscht, das partnerschaftliche Prinzip auf der Weltbühne kann die Welt mehr verändern, als wir es uns heute vorstellen können: Es kann auch zu mehr Partnerschaft zwischen Kulturen und Kontinenten, zwischen großen und kleinen Betrieben, zwischen Arm und Reich und vor allem zu mehr Partnerschaft zwischen den Geschlechtern führen. Das weibliche und das männliche Prinzip werden dann endlich mehr kooperieren als konkurrieren. Vielleicht ist das die wirkliche Voraussetzung einer besseren Welt. Wir können unser Hiersein auf diesem Globus sehr wohl so organisieren, dass unsere Kinder und Enkel ohne Angst vor Krieg und Hunger leben können. Es wäre eine psychische und gesellschaftliche Wiedergeburt, eine Welt, in der sich unsere Wünsche nach Liebe und Schönheit endlich erfüllen könnten. Und wir könnten wohl endlich herausfinden, was es heißt, ein Mensch zu sein und ein Leben in Würde zu führen.

Viele Jahrtausende lang war es unter patriarchalischer Herrschaft so, dass die Hälfte der Menschheit, die Frauen, zwei Drittel der Arbeit erledigten, ein Zehntel der Einkommen der Männer verdienten und ein Hundertstel dessen besaßen, was Männer ihr Eigentum nannten. Ein partnerschaftlichem Miteinander, das auf Ausgleich statt auf Konfrontation bedacht ist, wird in einem evolutionären Durchbruch zu einer neuen Politik und einem neuen Verständnis von Wirtschaft und Kultur führen. Der neue US-Präsident verkörpert diesen »change«. Nicht dass es Konflikte gab und gibt, war bisher das Problem unter uns Menschen, sondern dass wir unfähig waren und sind, Konflikte sachlich und vernünftig zu lösen.

Die Methoden einer neuen Partnerschaft haben uralte Wurzeln. Sokrates und Jesus wussten davon, Laotse und Gandhi träumten davon und Martin Luther King und Albert Schweizer lebten für sie. Einige dieser sehr weiblich gepolten Männer wurden freilich erst ermordet, bevor sie heilig gesprochen wurden. Kein Fortschritt ohne Mut zum Konflikt.

Der Weltklimagipfel im September 2009 in Kopenhagen mit den Themen Klimaschutz, Erneuerbarer Energie, Entwicklungspolitik, Frieden und globale Gerechtigkeit ist die erste Bewährungsprobe für das Streben nach einer gerechteren Welt in der Nach-Bush-Ära. Die Zeit, in der eine marktradikale US-Regierung ideologischer und missionarischer auftrat als je ein kommunistisches Regime, ist zu Ende. Die Welt wird multipolar und dreht sich um die neue Achse Peking-Washington. Diese beiden Supermächte sind wie kommunizierende Röhren eng miteinander verflochten. Wenn es dem einen schlecht geht, leidet der andere. China leiht den USA viel Geld, aber braucht die USA als Absatzmarkt.

So bietet die Finanzkrise zugleich die Chance, mit einem US-Präsidenten Obama eine friedlichere und gerechtere Welt zu gestalten. Präsident George W. Bush gilt vielen Beobachtern als der größte Versager aller US-Präsidenten. Aber vergessen wir nicht: Durch sein Versagen wurde der Reform-Präsident Obama erst möglich. Welch eine Lektion! Barack Obama könnte sein Land und die Welt so umkrempeln wie einst Michail Gorbatschow die Sowjetunion.

12. Was will dieses Buch?

Der Zweck von Social Business ist nach Muhammad Yunus die Lösung von sozialen und ökologischen Problemen. Social-Business-Unternehmen arbeiten gewinnorientiert und dabei für individuellen, gemeinschaftlichen und gesellschaftlichen Fortschritt im Sinne einer nachhaltigen Entwicklung. Der Hauptanteil des Gewinns bleibt im Unternehmen und wird zur Verbesserung seiner sozialen und ökologischen Infrastruktur eingesetzt. Ökonomische Vernunft sowie soziale und ökologische Gewinne sollen in Einklang gebracht werden. Dadurch ließe sich die wirtschaftliche Geier-Dynamik zurückdrängen.

Eine weltweite sozial-ökologische Marktwirtschaft wird angestrebt, wie sie sich nach 1945 in Deutschland nach den Ideen der Väter der sozialen Marktwirtschaft wie Ludwig Erhard, Alfred Müller-Armack, Wilhelm Röpke und Walter Eucken, dem Begründer der ordoliberalen Freiburger Schule, mit Vollbeschäftigung und sozialer Balance, aber auch in den skandinavischen Ländern, entwickelte.

Am 29. August 1948 erklärte Ludwig Erhard dem CDU-Parteitag der britischen Zone sein Credo der Sozialen Marktwirtschaft: »Ich bin zutiefst überzeugt, dass wir die schweren Probleme nur lösen können, wenn es uns gelingt, nicht etwa nur einzelne Schichten zu begünstigen, sondern der Masse unseres Volkes einen würdigen Lebensstandard sichern und diesen fortlaufend verbessern. Ich verlange in letzter Konsequenz gerade von den verantwortlichen Unternehmern, die über den Produktions- und Verteilungsapparat der Volkswirtschaft verfügen, die größten Opfer, die höchste Einsicht und Verantwortung.«

Mit Erhards Motto »Wohlstand für alle« hat zum einzigen Mal in der Geschichte der Bundesrepublik eine Partei (die CDU/CSU) die absolute Mehrheit bei einer Bundestagswahl gewonnen. Erhard schrieb in seinem gleichnamigen Buch: »Ich habe nie einen Zweifel daran gelassen, dass jedes Einzelinteresse seine Rechtfertigung nur dadurch finden kann, dass es geeignet ist, auch dem Interesse des Ganzen zu dienen.« Die späteren Neoliberalen, die sich auf Ludwig Erhard beriefen, haben den Vater der sozialen Marktwirtschaft nicht verstanden. Ihre These, das Gewinnstreben des Einzelnen führe automatisch zu einem optimalen Ergebnis für die gesamte Gesellschaft, hat mit Erhards Sozialer Marktwirtschaft nichts zu tun.

Die bisherige Entwicklung der Social-Business-Ökonomie hat vier wesentliche Innovationen vorzuweisen, die Peter Spiegel im dritten und vierten Kapitel und ich im zweiten Kapitel an vielen Praxis-Beispielen belegen wollen:

1. Finanzpolitische Investitionskraft

Der bisherige Brutal-Kapitalismus führte zwei Drittel der Menschheit in Armut, Sozialhilfe oder unwürdige Arbeitsverhältnisse. In fast allen Ländern wurde der ärmere Teil der Bewohner für kreditunwürdig erklärt und damit von der Chance ausgeschlossen, ihr Leben in Würde und selbstbestimmt zu gestalten.

Die Social-Business-Ökonomie von Muhammad Yunus schuf in den letzten 30 Jahren mehrere tausend Mikrofinanz-Institutionen, die bis heute 130 Millionen »kreditunwürdigen« Menschen Bankkredite zur Verfügung stellten. Yunus' Credo heißt: »Arme sind kreditwürdig, weil unglaublich kreativ.« Er konnte mit dieser neuen, sozialen Ökonomie, seinen Grameen Banken (Dorf-Banken oder Banken für Arme) und vielen Nachahmerprojekten insgesamt etwa 500 Millionen Menschen in den armen Ländern eine Lebensperspektive auf ein menschenwürdiges Leben vermitteln.

Nach der Erfahrung in Bangladesch wissen wir: Der Zugang zu fairen Krediten ist die Voraussetzung zur Überwindung von Hunger und Elend.

2. Ökologische Innovationskraft

Eine auf Gier und Wachstum um jeden Preis ausgerichtete Ökonomie hat chronische Probleme, die ökologische Basis des Lebens zu erhalten. Die Social-Business-Ökonomie der Grameen Bank kreierte z.B. mit ihrem Tochter-Unternehmen Grameen Shakti ein System, das Armutshaushalte mit Hilfe von Mini-Krediten mit Solarstrom und Biogas versorgt – ohne Subventionen und zu Preisen, die weit unterhalb dessen liegen, was die Armen bisher für Kerzen und Kerosin ausgeben mussten. Das System der Solar-Home-Systems hat dazu geführt, dass das arme Bangladesch heute mehr Solarstromanlagen hat (natürlich kleinere) als das reiche Deutschland. Auch dieses System ökologischer und sauberer Energiegewinnung ist übertragbar. In Südindien drehte ich für die ARD einen Film, der zeigt, dass sich über 10000 Dörfer schon heute mit Solarstrom und Biogas, also zu 100 Prozent mit Erneuerbarer Energie, selbst versorgen. In mehreren afrikanischen Ländern, z.B. in Äthiopien und Ruanda, in Nigeria, Südafrika und Marokko, ist damit begonnen worden, ebenfalls das Solar-Home-System aufzubauen.

Die ökologische Wende der Weltwirtschaft kann von unten, aus den armen Ländern, einen entscheidenden Schub bekommen. Afrika, Indien, Südamerika und die Sonne – welch eine Vision für eine ökonomische Entwicklung und die Überwindung des Hungers! Entwicklung aus der Armut und globale ökologische Effizienzrevolution unterstützen sich wechselseitig.

3. Weltwirtschaftliche Innovationskraft

Wie wir in diesem Buch zeigen, verstehen immer mehr mittelständische und einige große Unternehmen, dass die Zukunft der Weltwirtschaft davon abhängt, ob wir die Kluft zwischen Arm und Reich drastisch verringern. Gerade exportorientierte Volkswirtschaften wie die deutsche werden künftig vor allem dadurch wachsen, dass sie helfen, die globale Armut und die ökologischen Katastrophen zu überwinden. Der Erfolg der deutschen Solar- und Windbranche der letzten 15 Jahre, der an einigen Firmen und Beispielen beschrieben wird, belegt diese These.

4. Innerbetriebliche Innovationskraft

Sinn-lose Globalisierung und Raubtier-Verhalten gefährden nicht nur die Seelen der Bosse und Manager, sondern aller Mitarbeiter. Dieses Defizit vermindert den Erfolg eines Unternehmens, indem es die Mitarbeiter eher demotiviert als motiviert, zum Erfolg beizutragen. Und in Umbruchzeiten und Krisenzeiten wie diesen reagieren Menschen ohne Motivation bei der Arbeit mit Angst und Rückzug ins Private. Sie machen allenfalls noch »Dienst nach Vorschrift«. Bei aktuellen Umfragen erklären 75 Prozent der deutschen Arbeitnehmer, sie seien für ihre Arbeit und an ihrem Arbeitsplatz nicht motiviert. An jedem Montagmorgen freuten sie sich vor allem auf den Freitagnachmittag. Bei einer Gallup-Umfrage Ende 2008 sagten sogar 20 Prozent der Befragten, sie hätten innerlich ihren Arbeitsplatz bereits gekündigt.

Was Engagement und Motivation aber an Wunder bewirken können, bewies Barack Obama im US-Wahlkampf mit seinem Motto: »Yes, we can«.

13. Jesus: Geld oder Gott?

Joseph Pulitzer, jener US-amerikanische Journalist, nach dem der Preis benannt ist, der als die höchste journalistische Auszeichnung gilt, sagte mit Blick auf das Geld-System in den Vereinigten Staaten, das zur Ersatzreligion verkommen ist: »Was demoralisiert unser öffentliches Leben? Natürlich die Korruption. Und was ruft die Korruption hervor? Natürlich die Geldgier. Und wer liefert der Geldgier die größten Versuchungen? Die großen Wirtschaftsunternehmen, Geld ist die große Macht. Männer verkaufen ihre Seele fürs Geld, Frauen ihren Körper, andere beten das Geld an.«

Die Geld- und Gewinngier wurde immer maßloser, als der Neoliberalismus an den Schaltstellen der Macht saß und die Globalisierung sich nach 1990 ausbreiten konnte. Oskar Lafontaine warnte vor der Maßlosigkeit des Kapitals schon 1999, Helmut Schmidt in einem »Zeit«-Artikel 2006 und Angela Merkel zaghaft, aber ergebnislos auf dem G8-Gipfel in Heiligendamm im Sommer 2007. Doch den unternehmerischen Kannibalismus, durch den eine »Heuschrecke« die andere weltweit bedrohte und die Aasgeier einander auffressen wollten, und die Orgien der Spekulationssucht vermochte kein Politiker aufzuhalten, bevor nicht im Herbst 2008 auf den Schlachtfeldern des Kapitals und der Profitinteressen massenhaft Tote und Verwundete herumlagen. Alle wussten zwar, dass Geld die Welt regiert, aber kaum einer fragte, wer regiert das Geld. Und niemand fiel auf, dass in dem Wort »re-Gier-t« die Gier steckt.

Der Dalai Lama hat einmal die sieben Todsünden der heutigen Menschheit so zusammengefasst: »Reichtum ohne Arbeit. Genuss ohne Gewissen. Wissen ohne Charakter. Geschäft ohne Moral. Wissenschaft ohne Menschlichkeit. Religion ohne Opfer. Politik ohne Prinzipien.«

Lane Kirkland, Präsident des US-Gewerkschaftsbundes AFL-CIO, nannte den Zustand an den Börsen »Finanz-Kannibalismus«, »unverantwortliche Kriegsspiele« und »Orgien der Spekulationssucht«. Nach dem Crash vom Herbst 2008 sagte ein Börsen-Insider in der »taz« über seine Kollegen: »Die Leute in dieser Industrie sind kaltblütig. Es wird viel geflucht und geschrien, aber nie gejammert. Der Ton bei uns ist kriegerisch.« Legendär ist der Spruch von John Mack, der jetzt Morgan Stanley vorsteht: »There is blood in the water. Let's go kill someone.« (Es ist Blut im Wasser. Lasst uns jemand erlegen.)

Wundersamer als die Vermehrung der Profite war nur noch das Verschwinden des Geldes im Haifisch-Becken.

Wird sich die Natur des Menschen niemals ändern? Sind wir zum Hassen oder zum Lieben auf diesem Planeten? Kann die innere Befreiung von der Religion des Geldes doch noch gelingen?

Jesus hat vorgeschlagen: Sorgt dafür, dass Gott für euch wichtiger ist als Geld. Werdet nicht abhängig vom Mammon! Dabei geht es nicht um ein vordergründig beruhigendes »Fürchtet euch nicht«. Und schon gar nicht um fromme Sprüche. Der Realist aus Nazareth wusste und lehrte, dass auch Gott nur unsere Hände hat. In dieser Krise rettet uns kein himmlisches Wesen. Der Stall von Bethlehem zählt sicher nicht zu den Traum-Immobilien. Auch die »Drei Könige aus dem Morgenland« gingen schnurstracks zuerst in die Hauptstadt Jerusalem, ins Königshaus. Niemand geht nach Bethlehem – außer Gott! Die Weisheit des Meisters aus Nazareth »Was nützt dir alles Geld der Welt, wenn du Schaden an deiner Seele nimmst!« haben wir verdrängt. Doch verdrängen hilft nicht. Die Folgen müssen wir tragen. Aus christlicher und buddhistischer Sicht ist die Geldgier eine zentrale Ursache des Leidens.

In Wirklichkeit brauchen wir das Geld, um unsere tiefsitzenden Ängste vor Verlust und Tod, Trauer und Loslassen zu beruhigen. Jesus in der Bergpredigt: Habt keine Angst, habt Vertrauen in Gott und ihr habt alles, was ihr braucht! Ihr könnt nie tiefer fallen als in Gottes Hände! Die ganze Botschaft des Nazareners lautet: Lebe die Liebe und liebe das Leben! Liebe, Vertrauen und Hoffnung sind die einzigen Kräfte, die uns wirklich helfen. Bob Dylan hat es so gesagt: »Was bedeutet schon Geld? Ein Mensch ist erfolgreich, wenn er zwischen Aufstehen und Schlafengehen das tut, was ihm gefällt.«

Eine ähnliche Einstellung zum Geld hat der Mystiker Matthias Claudius in einem Gedicht ausgedrückt: »Und all das Geld und all das Gut gewährt zwar viele Sachen; Gesundheit, Schlaf und guten Mut kann's aber doch nicht machen. Gott gebe mir nur jeden Tag soviel ich darf zum Leben. Er gibt's dem Sperling auf dem Dach. Wie sollt er's mir nicht geben?« Das ist nicht nur fromm. Das ist revolutionär! Nur Gott gibt Sicherheit! Der Psychotherapeut und Arzt Rüdiger Dahlke schreibt in seinem lesenswerten Buch »Die Psychologie des Geldes«: »Sein Vermögen kann man jederzeit verlieren. Aber nicht das Vermögen der eigenen Seele, mit dem Leben und seinen Aufgaben fertig zu werden.«

Mark Twain, der amerikanische Spötter, hatte schon vor 60 Jahren das amerikanische Glaubensbekenntnis so definiert: »Was ist das Ziel des menschlichen Lebens? Reich zu werden. Wie? Unehrlich, wenn wir können; ehrlich, wenn wir müssen. Wer ist der einzige und wahre Gott? Geld ist Gott. Gold, Dollar und Aktien – Vater, Sohn und ihr Geist.«

Am radikalsten verlangte der junge Mann aus Nazareth, sich wirklich zu entscheiden: Gott oder Geld – eins von beiden – entweder oder! In der Bergpredigt forderte Jesus: »Sammelt keine Reichtümer hier auf der Erde! Denn ihr müsst damit rechnen, dass Motten und Rost sie auffressen oder

Einbrecher sie stehlen. Sammelt lieber Reichtümer bei Gott. Dort werden sie nicht von Motten und Rost zerfressen und können nicht von Einbrechern gestohlen werden. Denn euer Herz wird immer dort sein, wo ihr euren Reichtum habt.« (Matthäus 6, 19–21). Nichts machte Jesus so zornig wie der falsche, weil verantwortungslose Umgang mit Geld – aber darüber wird in den Kirchen viel weniger gepredigt als über das »liebe Jesulein« an Weihnachten.

Am Anfang der christlichen Kirchengeschichte waren die Gewichte freilich ganz anders gelagert. Der putzige Weihnachts-Krippen-Jesus kommt nur bei zwei Evangelisten vor – bei Lukas und Matthäus. Aber alle vier Evangelien – also auch Markus und Johannes – berichten über den heiligen Zorn Jesu im Tempel, wo er die damaligen »frommen« Kapitalisten verprügelte, ihre Geldtische umwarf und sie mit einer Peitsche aus dem Tempel getrieben hat. Sie hätten – so tobte Jesus – »das Haus des Vaters zu einer Räuberhöhle« gemacht. Bei dieser »Tempelreinigung« hat Jesus ja nicht den Tempel vom Staub gereinigt oder den Boden geputzt, sondern er ließ seiner Empörung über den Finanzkapitalismus seiner Zeit freien Lauf, wie es Oskar Lafontaine oder Gregor Gysi nie wagen würden. Jesus protestierte im Tempel gegen Ausbeutung und fromme Heuchelei führender Juden, das heißt der damaligen Hohepriester. Zu allen Tempeln gehörten reicher Besitz an Häusern, Ackerland und vor allem viel bares Geld, um die hauptamtlichen Priester und Schriftgelehrten finanzieren zu können. Der Tempel mit seinen Wechselstuben und Geldtresoren für die Reichen hatte in der Antike zugleich die Funktion einer Zentralbank. Viele Menschen bewahrten ihr Geld im Tempel auf, wo sie es wegen der Heiligkeit des Ortes am sichersten wähnten. Diese Doppel-Funktion ging Jesus schlicht auf den Geist. Seine Priorität ist eindeutig: »Erst kommt das Reich Gottes und dann alles andere.«

Der sonst so sanftmütige junge Mann greift gegen die gotteslästerliche Geldgier der Frommen zu roher Gewalt. Das Johannes-Evangelium berichtet, dass er eine »Geißel« aus Stricken fertigte und »sie alle zum Tempel hinaustrieb«. Das war ein revolutionärer Akt, denn beim Geld hört auch für die Reichen und Mächtigen der Spaß auf. Nicht nach seinen Reden, nicht nach seinen Heilungen, nicht nach der Bergpredigt schmiedeten Jesu Gegner sein Todesurteil, sondern nach diesem Anschlag auf das Kapital. Die Tempelreinigung war sein Todesurteil. Jetzt war er für die Mächtigen in Politik und Religion gefährlich geworden, zumal »das Volk« und seine Freunde die Tat offenbar guthießen. Deshalb sahen die Herrschenden zu Recht ihre Macht bedroht, und in dieser Hinsicht verstehen sie nun wirklich keinen Spaß. Damals nicht und heute nicht! Doch die »Nachfolger« Jesu standen 2000 Jahre lang meist auf der Seite der Mächtigen.

Jesu Zorn über die Ungerechtigkeit hat eine lange biblische Tradition. Bereits der Prophet Jesaja hatte über die ungerechten Fürsten gegrollt. Sie seien eine »Bande von Dieben«, die sich gern bestechen lassen und um Geschenke betteln. Die Forderung nach einer gerechteren Welt durchzieht das gesamte Alte und Neue Testament und gehört zum Ur-Ethos aller Religionen von Anfang an.

14. Banken – die fünfte Macht im Staat?

Der ehemalige Chef der Deutschen Bank, Rolf-Ernst Breuer, meinte einmal: »Anleger müssen sich nicht mehr nach den Anlagemöglichkeiten richten, die ihnen ihre Regierung einräumt, vielmehr müssen sich die Regierungen nach den Wünschen der Anleger richten.« Es solle neben den drei klassischen Gewalten und der freien Presse als der vierten Gewalt eine fünfte geben, nämlich die der Finanzmärkte. Diese Idee vom Vorrang des Geldes führt aber weltweit zur Rezession der Wirtschaft und zu einer Erosion der Demokratie. Doch wenn die Nationalstaaten künftig ihre Casinos besser kontrollieren, haben sie auch die Chance, eine neue Finanzarchitektur zu errichten. Wenn die Finanzmärkte wieder der Politik folgen müssen – und nicht umgekehrt –, besteht die Chance einer Demokratisierung und Humanisierung der Gesellschaften. Milliarden für die Konjunktur nützen wenig, wenn die Regierungen nicht endlich Regeln für die Banken und deren Produkte vorgeben.

Eine der wichtigsten Aufgaben der Politik wird sein, die Sozialbindung des Kapitals und nachhaltiges Investment zu stärken, so wie es das Grundgesetz der Bundesrepublik Deutschland zwingend vorschreibt. Doch was betreibt die Bundesregierung mit ihren Milliarden-Konjunkturprogrammen?

Da ist zwar die Rede von »Zukunftsinvestitionen« und »Umweltprämie«, aber was verbirgt sich hinter diesen schönen Worten? »Zukunftsinvestitionen« meint Straßenbau – dabei wäre nichts dringlicher und zukunftsträchtiger als der Ausbau des öffentlichen Verkehrs. »Umweltprämie« nennt die Große Koalition in Berlin die Zahlung von 2500 Euro für das Verschrotten eines neun Jahre alten Autos und den Kauf eines neuen Autos. Ich habe mein vorletztes Auto 22 Jahre problemlos gefahren. Allein die Produktion jedes neuen Autos kostet viel Energie, Ressourcen und Wasser, noch bevor der erste Kilometer gefahren wurde. Was die Bundesregierung mit Geld unterstützt, heißt darüber hinaus: Verbrennungsmotoren wandern in die Schrottpresse, damit neue Verbrennungsmotoren auf den Markt kommen können. Dabei weiß inzwischen jedes Kind, dass die Zukunft dem Elektroauto gehört. Wir aber sollen uns weiter wie Pyromanen benehmen, welche die Zukunft ihrer Enkel verbrennen. Und dieser Wahnsinn wird staatlich weiter gefördert. Die »Umweltprämie« der Bundesregierung ist eine Umweltzerstörungsprämie.

Solche Zukunftsprogramme sind ein übler Witz. Solche »Programme« wagt eine Regierung zu verkünden, deren Vertreter ständig das Wort »Nachhaltigkeit« im Munde führen. Diese Politik verwaltet die Vergangenheit, anstatt die Zukunft zu gestalten.

Die heutigen Hohepriester des Geldes handeln ganz ähnlich wie die vor 2000 Jahren. Mit dem Geld der »kleinen Leute« machen sie ihre »großen Geschäfte«.

Und damals wie heute reagiert die Politik ähnlich. Sie stellt sich reflexartig auf die Seite der Reichen und spannt »finanzielle Milliarden-Schutzschirme« über die Hohepriester des Kapitals. Das machen dieselben Politiker, die bisher angeblich kein Geld hatten für die Renovierung von Schulen, Kindergärten und Universitäten oder für die Kinder von Hartz-IV-Empfängern oder für den Ausbau des öffentlichen Verkehrs. Das Credo der heutigen Finanz-Heiligen – wie Josef Ackermann von der Deutschen Bank – heißt: Wir glauben an die Kräfte des Marktes, die alles so wunderbar regieren! Dieses kapitalistische Glaubensbekenntnis hat der Vorsitzende des Rats der Evangelischen Kirche, Bischof Huber, zu Recht kritisiert, als er Josef Ackermann mit seinem 25-Prozent-Gewinnziel »modernen Götzendienst« und »Tanz um das Goldene Kalb« vorwarf. Wer 25 Prozent Gewinn erwirtschaften will, muss das Geld anderen wegnehmen. Der Chef einer badischen Volksbank sagte mir: »Wir sind und waren mit 7 Prozent Gewinn zufrieden und deshalb gehen wir gestärkt aus der Krise hervor.« Es gibt auch kluge Banker, Herr Ackermann!

Vor 2000 Jahren wie heute ging und geht es um eine gerechtere Ordnung für alle und um die Überwindung des Systems, wie es in der pfiffigen Geschichte von Chuck und seinen 100 Dollar für ein totes Pferd im »Prolog« dieses Buches beschrieben wird. Die Instrumente zur Überwindung des Lotto-Kapitalismus liegen schon lange auf dem Tisch: Z. B. eine Tobin-Steuer, genannt nach dem US-Ökonom und Nobelpreisträger James Tobin, der vorgeschlagen hat, die Transaktion von Devisen, Wertpapieren und Derivaten zu versteuern oder Finanzpapiere künftig wie Medikamente genehmigen zu lassen, um »Nebenwirkungen« besser kontrollieren zu können. Jetzt muss die Politik endlich handeln.

Die reale Ungerechtigkeit innerhalb der reichen Gesellschaften und erst recht zwischen den reichen und armen Ländern war für den großen Gottsucher Jesus eine Gotteslästerung. Heribert Prantl schrieb in seinem Leitartikel am 24. Dezember 2008 in der »Süddeutschen Zeitung« dazu: »Der Tempel von Jerusalem ist nur ein Symbol. Es gibt viele andere ›Tempel‹, in und an denen Menschen nicht leiden sollen: den Staat, die Kirchen, die Wirtschaft, das Gemeinwesen. Verträglich geht es dort dann zu, wenn nicht nur dem Kaiser gegeben wird, was des Kaisers, und Gott, was Gottes ist – sondern auch dem Menschen, was des Menschen ist.«

Der schiere Kapitalismus muss den Zorn Gottes auf den Plan rufen. Der Gott Jesu ist zuerst der Gott der »kleinen Leute« und der Gott der Armen. Ob es uns gefällt oder nicht – und vielen gefällt es gar nicht: In *dieser* provozierenden Botschaft steckt die Energie für eine gerechtere Welt.

Was also ist wahrer Reichtum? Wir müssen wählen. Geld zur Befriedigung der Gier, die aber niemals zufrieden ist, oder Social Business, das auch anderen hilft im Sinne einer sozial-ökologischen Marktwirtschaft?

Wie aber kann Social Business Sinn und Lebensqualität schaffen?

15. Den Hunger ins Museum der Geschichte stellen

Für das deutsche Wirtschaftswunder war weitgehend der marktwirtschaftliche Ordnungsrahmen zuständig, den die junge Bundesrepublik nach 1949 organisierte. Ich habe über Konrad Adenauer und Ludwig Erhard und ihren Start in die soziale Marktwirtschaft promoviert. Mich hat schon als Student fasziniert, wie der Staat nach der Katastrophe von 1945 am Anfang soziale Ausgleichsleistungen organisierte. Das Streben nach sozialer Balance hat mich mehr als alles andere für dieses Staatssystem eingenommen. Hinzu kam ein begnadeter Geschichtslehrer, der uns nach dem Zweiten Weltkrieg lehrte: »Engagiert euch politisch, damit die Macht nie mehr frei, sondern die Freiheit mächtig werde.«

Aber das Soziale der Social-Business-Ordnung ist der unmittelbare Leistungsantrieb der Menschen in ihrer ökonomischen Tätigkeit. Dort, wo sich die neue Social-Business-Ökonomie bisher entfaltete, werden immer neue Zusammenhänge zwischen persönlicher Sinnhaftigkeit, sozialer Qualität und Nachhaltigkeit auf der einen Seite und ökonomischem

Erfolg auf der anderen Seite entdeckt. Anders ist der Erfolg von Social-Business-Ökonomie in einem autoritär und chaotisch regierten Land wie Bangladesch gar nicht denkbar. In der Politik Bangladeschs geht es seit der Unabhängigkeit des damaligen Ost-Pakistan im Jahr 1971 von West-Pakistan bis heute hauptsächlich um einen Kampf zweier Familien – zweier Väter und zweier Töchter –, die jeweils Anspruch auf die Macht im Lande erheben beziehungsweise erhoben.

Dass in dieser machtpolitisch vergifteten und verfeindeten Atmosphäre der Erfolg von Muhammad Yunus und seinen sozial und ökologisch revolutionären Ideen möglich wurde, grenzt für mich, der seit 1971 immer wieder in Bangladesch war, an ein politisches und soziales Wunder. Dieses Wunder hat innerhalb einer Generation auch zu einer Halbierung des Bevölkerungswachstums geführt. Bei jedem Besuch staune ich darüber. Es ist längst erwiesen, dass nur sozialer Fortschritt das Bevölkerungswachstum nachhaltig bremst. Überall auf der Welt bekommen Menschen, die sozialen Fortschritt erleben, weniger Kinder.

Als ich Professor Yunus 1997 in einem Fernseh-Interview fragte, warum er überzeugt sei, dass das, was er in Bangladesch erreicht habe, überall in der Welt möglich sei, sagte er: »Das ist eigentlich ganz einfach. Man muss nur zwei Dinge tun. Erstens: Daran glauben und zweitens daran arbeiten. Wir können bis 2030 weltweit den Hunger ins Museum der Geschichte stellen.«

16. Wie verhungert ein Kind?

Die vier reichsten US-amerikanischen Männer verfügen über mehr Geld als die eine Milliarde der Hungernden. Jeden Tag verhungern 26000 Menschen, alle fünf Sekunden ein Kind. Was steckt hinter dieser Schreckenszahl, an die wir uns gewöhnt haben wie an ein unabwendbares Schicksal?

Ein Mensch kann drei Minuten ohne Luft, drei Tage ohne Wasser und drei Wochen ohne Nahrung überleben. Bei unterernährten Kindern kommt der Tod freilich schneller. Zuerst braucht der Körper die Zucker- und Fettreserven auf. Dann wird der Mensch lethargisch, er wird immer dünner, das Immunsystem bricht zusammen. Durchfälle beschleunigen die Auszehrung, Mundparasiten und Infektionen verursachen in den Atemwegen schreckliche Schmerzen. Dann beginnt der Raubbau an den Muskeln. Das sterbende Kind liegt am Boden, die Muskeln schwinden, das Gesicht zerfällt und gleicht dem eines Greises. Dann kommt der Tod.

Dieser physiologische Ablauf des Verhungerns ist in allen 122 Entwicklungsländern gleich.

Der Food-World-Report 2008 sagt, dass unsere Erde 12 Milliarden Menschen ohne Gentechnik ernähren kann – mit täglich 2700 Kalorien. Zurzeit leben knapp 6,8 Milliarden Menschen auf der Erde. Jean Ziegler, Schweizer Politiker und UN-Sonderberichterstatter zum Thema Hunger, sagt deshalb: »Ein Kind, das heute aus Hunger stirbt, wird ermordet.«

Der jordanische Prinz El Hassan bin Talal hat darauf hingewiesen, dass die US-Wirtschaft jährlich Pflanzenproben und -samen aus den Ländern außerhalb der USA im Wert von 66 Milliarden US-Dollar bezieht, ohne dafür zu bezahlen. Diese Summe entspricht etwa den Gewinnen der gesamten arabischen Welt aus dem Verkauf von Rohöl pro Jahr. Das alles ist im Zeitalter der Globalisierung möglich, aber ist es auch gerecht? Nur Gerechtigkeit dient dem Leben, weil sie das Recht der anderen wahrt und den eigenen Vorteil nicht verabsolutiert.

Pharmakonzerne aus aller Welt versuchen, das Volkswissen über die genetische Vielfalt zu stehlen und zu Privateigentum zu machen, so dass z. B. das indische Volk sein seit Jahrtausenden tradiertes Wissen über den Neembaum von westlichen Multis zurückkaufen musste. Auf Diebstahl darf es kein Patent geben. Dieser Ansicht hat sich inzwischen teilweise auch das Europäische Patentamt angeschlossen.

Der Anfang der Aufklärung war auch der Anfang der heutigen Demokratie und des Marktes. Bildung, Demokratie, Rechtsstaat und Marktwirtschaft gehören in der Geschichte des christlichen Abendlandes zusammen – zumindest in der Theorie. Sie waren die Voraussetzung für allgemeinen Fortschritt und Wohlstand. So konnten sich Millionen von Talenten entfalten. Wir aber lassen heute hauptsächlich in den Dritte-Welt-Ländern Milliarden von Talenten brachliegen. Wir reden von Weltpolitik und von Weltwirtschaft, aber von Weltvernunft und Weltverantwortung oder gar von Weltethik haben wir noch nicht viel begriffen.

Noch einige Beispiele sollen aufzeigen, dass wir zurzeit noch keine gute Voraussetzung für Gerechtigkeit, Solidarität und Frieden auf unserem Planeten haben.

Die USA geben heute in 32 *Stunden* mehr Geld aus für Rüstung und Kriegsvorbereitung, als der UNO insgesamt in einem ganzen *Jahr* zur Verfügung steht. Die UNO-Umweltbehörde hat einen Jahresetat für die Umweltarbeit auf der ganzen Welt, der weitaus geringer ist als der Etat der New Yorker Feuerwehr. Das ist keine Basis für eine nachhaltige Wirtschaft auf unserer Erde. Oder: In Simbabwe ist die Lebenserwartung wieder auf

34 Jahre gesunken, in Sambia auf unter 33. Ein Forschungsinstitut in London prognostiziert, dass die Lebenserwartung im südlichen Afrika in den nächsten Jahrzehnten von 55 auf 35 Jahre fallen wird, wenn alles bleibt, wie es ist. Ursachen sind nicht nur Aids, sondern auch Mangel an sauberem Wasser, an Nahrung, an Ärzten – in einem Wort: die Armut. Die Überwindung von Armut, Hunger und Umweltzerstörung ist nicht nur ein Gebot der Moral, es ist auch ein Gebot politischer Vernunft und vernünftiger Politik – ein Gebot politischer Klugheit und kluger Politik. Armut, Elend und die andauernde Zerstörung unserer Lebensgrundlagen bedrohen den Weltfrieden mehr, als es Terroristen je könnten. Die verhängnisvollste Illusion des George W. Bush war die Annahme, den Terrorismus militärisch besiegen zu können.

Deutschland war 2007 wieder der drittgrößte Waffenexporteur der Welt hinter den USA und Russland. Das Ziel einer gerechteren Politik kann aber nicht heißen »Waffen für die Welt«, es muss heißen »Brot für die Welt«. Kein Mensch kann würdevoll leben, wenn er hungern muss. Es kann auf Dauer einfach nicht gut gehen, wenn ein US-Bürger die Umwelt 270mal mehr belastet als ein Bürger in Haiti.

Jeder Mensch, der sich seines Ehrennamens Homo Sapiens bewusst ist, wird sich damit nicht abfinden können, sondern nach Alternativen suchen. Und diese gibt es.

17. Das globale Wirtschaftswunder

Ist »Wohlstand für alle« weltweit zu erreichen? Im Armenhaus Asiens wurde diese Maxime bereits für Millionen Realität und weltweit schon für 500 Millionen Menschen, warum soll es nicht auch für drei Milliarden Menschen möglich sein? Wer nicht daran glaubt, wird auch nicht daran mitwirken wollen und bleibt Teil des Problems. Wer aber daran glaubt und konsequenterweise daran mitarbeitet, wird Teil der Lösung.

Wir können nur ernten, was wir säen. Dieses Naturgesetz gilt nicht nur für die Landwirtschaft. Die Erkenntnis von Sokrates, Buddha, Jesus und Mahatma Gandhi ist auch ein geistiges Gesetz, unter dem wir alle leben.

Yunus ist davon überzeugt, dass seine Social-Business-Ökonomie in jeder Hinsicht wesentlich besser und erfolgreicher ist als die Gier-Ökonomie. Ökonomie und Ökologie müssen keine Gegensätze sein, das erkannten in den achtziger und neunziger Jahren des letzten Jahrhunderts engagierte Menschen in Umweltverbänden und dann auch einzelne Unternehmer, die Pioniere waren und eine ökologische Gründerwelle initiierten. Heute sagt der Siemens-Chef, sein Konzern bestreite bereits 25 Prozent seines Umsatzes mit grünen Technologien, und 2012 sollen es 50 Prozent sein.

Da die klassischen Parteien lange brauchten, um zu verstehen, dass die Ökologie die intelligentere Ökonomie des 21. Jahrhunderts sein wird, entstanden weltweit neue grüne Parteien von unten. Erst danach ergrünten auch die alten klassischen Parteien ein bisschen. Seit sich durch Bewegung von unten neue linke Parteien etabliert haben, beginnen alle Parteien, das Soziale in der Marktwirtschaft wieder ein wenig ernster zu nehmen.

Seit zwanzig Jahren beeinflusst ökologisches Denken die ökonomischen Märkte. Allein in Erneuerbare Energien wurden im Jahr 2007 mehr als 100 Milliarden Dollar investiert – 2012 könnten es schon 800 Milliarden sein, vermuten die entsprechenden Branchen. In der überschätzten deutschen Autoindustrie arbeiten 2009 noch etwa 700 000 Menschen, in der früher belächelten deutschen Umweltbranche aber schon 1,8 Millionen.

Ökonomie und Soziales dürfen nicht länger als Gegensätze gelten, sondern müssen sich ergänzen, wenn die Welt endlich gerechter und damit friedlicher werden soll. Dieses Buch liefert durch konkrete Beispiele die Argumente für die nächste weltweite Bewegung: für die Social-Business-Bewegung. Auch für die soziale Revolution unserer Gesellschaft brauchen wir nicht länger auf den Staat warten, sondern können selbst damit beginnen.

Im Rahmen der alten marktradikalen Strukturen wurden Billionen frei verfügbaren oder virtuell erzeugten Geldes ohne jeden Sinn und Verstand verspielt, statt reale Produktionen realer Werte und Waren zu finanzieren. Jetzt kommt es darauf an, sozial verantwortlich zu wirtschaften. Dabei geht es um viel mehr als um Banken-Reparatur. Die Krise bietet die Chance, an einer gerechteren und innovativeren Welt zu arbeiten. Der Ökonom Joseph Schumpeter, einer der einflussreichsten Volkswirtschaftler des 20. Jahrhunderts, lehrte, dass »schöpferische Zerstörung« des Alten notwendig sei, um Innovationen und Fortschritt zu ermöglichen. Nur der Prozess schöpferischer Zerstörung ermögliche Wachstum und technischen Fortschritt. Demnach müssen nicht die Autos als solche, sondern die spritfressenden Dreckschleudern der alten Autobauer und die zentralistischen Strukturen der alten Energiewirtschaft rasch vom Markt verschwinden.

Es ist wahrscheinlich nicht zu vermeiden, dass wir Menschen Fehler machen – die Finanzkrise ist auch nur die riesige Summe vieler Fehler –, aber

Bundespräsident Horst Köhler empfängt Muhammad Yunus im Schloss Bellevue, gemeinsam besuchen sie anschließend eine Ausstellung anlässlich des Deutschen Umwelttages.

es ist unverzeihlich, aus Fehlern nichts zu lernen. Das ist die Summe der Erkenntnisse meines 70-jährigen Lebens. Der größte Defekt unseres Menschseins ist die Sintflut der Vergesslichkeit, die politische Vernunft noch immer verdrängt. Seit 1970 versprechen die Industriestaaten, ihre Entwicklungshilfe zu verdoppeln. Aber in Wirklichkeit haben sie in den letzten Jahrzehnten ihre finanziellen Aufwendungen zugunsten der armen Länder halbiert. Für seinen mörderischen und verantwortungslosen Irakkrieg hat Präsident Bush etwa hundertmal so viel Geld ausgegeben wie in derselben Zeit für Entwicklungspolitik. Ein Bruchteil des Kriegsgeldes, über zwei Jahrzehnte verteilt, würde ausreichen, die schlimmste Not auf dieser Welt zu überwinden. Es fehlt überhaupt nicht am Geld, die Überwindung des Hungers ist politisch nicht gewünscht. So bleibt der Hunger von einer Milliarde Menschen in einer reichen Welt *der* Skandal unserer Zeit.

Es geht in diesem Buch nicht um »linke« oder »rechte« Patent-Rezepte, sondern um zukunftsfähige Vorschläge. Da die Zukunft offen ist, müssen wir experimentieren, um wieder halbwegs sicheren Boden unter die Füße zu bekommen. Immerhin können wir in diesem Buch Dutzende Unternehmer vorstellen, die wie Yunus schon eine Zeitlang erfolgreich sozial und ökologisch arbeiten.

Die erste und wichtigste Erkenntnis der Krise heißt: Der Markt braucht

Regeln und Moral. Je gründlicher wir die alten Fehler analysieren, desto größer ist die Chance, sie künftig zu vermeiden. Bundespräsident Horst Köhler weist die Richtung: Wir brauchen eine internationale Finanz- und Wirtschaftsordnung, die sich »in den Dienst der globalen Menschheitsaufgaben stellt«.

18. Muhammad Yunus: »Arme sind unglaublich kreativ«

Den Weg der harten Erkenntnis und des Lernens aus Fehlern ging auch der heute 68-jährige Muhammad Yunus. Der Mann stellt ganz einfach die personifizierte Alternative dar zu der bisher weitgehend gescheiterten staatlichen Entwicklungs- und Dritte-Welt-Politik. Alles, was er in seiner Nobelpreisträger-Rede sagte und in seinen Büchern schreibt, hat er in die Tat umgesetzt. Der Mann tut, was er sagt, und er sagt, was er tut.

»Wir können den Hunger besiegen«, erklärte der Friedensnobelpreisträger des Jahres 2006 in einem Fernsehgespräch mit mir. »Und wie soll das konkret und praktisch gehen?«, habe ich etwas ungläubig nachgefragt. »Nicht durch Almosen. Das wäre eine Beleidigung der Armen. Unsere Devise heißt: Business statt Almosen!«

Also: Arme als Unternehmer? Ja, genau das ist seine Vision. Er meint allen Ernstes, was einem ja zunächst die Sprache verschlägt, dass sogar Bettler Unternehmer werden können. Aber er weiß, wovon er spricht, der Professor aus der Hauptstadt Dhaka von Bangladesch, dem Armenhaus Asiens. So wie der Künstler Joseph Beuys meinte, jeder Mensch sei ein Künstler, so ist der Wirtschaftswissenschaftler Yunus davon überzeugt, dass jeder Mensch auch ein geborener Unternehmer ist. Bislang verhindern aber gesellschaftliche Umstände, dass sich diese Anlagen entfalten können.

Vor über 30 Jahren war er noch ein herkömmlicher Professor für Ökonomie, der in seinen Vorlesungen mit Millionen und Milliarden Dollar jonglierte. Er wachte erst auf, als 1974 Hunderttausende Menschen in Bangladesch durch eine Hungersnot dahingerafft wurden. Eines Tages nahm ihn eine Studentin zur Seite und meinte: »Wissen Sie eigentlich, wovon Sie sprechen? Nur 200 Meter von unserer Hochschule entfernt leben Hunderttausende in den Slums. – Sie sprechen von Millionen Dollar, aber diese Menschen besitzen nicht einmal ein paar Cent.«

Yunus wurde nachdenklich, ging mit seinen Studenten in die Slums und Dörfer, dort sprach er mit vielen Armen – inzwischen nennt er sie hochachtungsvoll »meine Professoren«. Von Sofia Katun berichtet er seit Jahrzehnten weltweit, auch in meinen Fernsehsendungen nannte er die Korbflechterin »meine wichtigste Lehrerin«. Um an das Rohmaterial zu kommen, musste sie von einem Geldverleiher fast genau so viel Geld leihen, wie ein Stuhl kostete. Es waren nur 25 Cent. Aber diesen kleinen Betrag hatte sie nicht. Also wurde sie praktisch total abhängig vom Geldverleiher, der über 100 Prozent Zins verlangte.

Muhammad Yunus heute: »Ich war schockiert. Ich schämte mich. Von diesen ganz normalen Zuständen in meinem Land wusste ich nichts.« Zunächst fragte er die Banken, ob sie nicht Kleinkredite für Arme bereitstellen könnten. Die Antwort: »Arme sind nicht kreditwürdig«. Doch Yunus hielt diese Einstellung »für nicht menschenwürdig« und handelte selbst. Wörtlich sagte er in meiner »Querdenker«-Sendung über Sofia Katun: »Praktisch war sie eine Sklavenarbeiterin. Ich war total geschockt, dass die Frau nicht mal 25 Pfennig hatte, um ihr Bambusmaterial zu kaufen. Ich ging dann durch ihr Dorf und machte eine Liste. Darauf standen 42 Namen. Diese 42 Frauen brauchten nur 27 Dollar. Ich gab sie ihnen als Darlehen aus meiner eigenen Tasche. Die Menschen waren sehr glücklich.«

Zu seiner Überraschung zahlten die Frauen Zins und Tilgung pünktlich zurück. Die Idee einer »Bank für Arme« war geboren.

Heute gilt Yunus als einer der erfolgreichsten Banker der Welt. Weltweit sind seither auf ähnlicher Basis über 130 Millionen Kredite an Arme vergeben worden. 96 Prozent der Kreditnehmer in Bangladesch sind Frauen – in einem muslimischen Land. Als ich 1971 zum ersten Mal als junger Fernsehreporter in Bangladesch war, hatte eine Durchschnittsfrau etwa sechs Kinder, heute noch drei. Auch dieser Fortschritt geht auf die Arbeit von Muhammad Yunus zurück.

Mit wenig Geld – oft nicht mehr als 50 Dollar – können sich Millionen arme Menschen in vielen Dritte-Welt-Ländern ihre Lebensbasis sichern. Sie helfen sich selbst und organisieren Entwicklung von unten.

»Warum überwiegen Kleinkredite an Frauen?«, fragte ich Muhammad Yunus. Der sympathische, stets landestypisch gekleidete Mann, weite Hose, schlappriges Hemd und knielange Jacke, lächelt:

Yunus: »Als ich anfing, habe ich mich beklagt, weil die Banken in Bangladesch nicht nur gegen die Armen, sondern auch gegen die Frauen eingestellt waren. Unter allen Kreditnehmern waren höchstens ein Prozent Frauen. Deshalb habe ich Frauen erste Priorität eingeräumt. Wir wollten die Hälfte unserer Kundschaft unter den Frauen haben.

Frauen gehen viel vorsichtiger mit Geld um. Sie investieren in Kinder und in Zukunftsprojekte, während Männer rasch das Geld für sich ausgeben. Gib einer Frau Geld und sie entwickelt sofort 100 Geschäftsideen: für einen kleinen Laden, für eine Nähmaschine, für eine Kuh, für eine Solaranlage, damit ihre Kinder im Schein einer Solarlampe Hausaufgaben machen können.

Frauen hatten aber am Anfang sehr große Angst. Sie hatten keinerlei Erfahrung mit Geschäften, die meisten hatten noch nie in ihrem Leben Geld in der Hand. Es war eine ganz neue Erfahrung für sie.

Erst nach sechs Jahren Kampf hatten wir 50 Prozent Frauen als Kreditnehmer. Das Geld, das Frauen aufgenommen haben, brachte ihren Familien viel mehr Wohlstand als das Geld von Männern. Frauen sind viel umsichtiger bei ihren Ausgaben und haben immer einen langfristigen Plan für die Familie.

Männer entscheiden immer aus der jeweiligen Situation. Frauen sind die besseren Manager der knappen Mittel. Sie überlegen immer sehr genau, wie sie das Beste mit dem vorhandenen Geld machen. Männer wollen eher unmittelbare Wünsche erfüllen. Also haben wir im Laufe der Zeit unsere Aufmerksamkeit mehr auf die Frauen gerichtet. 94 Prozent unserer heutigen Kreditnehmer sind Frauen.«

Vor einiger Zeit besuchten wir für die ARD Muhammad Yunus in Bangladesch. Er hat die Grameen Bank weiterentwickelt. Über 110 000 Kredite gab er für kleine Photovoltaik-Systeme aus, 21 000 Frauen hat er Mobiltelefone, die mit Solarstrom betrieben werden, finanziert. Er hat für die Armen seines Landes weit mehr getan als alle Minister Bangladeschs in vielen Jahren zusammen. Und welche Schwierigkeiten gab es bei diesem Wirtschaftswunder von unten?

»Die etablierten Banken arbeiten hauptsächlich nach dem Prinzip ›Je mehr du hast, desto mehr bekommst du‹. Aber wir sprechen hier über Leute, die überhaupt nichts haben. Wir haben also ein neues System aufgebaut nach dem Prinzip ›Je weniger du hast, umso höhere Priorität wird dir eingeräumt‹. Das ist natürlich gegen jede bisherige Bankpolitik.

Zunächst zweifelten viele daran, ob das funktionieren würde. Aber es funktioniert. Das Problem waren die alten Denkstrukturen. Wer was Neues macht, hat immer Probleme. Die Religionsvertreter haben argumentiert, dass Kredite gegen die Religion verstoßen und die Autorität der Familie untergraben. Auch die Ehemänner waren am Anfang nicht zufrieden, dass wir ihren Frauen Geld gaben.«

»Hat sich denn inzwischen das Denken der Männer etwas geändert und auch das Denken in den Banken gegen über Ihrer Bank für die Armen?«, will ich wissen.

»Ja, wir sind sehr weit gekommen. Aber noch nicht weit genug. Die Türen der Banken sind für die armen Menschen noch immer geschlossen. Wir wollen dafür sorgen, dass die bestehende Finanzstruktur, welche eine extreme Apartheid hervorgerufen hat, überall geändert wird. Kredite dürfen nicht nur den Reichen zur Verfügung stehen. Wir empfinden Kredit als ein Menschenrecht.« Und Yunus beharrt darauf, dass nicht der Terror, sondern der Hunger die größte Bedrohung für den Weltfrieden ist.

Welche Zukunftsvision hat dieser Mann? Armut, so meint er, werde bald ein Fremdwort sein. Was bisher für 130 Millionen Arme funktioniert hat, wird auch für die zwei Milliarden Menschen, die heute noch mit weniger als einem Dollar pro Tag auskommen müssen, funktionieren. Und was macht ihn dabei so sicher?

»Die Menschen sind nicht an sich arm, das ungerechte System macht sie arm. Aber das können wir ja ändern, wie unsere Bank für Arme tatsächlich beweist.« Dann formuliert er noch einmal knapp seine Botschaft: »Arme Menschen wollen kreativ sein und sich nicht aushalten lassen.« Ich sehe ihm bei jeder Begegnung an: Der Mann hat Spaß und Vergnügen an seinen Projekten. Auch deshalb hatten ihn Hillary und Bill Clinton schon 1996 für den Friedensnobelpreis vorgeschlagen.

Geehrt wurde kein Politiker und kein Diplomat, sondern ein Ökonom, dem der Kampf gegen die Armut mit ganz unkonventionellen Mitteln wichtiger ist als eine politische oder akademische Karriere. Nur deshalb konnte er Millionen von Rechtlosen und Unterdrückten helfen, ein Leben in Würde zu führen und der absoluten Armut zu entkommen.

Yunus vertraut dem alten Traum Ludwig Erhards vom »Wohlstand für alle«. In Zeiten der Globalisierung ist »Wohlstand für alle« in einem einzelnen Land ein Anachronismus. Es ist auch *unser* Interesse, die Armut weltweit zu überwinden. Die neue Yunus'sche Vision »Sozialunternehmen« liefert das Instrument für eine gerechtere Welt.

Welche – auch ökonomischen – Chancen für eine bessere Welt, wenn es tatsächlich möglich wird, zwei Drittel der Menschheit künftig zusätzlich in die Weltwirtschaft zu integrieren! Ein attraktiveres und wichtigeres Thema gibt es nicht.

19. Kredit statt Almosen

Yunus kommt aus einem reichen Elternhaus. Sein Vater war ein begüterter Goldschmied. Der Sohn aus gutem Hause konnte Volkswirtschaft in England studieren und in den USA promovieren, ausgestattet mit einem Fulbright-Studium. Dort heiratete er eine Amerikanerin. 1972 wurde er Professor in seiner südbengalischen Heimatstadt Chittagong. Er befasste sich in seinen Vorlesungen mit volkswirtschaftlichen Berechnungen und hantierte mit »astronomischen Summen«, schrieb er später beschämt über sich selbst. Er hat sich also zunächst um die Ökonomie der Reichen gekümmert, bei der es um die Vermehrung des Geldes geht und in der die Habenichtse nicht vorkommen.

Im Hörsaal saßen ihm junge Menschen aus ähnlich reichen Elternhäusern gegenüber wie dem seinen. Von der Armut und den Armen seines Landes hatte er sich perfekt isoliert. Heute sagt er: »Ich fing an, mich selbst zu hassen, vor allem die Arroganz und Ignoranz, in der ich vorher lebte. Ich dachte, mit meinen Wirtschaftstheorien wüsste ich die Antwort auf unsere ökonomischen Probleme.«

Die wirkliche Antwort lernte er von den Armen. Sie lehrten ihn, dass schon Summen, die man leicht im Kopf ausrechnen kann, genügen können, um die schlimmste Armut zu überwinden. Er lieh ihnen nur wenige Dollar, aber er sah, wie kreativ sie damit umgingen und wie achtsam sie den Kleinkredit zurückzahlten.

Seither lässt er sich gerne »Bankier der Armen« nennen. Seine Grameen Bank gibt nur Geld an die Menschen, mit denen keine andere Bank etwas zu tun haben will.

»Kredite statt Almosen« – das ist das Yunus'sche Erfolgsmodell. Wenn er heute an einem Bettler oder einem Blinden vorbeigeht, gibt er grundsätzlich keinen Cent. Aber er baut inzwischen Krankenhäuser, in denen arme Blinde und blinde Bettler kostengünstig und teilweise sogar kostenlos am Grauen Star operiert werden, so dass sie wieder sehen können. Bangladesch ist das Land mit den meisten Blinden der Welt gemessen an der Einwohnerzahl.

Almosen hält Yunus für eine Beleidigung der Armen. »Das löst keine Probleme. Almosen sind menschenunwürdig. Kredite sind menschenwürdig, weil sie die Kreativität fördern, und Arme sind sehr kreativ«.

Auf die Frage: »Funktioniert Ihr Prinzip auch in reichen Gesellschaften?« antwortet Yunus:

»Auch in den Industrieländern sind Banken für die armen Menschen sehr wichtig. Auch dort funktioniert unser System. Das funktioniert deshalb, weil auch dort den Ärmsten die Türen der Banken verschlossen sind. Wenn jemand die Initiative ergreift, sind Banken für die Armen auch in Österreich, Schweiz und Deutschland möglich. Besser als Sozialhilfe und Arbeitslosengeld ist es, den armen Leuten Kredite zu geben, um einen Job zu finden. Die Leute wollen kreativ sein und sich nicht aushalten lassen.

Wenn wir die Banken den Armen zugänglich machen, wird es bald keine armen, keine verhungernden Menschen mehr geben. Da bin ich ganz sicher. Denn die Menschen sind sehr kreativ. Jeder Einzelne hat ein bisher unerschlossenes Potential. Alles, was wir tun müssen ist, ihnen Zugang zu ihrer Kreativität zu verschaffen, so dass sie sich selbst und ihre Fähigkeiten entdecken und entwickeln.

Wir müssen Kredite und Darlehen als ein Menschenrecht in unsere Denkstrukturen einführen, der Rest ergibt sich dann von alleine durch das kreative Potential. Wir müssen jedoch die Grundüberzeugung haben, dass Armut in einer zivilisierten Gesellschaft nicht akzeptabel ist. Nur dann kann diese Vision Wirklichkeit werden.«

In seiner Rede bei der Überreichung des Friedensnobelpreises sagte Yunus einige Sätze, die Millionen Menschen in der ganzen Welt zum Nachdenken brachten. Sie enthalten seine ganze Philosophie: »Arme Menschen sind Bonsai-Menschen. Ihr Samenkorn ist vollkommen in Ordnung. Nur hat ihnen die Gesellschaft nie ausreichenden Nährboden gegeben, in dem sie hätten wachsen können. Um die Armen aus ihrer Lage zu befreien, müssen wir lediglich geeignete Wachstumsbedingungen für sie schaffen. Erhalten sie einmal Gelegenheit, ihre Energie und Kreativität zu entfalten, so wird die Armut sehr schnell verschwinden.«

Diese Idee, diese Erkenntnis und diese Erfahrung können die Welt verändern.

20. Solarstrom für die Ärmsten

Mittlerweile gibt es nicht nur die Grameen Bank, sondern eine ganze Reihe von weiteren Sozialunternehmen, die Yunus gegründet hat – z.B. die Grameen Shakti: Sie organisiert Solarstrom für die Ärmsten.

Bis Ende 2006 hatte Grameen Shakti knapp 100 000 Photovoltaik-Anlagen in Bangladesch finanziert und installiert. Bis 2010 waren zunächst eine Million und 2015 über fünf Millionen vorgesehen. Doch die Entwicklung geht so schnell, dass schon bis 2012 mehr als 7 Millionen

Solares Licht ermöglicht, auch bei Dunkelheit zu lernen.

Anlagen installiert sein können. Bis 2015 sollen in Bangladesch mindestens 10 Millionen Menschen mit Erneuerbaren Energien versorgt werden – durch Biogas-Anlagen und Photovoltaik-Systeme.

Muhammad Yunus und der Direktor der Grameen Shakti, Dipal Chandra Barua, räumen damit auch in einem Land der Dritten Welt mit dem Vorurteil auf, dass Arme keine Solaranlagen finanzieren können. Im Gegenteil: Bei einem Gespräch sagte mir Dipal Chandra Barua: »Nichts ist so preiswert wie Solarstrom – auch in Bangladesch.«

Die Ziele von Grameen Shakti:

- Erneuerbare preiswerte Energie für die Armen in Bangladesch, wo 65 Prozent der Menschen noch ohne Strom leben.
- Mit Hilfe von Erneuerbaren Energien den Lebensstandard der Armen erhöhen.
- Arbeitsplätze durch Erneuerbare Energien schaffen.
- Photovoltaik-Strom und Solarlampen sollen Schulkindern die Möglichkeit geben, am Abend ihre Hausaufgaben zu machen.
- Die Armen sollen die Chance bekommen, Radios, Computer und Fernseher zu installieren, aber auch elektrische Haushaltsgeräte. Die Geräte können auch von anderen Haushalten gegen Bezahlung genutzt werden. Geschäfte, Moscheen, Fabriken sollen Solarstrom bekommen. Fischer sollen ihre Boote mit Solarstrom betreiben.

Die Vorteile der Solarsysteme:

- Kunden werden Besitzer von elektrisch betriebenen Geräten.

- Keine monatlichen Rechnungen, sondern kostenlose Energie
- Keine Ölrechnung oder Holzrechnung
- Emissionsfrei
- Keine Umweltschäden
- Können überall installiert werden
- Lebenszeit über 20 Jahren
- Leicht und sicher zu bedienen und zu gebrauchen.

Die Grameen Bank organisiert Kredite mit einer Laufzeit zwischen 24 und 36 Monatsraten. Die Zinsen liegen zwischen 4 und 6 Prozent.

Grameen Shakti hat bereits 500 Biogas-Anlagen installiert und finanziert, aber auch viele Windrad-Diesel-Hybridsysteme in vier Zyklon-Zentren von Bangladesch. In 20 Technologie-Zentren werden über 6000 Frauen an verschiedenen Solarsystemen ausgebildet. Und 10 000 Studenten studieren das Fach Erneuerbare Energien.

Künftig sollen 5000 Angestellte bei der Grameen Shakti beschäftigt sein. Wenn ich gefragt werde, wie ich mir den fast unglaublichen Erfolg der Grameen Bank erkläre, habe ich nur diese schlichte Antwort: Es ist die Bescheidenheit, die Lernfähigkeit und die Teamfähigkeit ihres Gründers. Rupert Neudeck, Gründer von Cap Anamur und heute Chef der Grünhelme, selbst ein erfolgreicher Bescheidener, sagt über Muhammad Yunus: »Wer ihn einmal erlebt hat, wird diesen klugen und fröhlichen Menschen nie vergessen. Es gibt nur wenige Menschen auf der Welt, die so wenig eitel sind, dass sie selbst bei der Vergabe des Friedensnobelpreises darauf sehen, auch diejenigen mitzunehmen, die am Erfolg der Grameen Bank maßgeblich beteiligt waren: neun Grameen-Frauen, die in den Dörfern von Bangladesch diesen Erfolg begründet haben.«

Und noch etwas kommt hinzu. Yunus sagt auch: »Wenn Sie Vertrauen in die Fähigkeiten der Menschen haben, motivieren Sie diese Menschen. Ich vertraue den Menschen. Ich respektiere ihre Würde. Und so konnte ich ihre Motivation wecken. Jeder Mensch ist motiviert, für seine Kinder eine gute Zukunft zu schaffen und dafür zu arbeiten, hauptsächlich aber die Frauen. Vertrauen schafft Motivation. Das ist das ganze Geheimnis des Erfolgs der Grameen Bank.«

Kein Professor und kein Präsident weiß, was die Armen wollen und brauchen. Muhammad Yunus aber hat gelernt: Nur die Armen wissen, was sie wollen. Er hat ihnen zugehört und Erfolg gehabt bei der Überwindung der Armut. Er fördert eine Marktwirtschaft, in der den Armen keine Ratschläge erteilt werden, sondern sie ihre Bedürfnisse formulieren und ihr Leben verbessern können.

21. Grameen: Die Raiffeisenbank des Südens

Mit seinem System fördert Yunus die Vielfalt kleiner Unternehmen: Buchbinderei, Kosmetik- und Gemüsehandel, Moskitonetze und Spielzeug, Brot und Boote, Uhren, Regenschirme, Brillen, Gewürze werden produziert und Reparaturwerkstätten für Reifen wurden gebaut.

Es entstehen keine Großfabriken, sondern regionale Wertschöpfung mit Produkten aus der Region für die Region. Ein ähnliches Erfolgsmodell gab es vor 160 Jahren in Mitteleuropa.

Deutschland und Österreich haben über eineinhalb Jahrhunderte Erfahrung mit den Genossenschaftsbanken von Friedrich Wilhelm Raiffeisen und Hermann Schultze-Delitzsch. Ihr Erfolgsmotto: »Das Geld des Dorfes für das Dorf.«

Auch Raiffeisen hatte großes Vertrauen in die Armen, die Bauern und Winzer und Hungernden seiner Zeit im kargen Westerwald. Raiffeisen war christlich motiviert, wie der große Muslim aus Bangladesch religiös und human motiviert ist.

Raiffeisen am Ende seines Lebens: »Das Werk ist nicht meines, sondern Gottes Werk. Wenn ich sein Werkzeug sein durfte, war es Gnade.« Für Raiffeisen galt das Jesus-Wort: »Was ihr getan habt einem unter den Geringsten, das habt ihr mir getan.« Er wusste wie Yunus: »Es gibt nichts Gutes, außer man tut es.« Auch Raiffeisens Genossenschaftsidee »Einer für alle – alle für einen« breitete sich auf der ganzen Welt aus. Beide großen Menschheits-Wohltäter glaubten an das Wunder der Selbsthilfe. Und beide waren überzeugt: Wer Hilfe wollte, musste bereit sein, auch anderen beizustehen. Was ein Einzelner nicht zu tun vermag – vielleicht können es viele!

Beiden ging es nicht um Almosen, sondern um Kredite. Und beide wollten die Ärmsten aus den Händen der Wucherer befreien, die 100 Prozent und mehr Zins verlangten – damals in Deutschland und heute noch in vielen armen Ländern.

Die Grameen Banken sind die »Raiffeisen-Banken« des Südens, die im Durchschnitt 50 bis 500 Dollar gegen geringen Zins verleihen.

Zur Menschenwürde gehört Kreditwürdigkeit. »Kredit hat mein Leben verändert«, erzählte mir eine Frau im indischen Bundesstaat Andhra Pradesh. Sie hatte jahrelang gebettelt, bis ihr Mitarbeiter einer Mini-Kreditbank vorschlugen, einen Kredit von 4000 Rupien (100 Dollar) aufzunehmen und eine selbstständige Erwerbsarbeit zu beginnen. Die Bettlerin war nie in einer Schule und hatte auch keinen Beruf erlernt.

Sie erinnert sich aber, dass ihr Großvater einst durch die Dörfer gezogen war und Schreibwaren verkauft hatte. Dasselbe macht jetzt seine Enkelin. »Was mein Großvater konnte, kann ich auch«, hatte sie sich gesagt und ihren ersten Kredit aufgenommen. Keine normale Geschäftsbank hätte einer Bettlerin einen Kredit gegeben. Doch Mikro-Finanzinstitute ermuntern die Ärmsten und die Bettler zum Aufbau einer beruflichen Existenz in Kleingewerben, im Handwerk oder bei Dienstleistungen.

Mikro-Kredite für Millionen Menschen mit heute noch unter einem Dollar Tages-Einkommen können ganz wesentlich dazu beitragen, die Millenniumsziele bis 2015 zu erreichen. Die deutsche Entwicklungsbank KfW (Kreditanstalt für Wiederaufbau) fördert heute Mikro-Finanzprojekte in 40 Ländern mit 464 Millionen Euro. Nach den Erfahrungen der KfW brauchen die Mikro-Finanzinstitute in Dritte-Welt-Ländern lediglich in den ersten zwei bis drei Jahren Hilfe von außen. Danach arbeiten sie profitabel.

Deutschland ist bei der Unterstützung von Mikrokredit-Banken weltweit führend. Das ist ein Ruhmesblatt der deutschen Entwicklungspolitik. Das Vorstandsmitglied der KfW Wolfgang Kroh: »Das zentrale Element jeder Armutsbekämpfung ist: Menschen einzubeziehen in gesellschaftliches Leben, in Wirtschaftskreisläufe und ihnen da eine Rolle und eine Stimme zu geben. Das setzt voraus, dass wir sie als Kunden betrachten und nicht als bedürftige Wesen.«

Professor Yunus hat mit seiner Grameen Bank bewiesen, dass nicht Geldmangel das Hauptproblem für die Entwicklung in Dritte-Welt-Ländern ist, sondern die Verteilung und Verwendung des Kapitals.

Korrupte Führungseliten in Politik und Wirtschaft haben in vielen Entwicklungsländern nicht das geringste Interesse an sozialer Balance in ihren Gesellschaften. Es gibt keine grundsätzliche Geldknappheit, und ursprünglich gab es weder eine Landknappheit noch eine Wasserknappheit auf unserer Erde. Es gibt aber eine asoziale Geldpolitik, Habgier von Großgrundbesitzern z. B. in Lateinamerika, und eine oft unvorstellbare Vergeudung der Ressource Wasser, weil korrupte Führungseliten z. B. in Afrika lieber in ihr Militär als in desolate Wasserleitungssysteme investieren.

Es ist einfach nicht wahr, dass wir auf dieser Welt nichts verändern können. Armut und Elend, Wasserarmut und Landlosigkeit sind auf diesem reichen Planeten kein unentrinnbares Schicksal. Wenn es anders wäre, wäre jede Entwicklungshilfe und Entwicklungspolitik sinnlos. Die in diesem Buch dargestellten Wege und Beispiele zeigen aber sehr deutlich, dass

Entwicklung und eine gerechtere Welt möglich sind. Entwicklung setzt freilich Entwicklungsarbeit voraus. Und das heißt: auch den Willen zur Arbeit für Entwicklung.

Und eine weitere Beobachtung beeindruckt mich an Menschen wie Yunus und seinen engsten Mitarbeitern besonders: Keiner von ihnen fühlt sich als Held – aber alle sagen: »Ich bin glücklich mit meiner Arbeit. Was ich tue, tue ich immer auch für mich. Ich folge lediglich meinem Gewissen. Durch das, was ich tue, bin ich reich. Ich würde alles noch einmal so machen. Meine Arbeit macht Sinn.« Kluge Egoisten, die anderen helfen und dadurch selbst glücklich sind. Wer selbst motiviert ist, kann auch andere motivieren. Die Richtigkeit des uralten jüdisch-christlichen Gebotes bewahrheitet sich immer wieder aufs Neue: »Liebe deinen Nächsten wie dich selbst!«

Meine langjährige Erfahrung in Dritte-Welt-Ländern ist, dass die Mehrheit der Armen dann kreativ wird, wenn sie sich – oft mit Hilfe von Entwicklungsorganisationen – die Freiheit dafür erkämpft und lediglich einen minimalen Kredit hat, um sich auch ökonomisch entfalten zu können. Die Armen sind im Durchschnitt viel eher motiviert, in Eigenverantwortung aktiv zu werden als z. B. manche Arbeitslose im reichen Deutschland. Und Arme – so die Erfahrung der Grameen Bank – zahlen ihre Schulden entschieden zuverlässiger zurück als die Reichen. Arme sind motivierter und nehmen ihre Eigenverantwortung ernst. Deshalb müssen gerade auch die wirtschaftlichen Beziehungen zu einem Riesenreich wie China mit der Menschenrechtsfrage gekoppelt werden.

Verantwortung ist das Schlüsselwort. Eigenverantwortung bedarf aber der Freiheit. Verantwortete Freiheit ist die Voraussetzung für eine bessere Welt, für eine Welt in geordneter Freiheit. Nach den Erkenntnissen der letzten Jahrzehnte bietet sich die sozial-ökologische Marktwirtschaft, wie wir sie in Ansätzen in EU-Ländern entwickelt haben, als Ordnungsrahmen für die ganze Welt an: Kein Brutal-Kapitalismus à la USA und kein Sozialismus à la Sowjetunion oder DDR, sondern eine sozial und ökologisch orientierte Marktwirtschaft ist die Wirtschaftsform der Zukunft. Das höre ich immer mehr auch von aufgeklärten Intellektuellen in Dritte-Welt-Ländern.

Und wie und von was lebt Muhammad Yunus persönlich? Der mit dem Friedensnobelpreis ausgezeichnete und erfolgreichste Banker unserer Zeit erhält im Monat ein Gehalt von 500 Dollar als Vorstandsmitglied der Grameen Bank. Das ist in Bangladesch ein gutes Monatsgehalt. »Damit kann ich gut leben. Und mehr brauche ich nicht«, sagt er.

22. Gibt es ein Zauberwort?

»Und die Welt fängt an zu singen, find ich nur das Zauberwort«, wusste schon der Dichter der Romantik Joseph Eichendorff. Gibt es heute ein hilfreiches »Zauberwort« zur Lösung der größten Krisen unserer Zeit? Vielleicht. Das Zauberwort könnte »Ökosoziales Wirtschaftswunder« heißen. Muhammad Yunus: »Armut in der Welt ist künstlich geschaffen, sie ist nicht Teil der menschlichen Zivilisation und wir können das ändern.« Er hat in der Tat bewiesen, dass das möglich ist und beweist es täglich neu.

Gegenwärtig erleben wir die stärkste Krise der Globalisierung. Die Ökonomen sehen die Krise darin, dass die Weltwirtschaft 2009 gegenüber 2008 um einige Prozent schrumpfen wird. Aber was ist diese »Krise« gemessen am Verhungern von Millionen, gemessen am Klimawandel und gemessen daran, dass wir unsere Lebensgrundlagen wie sauberes Wasser, gesunde Böden, frische Luft und die Artenvielfalt zerstören? Krisen haben zumindest immer ein Gutes: Sie bieten die Chancen, mehr als sonst ausgetretene Pfade zu verlassen und neue Wege zu suchen. Der jetzt beginnende Prozess könnte das Ende des real existierenden Kapitalismus sein.

Eine ehrliche Analyse der kapitalistischen und neoliberalistischen Exzesse nach dem Zusammenbruch des kommunistischen Imperiums kann nur zu diesem Schluss kommen: Der Kapitalismus hat genau so abgewirtschaftet wie der Kommunismus. Zumindest der Kapitalismus, wie wir ihn kennen. Ohne ehrliche Analyse kein Neuanfang. Aber es gibt das »Zauberwort« für einen Neuanfang.

23. Das Ende des Kapitalismus

Das Römische Reich ist zusammengebrochen und das Heilige Römische Reich Deutscher Nation auch, der Realsozialismus ist zusammengebrochen und Lehman Brothers, der Neoliberalismus und der Turbo-Kapitalismus auch. Ein Ökosozialismus wäre so wenig hilfreich, wie es der Neoliberalismus seit 1990 war. Die Hypothekenkrise in den USA führte zur Kernschmelze des alten kapitalistischen Systems, zum GAU. Und dieser größte anzunehmende Unfall des Kapitalismus betrifft nun die ganze Welt – sogar das erzkapitalistische »kommunistische« China. Ein System ist am Ende, wenn die Menschen, die dort leben, kein Vertrauen mehr in dieses System haben. Das war 1989 so und ist heute ähnlich. Das Kapitalismus-Desaster wird bald so offenbar wie das Kommunismus-Desaster vor 20 Jahren. Die sozialistische Revolution entließ ihre Kinder, und der Kapitalismus frisst seine Kunden. 20 Jahre nach dem Fall der Mauer stellt sich die Systemfrage neu. 1989 wurde sie verdrängt. Jetzt hat sie uns eingeholt.

Peter Spiegel und ich meinen, das, was Klaus Töpfer schon vor 25 Jahren die öko-soziale Marktwirtschaft nannte, zeigt einen Ausweg aus der Krise. Jetzt ist die Zeit reif, ein System einer sozial-ökologischen Marktwirtschaft, ein ökologisches Wirtschaftswunder zu schaffen, das wieder Hoffnung und Zukunft bietet.

1945 hatten die Deutschen einen Tiefpunkt ihrer Geschichte erreicht. Wir hatten durch den Zweiten Weltkrieg und die Herrschaft der Nazis Tod und Elend über Europa und damit auch über uns selbst gebracht. Niemand hätte daran geglaubt, wenn in dieser Notlage jemand für Deutschland ein Wirtschaftswunder prophezeit hätte. Und dennoch wurde dieser nicht für möglich gehaltene »Aufstieg aus Ruinen« schon nach wenigen Jahren Wirklichkeit. Hermann Hesse wusste: »Man muss das Unmögliche wollen, um das Mögliche zu erreichen.«

Ich halte es für möglich, dass wir in der globalisierten Welt in den nächsten 20 bis 40 Jahren in Deutschland, Europa und der Welt ein globales ökologisches Wirtschaftswunder schaffen. Dieses ökologische Wirtschaftswunder enthält die Kraft einer großen Idee. Wesentliche Komponenten dieses Weltwirtschaftswunders:

- die solare Energiewende
- die ökologische Verkehrswende
- die biologische Landwirtschaftswende
- die nachhaltige Bauwende
- die ökologische Wasserwende
- die nachhaltige Nutzung der Wälder
- eine ökologische Steuerreform

24. Ökosozial statt marktradikal

Otto von Bismarck soll gesagt haben: »Wirtschaften ist etwas viel zu Wichtiges, als dass wir es den Ökonomen überlassen sollten.« Niemand hat das System der Marktwirtschaft so diskreditiert wie die bisherigen Vertreter der marktradikalen »Marktwirtschaft« – zu seiner Rettung und Ehrenrettung brauchen wir jetzt ein System der ökosozialen Marktwirtschaft. Franz Josef Radermacher hat mit dem Globalen Marshall Plan den Regierungen bereits ein Instrument in die Hand gegeben, um ein weltweites ökologisches Wirtschaftswunder zu initiieren.

Die erfolgversprechende Devise einer zukünftigen Marktwirtschaft heißt »*ökosozial statt marktradikal*«. Sie macht Hoffnung auf das größte Weltwirtschaftswunder, das es je gab, weil es jene zwei Drittel der Menschheit integriert, die bisher als Schmuddel-Kinder und Verlierer des Marktes ignoriert wurden.

Es gab viele Gewinner der Globalisierung: Länder wie Deutschland und Japan haben von der Globalisierung durch ihre hohen Export-Anteil stark profitiert. China hatte über 25 Jahre, Indien über 12 Jahre sehr hohe ökonomische Wachstumsraten. In diesen Staaten und schon früher in Südkorea, Taiwan, Singapur und Hongkong hat die sich globalisierende Wirtschaft vielen hundert Millionen Menschen Vorteile und Wohlstand gebracht, weil sie Anschluss an die Märkte der Reichen fanden. Etwa 500 Millionen Menschen in China und etwa 300 Millionen in Indien, die heute zur gebildeten Mittelschicht gehören, ging es vor 20 Jahren materiell noch sehr schlecht.

Aber der neue Reichtum kam nicht allen zugute. In beiden Ländern leben noch immer mehrere hundert Millionen Menschen in unvorstellbarer Armut oder an der Grenze zur Armut mit etwa einem Dollar Einkommen pro Tag und weniger. Bei vielen Reisen habe ich auch die Schattenseiten der Globalisierung gesehen. Der Fernsehfilm, den ich zu diesem Thema in Indien gedreht habe, hat den Titel »Das Wachstum steigt – Die Armut bleibt«.

In seiner wegweisenden Enzyklika »Progressio Populorum« hat Papst Paul VI. schon vor 40 Jahren geschrieben: »Der neue Namen für Frieden heißt Entwicklung.« Nichts anderes will die neue ökosoziale Marktwirtschaft. Oder: Wohlstand für alle! Weltweit! Unser Planet hat dafür alle Voraussetzungen. Vor 10 Jahren haben die Vereinten Nationen errechnen lassen, dass auf dieser Erde 12 Milliarden Menschen ein gutes Leben führen können – freilich weder unter zwangskommunistischen noch unter turbokapitalistischen Vorzeichen. Wenn es *allen* gut gehen soll, müssen wir die heutige Tendenz zur Verabsolutierung des Kapitals überwinden. Im Kapitalismus ist das Kapital wichtiger als der Mensch. In der ökosozialen Marktwirtschaft haben die Menschen und das Leben und die Arbeit insgesamt Vorrang vor dem Kapital. **Das Kapital hat dem Leben zu dienen.** Das Kapital darf niemals zum Goldenen Kalb werden, um das die gesamte Menschheit herumzutanzen hat.

25. Die solare Weltwirtschaft

Energie ist der Schlüssel zur Lösung der Klimakrise, des Hungerproblems und der aktuellen Wirtschaftskrise. Zur Erinnerung: Wenn wir zurzeit an einem Tag so viel Kohle, Gas und Öl verbrauchen, wie die Natur in 500 000 Tagen angesammelt hat, dann muss es zur Krise kommen.

Ohne Erneuerbare Energien haben wir keine Chance, das Klima zu schützen, den Hunger zu überwinden, ja sogar keine Chance, die lahmende Wirtschaft wieder in Schwung zu bringen.

- Solarpolitik ist Sozialpolitik, weil Millionen neue Arbeitsplätze entstehen. Der solare Reichtum ist die Basis des Wohlstands für alle.
- Solarpolitik schützt das Klima für alle Zeit und
- mit einer solaren Weltwirtschaft kann es gelingen, den Hunger in vielleicht einer Generation zu besiegen und nachhaltige Wachstums-Impulse für die gesamte Weltwirtschaft zu stimulieren.

Solarpolitik ist Friedenspolitik, denn um die Sonne können keine Kriege geführt werden. Sie ist mit ihrem Abstand von 150 Millionen Kilometern zur Erde für alle Zeit menschlichem Zugriff entzogen. Diesen Sicherheitsabstand hat der Schöpfer oder die Schöpferin intelligent organisiert. Deshalb gibt es auch keine RWE-Sonne und keine Shell-Sonne, sondern nur unser aller Sonne.

Die fossil-atomare Energienutzung führte bisher nur zu einem Reichtum für wenige und zu einer Armut für die meisten. Unser bisheriges Wirtschaftswachstum, das auf fossil-atomaren Energie-Verbräuchen basiert, ist in Wahrheit Wirtschaftsvernichtung – Vernichtung von Ressourcen in ungeheurem Ausmaß. Erst wenn wir uns dieses Wahnsinns bewusst werden, können wir uns auf den Weg ins Solarzeitalter machen.

Erst eine »solare Weltwirtschaft« (Hermann Scheer) kann ernsthaft damit beginnen, im großen Stil auf die unendlich vorhandenen und allen Menschen zur Verfügung stehenden solaren Energie-Träger umzusteigen und sich von den Fesseln der alten Energieknechtschaft zu befreien.

Die Technologien für den hundertprozentigen Umstieg auf Erneuerbare Energien sind bereits entwickelt – auch und gerade in Deutschland – und weltweit zehntausendfach erprobt. Wir haben – wie die Bundeskanzlerin zu Recht sagt – keine Erkenntnisprobleme, wir haben aber im Land der Bedenkenträger große Umsetzungsprobleme. »Deutschland«, so sagte mir Michail Gorbatschow einmal, »könnte Öko-Weltmacht werden«. Könnte! Da hat Gorbatschow recht. Ob wir die Chancen auch nutzen?

Die Sonne stellt uns jeden Augenblick 10 000 bis 15 000 mal mehr

Energie zur Verfügung, als alle Menschen verbrauchen. Das ist die Energie von weit über 100 Millionen Atomkraftwerken. Die Diskussion über längere Laufzeiten der Atommeiler ist geradezu lächerlich. Wir haben Besseres. Mit dem Reichtum der Sonne können wir erstmals den Reichtum der Weltgesellschaft organisieren. Dafür brauchen wir ein neues, ein kosmisches Bewusstsein. Das Hauptproblem der sich globalisierenden Welt ist nicht, dass sich die Menschheit globalisiert, das Hauptproblem ist, dass wir die einzig globale und ewig zur Verfügung stehende Energiequelle, die Sonne, noch nicht in ihrer wahren Bedeutung für Frieden, Wohlstand und Freiheit verstanden haben. Die Lösung unserer heutigen Hauptprobleme steht am Himmel.

26. Die Erde ist reich

Warum ist der Kapitalismus am Ende? Auch weil ihm seine wichtigsten Ressourcen, Kohle, Gas, Öl und Uran, ausgehen – also die bislang für unendlich gehaltenen Energien. Kapitalismus basiert auf Wachstum, aber Wachstum geht nur mit immer mehr Energieverbrauch. Obwohl jeder Biologiestudent lernt, dass ewiges Wachstum nicht möglich ist und natürliches Wachstum Sonnenenergie braucht, setzt eine Primitiv-Ökonomie noch immer auf die Formel »Wohlstand durch Wachstum«. Mit dem Ende des Ölzeitalters geht das Kapitalismus-Modell, das wir kennengelernt haben, zu Ende. Wenn bisher in einem Land wie USA oder England das Öl ausging, dann wurde eben Krieg um Öl geführt, wie es die USA und England im Irak und Kuwait taten. Würden im Irak nur Bananen wachsen, wäre dort kein einziger amerikanischer Soldat.

Es scheint beinahe unfassbar, dass sich bis heute kaum ein Ökonom mit der Frage beschäftigt, wie das kapitalistische Wachstumssystem nach dem Ölzeitalter funktionieren soll. Die Ressourcen gehen in absehbarer Zeit zu Ende. Selbst wenn wir kein einziges Grad globaler Erwärmung bekämen, müssen wir die hundertprozentige solare Energiewende so rasch wie möglich organisieren, um unser Zivilisationsmodell und unseren Wohlstand in die Zukunft zu retten. Sonst könnten wir das größte Gemetzel der Menschheitsgeschichte erleben, nämlich den Endkampf um die letzten Ressourcen. Und das im Atomzeitalter, wo jeder Krieg der letzte sein kann!

Der Geschäftsführer des Ludwig-Bölkow-Instituts für Systemtechnik in Ottobrunn bei München, Jörg Schindler, schreibt, dass wir wahrscheinlich im Jahr 2006 den Höhepunkt der Ölförderung erlebt haben. Jetzt werden nur noch kleinere Öl- und Gasfelder entdeckt. 33 von 48 Ölförderländern hätten das Fördermaximum bereits überschritten. Doch zugleich wächst der weltweite Energieverbrauch. Die Frage aller Zukunftsfragen heißt: Wie kann die industrielle Zivilisation ohne Öl und Gas überleben?

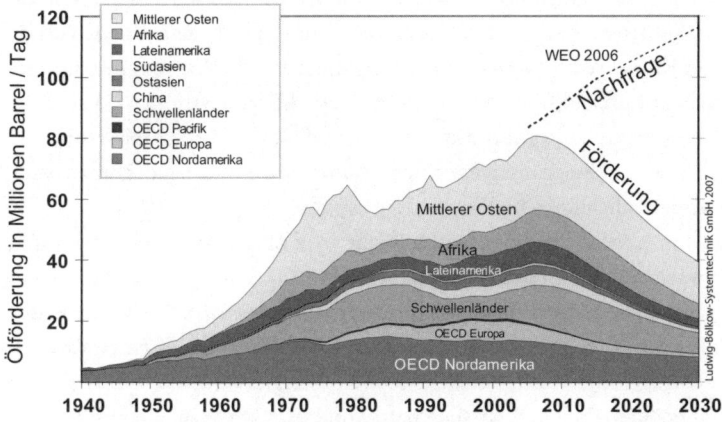

2009 wurde weltweit der Höhepunkt der Ölförderung erreicht. Die Förderung geht von jetzt an zurück, aber die Nachfrage steigt weiter, hauptsächlich wegen der ökonomischen Entwicklung in Indien und China.

Der Umweltjournalist Richard Heinberg warnt: »Wir sind an einem Punkt angekommen, an dem der globale gesellschaftliche Zusammenbruch in den nächsten Jahrzehnten wahrscheinlich und vielleicht sogar unvermeidlich ist.« Doch die These dieses Buchs heißt: Es kann, aber es muss nicht zur großen ökonomischen Katastrophe und damit zur politischen Revolution kommen. Noch gibt es einen Fluchtweg aus dem Treibhaus als evolutionärem Prozess. Die Alternative zum Krieg um Öl: Frieden durch die Sonne.

Wir leben auf einem unvorstellbar reichen Planeten. Und das bedeutet: Es reicht für alle!

Es gibt auf unserem Planeten grundsätzlich kein Energieproblem, aber falsches Energieverhalten, das wir jedoch ändern können. Ein ambitioniertes Klimaschutz-Programm kann mit einem ambitionierten Konjunkturprogramm verknüpft werden. Statt spritfressender Autos können

Elektroautos, Hybridautos und insgesamt energiesparende, kleinere Autos steuerlich entlastet werden. Effektiver Klimaschutz muss kein Jobkiller sein, wie viele Ökonomen befürchten, er kann zum Jobknüller im 21. Jahrhundert werden und zu vielen technischen Innovationen führen. Wer in Zusammenhängen zu denken versteht, weiß, dass die Finanzkrise kein Argument gegen, sondern **für** Klimaschutz ist. Und er weiß auch, dass unsere Welt nicht friedlicher werden kann, wenn jeden Tag mehr als 26 000 Menschen verhungern. Wer mit faulen Krediten handelt, verliert Millionen und Milliarden Dollars oder Euros. Doch der faulste Kredit ist der Klimakredit. Wir sollten künftig mehr auf die Vernunft spekulieren als auf Luftschlösser. Wenn schon staatliche Subventionen nötig sind, dann aber eher in gut funktionierende öffentliche Verkehrssysteme und in bessere Schulen als in noch mehr Autobahnen. Wer neue Straßen baut, wird nämlich noch mehr Autos ernten.

Ein intelligentes, ökologisch orientiertes Konjunkturprogramm muss mehr sein als das, was Autokonzerne, Stromproduzenten und die energieintensiven Industrien angeblich verkraften können. Die Vertreter der alten Energiewirtschaft waren schon immer die großen Bremser, Bedenkenträger und Verhinderer der solaren Energiewende als Voraussetzung eines ökologischen Weltwirtschaftswunders.

Klimaschutz kostet – das ist wahr. Aber was kostet es, wenn wir das Klima nicht schützen? Kein Klimaschutz kostet die Zukunft, hat die Kreditanstalt für Wiederaufbau schon vor Jahren ihren Kunden vorgerechnet. Die Gesellschaften, die in den nächsten Jahren als erste zu 100 Prozent auf Erneuerbare Energien umsteigen, werden morgen an der Spitze der Weltwirtschaft stehen. Deutschland mit seinen Spitzentechnologien bei Windkraft, Solarstrom und Biogas könnte dabei sein, aber auch die USA unter Präsident Obama, der ein Investitionsprogramm von 150 Milliarden Dollar für Energie-Effizienz und Erneuerbare Energien angekündigt hat. Dieses Klimaschutz-Programm, so Obama, soll zu 2,5 Millionen neuen Arbeitsplätzen führen.

Der britische Außenminister David Milibrand sagt es so: »Wenn wir eine kohlenstoffarme Wirtschaft aufbauen, können wir nicht nur die Emissionen verringern und den Inflationsdruck senken, sondern Arbeitsplätze schaffen und nachhaltiges Wachstum erzeugen.« Sein Premierminister Gordon Brown kündigte Anfang 2009 ein ökosoziales Konjunkturprogramm an: »Anstatt wie bisher Druck auf die Umwelt auszuüben, muss künftig die Umwelt Teil der Lösung sein.« Ziel des grünen Konjunkturprogramms seien 100 000 grüne Arbeitsplätze.

Der Staat, sagt Bundeskanzlerin Angela Merkel heute deutlicher als vor einigen Jahren, »ist der Hüter der Ordnung«. Die größte Finanz- und Weltwirtschaftskrise seit 1929 zeigt: Ohne den Staat geht es nicht. Im Angesicht des fast kollektiven Versagens überbezahlter Manager der Finanz- und Autoindustrie ist heute marktwirtschaftliche Ordnungspolitik gefragt und eine neue Wirtschaftsethik. Nur dann schaffen wir ein sozialökologisches Wirtschaftswunder.

Präsident Obama hat einen »Green New Deal« angekündigt. Dabei orientiert er sich am sozialen »New Deal« von US-Präsident Roosevelt im Jahr 1932. Sozialer New Deal meint mehr soziale Gerechtigkeit. Wir brauchen heute einen neuen, grünen und sozialen Gesellschaftsvertrag. 1932 war der New Deal politisch umstritten. Aber Millionen Menschen fassten wieder Hoffnung, weil sie das Gefühl zurückerhielten, dass sich die Regierung um sie kümmert und sie nicht untergehen lässt im freien Spiel der Kräftigen. Der Schweizer Öko-Manager und frühere Vizepräsident von Dow Chemical, Claude Fussler, ist überzeugt, dass Unternehmer profitabel u n d ökologisch wirtschaften können: »Wenn der Kapitalismus nicht zurückkehrt zu tieferen Werten, wird er nicht überleben.«

Öl, Kohle, Gas und Uran sind in wenigen Jahrzehnten erschöpft, zerstören das Klima und gefährden alles Leben und werden immer teurer. Aber die sechs großen Quellen für Erneuerbare Energie – Sonne, Wind, Bioenergie, Meeresenergie, Wasserkraft und Erdwärme – stehen uns noch Millionen Jahre zur Verfügung – und zwar umweltfreundlich, preiswert und insgesamt fast unbegrenzt. Das wichtigste Potenzial für Erneuerbare Energien sind Menschen, die mit den natürlichen Vorkommen der Erneuerbaren Energien arbeiten.

27. Solarpolitik ist Sozialpolitik

Noch haben wir die Chance des raschen hundertprozentigen Umstiegs auf Erneuerbare Energien. Die solare Energiewende ist noch möglich. Wir haben freilich nicht unendlich viel Zeit. Eine solare Energieversorgung und eine »solare Weltwirtschaft« (Hermann Scheer) können zum Leitstern einer neuen Kultur werden. Das ist ein Gebot der Vernunft und der Moral, wenn uns die Zukunft unserer Kinder und Enkel wirklich am Herzen liegt. Je länger wir mit diesem Umstieg warten, desto sicherer werden wir Kriege um die letzten, zu Ende gehenden alten Ressourcen erleben. Die Frage ist nicht mehr, ob wir umsteigen müssen. Die Frage heißt nur noch, ob wir den Umstieg rechtzeitig schaffen, so dass wir unsere Zivilisation noch retten können.

Noch haben wir ungeahnte Chancen für eine friedliche Welt, ohne Ressourcenkriege und ohne Umweltzerstörung, durch ein solares Zeitalter.

Es ist gut zu wissen, dass schon heute Hunderte von Gemeinden und Städten auf dem Weg zur hundertprozentigen solaren Energiewende sind. Die Städte Kassel und Nürnberg versorgen sich bereits zu 100 Prozent mit Ökostrom.

Der frühere US-Vizepräsident Al Gore, ein Jahr nach Muhammad Yunus Friedensnobelpreisträger, hat am 17. Juli 2008 eine bemerkenswerte Rede gehalten. Er hat klar gemacht, dass sich die USA, noch immer die stärkste Wirtschaftsmacht der Welt, in zehn Jahren zu 100 Prozent mit Ökostrom versorgen können – vorausgesetzt, es gibt den politischen Willen dazu. Und Barack Obama hat diese Vision ebenfalls für realisierbar erklärt.

Die Dramatik des Klimawandels drängt. Der Wechsel zu Erneuerbaren Energien kann und muss beschleunigt werden. Nicht zufällig ging der Finanzkrise ein starker Anstieg der Preise für Öl, Gas und Benzin voraus. Die alten Energieträger werden immer teurer, gehen rasch zu Ende, zerstören oder gefährden die Umwelt und sind deshalb zukunftslos. Die Folgeschäden sind fast unbezahlbar. Nur die effizientere Nutzung der vorhandenen Energie und der konsequente Umbau zu Erneuerbaren Energien können weitere wirtschaftliche, soziale und ökologische Katastrophen verhindern. Diese Notwendigkeit wurde zu lange ignoriert und blockiert.

28. Von der ökonomischen Not zur ökologischen Tugend

Seit dem Jahr 2000 ist in Deutschland das Erneuerbare-Energien-Gesetz in Kraft. Seither erleben wir einen massiven Ausbau der Windkraft, Sonnenkraft und Bioenergie. Allein im Jahr 2007 gab es einen Zuwachs um 16 Milliarden Kilowattstunden, was der Stromproduktion von zwei Atom- oder Kohlekraftwerken entspricht. Und dieses Tempo kann selbstverständlich noch beschleunigt werden. Deutschland braucht weder längere Laufzeiten der Atomkraftwerke noch neue Kohlekraftwerke. Nirgendwo in der Welt gibt es zurzeit so viele für Erneuerbare Energien engagierte Techniker, Mittelständler, Unternehmen und kommunale Energieversorger wie in Deutschland. Es ist ja schon überall sichtbar, wie rasch sich die Gewinnung von Strom aus Sonne und Wind ausbreitet. Solar- und Windtechnik kann auf der ganzen Welt genutzt werden und autonome, regionale Stromversorgung ermöglichen. Das spart Geld und schont die Umwelt, weil Sonne und Wind keine Rechnung schicken. Wir benötigen nur Anfangs-Investitionen für die technischen Anlagen. Und diese werden immer preisgünstiger, je rascher wir in die Massenproduktion kommen, was bereits der Fall ist. Im Januar 2009 – also mitten in der Finanzkrise – haben die Umsätze der Erneuerbaren Energie-Branche um 25 Prozent zugelegt – ohne staatliche Milliardenförderungen. Es ist offensichtlich, wem die Zukunft gehört.

Deutschland hat heute alle Voraussetzungen, aus der ökonomischen Not eine ökologische Tugend zu machen. Mit den jetzt fälligen Investitionen können wir das Land nachhaltig für die Zukunft rüsten.

Die Stromversorgung in Deutschland lag bisher praktisch in der Hand der vier Strom-Besatzungsmächte E.ON, RWE, Vattenfall und EnBW. Jetzt ergibt sich erstmals die Chance, die Energieversorgung zu demokratisieren. Bürger, zur Sonne, zur Freiheit!

Die Träger der solaren Energiewende sind Millionen Hausbesitzer, Hunderttausende Bauern, die vom Landwirt auch zum Energiewirt werden, sowie Handwerker und Mittelständler vor Ort – also überall.

Stadtwerke, Betreiber-Gemeinschaften, Hausbesitzer und kluge Unternehmer haben damit begonnen, die Stromversorgung in die eigenen Hände zu übernehmen. Die Auf- und Ausbaupotentiale sind riesig und werden noch immer unterschätzt.

Ein Strom-Mix aus Sonne, Wind, Erdwärme, Wasserkraft und Bioenergien ist greifbar nahe. Neue Speichertechnologien werden entwickelt und bilden die Basis für die hundertprozentige ökologische Energiewende.

Das Ziel, das Al Gore für die USA anstrebt, ist auch in Deutschland und Europa realisierbar. Barack Obama hat den Nobelpreisträger für Physik und Solarfreund, Steven Chu, zum Energieminister ernannt. Seine Kompetenzen sollen weit reichen: Er kann Stromnetze erneuern, zentrale Stromnetze für Erneuerbare Energien ausbauen und die Genehmigungsverfahren zum Aufbau der Erneuerbare-Energie-Technologien beschleunigen. Wenn die USA und Deutschland als größte Wirtschaftsmacht in Europa beim Klimaschutz nach dem Motto »Yes, we can« zusammenarbeiten, erhält das Thema Klimaschutz eine ganz neue Dynamik. Es gibt Zeiten in der Geschichte, in denen wir uns von alten Illusionen befreien und aufwachen müssen, um einer akuten Gefahr wirksam entgegentreten zu können. Die Klimakrise, die Massenarbeitslosigkeit und die Finanzkrise sind eine solche Gefahr.

Wer dabei nicht mitmachen will, muss beiseite treten und denen Platz machen, die an einem weltweit ökologischen Wirtschaftswunder zum Wohle der Menschheit arbeiten. Schließlich steht die Zivilisation der Menschheit auf dem Spiel.

Mir fällt keine Zeit in den letzten 60 Jahren ein, in der Deutschland und Europa so viele Krisen gleichzeitig zu bewältigen hatten. Das gilt aber auch für Japan und die USA. Die bemerkenswerte Rede Al Gores möchte ich ausführlich zitieren, weil ihr auch Präsident Obama inhaltlich zugestimmt hat:

»Besonders der Klimawandel verschlimmert sich – erheblich schneller als bisher vorhergesagt. Wissenschaftler mit Zugang zu den Messwerten unserer Unterseeboote, die das Polareis am Nordpol unterqueren, warnen uns, dass mit 75-prozentiger Wahrscheinlichkeit innerhalb von fünf Jahren die Eiskappe während der Sommermonate völlig verschwinden wird. Dadurch wird sich das Abschmelzen des Grönlandeises weiter beschleunigen. Die Experten sagen, dass der Jakobshavn-Gletscher, einer der größten in Grönland, schneller als je zuvor wegschmilzt. Täglich verliert er so viel Tonnen Eis, wie die Einwohner von New York in einem ganzen Jahr an Wasser verbrauchen.

Wie wäre es, wenn wir Energiequellen nutzten, die nicht teuer sind, keine Emissionen verursachen und hier zuhause im Überfluss zur Verfügung stehen? … Wir haben solche Energiequellen. Wissenschaftler bestätigen, dass alle 40 Minuten genügend Sonnenenergie auf der Erdoberfläche ankommt, um damit den gesamten Weltenergieverbrauch eines Jahres abzudecken. Man braucht nur einen kleinen Teil dieser Sonnenenergie zu nutzen, um damit die gesamte benötigte elektrische Energie Amerikas zu erzeugen.

Die schnellste, billigste und beste Art, all diese Erneuerbaren Energien zu nutzen, ist die Produktion von Elektrizität. Tatsächlich können wir ab sofort Solarenergie, Windkraft und geothermische Energie nutzen, um Strom für unsere Wohnungen und für die Wirtschaft zu erzeugen.

Aber um dieses erstaunliche Potential wirklich zu nutzen und damit wirklich und wahrhaftig die nationalen Probleme zu lösen, brauchen wir einen neuen Anfang. … Aus eben diesem Grund schlage ich heute eine strategische Initiative vor, die das Ziel hat, uns von den drückenden Krisen zu befreien und unsere Handlungsfähigkeit zurück zu gewinnen. Dies ist nicht das Einzige, was wir tun müssen. Aber dies ist der Dreh- und Angelpunkt einer mutigen Strategie, Amerika wieder mit neuer Energie zu versorgen, im wörtlichen und im übertragenen Sinne.

Heute fordere ich unsere Nation auf, sich zu verpflichten, innerhalb von 10 Jahren 100 Prozent unserer Elektrizität aus Erneuerbarer Energie und aus wirklich kohlenstoff-freien Quellen zu erzeugen.

Dieser Plan ist durchführbar, bezahlbar und höchst wirksam. Er stellt eine Herausforderung für Amerikaner aller Gesellschaftsschichten dar: für unser politischen Führer, Unternehmer, Erfinder, Ingenieure und für jeden Bürger.

Noch vor wenigen Jahren hätte ich so einen nationalen Appell nicht veröffentlichen können. Aber es hat sich inzwischen etwas geändert: Die deutlichen Kostensenkungen für Solar-, Wind- und Geothermiestrom auf der einen Seite und die kürzlich erfolgten Preisanstiege bei Öl und Kohle auf der anderen Seite haben die Maßstäbe der Wirtschaftlichkeit im Energiesektor radikal verändert.

Als ich vor 32 Jahren zum ersten Mal zum Kongress ging, hörte ich, wie Experten aussagten, dass erneuerbare Energiequellen konkurrenzfähig sein würden, wenn der Ölpreis jemals auf 35 $ ansteigen sollte. Nun, heute liegt der Preis bei mehr als 135 $ pro Barrel, und wirklich, Milliarden von Dollar an neuen Investitionen fließen in die Entwicklung konzentrierter thermoelektrischer Sonnenenergie und Photovoltaik, in die Entwicklung von Windmühlen, Geothermiewerken und einer Vielzahl genialer neuer Möglichkeiten, unsere Effizienz zu verbessern und Energien zu sparen, die augenblicklich verschwendet werden.

Da die Nachfrage nach Erneuerbaren Energien wächst, fallen die Kosten weiterhin. Lassen Sie mich dies an einem aufschlussreichen Beispiel erläutern: Der Preis des besonderen, für die Herstellung von Solarzellen benutzten Siliziums lag vor kurzem noch bei 300 $ pro kg, doch die letzten Aufträge wurden für Preise vergeben, die nur 50 $ pro kg betrugen.

Natürlich gibt es immer Leute, die uns sagen, dass das alles nicht geht. Einige dieser Stimmen sind die Verteidiger des Status quo – die mit einem eigenen Interesse an der Erhaltung des heutigen Systems festhalten, ganz gleichgültig, welchen Preis wir dafür zahlen müssen. Doch auch die, die von dem Kohlenzeitalter profitieren, müssen irgendwann die Unvermeidbarkeit seines Endes erkennen. Wie ein OPEC-Ölminister es ausdrückte: »Die Steinzeit ging nicht zu Ende, weil Steine knapp wurden.«

Als Präsident John F. Kennedy unsere Nation dazu aufforderte, innerhalb von 10 Jahren einen Mann auf dem Mond landen zu lassen und ihn heil zurückzubringen, bezweifelten viele die Realisierbarkeit. Doch schon 8 Jahre und 2 Monate später beschritten Neil Armstrong und Buzz Aldrin die Mondoberfläche.«

Kapitel 2

Die Ökologie wird die intelligentere Ökonomie

1. Grünes Geld für eine gerechte Zukunft

Die Finanzkrise und der Vertrauensverlust der krisengeschüttelten Banken zeigt: Es ist höchste Zeit für eine neue Wirtschaftsethik. Viele fragen zweifelnd, ob sich Klimaschutz und gewinnbringende Geldanlagen überhaupt miteinander vereinbaren lassen.

Die zukünftige Öko-Wirtschaft – Solarenergie, Windenergie, Bio-Lebensmittel, Elektroautos, ökologisches Bauen – spiegelt sich schon heute an der Börse: grünes Geld, grüne Aktien und grünes Investment sind im Trend. Inzwischen ist bewiesen, dass grüne Geldanlagen zum Wohle aller »arbeiten« können. Mit grünen Ideen kann man schwarze Zahlen schreiben.

Die Erfahrungswerte mit grünem Geld sind zwar noch jung, doch gerade in Krisenzeiten wollen viele Anleger wissen, ob ihr Geld an wirtschaftlichen Prozessen beteiligt ist, die mit ihren persönlichen Normen und Werten in Einklang zu bringen sind. Inhumane, unsoziale und unökologische Bereiche sollen ausgeschlossen oder zumindest minimiert werden. Dadurch soll das eigene Gewissen entlastet und Gewinn mit Sinn verbunden werden. Renditen für die Umwelt werden auch als Rendite für Herz und Seele verstanden.

Dass sich mit Geld die Welt verändern lässt, ist seit langem bewiesen. Das südafrikanische Apartheid-Regime z. B. wurde auch deshalb überwunden, weil internationale Banken keine Geschäfte mehr mit Südafrika machten. Ethische und ökologische Geldanlagen haben selbstverständlich den Effekt, ethisch vertretbare und ökologische Produkte zu befördern.

Wenn immer mehr Menschen benzinsparende Autos kaufen, werden wenigstens die größten Dreckschleudern mit der Zeit verschwinden.

Wir Konsumenten haben eine weit größere Macht, als die meisten vermuten. Wir sind keine passiven Passagiere auf diesem Planeten, sondern seine Piloten und Navigatoren. Man kann einen doppelten Gewinn organisieren: das Klima schützen und die Rendite sichern. Oder man kann bei einem guten Betriebsklima bessere Geschäfte machen als bei einem miesen.

Das weltweite Finanzdesaster begann 2007 mit der Immobilienkrise in den USA, als Banker hunderte Milliarden Dollar Kredite an mittellose Amerikaner verausgaben und ihnen kurioserweise zudem versprachen, damit Geld zu verdienen, weil sie später ihr Haus ja teurer verkaufen könnten, als sie es gekauft hatten. Das war natürlich das Gegenteil von nachhaltig. Und es war auch keine soziale Wohltat, sondern führte weltweit zum Ruin von Millionen Menschen. 2008 erreichte die Bankenkrise jeden Winkel dieser Erde, und wenigstens jetzt sollten die Banken lernen, was nachhaltiges Bankgeschäft ist. Sie könnten es z. B. von den Umweltbanken lernen, die es seit 15 Jahren gibt, oder von der Grameen Bank.

Banken sind wichtig. Sie versorgen die Wirtschaft mit Geld wie die Adern einen Organismus mit Blut. Stoppt der Blutfluss, stirbt der Organismus. Transportiert die Blutbahn Gift, erkrankt der Organismus.

Deshalb ist das Funktionieren des Geldflusses Voraussetzung für die politische und ökonomische Gesundheit einer Gesellschaft. Seit dem Rio-Umweltgipfel 1992 verlangen alle Regierungen der Welt – zumindest verbal – von ihren Banken und Volkswirtschaften »Nachhaltigkeit«. Was heißt das konkret für ein Bankgeschäft? Beispielhafte Kriterien:

- Nachhaltige Anlageprodukte fördern, die umweltfreundliche Technologien vermarkten.
- Bei jeder Kreditentscheidung auf soziale und ökologische Folgen achten.
- Steht das geförderte Produkt im Einklang mit den Millenniumszielen der UNO?
- Unterstützt die Kreditvergabe den Klimaschutz oder die Zerstörung des Klimas?
- Können Mikrokredite ausgeweitet werden, um die Armut in Entwicklungs- und Industrieländern zu bekämpfen?
- Oder unterstützen Banken – wie bisher oft bei Kreditvergaben – Korruption, Ausbeutung und Steuerhinterziehung?

Deutschlands bekanntester Börsenhändler, Dirk Müller, warnt: »Man darf von einem Banker nicht erwarten, dass er dein Freund ist und das Beste für dich will.« Aber muss das so sein?

Banken sind mächtig. Sie können Investitionen fördern oder behindern. Sie haben die Möglichkeit, Zukunftstechnologien zu unterstützen und – wie Siemens es jetzt versucht – aus der Schmuddel-Ecke der Korruption herauszukommen und so ihrer Verantwortung für eine zukunftsfähige Welt gerecht zu werden.

Der Präsident des Ethikverbandes der Deutschen Wirtschaft, Ulf Posé: »Bereits seit den 60er und 70er Jahren belegen Forschungsergebnisse, dass ethisch motiviertes Handeln nachhaltiger und in der Summe erfolgreicher ist als unethisches Handeln. Kurzfristiger Erfolg lässt sich sicher über unethisches Handeln herstellen. Denn ich kann durchaus, wenn ich mich wie ein Schwein benehme, dadurch gutes Geld verdienen. Aber wer Kunden über den Tisch zieht, wird sie verlieren. Das gilt auch für Lieferanten … Unser Verband vertritt den Grundsatz der Handlungsethik. Das bedeutet, dass vor jeder Handlung überlegt werden muss, welche Folgen diese beispielsweise für die Mitarbeiter, Kunden, Geschäftspartner und die Umwelt haben und ob es dazu bessere Alternativen gibt … Und derjenige, der entscheidet, muss dafür die Verantwortung tragen … Ich würde die soziale Marktwirtschaft erweitern zu einer öko-sozialen Marktwirtschaft. Denn wenn wir die Umwelt nicht stärker berücksichtigen, dann wandern wir auf eine Katastrophe zu.«

Für den britischen Außenminister ist die »Finanzkrise kein Argument, um den Übergang zur kohlendioxidärmeren Energiewirtschaft zu verzögern, sondern ein Grund mehr, ihn voranzutreiben«. Die Finanzdienstleister in Deutschland und Österreich entdecken gerade ihre große Chance beim Thema Klimaschutz. Vor fünf Jahren wurde ich durchschnittlich einmal im Monat von Banken eingeladen, zum Thema Klimaschutz und Erneuerbare Energien zu sprechen. Heute halte ich dort jede Woche mindestens einmal einen Vortrag. Auch Banken haben gelernt, dass man mit grünen Ideen schwarze Zahlen schreiben kann, z. B. über Solarfonds. Es gibt im deutschsprachigen Raum schon über 100 ökologisch-ethisch orientierte Fonds. Sie beweisen, dass für viele Menschen nicht nur die Rendite zählt, sondern auch der Gewinn für alles Leben, also Mensch und Natur, wichtig ist.

Trend- und Zukunftsforscher wie Matthias Horx nennen diejenigen Konsumenten, die sich über die Zukunft Gedanken machen und auch ihr Geld zukunftsträchtig anlegen wollen, »Lohas«. Lohas steht für »Lifestyle of Health and Sustainability«, also für eine konsequentere Ausrichtung der Lebensweise auf Gesundheit und Nachhaltigkeit. Die Trendforscher schätzen, dass in den USA etwa 28 Prozent der Bürgerinnen und Bürger bereits zu den bewussten Konsumenten gehören – in Deutschland etwa 15 Prozent.

Ein Loha investiert sein Geld in einen Nachhaltigkeitsfonds, der nicht die Atomwirtschaft, die Waffenproduktion, die alte Automobilindustrie, die Kinderarbeit oder die Chemieindustrie unterstützt. Den Lohas wird oft vorgeworfen, es sei unpolitisch, lediglich ethisch korrekt konsumieren zu wollen. Doch wie politisch ist es, nicht ethisch zu konsumieren? Bewussteres Konsumverhalten ist bei vielen Menschen der Einstieg in ein generell politischeres Bewusstsein.

Die Loha-Philosophie besagt: Jede und jeder ist verantwortlich. Jede Veränderung beginnt *in uns*. Barack Obama hat die Loha-Philosophie in seinem Wahlkampf erfolgreich auf die Formel gebracht: »Yes – we can.« Millionen Menschen, vor allem junge Leute, die in keiner politischen Partei engagiert sind, haben dem neuen US-Präsidenten zum Sieg verholfen. Aber diese Wahlhelfer sind in sozialen und ökologischen Bewegungen engagiert, so wie Obama es selbst war. Er war früher Sozialarbeiter.

Grüner Konsum verspricht ein stressfreieres Leben, ein besseres Gewissen und sinnerfülltes Arbeiten. Dieser nachhaltige Lebensstil hat Einfluss auf die Wirtschaft, weil die Nachfrage nach ökologischen Produkten bis hin zum umweltverträglichen Auto und Energiespar-Haus stark wächst. Der Umsatz von Bio-Lebensmitteln ist 2008 um 10 Prozent gestiegen – trotz der höheren Preise der Bio-Produkte. Lohas erkennen vielleicht früher als andere die Wahrheit in Sebastian Kneipps 140 Jahre alter Erkenntnis: »Wenn die Menschen nur halb so viel Sorgfalt darauf verwenden würden, gesund zu bleiben und verständig zu leben, wie sie heute darauf verwenden, um krank zu werden, die Hälfte der Krankheiten bliebe ihnen erspart.«

Auf die Lohas setzt auch der »Bundesdeutsche Arbeitskreis für Umweltbewusstes Management« (B. A. U. M.). Dieser Kreis mit über 500 Mitgliedern ist die größte Umweltinitiative der Wirtschaft in Europa. Dazu gehören Unternehmen wie Bosch, Siemens, die Deutsche Telekom, die DB, SolarWorld, Enercon und Dr. Oetker, aber auch Mittelständler wie Auro Pflanzenchemie, Kanne Brottrunk, Faber-Castell, Hipp, Baufritz, die Neumarkter Lammsbräu, Conergy oder die Schweisfurth-Stiftung.

Wer bei B. A. U. M.-Mitgliedern nachfragt, erfährt überraschende Zahlen und Fakten: Karl Ludwig Gutberith, Vorsitzender der Bosch und Siemens-Hausgeräte erklärt, dass die energie-effizientesten Geräte heute 70 Prozent weniger Strom und Wasser verbrauchen als noch vor 12 Jahren. Ignazio Campino, Vorstand der Deutschen Telekom, verrät, dass sein Unternehmen es geschafft hat, innerhalb von 15 Jahren bei gleicher Leistung etwa 50 Prozent Energie einzusparen, und Bernd Wiedehold von der

Gealeam Fenster Systeme kann nachweisen, dass besser gedämmte Fenster heute 80 Prozent weniger Wärme entweichen lassen als frühere Fenster.

Worte sind Zwerge, aber gute Beispiele sind Riesen. Sie machen deutlich, dass Ökologie keine ökonomische Bremse ist, sondern Wettbewerbsvorteile bietet. Man muss allerdings hinzufügen, dass die deutsche Wirtschaft insgesamt noch lange nicht so energie-effizient produziert wie die japanische. Japans Unternehmer brauchen zur Herstellung der gleichen Produkte etwa 20 Prozent weniger Energie als die deutschen. Die Ökologie wird die intelligentere Ökonomie des 21. Jahrhunderts werden. Nur eine ökologische Ökonomie ist schöpfungsgemäß und hat Zukunft.

Der ökonomisch gewiefte und ökologisch sensible Vorstandsvorsitzende von B. A. U. M., Professor Maximilian Gege, sagt auf die Frage, was Unternehmen davon haben, wenn sie ökologisch wirtschaften: »Energie, die nicht verbraucht, Wasser, das nicht genutzt und verschmutzt, oder Abfall, der nicht erzeugt wird, verursachen keine Kosten und sparen dem Unternehmen Geld. Daneben hat das Unternehmen einen gewaltigen Imagevorteil. Sowohl bei Kunden als auch bei Mitarbeitern. Kaufen Sie gerne Produkte von Unternehmen, die nur auf den eigenen Profit, nicht aber auf ihre gesellschaftliche Verantwortung achten? Arbeiten Sie gerne bei einem Unternehmen, das bekannt für seinen fahrlässigen Umgang mit der Umwelt ist und das unseren Kindern dadurch eine verschmutzte Zukunft beschert?«

Das Motto ökologischen Wirtschaftens ist nicht ein sentimentales »Zurück zur Natur«, sondern »Vorwärts mit der Natur«. Ökologisch und ökonomisch können wir von der Weisheit der Natur viel lernen. Die Natur ist das erfolgreichste Unternehmen der Evolutionsgeschichte. Die Intelligenz der Schöpfung hält den Schlüssel für phantastische Innovationen bereit. Die Natur zeigt uns, wie Energie- und Rohstoffprobleme gelöst sowie Lärm und Müll, Arbeitslosigkeit, Hunger und Kriege überwunden werden können.

2. Die erfolgreiche Nürnberger Umweltbank

Inzwischen gibt es mehrere Banken, die ausschließlich grüne Geldanlagen anbieten. Im Unterschied zu herkömmlichen sind sie nicht nur an finanziellen Gewinnen, sondern auch an der Umwelt und am Wohl ihrer Anleger interessiert.

Die wichtigsten alternativen Banken: Die Umweltbank, die Alternative Bank Schweiz, die Ethikbank, die GLS-Bank, die Steyerer-Bank und die Freie Gemeinschaftsbank BCL, die sich am Anthroposophen Rudolf Steiner orientiert.

Die Nürnberger Umweltbank wurde 2005 in die Liste der 20 weltweit besten Nachhaltigkeitsunternehmen aufgenommen. 2007 hat das Geschäftsvolumen der Umweltbank erstmals die Eine-Milliarden-Euro-Grenze überschritten. Seit dem Finanzcrash hat sie viele neue Kunden gewonnen und kann jetzt mit mehr Geld arbeiten als je zuvor. Die Bank hat längst bewiesen, dass ökonomischer Profit und ökologisches Profil zusammenpassen. Oder: Die Bank finanzierte die Solar-Dachanlage eines schwäbischen Bäckermeisters in Alfdorf. Die Anlage produziert pro Jahr 262 000 Kilowattstunden umweltfreundlichen Strom und spart damit 140 Tonnen CO_2. Gewinn durch Sinn könnte ihr Motto heißen. Nicht nur der Staat, auch Banken können grüne Hebel in Bewegung setzen.

Ein radikaler technischer Wandel kann ein ökologisches Wirtschaftswunder bewirken. 2007 wurden weltweit über 100 Milliarden Dollar für Erneuerbare Energien investiert. 2012 könnten es schon 800 Milliarden sein. Der Politologe Martin Jänicke spricht vom »Megatrend Umweltinnovation« und hat errechnet, dass im Jahr 2020 in der Umweltindustrie mehr Umsätze erzielt werden können als beim Kraftfahrzeug- und Maschinenbau zusammen.

Die Umweltbank ist die erste Bank Deutschlands, die den Umweltschutz als Unternehmensziel in ihrer Satzung verankert hat. Der Gründer und heutige Vorstandsvorsitzende Horst P. Popp 1995: »Ich will eine Bank gründen, die Umweltschutz, solides Bankmanagement und gute Konditionen für die Kunden gleichzeitig miteinander verbindet.« Es gilt grundsätzlich die Regel: Je ökologischer ein Projekt, desto günstiger die Kredite. Die Umweltbank hat nach diesen Kriterien bisher über 10 000 Umweltprojekte finanziert, allein im Jahr 2008 über 1200.

Ähnlich erfolgreich und verantwortlich nachhaltig geht die GLS-Bank in Bochum mit dem Geld ihrer Kunden um. Nach konsequenten Kriterien finanziert sie ausschließlich soziale, ökologische und kulturelle Unternehmen mit realwirtschaftlichem Bezug. Schon bei der Eröffnung eines Girokontos können die Kunden bestimmen, in welchen Bereichen ihr Geld investiert werden soll. Bei einer Bilanzsumme von einer Milliarde Euro mit den Einlagen ihrer 63 000 Kunden finanziert die GLS-Bank zurzeit über 4800 Unternehmen.

3. Geldverbesserer werden Weltverbesserer

Und warum agieren noch nicht alle Banken so intelligent und zukunfts-
weisend wie die GLS-Bank und die Umweltbank? Der britische Ökonom
John Maynard Keynes pflegte auf solche Fragen zu antworten: »Die
Schwierigkeit liegt nicht so sehr in neuen Gedanken als in der Befreiung
von den alten, die sich bei allen, die so erzogen wurden wie die meisten von
uns, bis in die letzten Winkel ihrer Geistesart verzweigen.« Die eigentliche
Krankheit unserer Zeit ist die tiefsitzende Angst vor neuen Ideen.

Dennoch sind inzwischen in Europa bereits 2,6 Billionen Dollar nachhaltig investiert. In den USA sollen es schon 2,71 Billionen US-Dollar sein,
vermutet das Social-Investment-Forum. Das sind etwa 11 Prozent aller in
den USA angelegten Gelder. Sie sind noch eine Randerscheinung, aber ihr
Volumen wächst weit schneller als das von konventionellen Geldanlagen.
Viele Kirchen investieren ethisch, aber auch der Stadtrat von München hat
2008 beschlossen, künftig alle städtischen Wertpapiere nachhaltig anzulegen.

Nachhaltige Geldanlagen sind Anlagen für ein gutes Gewissen, weil wir
in die Zukunft unserer Kinder und Enkel investieren. Die Amerikaner
sprechen von Social Responsible Investment und die Briten von Ethical
Investment. Es zeigt sich inzwischen weltweit: Die Berücksichtigung ethischer, sozialer und ökologischer Aspekte bringt ökonomische Vorteile für
ein Unternehmen. Ohne ethisches Investment ist keine nachhaltige Entwicklung möglich und unser aller Lebensgrundlagen werden zerstört.

Eine Finanzindustrie, die ausschließlich an Gewinnmaximierung interessiert ist, verspielt die Gewinne, wie wir gerade erleben, und sie wird
jede noch so vernünftige Finanzreform bekämpfen. Der alte Grundsatz
»Geld regiert die Welt« zerstört nicht nur die soziale Balance einer Gesellschaft, sondern gefährdet auch die Demokratie.

Der Neoliberalismus hat schieres Wachstum mit qualitativem Wachstum verwechselt. Jetzt weht ein Wind des Wandels. Ein chinesisches
Sprichwort weiß: »Wenn der Wind des Wandels weht, bauen die einen
Mauern, aber die anderen Windräder.« Die frühere Vorsitzende der
Schweizer Börse, Antoinette Hunziker-Ebneter, sagte: »Die neuen Luxus-
güter heißen Ruhe, Sicherheit, intakte Natur, Freundschaften, aber auch
Zufriedenheit und Lebenssinn.« Die Banken der Zukunft seien »kleiner,
vorsichtiger und vertrauenswürdiger«. Der Geschäftsführende Präsident
des Ostdeutschen Sparkassenverbandes, Claus Friedrich Holtmann: »Unser Geschäftsmodell heißt nicht Gewinnmaximierung, sondern Nutzen-

maximierung.« Er meint Nutzen für die Gesellschaft. Ergebnis dieser sozialen Philosophie: Die Großbanken machen Milliardenverluste und brauchen den Schutzschirm des Staates. Die eher verantwortungsbewussten Mittelstandsbanken machten auch im Herbst 2008 satte Gewinne und Umsatzsprünge. Holtmann sagt auch: »Ich bin kein Banker. Ich bin Sparkassenkaufmann.« Da ist es plötzlich wieder – das uralte Image des ehrbaren Kaufmanns.

Der Bestseller-Autor und Benediktiner-Pater Anselm Grün, »Finanzminister« seines Klosters in Münsterschwarzach, meint zum Thema Geld: »Geldanlagen generell zu verteufeln entspringt einem Rigorismus, der dem Geist Jesu nicht entspricht.« Auch Anselm Grün plädiert für »grünes« Geld und meint: »Entscheidend ist, dass die Werte zuerst kommen. Wenn ich die menschlichen und christlichen Werte achte, wird die Firma auf Dauer wertvoll bleiben. Missachtung der Werte bedeutet immer Selbstverachtung und Menschenverachtung. In so einem Klima will auf Dauer keiner mehr arbeiten.«

Wenn heute 70 Prozent der deutschen Arbeitnehmer keine Motivation für ihre Arbeit mehr spüren und innerlich gekündigt haben, muss man vermuten, dass ihre Vorgesetzten am Arbeitsplatz keine Werte mehr vermitteln können und keinen Sinn für die jeweilige Arbeit in ihren Betrieben.

Nicht nur durch Armut, auch im materiellen Überfluss kann die Seele leicht verkümmern. Wie segensreich hingegen der verantwortungsvolle Umgang mit Geld sein kann, zeigt uns Muhammad Yunus mit seinen sozialen Banken zum Wohl der Gemeinschaft in Bangladesch und anderen Ländern der Dritten Welt. Auch Geldvermehrer können Weltverbesserer werden.

Wenn die Wohlstandsländer ihren Frieden erhalten wollen, dann müssen sie für mehr Gerechtigkeit sorgen und einen nachhaltigeren Lebensstil entwickeln. Klimawandel, Flüchtlingsströme, Ressourcenknappheit und Hunger, die Konflikte um Land und Wasser sind wie die Finanzkrise nur die Vorboten größerer Katastrophen, falls die Industriestaaten so weitermachen wie bisher. Der Klimawandel könnte Motor der notwendigen Veränderungen werden. Er lehrt die Völker die Notwendigkeit, über ihren nationalen Schatten zu springen und gemeinsame Lösungen für weltweite Probleme zu finden.

Ein globales Umdenken und teilweise auch schon ein Umhandeln hat begonnen. Attac, Greenpeace oder der WWF setzten dabei erste Akzente. Das heute noch mächtigste Land der Welt, die USA, und die beiden bevölkerungsreichsten, China und Indien, müssen zusammenarbeiten, wenn sie die Bedürfnisse ihrer Bürger befriedigen wollen. Kein Land der Welt kann allein mit den sich abzeichnenden Krisen fertig werden. Der jahrzehntelange Wanderzirkus der UNO-Klimakonferenzen zeigt jedoch, dass sich gar nichts bewegt, wenn nicht einzelne Akteure mit gutem Beispiel vorangehen.

4. Die Solarenergie-Plus-Häuser des Rolf Disch

Sein Fahrzeug, mit dem er vor 25 Jahren in Australien Solarauto-Weltmeister wurde, baute er selbst. Zuvor hatte er Möbelschreiner, Schlosser und Maurer gelernt und danach Architektur studiert. Deshalb kann ihm auch keiner was vormachen, nach dem beliebten deutschen Handwerker-Motto: »Das geht nicht, das haben wir noch nie so gemacht.«

Bei Rolf Disch geht viel, was früher nie so gemacht wurde. Er hat inzwischen die weltweit ersten 60 Solarenergie-Plus-Häuser gebaut und verkauft. Solarenergie-Plus heißt: Die Häuser produzieren mit Hilfe der Sonne mehr Energie, als in ihnen verbraucht wird. Das ist eine Revolution in der Baukultur. »Man muss zunächst das nutzen, was nichts kostet. Das heißt Energie sparen, die Sonnenkraft nutzen und dabei viel Lebensqualität haben«, erklärt mir Rolf Disch in seinem Haus im Süden Freiburgs. Im Gegensatz zu den meisten Architekten weiß Disch, wo Süden ist, und baut entsprechend. Mit seiner Frau Hanna Lehmann lebt und arbeitet er in seinem Solarhaus »Heliotrop« (griechisch: der Sonne zugewandt). Es dreht sich einmal am Tag mit der Sonne um die eigene Holzachse und bietet jede Stunde einen anderen Ausblick auf die sanft hügelige, grüne Umgebung des Schwarzwaldes.

Das »Heliotrop« wendet mal die verglaste und mit Sonnenkollektoren bestückte Hälfte der Sonne zu und mal die dick isolierte Rückseite mit kleinen Fenstern. Mal Sonnenschutz, mal Sonnennutzen – je nach Jahreszeit, je nach Belieben. Die Restwärme des Tages wird gespeichert und sorgt dafür, dass es am Abend im Haus noch immer gemütlich warm ist. Auf dem Dach dreht sich ein »Solarsegel«, die Photovoltaik-Anlage, die mit 55 Quadratmetern Fläche etwa fünfmal so viel Strom erzeugt, wie in dem komfortabel eingerichteten Haus verbraucht wird.

In der konventionellen Architektur wird übersehen, dass Licht ein existenzielles Grundnahrungsmittel ist. Jedes Solarhaus ist ein Kurort. Das

Das Solarhaus »Heliotrop«

erspart viele Krankheitskosten. Die Bewohner von Dischs Plus-Energie-häusern verkaufen ihren Solarstrom nach dem Erneuerbare-Energien-Gesetz und erhalten dafür in den Sommermonaten einen Scheck von bis zu 200 Euro. So wird die Solarstromanlage refinanziert, und statt Ener-giekosten gibt es Energie-Einnahmen – eine solare »Rente«.

Erneuerbare Energien sind ein Gewinn für alle. Sie mehren den Wohl-stand einer Gesellschaft. Durch im eigenen Land erzeugte Erneuerbare Energien hat Deutschland im Jahr 2008 etwa acht Milliarden Euro Kos-ten für Brennstoff-Importe sparen können. Zudem reduzierten sich die Folgekosten der Energieerzeugung für Klima-, Umwelt- und Gesund-heitsschäden um 9,2 Milliarden Euro. »Damit haben die Erneuerbaren Energien Volkswirtschaft und Verbrauchern 17 Milliarden Euro erspart«, hat der Bundesverband Erneuerbarer Energien ausgerechnet. Dies ist etwa die Größenordnung des ersten Konjunkturpakets der Bundesregierung vom Dezember 2008.

Da die jährliche Ersparnis eines Solarenergie-Plus-Hauses etwa 6000 Euro beträgt, sind die höheren Anfangsinvestitionen nach einigen Jahren wieder eingespielt und schon mittelfristig wird Geld gespart. Die von Rolf

Disch entworfene Solarsiedlung am Schlierberg in Freiburg, zu der 60 Wohnbauten und das große Gewerbe- und Bürogebäude »Sonnenschiff« gehören, liefert den Beweis, dass plusenergetisches Bauen städtebaulich machbar und realistisch finanzierbar ist. Das »Sonnenschiff« spart pro Jahr etwa eine Million Kilowattstunden an Primärenergie ein, die Solarsiedlung zirka zwei Millionen. Rolf Disch hat die Bauten mit Solarfonds finanziert. Beteiligungen ab 5000 Euro waren und sind möglich bei einer lukrativen Verzinsung von etwa 6 Prozent. Ein Beispiel: Wer 10 000 Euro einbezahlt, wird nach 20 Jahren 26 000 Euro zurückbekommen haben. Solarplus-Häuser sind eine attraktive Geldanlage in der Realwirtschaft.

Nach einem Vortrag fragte mich ein Unternehmer vorwurfsvoll: »Wer wird denn bei einer so niedrigen Verzinsung sein Geld anlegen?« Wenige Wochen später, im Herbst 2008, hatte derselbe Unternehmer beim Aktien-Crash viel Geld verloren und erkundigte sich, wo es noch Beteiligungen an Solarfonds gäbe. Die Idee »Bürger, zur Sonne, zur Freiheit« breitet sich nach der Krise erst recht und unaufhaltsam aus.

Zu Weihnachten 2004 bot Rolf Disch seinen Solarfonds Eltern, Paten und Großeltern als Geldanlage für eine Schenkung an Kinder und Enkel an. Verpackt war das Finanzprodukt in die märchenhafte Geschichte vom kleinen Sonnenkönig, der die Erde besucht und dabei feststellt, dass es mit ihr nicht zum Besten bestellt ist: Energie wird verschwendet, Luft verschmutzt, Bodenschätze ausgebeutet. »Mit dem Sonnenzertifikat können Erwachsene ihre Beteiligung am Freiburger Solarfonds Kindern und Jugendlichen schenken«, erläuterte Rolf Disch. Durch die Übereignung der Fondsanteile könnten junge Menschen bereits jetzt teilhaben am Aufbau einer ressourcenschonenden Welt.

5. Häuser sind Antennen zur Sonne

Schon die Bilanz des ersten Freiburger Solarfonds fiel doppelt so hoch aus wie erwartet. Inzwischen hat Rolf Disch weitere Solarfonds aufgelegt. Er erhält fast täglich Anfragen von Fernsehsendern oder Zeitungen, die wissen wollen, wie er sein solares Wirtschaftswunder erkläre. Dann nennt er immer wieder den schönen Titel meines ersten Buches zur Solarenergie, das ich vor 15 Jahren geschrieben habe: »Die Sonne schickt uns keine Rechnung«, das Öl dagegen werde eben immer teurer.

Solarzellen und Photovoltaik-Anlagen auf dem Dach, ein Windrad im Garten und ein Bohrloch zur Erdwärmegewinnung unter dem Haus:

Sieht so das Haus der Zukunft aus? Dischs Antwort: »Es gibt immer wieder neue Techniken. Prinzipiell meine ich, dass wir in der nächsten Zukunft eine so gute Gebäudehülle haben, dass wir keine Heizung und keine Kühlanlage benötigen. In herkömmlich gebauten Häusern werden beim Heizen durchschnittlich 200 Kilowattstunden pro Quadratmeter herausgehauen, das entspricht 20 Liter Öl pro Quadratmeter und Jahr. Diese Verschwendung muss aufhören. Wir können mit unseren Bauten nachweisen, dass es viel besser geht. Wir brauchen etwa 1 Liter. Man kann mit heutiger Technik das Zehn- bis Zwanzigfache gegenüber früher einsparen und hat noch besseren Komfort.« Wir müssen lernen, unsere Häuser wie Antennen zur Sonne zu bauen und Sonnenlicht in Strom und Wärme umzuwandeln. Architekten, Planer, Kommunal- und Umweltpolitiker aus der ganzen Welt kommen inzwischen nach Freiburg, um sich anregen zu lassen, wie eine ästhetische und solare Architektur für eine schönere und bessere Welt aussehen könnte.

Die Solarsiedlung in Freiburg ist Teil des neuen Stadtteils »Vauban«. Das »Sonnenschiff« schirmt die Häuser zur Straße hin ab und sorgt mit Einkaufsmöglichkeiten im Erdgeschoss und Praxen wie Büros in den Obergeschossen für kurze Wege und für einen erheblichen Teil der Infrastruktur des Wohngebiets, aber auch für ein weiteres Einzugsgebiet von etwa 25 000 Einwohnern. Dank einer Tiefgarage unter dem Sonnenschiff, einem Car-Sharing-Angebot, der guten Anbindung an öffentliche Verkehrsmittel und des Freiburger Radwege-Netzes bleibt die Siedlung autofrei.

Rolf Disch wurde mit Architekten- und Umweltpreisen geradezu überhäuft. Auch in Washington und Tokio, Shanghai und Peking, Südkorea und Lateinamerika sind die Ideen des Solarpioniers auf fruchtbaren Boden gefallen.

In der Krise fragen sich viele Menschen, wie sie ihr Geld am besten in Sicherheit bringen. Die »Süddeutsche Zeitung« am 10. Oktober 2008: »Die größte Chance liegt in einer anderen Renditeerwartung. Schließlich haben exorbitante Gewinne mit Finanzspekulationsgeschäften im vergangenen Jahrzehnt das Renditegefüge in der Wirtschaftswelt verändert, zu Lasten der realen Produktion, guter Ideen und der Beschäftigten.« Jetzt, so der Kommentator, müsse wieder mehr Geld auf innovative Produkte gelenkt werden.

Wo – gerade in der Krise – ein Zukunftsmarkt zu erschließen ist, erklärte Umweltminister Sigmar Gabriel am 9. Oktober 2008: »Viele Investoren dürften nun erkennen, dass es erfolgversprechender ist, statt in Spekulationsgeschäfte in reale Märkte zu investieren. Für alle Technologien, die Energie und Rohstoffe effizienter nutzen oder Erneuerbare Energien erschließen, wird in den kommenden Jahren ein sehr großer internationaler Markt entstehen.«

Solarfonds stehen für Qualitäten, die in den Jahren der Gier fast vergessen waren: sichere Anlagen, solide Renditen, Transparenz und Vertrauen zwischen Investor und Emittent sowie ökonomische und ökologische Nachhaltigkeit.

Rolf Dischs fünf Solarfonds und zwei Fonds für den Gewerbebau »Sonnenschiff« mit 5500 Quadratmetern Nutzfläche sind gebaute Zukunft. Dabei geht es nicht um Spekulation, denn seine solaren Immobilien sind bereits gebaut und vollständig vermietet. Investment-Banken sind nicht beteiligt. Der Investor kann sein Gebäude vor Ort anschauen.

2008 hat Rolf Disch die Aktion »Das Solarplusenergie-Haus in jede Gemeinde« gestartet. Sofort waren bundesweit mehr als 200 Bürgermeister interessiert. Seine Plus-Punkte, die Lokalpolitiker offenbar überzeugen:

- Sicherheit vor Energiekrisen
- Verringerung der Gefahr eines Krieges um Öl und Gas
- Verringerung der Armut
- Verringerung der atomaren Risiken
- Kapital bleibt in der Region, kein Geld für Öl und Gas
- Langfristig günstigere Energiekosten
- Vorteile beim Klimaschutz
- Nebeneinnahmen statt Nebenkosten

Obwohl erst zwei Prozent der Deutschen ihr Geld in Ökofonds anlegen, dachten bei einer Umfrage Anfang 2008 schon 20 Prozent an eine solche Investition. 62 Prozent von ihnen möchten damit soziale und ökologische Verantwortung übernehmen, 57 Prozent glaubten an hohes Wachstum und schnellen Profit.

6. Masdar – die solare Hauptstadt der Welt

Was Rolf Disch im süddeutschen Freiburg realisierte, soll in den nächsten Jahrzehnten einen weltweiten Durchbruch erfahren: solare Architektur. Ökohäuser, die preiswerter, weil energiesparender, aber auch komfortabler und gesünder sind als konventionell gebaute.

»Was wir in Masdar planen, wird das Silicon Valley der Erneuerbaren

Energien. Wir werden künftig nur noch Solarstädte bauen«, sagt der Star der Stararchitekten Norman Foster. Masdar ist arabisch und heißt Quelle. Die Stadt Masdar, geplant in der Wüste Abu Dhabis, »ist ein Fanal der Umwelt-Architektur«, vermutet der »Spiegel«. Ab 2009 soll diese erste solare Industriestadt der Welt gebaut werden. Norman Foster: »Solararchitektur ist keine Modeerscheinung, sondern *die* Überlebensfrage der Menschheit.« Das deutsche Solarunternehmen Conergy baut das solare Großkraftwerk, das schon zum Bau der Sonnenstadt in Abu Dhabi benötigt wird. Bald sollen hier 50 000 Menschen wohnen und in 1500 Firmen arbeiten. In der künftigen Ökokapitale des Planeten gibt es keine Wolkenkratzer. Die Häuser sind höchstens fünfstöckig, es werden nur kleine, leise Elektroautos durch die Wüstenstadt fahren.

Die erste Null-Emissionsstadt der Welt wird mit über 100 000 Solarmodulen energetisch versorgt. Eine solargetriebene Meerwasserentsalzungs-Anlage ist geplant. An der Masdar-Universität wird hauptsächlich Solartechnologie gelehrt. Die Wissenschaftler sollen ihren Studenten und der Welt das solare Zeitalter, eine solare Weltwirtschaft und eine solare Industrierevolution und eine nachhaltige Zukunft näher bringen.

Die erste solare Stadt soll ohne Treibhausgase, ohne Benzinautos und ohne Müllhalden auskommen, sie ist sozusagen Rolf Dischs Solarsiedlung im Großformat einer Stadt.

Anders bauen ist tatsächlich die Voraussetzung für die solare Energieversorgung der Zukunft. 40 Prozent der Energie wird heute weltweit in vorhandenem Gebäudebestand verbraucht, verbrannt und verschleudert: in Wolkenkratzern, Reihenhäusern, Mietskasernen und Fabrikhallen – das ist etwa doppelt so viel, wie von den knapp 850 Millionen Autos, die es weltweit gibt, verbraucht wird.

Auch in Deutschland muss – gesetzlich vorgegeben – immer energiesparender gebaut werden. 2009 ist eine neue Energiesparverordnung für Neubauten in Kraft getreten und für 2012 ist bereits die nächste, nochmals verschärft, geplant. Heutige Neubauten dürfen etwa noch ein Viertel der Heizenergie verbrauchen wie Neubauten vor 25 Jahren. In Baden-Württemberg dürfen neue Häuser nur noch gebaut werden, wenn Erneuerbare Energien von vornherein mit eingesetzt werden, sogar beim Umbau von Altbauten müssen Erneuerbare Energien mit berücksichtigt werden. Andere Bundesländer werden diesem Beispiel bald folgen. Seit dem Jahr 2000 gilt in Deutschland das Erneuerbare-Energien-Gesetz für die Stromerzeugung und ab 2009 auch für die Wärme-Produktion. Noch wird die Erzeugung von Erneuerbarer Energie staatlich gefördert. Was aber heute staatlich gefördert wird, wird morgen staatlich gefordert. Das heißt: Es wird für jedermann Vorschrift. Ab 2009 ist der Wärmepass für alle Häuser Pflicht.

Die Bundesregierungen in Berlin und Wien erhöhen ständig die Zuschüsse für das bessere Dämmen von Altbauten. Das ist sinnvoll, denn 90 Prozent unserer Häuser in Mitteleuropa sind Altbauten, das heißt Energieverschwender. Nur durch diese Mischung aus Förderung und Forderung werden die Klimaschutzziele erreicht. Die richtige Antwort auf die Energie- und Klimakrise sind der Einsatz von Erneuerbaren Energien beim Design unserer Gebäude sowie Energiesparen und eine weit bessere Energie-Effizienz, als wir sie heute noch kennen.

Energie-Effizienz: Das bedeutet Einsatz von Sonnenwärme und Sonnenstrom, von Wärmepumpen, Dämmmaterialien, biologischen Baustoffen, passiven Kühlsystemen und eine optimale Öffnung unserer Häuser in Richtung Sonne.

Die seit 10 Jahren im Schnitt ständig erhöhten Erdölpreise verhelfen der neuen grünen und solaren Baubewegung langsam, aber stetig zum Durchbruch. »Früher hat von zehn Kunden einer nach einer alternativen Energieversorgung seines Hauses gefragt, heute mindestens jeder Zweite«, erzählt mir ein Installateur-Meister in Württemberg. Und ein Architekt aus der Schweiz berichtet: »Bei uns wird praktisch kein Neubau mehr errichtet ohne Wärmepumpen.«

Häusle-Bauer zwischen Flensburg und Freiburg, zwischen Gelsenkirchen und Garmisch-Partenkirchen diskutieren – freilich mehr wegen der erhöhten Energiepreise als aus Sorge um den Klimaschutz – mit ihren Architekten, Planern und Banken über Deckendämmung, Dreifachverglasung und Pellet-Öfen. Modernes Bauen heißt: Häuser werden die Kraftwerke der Zukunft. In Deutschland können aus 22 Millionen Gebäuden in den nächsten 20 Jahren 22 Millionen kleine Kraftwerke werden. Welch eine Chance für die Bauwirtschaft! Wenn wir die Hälfte aller Altbauten in Deutschland richtig dämmen würden, könnten etwa so viele neue Arbeitsplätze entstehen, wie die Baubranche in den letzten 15 Jahren verloren hat: nämlich 500 000. Das hat schon vor Jahren eine Studie im Auftrag des Bundesbauministeriums ergeben.

Das 20. Jahrhundert war das Jahrhundert der billigen Energie und folglich einer in späteren Zeiten unvorstellbaren Verschwendung wertvoller Rohstoffe. Das 21. Jahrhundert wird, wenn unsere Zivilisation Zukunft haben soll, vor allem das Jahrhundert eines intelligenten Umgangs mit Energie und des Umstiegs auf Erneuerbare Energien werden müssen.

Ein 1970 gebautes Haus mit 150 Quadratmetern Wohnfläche verbraucht in Deutschland im Schnitt 4500 Liter Heizöl pro Jahr. Durch besseres Dämmen, neue Fenster, neue Türen und ein neues Dach kann dasselbe Haus auch problemlos mit 1100 Litern Heizöl auskommen.

Wer die Temperatur in seinem Haus um ein einziges Grad runterfährt, spart 6 Prozent Heizenergie. Die Restenergie kann ebenso durch Pellets oder Pflanzenöl in Kombination mit Sonnenkollektoren auf dem Dach erzeugt werden. In Deutschland warten mehr als 20 Millionen Gebäude auf ihre energetische Sanierung. Ein Beispiel aus Karlsruhe, das wir in der ARD dokumentiert haben, soll im nächsten Kapitel zeigen, wie es geht.

7. Kraftwerk Haus: Tschüss Öl – Ciao Gas!

Ende 2008 hat die Agentur für Erneuerbare Energien in einer Umfrage bei 3000 repräsentativ ausgewählten Deutschen vom Forsa-Institut ermitteln lassen, dass 92 Prozent der Bundesbürger den Ausbau der Erneuerbaren Energien für »wichtig« oder gar »sehr wichtig« halten. Damit wurden frühere Umfragen noch einmal bestätigt. Erneuerbare Energien sind kein konjunkturelles Modethema. Auch in Zeiten wirtschaftlicher Krise wünschen die Deutschen einen klaren politischen Kurs in Richtung Vollversorgung mit Ökoenergie.

In derselben Umfrage wollen den Strom ihres eigenen Anbieters:

- 75 Prozent aus Erneuerbaren Energien
- 10 Prozent aus Erdgas
- 9 Prozent aus Atomenergie und
- 4 Prozent aus Kohle.

Bei CDU- und FDP-Anhängern gibt es etwas mehr Freunde der Atomenergie, nämlich jeweils 15 Prozent. Aber immerhin noch 71 Prozent der CDU-Anhänger und 65 Prozent der FDP-Freunde wollen eine Versorgung mit Erneuerbaren Energien.

Im Einzelnen nehmen sich die Deutschen für das Neue Jahr dieses vor:

- 88 Prozent wollen Strom und Heizenergie sparen
- 80 Prozent erwägen, ein sparsameres Auto zu kaufen
- 80 Prozent wollen weniger Auto fahren
- 57 Prozent wollen weniger fliegen.

Auf solche Zahlen kann die Politik ihre sozial-ökologische Orientierung aufbauen. Sie darf nicht nachlassen, den Strukturwandel unserer Energieversorgung erfolgreich fortzuführen. Alle Umfragen zeigen, dass Anhänger *aller* Parteien diesen Strukturwandel mit großer Mehrheit wünschen. Klaus Töpfer ist davon überzeugt, dass die weltweit steigende Nachfrage nach Energie nicht durch fossile oder atomare Energieträger gestillt werden kann: »Im hoch entwickelten Westen werden wir noch eine Zeit lang die Finanzkraft haben, um die verbliebenen fossilen Energieträger aufzukaufen und hier mit schamlos niedrigen Effizienzquoten zu nutzen. Wir werden sicherlich auch Kernenergieanlagen betreiben können. Aber das sind keine Antworten auf die globalen Herausforderungen. Hier muss etwas anderes passieren, sonst geht diese Welt in eine Dauerteilung, die nicht Frieden bringen wird.« Einzig die Erneuerbaren Energien seien in der Lage, dezentrale, bezahlbare Energie im globalen Maßstab bereitzustellen.

Töpfer: »Armut ist zunächst und vor allem immer Energiearmut. In Afrika haben nur knapp zehn Prozent der Bevölkerung Zugang zu moderner Energie, die aus fossilen Energieträgern gewonnen wird. Für diese Länder wird die Frage nach dezentraler Energieversorgung über heimische Erneuerbare Energien zur entscheidenden Entwicklungsfrage. Und da steht Deutschland als Vorreiter bei Erneuerbaren Energien in der Pflicht, Technologien und Lösungen zu liefern.«

Und jetzt das angekündigte Beispiel.

Rheinstrandsiedlung Karlsruhe, Oktober 2006: Die Nebenkostenabrechnungen kommen. Für die meisten Bewohner eine böse Überraschung: Meist sind Nachzahlungen fällig – bis zu 500 Euro. Für Werner Emmerich und Reinhard Jank ist das eine bedrohliche Perspektive: Die beiden sind Manager der Karlsruher »Volkswohnung«, einer der beiden großen Wohnungsbaugesellschaften in Baden-Württemberg. Sie beschließen ein Experiment: Die Genossenschaft soll sich von der immer teurer werdenden fossilen Energie lösen, denn die steigenden Heizkosten werden für viele Bewohner allmählich zur »zweiten Miete«. Aber sind die gewaltigen Umbaukosten mit ihrer Mietstruktur – viele Arbeiter, Rentner, Arbeitslose, Hartz-IV-Empfänger – zu finanzieren?

Die »Volkswohnung« verspricht ihren Mietern, dass die Warmmiete nicht steigen wird. Die energetische Umrüstung soll ausschließlich über »eingesparte Energie und Wärmedämmung« und »Preisvorteil durch Umstieg auf Erneuerbare Energie« finanziert werden. Kann das klappen? Heißt es nicht immer, Erneuerbare Energie sei zu teuer?

Meine SWR-Kollegen Rolf Schlenker und Detlev Koßmann wollten es genauer wissen und haben das Karlsruher Experiment einer energetischen Sanierung von Altbauten ein halbes Jahr lang mit der Fernsehkamera begleitet und den Aufwand, aber auch den Umbau-Stress dokumentiert und das Energie-Ergebnis recherchiert. Die Fragestellung der Fernsehmacher: Ist die Umstellung auf Erneuerbare Energien nur etwas für politisch korrekte Gutverdiener oder können sich ökologisches Wohnen und Heizen auch sozial Schwache leisten? Ist öko also auch sozial? Hundertprozentiger Umstieg auf Erneuerbare Energien – geht das auch bei Altbauten? Wie teuer ist es, Energie zu sparen und die Restenergie komplett über Erneuerbare Energie zu gewinnen? Ärger, Dreck, Lärm: Machen die Mieter dabei überhaupt mit?

Zu bester Sendezeit wurde im März 2007 an zwei Montagen die Dokumentation »Tschüss Öl, ciao Gas« einem Millionenpublikum gezeigt. Energetisch sanieren hieß in diesem Fall: Die 64 Wohnungen in zwei Wohnblöcken besser dämmen, ihnen sozusagen einen Wintermantel umhängen, Türen und Fenster erneuern und die Restenergie über Erneuerbare Energien gewinnen. In der Umbauphase wurde ein Junge zur Welt gebracht. Der Filmkommentar dazu: »Wenn er 30 ist, spätestens 40, wird es kein Öl mehr geben.«

Als die Wohnungen im Jahr 1968 gebaut wurden, lag der Ölpreis bei drei Dollar pro Fass – als der Film ausgestrahlt wurde, betrug er über 60 Dollar. Da Öl und Gas immer knapper werden, wird ihr Preis langfristig weiter steigen, auch wenn er zwischendurch mal fällt wie im Winter 2008 während der Wirtschaftskrise.

Mehr als 1,5 Millionen Euro kostete die energetische Sanierung der 64 Wohnungen in zwei Wohnblöcken aus den Sechzigern des letzten Jahrhunderts. Zuvor hatten die Wohnungen so viel Heizenergie benötigt wie die Mehrzahl der Häuser in Deutschland, nämlich 20 bis 25 Liter pro Jahr pro Quadratmeter.

Ergebnis des Karlsruher Großexperiments: Zwei Pellet-Kessel erzeugen jetzt eine Heizleistung von je 300 Kilowatt thermisch und ein Pflanzenöl-Blockheizkraftwerk eine Wärmeleistung von 44 Kilowatt plus 25 Kilowatt elektrisch. Damit kann die »Volkswohnung« jetzt insgesamt 128 Wohnungen komplett heizen und 40 Prozent des Haushaltsstroms für die 128 Wohnungen erzeugen. Zwei weitere Wohnblöcke mit ebenfalls 64 Wohnungen waren schon früher energetisch saniert worden.

Energetisch sanieren hieß in diesem Fall: Die Umstellung der Heizzentrale auf Holzpellets statt Erdgas ermöglicht eine CO_2-Einsparung von 500 Tonnen pro Jahr. Durch den zusätzlichen Einsatz des Pflanzenöl-Blockheizkraftwerkes wird sogar mehr CO_2 eingespart (108 Prozent), als zuvor emittiert wurde. Die Kosten der Heizanlage betrugen 775 000 Euro.

Diese Anlage versorgt insgesamt 128 Wohnungen. Die Energieeinsparung durch die neue Wärmedämmung beträgt 50 bis 60 Prozent. Die reinen Wärmekosten pro Monat sanken von knapp über 100 Euro auf knapp über 40 Euro.

Energiesparen ist sicherlich die einfachste Lösung – die preiswerteste Energie. Das Ergebnis ist ein doppelter Gewinn: Ein Gewinn für die Umwelt und ein finanzieller Gewinn für die Bewohner. Sie zahlen jetzt weniger Geld für Energie als vor der Sanierung. Die ökologische Frage ist die neue soziale Frage. Hinzu käme ein Vorteil für die Volkswirtschaft: Zahlreiche neue Arbeitsplätze würden geschaffen, wenn sich viele Hausbesitzer und Wohnungsgenossenschaften dem Karlsruher Vorbild anschließen. Energiesparen könnte eine riesige Wachstumsbranche werden, geradezu eine neue Volksbewegung.

Außerdem sind die Wohnungen durch die Sanierung attraktiver und komfortabler geworden. Den Umbau-Ärger, Krach und Stress mussten die Mieter freilich in Kauf nehmen, denn renoviert wurde in bewohntem Zustand.

Die Energieverschwendung in 22 Millionen deutschen Gebäuden ist ökologischer und ökonomischer Wahnsinn, wie das Beispiel der Karlsruher »Volkswohnung« gezeigt hat. Inzwischen ist es ein Leuchtturm-Projekt für andere Wohnungsbaugenossenschaften.

BASF in Ludwigshafen hat schon vor Jahren ähnliche Erfahrungen gemacht. In der Südpfalz wurden Altbauten aus dem Jahr 1932 energetisch renoviert, die bisher 30 Liter Heizöl pro Quadratmeter und Jahr verbraucht hatten. Auch hier wurden die Wände und das Dach besser gedämmt, bessere Türen und Fenster mit Dreifach-Gläsern eingebaut. Statt bisher dreißig werden jetzt noch zwei Liter Heizöl pro Quadratmeter und Jahr verbraucht. Ein Riesengewinn, ökologisch *und* sozial.

8. Das solare Kloster – Mönche glauben an die Kraft der Sonne

Wenn die Benediktiner-Mönche in Münsterschwarzach Gottesdienst feiern, spiegelt sich das gelbe Licht von Energiesparlampen an der meterhohen Christusstatue über dem Altar. Es ist warm im schlanken Schiff der Klosterkirche, und die Luft ist frisch, wenn die uralten gregorianischen Gesänge erklingen. Die fünf täglichen Gottesdienste werden fast CO_2-frei gefeiert. Der durch seine spirituellen Bücher und zahlreichen Vorträge bekannte »Wirtschaftsminister« des Klosters, Anselm Grün, betet aus einem alten Psalm über das moderne Thema »Bewahrung der Schöpfung«.

Die frommen Männer haben ihren religiösen Auftrag wörtlich ernst genommen. Sie beten nicht nur für die Schöpfung, sondern haben ihr Kloster mit insgesamt 100 Gebäuden auf regenerative Energieversorgung umgestellt. In den letzten sieben Jahren ist der CO_2-Ausstoß der Abtei um 95 Prozent gesunken – bis zum benediktinischen Jubiläumsjahr 2012 soll das moderne Kloster samt seiner 22 integrierten Handwerkbetriebe zu 100 Prozent CO_2-frei sein und ausschließlich regenerativ versorgt werden.

Die wohlige Wärme der Kirche stammt schon heute aus einer modernen Biomasse-Heizung. Das Holz kommt aus der Region, aus dem nahen Steigerwald. Früher musste Erdöl vom persischen Golf mit Schiffen, Eisenbahn und LKW über viele tausend Kilometer hierher verfrachtet werden. Durch das Holzkraftwerk spart die Abtei jährlich bis zu 650 000 Liter Heizöl. Das Holz liefert 85 Prozent der Heizenergie des Klosters, weitere fünf Prozent kommen aus der ebenfalls klostereigenen Biogasanlage, und zusätzliche fünf Prozent werden durch bessere Isolation der Klostergebäude eingespart.

Jedes Jahr kommen etwa 14 000 Menschen aus nah und fern ins Kloster nach Münsterschwarzach – sie nehmen an Seminaren, Exerzitien und Manager-Kursen teil oder suchen einfach ihre Ruhe zwischen Bäumen und Bächen des Klosterparks. Neben der Goldschmiede und dem Vier-Türme-Verlag gehören auch ein landwirtschaftlicher Betrieb, eine Bäckerei, eine Metzgerei, eine Schreinerei, eine Metallwerkstatt und das Egbert-Gymnasium mit über 900 Schülern zum Kloster des heiligen Benedikt. 150 Menschen aus der fränkischen Umgebung finden in den klösterlichen Betrieben einen Arbeitsplatz.

Auf den Äckern um das Kloster liefern Futtermais und Sonnenblumen den Stoff für die Biogasanlage, die Strom und Wärme produziert. Auch die 60 Bullen tragen zur Energie- und Lebensmittelversorgung bei.

Auf dem Dach des Gymnasiums arbeitet eine Photovoltaik-Anlage und produziert Strom – Energie von ganz, ganz oben.

Die Äcker am Kloster werden begrenzt von einem Damm, mit dem die Benediktiner das Wasser aus dem Fluss Schwarzach seit Jahrhunderten umleiten. Über eine 20-kW-Turbine wird Ökostrom erzeugt. Früher war hier ein Mühlrad in Betrieb. Auf diese Weise bewahren die Mönche seit über 750 Jahren den Bach vor der Versandung.

Auf das alte Wasserrecht ist der 40-jährige Pater Christoph, der als gelernter Elektroingenieur das regenerative Energiekonzept erarbeitet hat, besonders stolz.

In einem langen Nachtgespräch im Jahr 2000 hatte ich bei einer Flasche Rotwein dem früheren Abt des Klosters, meinem Freund Pater Fidelis Rupert, vorgeschlagen, sein Kloster in ein »solares Kloster« umzuwandeln. Selten musste ich so wenig Überzeugungsarbeit leisten. Mein Buch »Der ökologische Jesus – Vertrauen in die Schöpfung« war in Münsterschwarzach auf fruchtbaren Boden gefallen. Die Mönche wollten getreu dem Motto ihres Ordensgründers Benedikt von Nursia »Ora et labora« (Bete und arbeite) auch energetisch aktiv werden.

Pater Fidelis sagt heute: »Klimaschutz ist nicht nur eine rationale Überlegung. CO_2 zu vermeiden, das hat religiöse Bedeutung.« Mein klösterlicher Freund ist ein großer Verehrer der Natur, in der er tiefe spirituelle Erfahrungen gemacht hat. Er lebte in Klöstern in Südkorea, Tansania und im südamerikanischen Urwald. Meiner Erkenntnis im »Ökologischen Jesus« »Gott ist Energie« stimmt Fidelis vorbehaltlos zu. Er habe »die Innenseite der Natur überall erfahren. Gott ist in allen Dingen. Die Energie, der wir alles verdanken.«

Im Speisesaal des Klosters wurde aus dem »Ökologischen Jesus« vorgelesen – dabei ging es auch um Sonnenenergie, Biogas und Windkraft. Religion und Bewahrung der Schöpfung verstanden die Mönche ganz praktisch, nicht als Lippenbekenntnis!

Danach gründete Abt Fidelis einen klösterlichen Öko-Rat, in dem heftig diskutiert, gestritten und demokratisch entschieden wurde: Wir machen die Energiewende. Das passt zu einem heutigen Kloster, und es rechnet sich auch noch. Pater Anselm Grün und Abt Fidelis formulierten im Jahr 2000 die Energiewende der Mönche: »Achtsamer Umgang mit der Schöpfung und allen Menschen ist für uns eine Art Gottesdienst und ebenso bedeutsam wir das liturgische Beten, damit in allem Gott verherrlicht werde.«

Die Benediktiner von Münsterschwarzach sind davon überzeugt: Wer in dem Himmel kommen will, muss auf der Erde viel bewegen. Deshalb beteiligen sie sich auch an einem Windpark im niedersächsischen Damme. Ihr Anteil bringt etwa 8 Prozent der einen Million Kilowattstunden Strom, die im Kloster pro Jahr verbraucht werden. Im Kloster-Gymnasium lernt die nächste Generation wie selbstverständlich, dass Energie zu 100 Prozent regenerativ erzeugt werden kann. Insgesamt produziert das Kloster bereits 120 Prozent seines Strombedarfs. Das vorbildliche Kloster beweist: Energiewende und Klimaschutz sind möglich.

Inzwischen sind die Benediktiner auch Missionare für Erneuerbare Energien geworden. Sie haben Missionsstationen auf drei Kontinenten, wo bereits mit Hilfe der Sonne, des Wassers und mit Biogas Öko-Energie erzeugt wird. Als nächstes wollen die Münsterschwarzacher ihre Pkw auf Biodiesel umrüsten. Der Raps wird in der Nähe des Klosters selbst angebaut. Darf man in Zeiten des Hungers auf Äckern Autosprit anbauen? Ihre Antwort auf die ethische Frage »Tank oder Teller«: Die Mönche pflanzen nur auf so viel Fläche Biodiesel an wie früher für das Pferdefutter gebraucht wurde – eine pragmatische und zugleich ethisch vertretbare Lösung und keine Monokulturen. Auch für die Missionsstation in Tansania gilt: Nachhaltiges Wirtschaften heißt, dass die Lebensmittel für Afrika in Afrika und nicht in Europa angebaut werden.

Klaus Töpfer bemerkt zum Konflikt-Thema Lebensmittel oder Bioenergie: »Es muss klar sein, dass im Dreieck von vollen Tellern, vollen Tanks und intakter Natur immer der Teller die absolute Priorität hat. Aber überall dort, wo wir Biomasse haben, die weder die Nahrungsmittelversorgung in Frage stellt noch die Natur zerstört, müssen wir sie energetisch nutzen.« Die Fakten: Auf 2 Prozent der Weltackerfläche werden Pflanzen zur Gewinnung von Bioenergie angebaut, aber 30 Prozent der Weltackerfläche liegt noch brach.

Pater Christoph sagt, was viele Selbsterzeuger von Erneuerbaren Energien bestätigen: »Seit wir unsere Energie selbst erzeugen, haben wir ein neues Verhältnis zur Natur.« Man schaut öfter nach oben und wirtschaftet sozial und ökologisch – nicht mehr gegen, sondern mit der Natur.

9. Auch der Papst wird grün

Inzwischen haben mehr als 700 evangelische und katholische Kirchen in Deutschland Solardächer und leisten ganz konkret und praktisch einen Beitrag zur Bewahrung der Schöpfung.

Gleich nach seiner Wahl hatte der deutsche Papst gesagt: »Solarenergie ist für die Bewahrung der Schöpfung ganz wichtig.« Im Herbst 2008 hat Benedikt XVI. seinen Worten Taten folgen lassen. Auf dem Dach der Audienzhalle im Vatikan, direkt neben der Peterskirche, wurde eine riesige Solaranlage eingeweiht. 2394 Solarmodule liefern jetzt Energie »vom Chef« selbst und zwar 300 000 Kilowattstunden im Jahr. Kostenlos und umweltfreundlich. 225 Tonnen CO_2 werden jährlich vermieden. Die ästhetisch anspruchsvolle Anlage wurde mit hohem technischen und archi-

tektonischen Aufwand in das historische Ensemble der Vatikanstadt ein-
gepasst. Die solare Ernte auf der Audienzhalle entspricht dem Jahresbedarf
von 300 römischen Haushalten. Schon in seinem »Jesus«-Buch hat der
Papst auch den ökologischen Jesus beschrieben. Eigentlich war Jesus eher
Ökologe als Theologe, er hat nicht Theologie studiert, war aber ein großer
Naturbeobachter. Alle Jesus-Geschichten im Neuen Testament bezeugen
dies. Da ist die Rede vom Sämann und vom Samen, von Sonne und Wind,
von den Blumen des Feldes und den Vögeln des Himmels, von Gott und
Gras, von Abfall, Acker, Aas und Ähre, von Wundern und Wölfen, vom
Wohnen und Wohltun, vom Wurm, von der Wurzel und von der Wüste.
Und dieser Jesus, der in diesen Bildern sprach, soll nicht ökologisch sein?

Mitten in der Bergpredigt z. B. sagt Jesus seinen Freunden den starken
Satz: »Die Sonne unseres himmlischen Vaters scheint für Gerechte und
Ungerechte.« In allen heiligen Schriften der Menschheit ist die Sonne im-
mer ein göttliches Symbol. Gott – die Sonne hinter der Sonne – die Ur-
Energie, der wir alles verdanken!

Radio Vatikan hat angekündigt, dass bald weitere Solaranlagen auf römischen Kirchen und kirchlich-karitativen Gebäuden installiert würden.
Parallel zum deutschen Erneuerbare-Energien-Gesetz hat jetzt auch Italien eine attraktive Einspeise-Vergütung für Strom aus Photovoltaik-Anlagen. Der Papst hat vorgemacht, worauf es ankommt. Dafür erhielt sein
Vertreter in Berlin den Europäischen Solarpreis. O sole mio! Sonnige
Glückwünsche in den Vatikan!

10. Deutschland wird erneuerbar

Eine Studie der Universität Münster ergab, dass viele deutsche Großstädte
bis zu 70 Prozent und die meisten Dörfer sogar 100 Prozent des privaten
Strombedarfs direkt über die Sonne gewinnen könnten.

Würden alle nach Süden ausgerichteten Dächer mit Photovoltaik-Anlagen bestückt, dann könnte das hoch industrialisierte Deutschland
50 Prozent seines gesamten Stromverbrauches allein über die Sonne organisieren. Hinzu kommen noch Wind- und Wasserkraft, Geothermie, Bioenergie und Meeresenergie. Um zu 100 Prozent auf Erneuerbare Energie
umzusteigen, brauchen wir freilich völlig andere dezentrale Netzwerk-
strukturen und Speichermöglichkeiten für Wind- und Sonnenenergie, die
nicht immer zur Verfügung stehen. An der Lösung dieser Probleme arbeiten Wissenschaftler in vielen Ländern der Welt.

Im Sommer 2007 erklärt die Industrie- und Handelskammer Oldenburg, dass die 500 000 Ostfriesen bereits 96 Prozent ihres Stromverbrauchs über Erneuerbare Energien selbst erzeugen – den Großteil davon über Windenergie. Das ist kein Ostfriesen-Witz, sondern vorbildlich.

Zuvor hatte mir Schleswig-Holsteines Ministerpräsident Harry Carstensen gesagt, sein Bundesland werde bis zum Jahr 2020 mehr Ökostrom erzeugen, als alle Schleswig-Holsteiner insgesamt an Strom verbrauchen. Bei entsprechendem politischem Willen dürfte das klappen. Dann kann das nördlichste deutsche Bundesland sogar noch Ökostrom in andere Bundesländer exportieren. Freilich müssen die dafür benötigten neuen Netzstrukturen für eine dezentrale Versorgung mit Erneuerbarer Energie noch aufgebaut werden.

Zur Jahreswende 2008/09 hatten in Deutschland etwa 100 Kommunen, Regionen und Landkreise beschlossen, bis zum Jahr 2030 zu 100 Prozent auf Erneuerbare Energien umzusteigen. Wer hindert uns daran, diese Pläne anzupacken? Der größte ökonomische Unsinn ist, Menschen dafür zu bezahlen, dass sie nicht arbeiten, wenn zugleich unendlich viel unerledigte Arbeit wartet.

Ein wichtiges Moment für die Akzeptanz der ökologischen Energiewende ist der günstige Preis für die Erneuerbaren Energien und die Energie-Effizienz. Eine aktuelle Untersuchung über die Rentabilität von Windstrom zeigt, dass viele Windräder schon heute Strom zu Preisen produzieren, die günstiger sind als die Durchschnittspreise an der Leipziger Strombörse. Atomstrom und Kohlestrom sind an vielen Tagen an der Strombörse bereits teurer als Windstrom.

Das Bundesumweltministerium hat errechnet, dass 2006 durch preisgünstigen Windstrom volkswirtschaftlich fünf Milliarden Euro eingespart wurden. Die Beratungsgesellschaft LBD, von der diese Untersuchung stammt: »Die Windenergie ist damit kein Zuschuss-Geschäft mehr für die Verbraucher, sondern bremst aktiv die steigenden Preise. Auch die anderen Erneuerbaren Energien schneiden günstig ab. Die durchschnittliche Vergütung für Wasserkraft betrug 7,5 Cent und für Geothermie und Biomasse 12,5 Cent im Jahr 2008. Der Durchschnittspreis für alle Erneuerbaren Energiequellen liegt bei etwas über elf Cent und damit nicht mehr weit über dem Börsenpreis für Strom.«

Trotz aller unbestreitbaren Vorteile der Erneuerbaren Energien kommt nach fast jedem meiner 200 Vorträge pro Jahr in der Diskussion das berühmte »Aber«:

• Aber woher kommt der Strom, wenn nachts die Sonne nicht scheint?

- Und woher die Energie, wenn der Wind nicht weht?
- Aber verschandeln Windräder nicht die Landschaft?
- Ist Bioenergie moralisch vertretbar, wenn in Afrika Kinder verhungern?
- Aber wer soll das alles bezahlen?

Die Fachleute der alten Energiewirtschaft haben ihren Kunden jahrzehntelang eingeredet, dass die Vollversorgung mit Ökoenergien unmöglich sei, zumindest – so heißt es inzwischen – bräuchten wir »lange Übergangszeiten« und deshalb längere Laufzeiten der Atommeiler und natürlich neue Kohlkraftwerke.

Das Hauptproblem, das der raschen Einführung der Erneuerbaren Energien noch immer im Wege steht, ist fehlende Information.

Die meisten Menschen wissen tatsächlich nicht,
- dass vier von sechs Erneuerbaren Energieträgern genauso speicherbar sind wie fossil-atomare und dass Wissenschaftler in der ganzen Welt an neuen Speichertechnologien für Sonnen- und Windstrom ebenso arbeiten wie an neuen Batterien für Elektroautos. In einer Zeit, in der wir auf den Mond fliegen können, sind auch diese Probleme lösbar.
- dass Erneuerbare Energien teilweise schon heute – und erst recht in wenigen Jahren – preiswerter als die alten Energien sind und
- dass jede Energiegewinnung einen Eingriff in die Landschaft bedeutet. Schauen Sie sich doch bitte mal die Mondlandschaften in den Abbaugebieten der Braunkohle an. Daneben sehen Windparks geradezu romantisch aus.
- dass allein Windräder theoretisch das Vielfache des Stroms erzeugen könnten, den wir in Deutschland verbrauchen und
- dass künftig vielleicht 20 Prozent der Energieversorgung über Biomasse gedeckt werden können, ohne dass es Konflikte mit dem Anbau von Lebensmitteln geben muss. Die Ursache des Hungers in den armen Ländern sind nicht einige Prozent Biomasse zur Energiegewinnung, sondern die Armut der Bauern, die nicht einmal Geld für Saatgut haben. Ein Landwirt kann auch dann Energiewirt werden, wenn er seine Felder für Windparks zur Verfügung stellt. Unter und zwischen Windanlagen lässt sich weiterhin Ackerbau oder Wiesenwirtschaft, ja sogar Waldwirtschaft betreiben.

Nur wer informiert ist, hat den Mut zur Veränderung. Jeder Leser und jede Leserin dieses Buches kann mithelfen, dass aus Mutlosigkeit Mut, aus Unwissenheit Wissen und aus Hoffnungslosigkeit Hoffnung wächst. Yes – we can.

Die Hauptfrage an die Politiker freilich bleibt: Machen Sie eine Politik für die Bürger oder für die Energiekonzerne? Denn die Träger der solaren Energiewende sind nicht die vier Energie-Besatzungsmächte RWE, E.ON, Vattenfall und EnBW, sondern Millionen Hausbesitzer, hunderttausende Landwirte, die zu Energiewirten wurden, sowie tausende Mittelständler und Handwerker.

Schon 2020 kann Deutschland – nach den Berechnungen der Erneuerbare-Energien-Verbände – die Hälfte seines Strombedarfs ökologisch produzieren. Energie aus Wind, Biomasse, Wasser, Sonne und Geothermie wird schon bald das prägende Element unserer Stromversorgung sein. Herkömmliche Kraftwerke werden dieses Angebot nur noch bei Bedarf ergänzen. Entsprechend geringer wird die Abhängigkeit vom Ausland. Als Vertreter der Erneuerbaren Energien im Januar 2009 der Bundeskanzlerin eine Studie überreichten, in der bis 2020 mindestens 47 Prozent Ökostrom für Deutschland prognostiziert werden, antwortete Angela Merkel: »Das ist ein ambitioniertes Ziel. Aber aus meiner Zeit als Umweltministerin weiß ich, dass in der Vergangenheit Ihre zunächst als sehr hoch eingeschätzten Ziele sogar übertroffen wurden.«

Bioenergie und Strom aus großen Wasserkraftwerken sind schon heute problemlos speicherbar, bei Tag und bei Nacht, im Sommer und im Winter. Darüber hinaus stehen für das deutsche Stromnetz bereits zehn Gigawatt Speicher- und Pumpspeicherkraftwerke zur Verfügung. Das entspricht der Leistung von zwölf Kohlekraftwerken. Dabei werden in Zeiten hoher Stromproduktion und geringer Nachfrage Wasserspeicher über Pumpen aufgefüllt und können im Bedarfsfall kurzfristig Strom produzieren. Dazu kommen noch über neun Gigawatt Bioenergie-Kraftwerke.

Bis 2030 kann Deutschland seinen Stromverbrauch zu 100 Prozent erneuerbar produzieren – einschließlich den Strom für seine Elektroautos.

11. Deutschland noch im Würgegriff der Energiekonzerne

Trotz der beschriebenen Fortschritte: die Widerstände gegen die Energiewende sind riesig. Vor allem deshalb, weil sich die klassischen Energieversorger mit ihrem bisherigen Stoff – wie man so sagt – dumm und dämlich verdienen. 20 Milliarden Euro hat der Energieriese RWE nach seinem Börsengang 2003 bis 2007 an Gewinn verbuchen können. Allein 2008 haben die deutschen Energiemonopolisten zusammen nochmal dieselbe Summe verdient oder besser gesagt abkassiert.

In Deutschland nutzen die großen vier Energieversorger – tatsächlich vier Besatzungsmächte – mit ihrer faktischen Monopolstellung schamlos ihre Marktmacht aus. Der SPD-Energiepolitiker und Solarexperte Hermann Scheer: »Die Energiekonzerne benehmen sich wie ein Staat im Staat.« Sie haben geradezu mafiose Strukturen organisiert – wie in einer Bananenrepublik. Deutschland ist im Würgegriff des Energiekartells. Neue Anbieter haben kaum eine Chance. Die großen Konzerne bestimmen die Regeln – und die Politik, ob schwarz-gelb, rot-grün oder schwarz-rot, geht regelmäßig vor den Monopolisten in die Knie. Und sollte es einmal tatsächlich Widerstand aus der Politik geben, dann drohen die Konzerne unverhohlen mit »enormen wirtschaftlichen Konsequenzen« – wie es E.ON in einem Schreiben an Staatssekretär Adamowitsch im Bundeswirtschaftsministerium getan hat. Eine staatliche Preiskontrolle der Ferngasleitungen sei, so hieß es wörtlich, »nicht akzeptabel«. Und die Politik kuschte wieder einmal.

Seit Jahrzehnten verabschieden Mehrheiten im Deutschen Bundestag Gesetze, die in den Vorstandsetagen der großen Energiekonzerne vorformuliert worden sind. Diese Methoden erinnern eher an Mafia-Strukturen als an gelebte Demokratie. Hermann Scheer, einer der wenigen SPD-Politiker, die sich seit Jahrzehnten den Energiemonopolisten entgegenstellen, spricht vom »Prinzip legalisierter Korruption«.

Scheer: »Bezahlt wird durch die Anschlussfähigkeit nach Beendigung des politischen Amts.« Nicht nur der frühere Wirtschaftsminister Wolfgang Clement sowie sein Staatssekretär Alfred Tacke sind heute als Lobbyisten von Energiekonzernen aktiv, sondern auch viele ehemalige Landräte und Oberbürgermeister.

Meine ZDF-Kollegen von »Frontal21« zeigten am 14. August 2007 ein vertrauliches Papier der vier großen Stromanbieter an mehrere Bundespolitiker und höhere Beamte im Bundeswirtschaftsministerium. Darin heißt es, Investitionen in das Gas- und Versorgungsnetz würden »unter Inkaufnahme von Risiken für die Versorgungssicherheit gestrichen oder verschoben«, wenn die Konzerne künftig auf ihre Riesengewinne verzichten müssten. Daraufhin hat das Bundeswirtschaftsministerium RWE-Formulierungen aus einem Entwurf für die »Ermittlung der Netznutzungsentgelte« wörtlich übernommen.

Hermann Scheer wurde in der »Frontal21«-Sendung auch gefragt, ob er Namen für das Prinzip »Legalisierte Korruption« nennen könne. Seine Antwort: »Wenn ich jetzt Namen nenne, wird mir vorgeworfen, wen ich alles vergessen habe.« Die ZDF-Kollegen erwähnten dann Namen, die viele Journalisten auch kennen, aber leider in diesem Zusammenhang viel zu selten publizieren. Beispiele:

- Walter Hohlefelder, Referatsleiter für Reaktorsicherheit in der Kohl-Regierung. Heute ist er Vorstandsmitglied von der E.ON-Energie.
- Joachim Pfeiffer, früher Mitarbeiter der Energieversorgung Schwaben (heute EnBW). Jetzt ist er energiepolitischer Koordinator der CDU im Bundestag. Im letzten Bundestagswahlkampf ließ er sich von der EnBW sponsern.
- Bruno Thomanske, zuständig für nukleare Entsorgung im Bundesamt für Strahlenschutz. Er wechselte zu Vattenfall als Chef der Atomsparte.
- Tina Zierul, die als Lobbyistin von E.ON eine besonders elegante Karriere machte. Ihr Konzern schickte sie ins Auswärtige Amt. Dort arbeitete sie ein Jahr lang im Planungsstab, wurde aber von E.ON bezahlt. Praktischerweise kehrte sie im Juni 2007 wieder an ihren alten Arbeitsplatz zurück.
- Georg Wilhelm Adamowitsch, Lobbyist bei VEW – heute RWE. Er wird Staatssekretär im Wirtschaftsministerium, verantwortlich für Energiepolitik!
- Laurenz Meyer, früher Generalsekretär der CDU und beschäftigt bei einer RWE-Tochter, heute wirtschaftspolitischer Sprecher der CDU im Bundestag.
- Wolfgang Clement, SPD-Wirtschaftsminister unter Gerhard Schröder, ist heute Aufsichtsrat bei RWE Power. Er hat im hessischen Landtagswahlkampf 2008 empfohlen, nicht SPD zu wählen, weil Andrea Ypsilanti und ihr designierter Wirtschaftsminister Hermann Scheer die 100-prozentige solare Energiewende bis 2030 wollten.
- Gert von der Groeben, früher Energiereferent der SPD-Fraktion, heute Generalbevollmächtigter von E.ON.
- Reinhard Schultz, SPD-Bundestagsabgeordneter und gleichzeitig Aufsichtsrat bei Vattenfall.

Die Energiewirtschaft hat viele einflussreiche Freunde in einem Parlament, in dem jeder Volksvertreter nach Artikel 38 des Grundgesetzes nur »seinem Gewissen verantwortlich« ist.

Die sehr unvollständige Liste macht deutlich, dass die beiden großen Parteien der Bundesrepublik am Tropf der alten Energiewirtschaft hängen wie ein Junkie an der Nadel – verfilzt und zugenäht. Wie skandalös die deutsche Energiepolitik funktioniert, zeigt ausgerechnet eine Maßnahme, die ursprünglich dem Klimaschutz dienen sollte, aber den vier Energieriesen zusätzlich Milliarden Euro in die Kassen spülte: Für jedes Kraftwerk, welches das Treibhausgas CO_2 in die Luft bläst, müssen seit einigen Jahren so genannte Verschmutzungsrechte bezahlt werden. So weit ganz vernünftig. Denn die Politik erhoffte sich, dass die Energieversorger viel Geld investieren, um weniger Treibhausgase zu emittieren.

Doch wieder einmal beugt sie sich dem Druck der Energieversorger – sie verschenkt die Verschmutzungsrechte im Wert von bis zu acht Milliarden Euro pro Jahr. Die Energiegiganten schlagen den Wert der Verschmutzungsrechte einfach auf den Strompreis drauf, obwohl sie nichts dafür bezahlen mussten. Allein damit verdienen sie mehr Geld, als sie für die Förderung der Erneuerbaren Energien bezahlen müssen. Tatsächlich bezahlen müssen wieder einmal die Verbraucher. Die Energiewirtschaft verdient also noch Geld mit der Klimaverschmutzung. Je schmutziger ein Kraftwerk, desto preiswerter für E.ON und Konsorten. Eine absurde Logik. Auch deshalb wollen die alten Energieversorger 26 neue Kohlekraftwerke bauen. Für die besonders klimaschädliche Braunkohle gibt es besonders viel Verschmutzungsrechte – kostenlos. Das alles ist ein beschämendes Stück aus dem »politischen Tollhaus Berlin« – wie der Umweltwissenschaftler Ernst Ulrich von Weizsäcker seine acht Jahre Erfahrungen als Bundestagsabgeordneter bezeichnet.

Die Energiekonzerne setzen bei Kohle- und Atomkraft noch immer auf Technik von gestern. Sie werden es tun, solange wir Verbraucher sie dafür bezahlen. In ihrer maßlosen Gier ist die Viererbande der deutschen Energiewirtschaft auch bereit, die Existenz tausender mittelständischer Unternehmen aufs Spiel zu setzen. In ihrer Gier nach Macht, Geld und Größe setzt sich das Energiekartell über jede Moral in der Wirtschaft und über Gesetze in der Politik hinweg und reißt jede Hürde sozialer Verantwortung nieder. Die deutschen Energiemonopolisten benehmen sich noch immer wie früher die Investmentbanker an der Wall Street. Dass sich gegen diese hemmungslose Gier der Großen jetzt auch Widerstand von unten organisiert, macht Hoffnung.

2007 haben 1,3 Millionen Bundesbürger den Stromanbieter und 130 000 den Gasanbieter gewechselt. Und 2008 waren es noch mehr.

Drei Millionen Verbraucher sind in Deutschland bis 2008 bereits auf Erneuerbare Energien umgestiegen. Jahr um Jahr werden wir dem Energiekartell ein Prozent ihres Geschäfts nach dem anderen abnehmen müssen, bis wir die Energiewende zu 100 Prozent organisiert haben. Funktionieren kann diese Wende freilich nur durch mehr wirklichen Wettbewerb. Hoffnung ruht auf Politikern wie Hermann Scheer oder der EU-Kommissarin

Neelie Kroes, welche die Strukturen der alten Energiewirtschaft zerschlagen wollen. Kroes: »Netze und Erzeugung müssen getrennt werden. Nur so gibt es mehr Wettbewerb. Nur so zahlt der Verbraucher weniger.«

Kroes und Scheer sind mutig – aber die Macht der Energiekonzerne ist noch riesig.

12. Die Stromrebellen von Schönau

Das Schwarzwaldstädtchen Schönau mit 2500 Einwohnern ist wirklich eine schöne Au. Seit über 20 Jahren drehe ich hier Fernsehfilme über die Schönauer Stromrebellen. Alles begann – wie auch bei mir – 1986 mit dem Atomunfall von Tschernobyl.

Nach dem großen Unfall in der alten Sowjetunion machen sich Atomkraftgegner Gedanken über die Stromversorgung von Schönau. So beginnt der Landarzt Dr. Michael Sladek mit einer Gruppe von Gleichgesinnten, nicht nur gegen etwas zu sein, sondern für etwas kämpfen zu wollen. Das Ergebnis dieser Initiative ist der Kauf des Schönauer Stromnetzes 1997. Durch die geänderten Eigentumsverhältnisse und die Liberalisierung des Strommarktes hat die Initiative nun die Möglichkeit, atomfreien Strom einzukaufen und deutschlandweit anzubieten.

Seit der Entstehung der Elektrizitätswerke Schönau (EWS) werden die Schönauer Stromseminare ausgerichtet. Hier können sich Experten austauschen und Anregungen für eigene Aktivitäten finden. Mittlerweile ist die Veranstaltung so groß, dass sie für die Schönauer Gastronomie ein echter Wirtschaftsfaktor geworden ist.

Die Übernahme des Stromnetzes und damit die Entstehung eines eigenen Stromvertriebs hat die Projektgruppe um Michael Sladek und seine Frau Ursula mit viel Kraft und Kreativität gegen alle Widerstände durchgesetzt. Aus diesem Engagement heraus haben sich weitere Aktivitäten entwickelt, so z. B. Stromsparwettbewerbe, mit denen ein energiesparendes Verhalten initiiert wird.

Die Schönauer Bürgerinnen und Bürger wollen 1998 eine Solarstromanlage auf dem Dach der evangelischen Kirche errichten. Das Denkmalamt ist gegen diese Gemeinschaftsanlage. Daraufhin besinnt sich die Initiative auf die Badische Revolution, die sich in dem Jahr zum 150. Mal jährt. Die Schönauer zelebrieren mit großem Engagement eine »Solarrevolution«. In historischen Kostümen der badischen Revolution von 1848 setzten die Bürgerinnen und Bürger ihre Obrigkeit in Kutschen und ziehen in einem Revolutionszug zur evangelischen Kirche. Nach einer Kundgebung wird das erste Kilowatt ohne offizielle Genehmigung auf dem Kirchendach installiert. Es ist eine große Bestätigung für die Schönauer, dass am gleichen Tag die Genehmigung vom Denkmalamt kommt.

Pfarrer Peter Hasenbrink sagt dazu heute: »Eine Seite des Kirchendachs zeigt ja immer nach Süden. Denn alle Kirchen sind aus liturgischen Gründen nach Osten ausgerichtet. Das hat der Herrgott also von langer Hand ganz günstig eingerichtet.«

Die Schönauer Stromrebellen haben also das Stromnetz in ihre eigene Hand genommen. Heute beliefern sie über 80 000 Stromkunden in Deutschland mit Ökostrom.

Schönaus Bürgermeister Bernhard Seger: »Ich verstehe nicht, warum es so viel Energie braucht, damit sich Menschen mit dem Thema Energie beschäftigen. Das ›Lustprinzip‹ sollte dazukommen. Es befriedigt mich, etwas für die Umwelt und die Natur zu tun, die Umgebung für die Nachkommen zu bewahren. Ich wünsche mir, dass dieser Aspekt mehr berücksichtigt wird.«

Die Seele der Schönauer Stromrebellen ist das Ehepaar Sladek. Frau Sladek: »Wir machen diese Arbeit, weil wir uns und unseren Kindern etwas Gutes tun wollen und weil es uns Spaß macht.« 2007 haben die Sladeks aus der Hand des Bundespräsidenten den »Deutschen Gründerpreis« erhalten. Im Jahr 2009 gewinnen sie täglich circa einhundert neue Kunden, die vom alten Atomstrom weg und auf Ökostrom umsteigen wollen. Der Umstieg ist in drei Minuten erledigt.

Nicht nur die Schönauer Stromrebellen, sondern jede und jeder, der auf Erneuerbare Energien umsteigen will, bekommt zunächst einmal den Widerwillen und die ganze Macht der alten Energiekonzerne zu spüren. Trotz Liberalisierung des Strommarkts: Deutschland stöhnt noch immer im Würgegriff der Energiemonopolisten. Mehr zu den Elektrizitätswerken Schönau (EWS) unter: www.ews-schoenau.de

Nach dem Reaktorunfall in Tschernobyl am 26. April 1986 handelten viele Bürger schneller als die Politiker. Sofort nach Bekanntwerden der Nachricht bildeten sich überall in Deutschland Bürgerinitiativen gegen den weiteren Ausbau der Atomkraft, während der damalige Innenminister am Tag nach der Reaktor-Katastrophe mit dem denkwürdigen Satz in der Tagesschau zu beruhigen versuchte: »Eine Gefahr besteht nur im Umkreis von 30 bis 50 Kilometern.«

Doch beim Ehepaar Sladek keimte die Gewissheit: »Jetzt ist Widerstand Pflicht.«

Viele Initiativen verschwanden rasch wieder. Die Schönauer Anti-Atom-Gruppe wurde immer politischer und zum Vorbild für viele andere Initiativen. Aus der Idealisten-Truppe mit Verschwörer-Touch wurde ein bundesweites sozial-ökologisches Wirtschaftsunternehmen auf dem sauberen Strommarkt. Der Weg zum großen Erfolg war mühsam. Es ist eine klassische Geschichte des Widerstandes. Die Idealisten werden zuerst ausgelacht und für verrückt gehalten und von konservativen Kommunalpolitikern auch mal als »gefährliche Spinner, die unserem schönen Schwarzwaldort nur schaden«, beschimpft.

Die Mehrheit des CDU-dominierten Gemeinderats war gegen die Initiative von unten. Die Grünen sind im Gemeinderat gar nicht vertreten. Doch die Stromrebellen setzten sich demokratisch durch. Und heute – bei wachsendem Erfolg – wollen auch viele frühere Gegner »schon immer dafür gewesen« sein. Erfolg war schon immer sexy! Aber dieser Erfolg wurde nur möglich, weil sich die Schönauer Idealisten parteipolitisch nie vereinnahmen ließen. Jeder Mitstreiter, auch viele konservative, war ihnen willkommen. Der Freiburger Journalist Bernward Janzing hat eine Chronik über die Schönauer und ihr eigenes Elektrizitätswerk geschrieben. Er kommt in seinem Buch »Störfall mit Charme« zum Schluss, dass vor allem »Hartnäckigkeit und Charme« das Schönau-Prinzip ausmacht.

13. »BILD« trommelt für Ökostrom

In Schönau glänzen Solarzellen auf den Dächern von Wohnhäusern, Gasthöfen und Handwerksbetrieben. Da aber die Sonne nicht immer scheint, verbergen sich in manchen Kellern auch Blockheizkraftwerke. Mit verschiedenen Brennstoffen betrieben, machen sie 90 Prozent der eingesetzten Energie als Strom und Wärme nutzbar. Modernste Kohlekraftwerke erreichen nicht mal die Hälfte dieses Wirkungsgrades und Atomkraftwerke gerade mal ein Drittel, da sie die Verbrennungswärme einfach an die Umwelt abgeben.

Wer 2009 über EWS die Internetseite der Schönauer Stromrebellen anklickt, wird mit der Botschaft überrascht: »Wir haben eine gute Nachricht für Sie: Wir halten die Preise stabil und garantieren diese bis zum 31. 12. 09.«

Der Stromanbieter lässt sich ohne Probleme wechseln. Das ist in Zeiten steigender Strompreise und zunehmender Verärgerung über die alten Energiekonzerne ebenfalls eine gute Nachricht. Und Ökostrom ist oft preiswerter als der aus Atomkraftwerken oder fossil erzeugte Elektrizität. Das hat die »BILD«-Zeitung für ihre Leser errechnet und zugleich den Umstieg empfohlen. »BILD« fungierte 30 Jahre lang als Zentralorgan der deutschen Atomwirtschaft. Und jetzt dieser GAU. Das Boulevard-Blatt belohnte in einer wochenlangen Kampagne jeden Leser, der von herkömmlich erzeugtem Strom auf Ökostrom umstieg, mit 25 Euro Prämie. Die Zeiten ändern sich, und wir sind mittendrin.

Bei der laufenden solaren Energiewende spielen die Schönauer Stromrebellen und ihre EWS (Elektrizitätswerke Schönau) eine Schlüsselrolle.

14. Es weht ein frischer Wind in Dardesheim

Können Dörfer und Städte in Deutschland und Europa sich selbst tatsächlich zu 100 Prozent mit Erneuerbarer Energie versorgen? Der ehemalige Landrat des früheren Landkreises Halberstadt in Sachsen-Anhalt, Henning Rühe, hat das vor 15 Jahren noch für unmöglich gehalten. Doch im Januar 2009 schreibt er im »Dardesheimer Windblatt«: »In Dardesheim ist in 2007 sogar das 40-fache des Stromverbrauchs und mehr als das 10-fache des gesamten Energieverbrauchs für Wärme, Verkehr und Elektrizität durch den Windpark und die Solardächer bereitgestellt worden.«

100 Prozent regenerativ? Dardesheim ist 1000 Prozent regenerativ. Was also liegt näher, als das Modell Dardesheim, ein Ort mit 970 Einwohnern nordöstlich des Brocken, auf den gesamten neuen Landkreis Harz auszudehnen?

Es trifft sich gut, dass es am Ort mit dem Pumpspeicher-Kraftwerk Wendelfurth eine »Riesenbatterie« gibt, die Windstrom speichern und auch dann zur Verfügung stellen kann, wenn der Wind nicht weht. Kein Wunder also, dass die »Regenerative Modellregion Harz« im Wettbewerb um Fördermillionen als einzige in Ostdeutschland als Sieger hervorgegangen ist und vom Bundesumweltministerium neun Millionen Euro Fördergelder erhalten hat.

Heute sagt der einst den Erneuerbaren Energien gegenüber skeptische Henning Rühe: »Gemeinsam wollen wir unserer globalen Verantwortung gerecht werden, indem wir regional und lokal zunehmend Erneuerbare Energien nutzen, sparsamer und effizienter mit Energie umgehen und damit unsere Umwelt und natürlich auch unseren Geldbeutel schonen. Wenn wir in unseren Häusern und Autos statt Kohle, Öl und Gas heimische Wind- und Solarenergie oder Holzpellets nutzen, arbeitet unser Geld statt in den Gas- und Ölförderländern weiter in unserer Region und schafft bei uns Arbeit und Brot. Wenn wir unsere Häuser besser isolieren, die Heizungen modernisieren und Solaranlagen aufs Dach bringen, haben Maurer, Maler, Installateure und Elektriker damit zu tun.«

Im Städtchen Dardesheim mit den vielen gut erhaltenen Fachwerkhäusern sind jetzt 12 Menschen für die nächsten 20 Jahre damit beschäftigt, Energie aus Wind und Sonne zu erzeugen. Danach geht es wieder von vorne los mit der Arbeit für die Erneuerbare Energieversorgung, denn dann müssen die Windräder erneuert werden.

Beim jahrelangen Aufbau des Windparks mit 35 Windkraftanlagen waren bis zu 60 Handwerker beschäftigt. Sie haben im Jahr 2007 mit einer 6-Megawatt-Anlage das leistungsstärkste Windrad der Welt errichtet.

Allein 2008 waren Fernsehteams aus Korea, Russland, Irland, Tschechien und Italien neben mehreren deutschen in der sachsen-anhaltinischen Provinz, um über die »Stadt der Erneuerbaren Energien« zu berichten. Der Bürgermeister von Dardesheim, Rolf-Dieter Künne, freut sich über hohe Gewerbesteuer-Einnahmen und erzählt stolz, dass seine Bürger den Windpark »als ihren Windpark« betrachten und akzeptieren. Viele Familien sind auch finanziell beteiligt: »Die Bürger sitzen nicht nur mit im Boot der Erneuerbaren, sie können bei der Energieversorgung jetzt auch selber mitrudern.«

Der CDU-Ministerpräsident von Sachsen-Anhalt, Wolfgang Böhmer, zum Dardesheimer Musterprojekt: »Es zeigt sich, dass man mit umweltfreundlichen Technologien gute Geschäfte machen kann. So sind bei uns über 3000 Menschen in der Solarindustrie und 3700 in der Windkraftanlagenherstellung allein in Magdeburg beschäftigt.« Die Windkraft ist schon heute der größte Arbeitgeber in Sachsen-Anhalt.

Bundesumweltminister Gabriel bei seinem Besuch 2008 in Dardesheim: »Die gemeinsame Regelung des Dardesheimer Windparks mit dem Pumpspeicher-Kraftwerk Wendefurth, die Integration der unterschiedlichen Erneuerbaren Energien in dem geplanten Kombikraftwerk und die Nutzung des regenerativen Stroms für Elektromobilität sind bundesweit beachtenswert.«

Das Bundesland Sachsen-Anhalt beweist, welche Einsparpotenziale die effiziente Nutzung der Energie haben kann: 1990 hat ein Bürger dieses Bundeslandes noch 17 Tonnen CO_2 produziert, heute noch 11 Tonnen pro Jahr – auch weil viele alte Dreckschleudern geschlossen wurden.

Noch deutlicher wird der mögliche Fortschritt beim Energieverbrauch, wenn die Einsparleistung gemessen wird an der ökonomischen Wertschöpfung eines Euro. Um einen Euro Wirtschaftskraft zu produzieren, muss heute nur noch ein Viertel des 1990 aufgewendeten Stromes eingesetzt werden.

Der Landrat des Harz-Kreises, Michael Ermrich, bestätigt, dass die sauberen regionalen Energien Wind, Sonne, Biokraftstoffe, Biogas und Wasserkraft das Image des Harzes als Urlaubsregion mit reiner Luft verbessert haben. Der Betreiber des Dardesheimer Windparks, Heinrich Bartelt, hat seit 15 Jahren darauf geachtet, dass die Bürger des Städtchens in die Entwicklung der Regenerativen Energien integriert sind: Im Windpark feiert die Jugend der Region in jedem Frühjahr ihr Rock-Festival und die Feuerwehr ein Fest – direkt am Windpark!

Die Vereine des Ortes erhalten ein Prozent des gesamten Gewinns. Der Windpark half beim Ausbau der Radwege sowie beim Kanal- und Straßenbau. Jedes Jahr werden vom Energiepark attraktive Umweltpreise verliehen. Der Schulungsraum am Fuße eines großen Windrads steht auch den Kleinsten im Kindergarten zur Verfügung, und auf einem Aussichtspunkt entstand eine Spiellandschaft für Kinder. Am »Infopunkt« werden Programme für Schulen und Besucher organisiert, und ein Astropunkt mit Sonnenuhr ist errichtet.

Die Erneuerbaren Energien sind in Dardesheim für die soziale Infrastruktur des Ortes nicht mehr wegzudenken. Ein Musterbeispiel für ein ökosoziales Wirtschaftswunder, es kann überall wiederholt werden. Denn überall scheint die Sonne, überall weht der Wind und überall wachsen Bäume und Pflanzen, und an viel mehr Orten kann Geothermie und Wasserkraft genutzt werden, als dies heute der Fall ist. Die Photovoltaik-Dächer von Dardesheim erzeugen 2009 ein Drittel allen Stroms, den die Einwohner verbrauchen. Im Städtchen wurde eine der ersten Elektro-Tankstellen der Republik errichtet, die ausschließlich mit Wind- und Solarstrom betrieben wird.

Und wie begann dieses sozial-ökologische Wirtschaftswunder? 1991 erstellte der Dardesheimer Rentner Karl Radach die Planung für ein netzeinspeisendes Windrad, nachdem der erste gesamtdeutsche Bundestag ein Jahr zuvor das Stromeinspeise-Gesetz zur Förderung der Erneuerbaren Energien verabschiedet hatte. 1993 drehte sich die erste Windanlage auf dem windigen Butterberg, die Strom für 25 Haushalte produzierte.

»Die größte Schwierigkeit war, die Leute zu begeistern«, sagte Karl Radach damals seiner Lokalzeitung. 1993 hatte Heinrich Bartelt die Genehmigung von 21 Windmühlen beantragt. Doch zuvor hatte der Windfachmann aus Westfalen über mehrere Jahre hinweg alle 970 Einwohner besucht und sie vom ökologischen, ökonomischen und sozialen Sinn einer umweltfreundlichen Energieversorgung überzeugt. Auch die Kommunalpolitiker standen hinter ihm – heute sind die Einwohner begeistert und stolz auf ihre Vorreiterrolle. Der Windpark in Dardesheim produziert inzwischen jedes Jahr 130 Millionen Kilowattstunden Ökostrom.

Heinrich Bartelt ist ein Urgestein der Windenergie-Szene. Schon vor 20 Jahren hat er Windräder verkauft. Sein jüngster Traum ist, mit einem riesigen Kombikraftwerk, das aus allen Erneuerbaren Energien gespeist wird, die 250 000 Einwohner im Harz regenerativ zu versorgen.

Bartelt ist auf dem Land in Westfalen aufgewachsen. Als Jugendlicher erlebte er die Schäden, die der Wind regelmäßig anrichtete. Doch 1974 wurde ein Schlüsseljahr für ihn. Die Windstürme waren so gewaltig, dass sogar ganze Gebäude auf dem Hof seiner Eltern zerstört wurden, und er fragte sich, ob man die destruktive Kraft des Windes nicht auch konstruktiv nutzen könnte.

Mit 24 Jahren baute Bartelt mit Freunden die erste Windmühle – als Radnabe musste ein Originalteil aus einem alten VW-Käfer herhalten.

Heinrich Bartelt, Vater von vier Kindern, ist Pionier eines ökosozialen Wirtschaftens der Zukunft im Sinne sozialer Verantwortung, weil für ihn nicht die Gewinn-Maximierung, sondern die Zukunftsfähigkeit unserer Gesellschaft im Mittelpunkt steht.

1995 hat der Bundestag unter Kanzler Kohl und Umweltministerin Angela Merkel die baurechtliche Privilegierung von Windkraftanlagen beschlossen. Der Windstromboom in Deutschland konnte beginnen – einige Jahre später war Deutschland Windweltmeister. 2009 werden 8 Prozent des deutschen Stroms über Windräder gewonnen und deutsche Windradhersteller exportieren ihre Produkte, aber auch ihre Technologie in die ganze Welt. Deutschland hat seine Windstromanteile seit 1990 verhundertfacht. 90 000 neue Arbeitsplätze sind allein in der Windbranche entstanden und 250 000 insgesamt im Bereich der Erneuerbaren Energien. Die Basis für ein ökosoziales Wirtschaftswunder ist geschaffen. Deutschland ist erneuerbar. Europa ist erneuerbar. Die Welt ist erneuerbar.

Bei der Gründung der Internationalen Agentur für Erneuerbare Energien Anfang 2009 sagte der saudische Energieminister, sein sonnenreiches Land wolle in wenigen Jahrzehnten mehr Solarenergie exportieren als heute Erdöl. Der Scheich von Abu Dhabi will eine der größten Solarproduktionen der Welt aufbauen. Chinas Politiker wollen mit Erneuerbaren Energien endlich ihre Luftqualität verbessern. Ägypten will sein Nildelta, das durch den Klimawandel gefährdet ist, mit Ökoenergien retten. Die nächste industrielle Revolution wird getragen von Erneuerbaren Energieträgern – und zwar auf der ganzen Welt.

Shri Vilas Muttemwar ist bisher weltweit der einzige Minister für Erneuerbare Energien in einer nationalen Regierung – und das gleich in der größten Demokratie der Welt, in Indien. Als er 2006 Deutschland besuchte, wollte er unbedingt das ökologische Musterstädtchen Dardesheim sehen. Schon beim Rundflug über den Windpark war er vor Begeisterung nicht zu bremsen. Mit Blick auf Windräder und Solardächer unter ihm schwärmte er: »Diese Kombination verschiedener erneuerbarer Energiequellen bringt die Lösung des größten Problems auf unserer Erde. Das brauchen wir auch in Indien.« Als ich ihn einige Wochen später in New Delhi traf, meinte er: »Deutschland ist zwar heute noch Windweltmeister. Aber Indien steht schon auf Platz 4. Und bis 2020 stehen wir auf Platz 1. Ihr habt es vorgemacht.« Der Minister des 1,1-Milliarden-Volkes war noch immer begeistert vom 970 Einwohner zählenden Dardesheim im fernen Deutschland. Er wolle, so verriet er mir, daran arbeiten, dass Indien bis 2050 zu 100 Prozent erneuerbar sei.

Was empfiehlt Muhammad Yunus aus Indiens Nachbarland Bangladesch? »1. Daran glauben und 2. daran arbeiten.« Karl Radach aus Deutschland – der Windpionier der ersten Stunde – sah es genau so. Wenn der Rentner nicht schon als DDR-Bürger vom Windstrom geträumt hätte, würde es das Wind-Wirtschaftswunder von Dardesheim heute nicht geben. Jetzt sind die Erneuerbaren Energien dabei, eine der stärksten Industriebranchen – wenn nicht die stärkste überhaupt – der Welt zu werden.

Jede Region hat andere und eigene Möglichkeiten der autarken Energieversorgung. Was der Wind für Dardesheim, das ist Bioenergie für Güssing.

15. Güssings Holzweg ist ein guter Weg

Die Stadt Güssing liegt im östlichen Österreich, im Burgenland, und hat 4400 Einwohner. Die Güssinger produzieren ebenfalls mehr Erneuerbare Energie, als die Stadt selbst braucht. Noch vor 20 Jahren war das Burgenland die ärmste Region Österreichs. Die Gründe für die schlechte Wirtschaftslage: Güssing war 50 Jahre lang Grenzregion am Eisernen Vorhang zu Ungarn. Es gab keine größeren Industriegebiete am Ort und dadurch wenig Arbeitsplätze. 70 Prozent der Arbeitnehmer mussten nach Wien oder Graz pendeln, und die Stadt hatte keine Verkehrsinfrastruktur. Hinzu kam eine starke Kapitalabwanderung durch fossile Energiekäufe. Die 45 Prozent Waldfläche der Kommune wurden kaum genutzt. Viele landwirtschaftliche Flächen waren verödet. Güssing war auf dem Weg, eine sterbende Stadt zu werden.

Doch 1990 fasste der Stadtrat einen Beschluss, der alles änderte. Heute sprechen die Einwohner Güssings »vom wichtigsten Beschluss des Gemeinderats aller Zeiten«. Der Grundsatzbeschluss hieß: Güssing wird zu 100 Prozent energieautark. Die Erneuerbaren Energien haben die Stadt wach geküsst.

Schon 2003 hatte die Stadt ihr Ziel erreicht, sie weist eine hervorragende Luftqualität auf. Die gesamte Wertschöpfung durch die Energiegewinnung vor Ort bleibt in der Region. Durch Energieüberschüsse wurde die Stadt sogar zum Energie-Exporteur. Den Bedenkenträgern bei der Nutzung von Bioenergie sollen zwei Zahlen verdeutlichen, was nachwachsende Rohstoffe als umweltfreundliche Energiequelle zu leisten vermögen: Im Bezirk Güssing reicht ein Fünftel der im Wald immer wieder nachwachsenden Rohstoffe aus, um die gesamte Strom- und Wärmeversorgung der 27 000 Einwohner zu sichern. Und die Einwohner sparen jetzt die Hälfte der früheren Energiekosten.

Wie kam es zum »Wunder von Güssing«?

Zuerst wurden die Energieverbräuche der städtischen Gebäude so optimiert, dass sich die Energieausgaben für die Stadt halbierten. Es wuchs ein neues Bewusstsein für einen intelligenteren Umgang mit Energie. Dann wurde eine Biodieselanlage gebaut, die mit Rapsöl betrieben wird. Zwei Nahwärmenetze auf der Basis von Biomasse wurden errichtet, und der Gemeinderat beschloss, das heimische Holz zu nutzen. Die Biomasse-Anlage war in den Neunzigern die größte von Österreich – sie produziert Strom und Wärme.

Ein Stadtratsbeschluss sieht vor, dass nur Waldhackgut aus der Region verwendet werden darf. Deshalb war eine professionelle Holzlogistik erforderlich. Heute wird der burgenländische Wald nachhaltig bewirtschaftet, das heißt: Es darf nur so viel Holz geschlagen werden, wie wieder nachwächst. Die neuen Bioenergiequellen in Güssing neben dem Holz: Hackgut, Sägespäne, Gras, Mais, Klee, Rapsöl und Altspeisefett. Wegen der neuen Energie-Infrastruktur konnten zusätzliche Betriebe angesiedelt werden. Durch ein spezielles Betriebsansiedlungsprogramm wurden über 50 neue Betriebe mit über 1000 Mitarbeitern in Güssing heimisch.

Die beiden größten Parkett-Hersteller Österreichs haben ihren Produktionsstandort heute in Güssing. 2008 wurde Güssing »Klimaschutzgemeinde« in Österreich. Durchs Burgenland führt heute der 125 km lange Radweg »Ökoenergieland«.

Inzwischen gibt es fünf Biomassekraftwerke in Güssing. 2009 stellen die Güssinger zweieinhalbmal so viel Ökoenergie her, wie sie selbst verbrauchen – über 50 Prozent mehr Ökostrom und 160 Prozent mehr Treibstoff. Die Mixtur der Erneuerbaren Energien besteht in der weltbekannten »Ökoenergie-Hauptstadt Österreichs« aus Holz, Gras, Pflanzen und Sonne.

Der Managing Director des Europäischen Zentrums für Erneuerbare Energien in Güssing, Werner Rauscher, erzählt: »Unsere Stadt befand sich vor 20 Jahren auch in einer Wirtschaftskrise – mit Ökoenergien haben wir diese Krise überwunden. Was in Güssing möglich war, ist auch in der ganzen Welt möglich. Wir waren vor 20 Jahren bankrott. Heute geht es uns gut. Wir wussten damals – wir unternehmen jetzt etwas oder es gibt uns bald nicht mehr.«

Als ich 2004 Güssings Bürgermeister den Europäischen Solarpreis überreichen durfte, sagte er: »Wichtig ist, dass die Energieversorgungseinrichtungen der Gemeinde gehören und nicht den großen Energieversorgern.

Nur dann kommen die Gewinne den Bürgern zugute. Die Menschen und die Umwelt müssen die Gewinner der solaren Energiewende sein.«

Jedes Jahr kommen heute 20 000 Öko-Touristen nach Güssing. Für sie wurde ein Öko-Holz-Hotel gebaut. Güssings Holzweg ist ein guter Weg.

Das Argument, dass es für die Energiewende kein Geld gäbe, lässt Bürgermeister Peter Vadasz nicht gelten: »Die Energie muss immer bezahlt werden – entscheidend ist, wohin das Geld der Kunden fließt. Bei uns fließt es durch die Gemeindekasse und bleibt in der Region. Unser oberstes Ziel ist nicht Gewinnmaximierung, sondern eine kostengünstige Versorgung unserer Bevölkerung und dafür haben wir auch privatwirtschaftliche Partner gefunden. Ganz wichtig sind eigene Stadtwerke.«

Am Ende profitieren vom Güssinger Modell alle: Die Konsumenten durch günstige Preise, die heimische Land- und Forstwirtschaft durch ein dauerhafte Einnahmequelle und die Umwelt, die vom Abfall der fossilen Rohstoffe entlastet wird. Die Güssinger haben ihre eigenen »Öl- und Gasquellen« in ihren Wäldern und auf ihren Feldern entdeckt und nutzen sie, um Wohlstand für alle zu organisieren. Am Ende unseres Gesprächs sagt Bürgermeister Vadasz: »Ich halte es für eine Umwelt-Todsünde, fossile Energie zu nutzen, wo doch erneuerbare Energieträger überall vorhanden sind.«

Ist das Güssinger Modell übertragbar, will ich vom Bürgermeister noch wissen: »Man muss sich zwei Dinge anschauen: Welche Rohstoffe habe ich direkt vor Ort und wie kann ich sie nutzen. Die Politik muss dann natürlich die nötigen Förderungen bereit stellen. Den Rest zeigt uns die Natur mit ihren Kreisläufen.«

Die künftige regionale Energieversorgung ist Chefsache der Bürgermeister.

16. SolarWorld wollte Opel kaufen

Frank Asbeck versteht sein Geschäft. Am Dreikönigstag 2008 sagte er dem Papst bei einer Audienz: »Heute würden die Heiligen Drei Könige dem Jesus-Kind nicht nur Gold, Weihrauch und Myrrhe, sondern auch eine Solarzelle als Geschenk mitbringen.«

Und schon 11 Monate später kann der Bonner Sonnenkönig auf der Audienzhalle des Papstes die erste Photovoltaik-Anlage des Vatikans einweihen. Spiegel Online nennt Franz Asbeck, den Chef des Solarkonzerns

SolarWorld, einen »der wohl begnadetsten Verkäufer alternativer Energien«. 2008 war seine SolarWorld Deutschlands wachstumsstärkstes Unternehmen, so wie die Solarbranche die wachstumsstärkste Industrie in Deutschland war. Hier sind inzwischen 60 000 Menschen beschäftigt – Tendenz stark steigend. Das »Handelsblatt« führt Asbecks Erfolg darauf zurück, dass er sich »auf das Kerngeschäft Solarstromtechnologie und die Abdeckung der kompletten Wertschöpfungskette vom Rohstoff Silizium bis zum fertigen Solarmodul« konzentriert habe.

Der Mann ist ständig für Überraschungen gut. Selbst in den Jahren, als noch viele die Solarenergie nicht ernst nahmen, war die Aktie des von Asbeck 1997 gegründeten ersten deutschen Solarkonzerns mehrmals »Aktie des Jahres« mit sagenhaften Gewinnen. Zwischendurch hatte sich der Wert der Aktie verneunzigfacht. Seinen wohl größten PR-Coup landete das Mitglied der Grünen, als er im Herbst 2008 einer verblüfften Öffentlichkeit ankündigte, den angeschlagenen Autokonzern Opel kaufen zu wollen.

Einige deutsche Kommentatoren haben dieses »ernstgemeinte Angebot« (Asbeck) so verstanden, dass ab jetzt »die Solarbranche als Zukunftstechnologie ernstgenommen werden muss« (Spiegel Online). Andere allerdings fragten ungläubig, ob das gut gehen könne: Ein grüner Konzern mit 2200 Mitarbeitern will einen Autokonzern mit nahezu 30 000 Mitarbeitern übernehmen?

Frank Asbeck hat für den Kauf von Opel eine Milliarde Euro geboten, wollte freilich eine Kompensation in ähnlicher Höhe vom Opel-Mutterkonzern General Motors in den USA. Asbeck erklärte, er wolle mit Opel den ersten »grünen Autokonzern« schaffen, der »Elektro- und Hybridfahrzeuge« sowie Pkw »mit effizienteren und emissionsarmen Antrieben« baut. Der alternative Unternehmer tut schon lange, was die deutschen Autobauer nie ernst nahmen. Er arbeitet seit Jahren an der Entwicklung und Erprobung von Elektrofahrzeugen, die mit Solarenergie erfolgreich Rennen bestritten. Manchmal merkt man dem diplomierten Agrar-Ingenieur auch an, dass er ein passionierter Jäger ist. Auf die Frage, ob er ein wenig größenwahnsinnig geworden sei, sagt Asbeck: »Kennen Sie die Geschichte von David und Goliath? Größe war noch nie entscheidend.« General Motors, noch vor kurzem der größte Autokonzern der Welt, sei von der Pleite bedroht, und in Krisensituationen komme es in erster Linie darauf an, »Zukunftsmärkte zu erkennen«.

Der Deal zwischen dem neuen Solarkonzern und dem alten Autokonzern kam nicht zustande, aber fest steht, dass sich auch die alten Autokonzerne mit neuen Antriebstechnologien beschäftigen müssen, wenn sie Zukunft haben wollen.

Fest steht ebenfalls, dass das Elektroauto kommt und es langfristig mit alternativ erzeugtem Strom betrieben werden muss, denn alle fossil-atomaren Quellen werden bald versiegen und noch früher unbezahlbar. Dafür sorgen die Gesetze der Natur und die ökonomische Gewissheit, dass zu Ende gehende Rohstoffe immer teurer werden müssen.

Wann auch immer der Zeitpunkt des Übergangs vom Öl- ins Solarzeitalter sein wird – Frank Asbeck hatte eine weitere schöne Schlagzeile: Solarindustrie will Autoindustrie retten! Hinter der gelungenen PR-Aktion steht die Tatsache, dass solche Übernahmen nur noch eine Frage der Zeit sind. Denn Solarstrom ist nicht nur klimaverträglich, sondern in einigen Jahren auch konkurrenzlos preiswert. Das Naturgesetz »Die Sonne schickt uns keine Rechnung« kann auch die alte Autoindustrie nicht ändern und die Solartechniken, die noch viel Geld kosten, werden durch Massenproduktion immer preiswerter.

Aber ist Deutschland überhaupt das richtige Land für die Produktion von Solarstrom – wären Italien oder Spanien oder Nordafrika nicht besser geeignet?

Allein mit den heutigen Dachflächen der 20 Millionen Gebäude kann auch Deutschland den meisten Strom solar erzeugen. Asbeck: »Der meiste Strom wird bei uns im Sommer zur Mittagszeit verbraucht. Da laufen die Klimaanlagen, die Maschinen, die Kantinen, die Rechner, die Bohrmaschinen. Diese Lastspitze wird genau von der Sonnenenergie abgefangen. An den heißen Sommertagen kostet die Kilowattstunde an der Leipziger Strombörse oft zwei Euro, fünfmal mehr als Solarstrom.«

Als Frank Asbeck 1999 in Düsseldorf mit seiner SolarWorld an die Börse ging, bat er mich, die Festrede zu halten. Der Titel meines Bestsellers »Die Sonne schickt uns keine Rechnung« hatte ihm gut gefallen, und zu diesem Thema sollte ich sprechen. »Mit einem Stoff, der nichts kostet, kann man viel Geld verdienen«, meinte er an diesem Abend. Seine Aktionäre und 2200 Mitarbeiter sind ihm bis heute dankbar, dass er als erster Konzernchef in Deutschland dieses schlichte »Einmaleins« der Solarenergie verstand und äußerst erfolgreich und klug umsetzte.

Frank Asbeck hat inzwischen sein Angebot, Opel aufzukaufen, zurückgezogen, aber sein Vorstoß zeigt, dass er auch politisch den richtigen Instinkt hat. Denn wenn die Bundesregierung künftig der Autoindustrie unter die Arme greift, kann sie politische Auflagen, das heißt Klimaschutz-Auflagen erlassen.

Für den 49-jährigen Frank Asbeck scheint die Sonne auch in der Finanz-
und Wirtschaftskrise. Im Januar 2009 nennt die »Wirtschaftswoche« SolarWorld »Deutschlands dynamischstes Unternehmen«. Erst vor einigen
Wochen hat Asbeck die größte Solarfabrik in den USA eröffnet. Bis 2011
will er dort 100 000, bis 2014 über 500 000 Menschen mit Solarstrom versorgen.

Frank Asbeck setzt auf Obamas Ankündigungen, die Erneuerbaren
Energien zu fördern. Schon heute ist die deutsche SolarWorld der größte
produzierende Solartechnologiekonzern auf dem nordamerikanischen
Kontinent.

Auch für den riesigen chinesischen Markt ist SolarWorld gut gerüstet.
Im Westen Chinas hat der deutsche Konzern für die solare Elektrifizierung
von über 100 Dörfern gesorgt, die bisher von der Stromversorgung ab-
geschnitten waren. 21 000 Menschen in 142 Dörfern in den dünn besie-
delten Provinzen Xinjiang, Qinghai und Yunnan erhielten jetzt erstmals
Zugang zu Elektrizität.

Ein Vertrag zwischen der Bundesrepublik Deutschland und der Volks-
republik China schuf die Voraussetzung dafür, dass SolarWorld jedes der
Dörfer mit einer Solarstromanlage ausgestattet hat. 7300 Haushalte sind
jetzt an Radio und Fernsehen angeschlossen, können elektrische Haushaltsgeräte benutzen und haben erstmals elektrisches Licht in ihren Häusern. Was auf Deutschlands Dächern möglich ist, funktioniert auch in chinesischen Dörfern. Es wird ein riesiges Geschäftsfeld der Zukunft,
netzferne Regionen in allen Entwicklungsländern mit einer effizienten de-
zentralen Solarstromtechnologie auszurüsten.

Frank Asbeck kann Journalisten auch verwirren. Mein Kollege Günter
Ederer drehte für *Report München* eine kritische Reportage über die Einspeise-Vergütung für Solarstrom im Allgemeinen und den Sonnenkönig
Asbeck im Besonderen. Der Kollege war überrascht, als der grüne Unternehmer im schwarzen 300 PS-Maserati zum Interview anbrauste und dann
auch noch in die Kamera sagte: »Irgendjemand muss doch das bisschen
Erdöl, das wir noch haben, verbrauchen.«

»Der Mann ist einfach irre«, kommentierte der perplexe Fernsehjour-
nalist das Auftreten des selbstbewussten Milliardärs.

Der heutige Global Player führt den drittgrößten Solarkonzern der Welt.
Begonnen hat er als Ein-Mann-Show. »Klick« hatte es schon 1974 bei ihm
gemacht. Er saß als Jugendlicher im Kino. James Bond jagte einen Böse-
wicht, der einen Solex, eine Solarzelle, so groß wie eine Untertasse, gestohlen hatte. Damit wollte er seine Laserkanone betreiben und Bond sollte

Franz Asbeck

den Solex zurückbringen. Denn der Chef des britischen Geheimdienstes war sich sicher, dass Öl, Gas und Kohle bald zu Ende gehen. Und Asbeck dachte: »Der Solex ist das Ding.«

Still und leise stieg er an die Spitze der Branche. Doch inzwischen ist der Mann mit der barocken Figur, meist mit einer Lederjacke gekleidet, auch schlagzeilenträchtig. Ist er ein »Sonnenkönig«? »Das war Ludwig XIV., und der war absolutistisch. Das bin ich nicht. Und außerdem: Die Sonne gehört keinem«, kontert er.

Da hat er recht. Die beinahe unendlich zur Verfügung stehende Sonnenenergie ist die Chance einer demokratischen Energieversorgung ohne die Macht der Monopole. Für Asbeck ist die Energie-Zukunft ganz einfach zu verstehen: Öl und Gas gibt es vielleicht noch 40 und Kohle noch 140 Jahre. Danach ist Schluss. Aber die Sonne scheint noch etwa fünf Milliarden Jahre, und zwar kostenlos und umweltfreundlich. Es ist tatsächlich so einfach. Aber gerade deshalb tun sich viele so schwer! »Wenn es so einfach wäre, hätten es doch die Großen schon längst verstanden«, höre ich oft als Einwand gegen die Solarenergie-Nutzung. Es ist nicht das erste Mal, dass »die Großen« etwas Wichtiges zuletzt verstehen. Frank Asbeck hält 25 Prozent der SolarWorld-Aktien. Das ist seine Sperrminorität. »Damit schütze ich das Unternehmen.«

1988 hatte er in Bonn ein Ingenieurbüro für Solartechnik aufgemacht, 1998 gründete er SolarWorld, brachte die AG kurz danach an die Börse. Ein Höhepunkt war die Übernahme von Shell Solar 2006. Die Solar-World hat ihren Sitz in der ehemaligen Landesvertretung des Saarlandes in Bonn. Asbeck arbeitet im früheren Büro von Oskar Lafontaine.

Den Einwand, dass Solarstrom immer noch relativ teuer sei, pariert er mit dem Hinweis, dass sich die Preisrelation zwischen Solarstrom und Atomstrom bald umkehren werde. »2015 ist Solarstrom billiger.«

Wäre er gerne Politiker geworden? Drei Jahre war er Vorsitzender der grünen Kreistags-Fraktion im Rhein-Sieg-Kreis. »Zu viele Kompromisse«, meint er heute. »Als Unternehmer kann ich mehr direkt bewegen.« Auch zu seinem Maserati, der 18 Liter Benzin pro 100 km schluckt, steht der Öko-unternehmer: »Der hält mir doch jeden Tag vor Augen, wie endlich das Öl ist.«

Frank Asbeck hat auch ein soziales Herz. Früher war er Legastheniker. Die Behinderung hat er durch viel Fleiß überwunden. Aus Dankbarkeit unterstützt er Legakids, ein Internetportal, auf dem Legastheniker spielerisch lesen und schreiben lernen. Dem Papst hat er die Solaranlage für seine Audienzhalle geschenkt.

17. Aloys Wobben – der »ostfriesische Bill Gates«

1984 fing er an mit einer Teilzeit-Sekretärin. Jetzt beschäftigt er mehr als 10000 Menschen. In den Medien wird Aloys Wobben schon mal der »Bill Gates von Ostfriesland« genannt. Das hört er nicht gerne. Auf jeden Fall ist er ein genialer Techniker, der es versteht, gute ökologische Geschäfte zu machen. Ohne ihn ist die Erfolgsgeschichte der deutschen Windbranche nicht denkbar. Es begann in einem 50 m² großen, ehemaligen Möbellager. Und es ging stürmisch aufwärts von der ostfriesischen Provinz an die Weltmarktspitze. Wobbens Firma Enercon ist der drittgrößte Windradbauer der Welt und der größte in Deutschland.

Zunächst baute Aloys Wobben, heute 58 Jahre alt, in seinem Schuppen Bauteile für Elektromotoren zusammen und nebenan in seinem Garten die erste Windmühle.

Vor 25 Jahren machte ein kleines Windrad à la Wobben Strom für 30 Menschen, heute für 15 000, für eine Kleinstadt also. Sein Prototyp von damals hat mit den heutigen 4,5 Megawatt-Windanlagen so wenig oder so viel zu tun wie die ersten Computer mit den heutigen Rechnern. Doch wie in der Computerbranche explodierte auch in der Windkraftbranche die Leistung.

Die Backstein-Ästhetik Ostfrieslands in Wobbens Firmenzentrale in Aurich symbolisiert nicht einen Weltkonzern, sondern die mittelständische Herkunft von Wobbens heutigem Imperium. Der pressescheue Pionier-Unternehmer, der alleiniger Inhaber seiner Firma Enercon ist, stellte inzwischen weltweit über 10 000 Windräder auf.

Der bisher wichtigste Geniestreich des ostfriesischen Tüftlers ist wohl das erste getriebelose Windrad, das er schon 1994 zur Serienreife brachte. Es hat einen geringeren Verschleiß, eine höhere Lebensdauer und weniger Wartungsbedarf, was damals den US-Geheimdienst zur Industriespionage antrieb. So etwas vergisst und verzeiht Aloys Wobben nicht. Bis heute liefert er keine Mühlen in die USA. Gewinnmaximierung findet Wobben langweilig, an einem Börsengang seiner Firma ist er völlig uninteressiert. »Geld ist genug vorhanden, das bekomme ich immer. Was uns fehlt, sind gute, qualifizierte Ingenieure.«

Dass Wobben scheu ist, heißt aber nicht, dass er in Richtung Politik keine klaren Worte richten könnte. So geißelt er das Verhalten deutscher Wirtschaftsminister, die bedenkenlos die klimazerstörende Kohle fördern, aber bei jedem Cent Einspeise-Vergütung für eine Kilowattstunde umweltfreundlichen Windstroms Bedenken äußern. »Richtiges wird kaputt gemacht. Zerstörerisches wird geschützt«, kommentiert Aloys Wobben schon mal die Energiepolitik von Wirtschaftspolitikern. Er habe nun mal »die Neigung, die Wahrheit zu sagen«, meint der Ostfriese und fordert gleich noch eine CO_2-Steuer für das Verbrennen von Kohle, Gas und Öl.

Sein ökologisches Engagement spricht Wobben niemand ab, doch Gewerkschaften bezweifeln seine soziale Sensibilität. Er hat gewerkschaftliches Engagement seiner Mitarbeiter viele Jahre verhindert, da er Gewerkschaften »für den Niedergang des Mittelstands« verantwortlich macht.

Verschandeln Windräder die Landschaft? Nicht mehr als Hochspannungsleitungen oder gar Atomkraftwerke, meint Wobben. Er könne sich sogar vorstellen, sagt er mir bei einer Podiumsdiskussion, mit weit weniger Windrädern als heute dreimal so viel Windstrom zu erzeugen: »Heute haben wir in Deutschland 20 000 überwiegend kleinere Windräder laufen. Sie erzeugen knapp 8 Prozent unseres Strombedarfs. Aber 7500 große Windräder reichen aus, um 25 Prozent unseres Strombedarfs zu decken.«

Der Fachbereich Elektrotechnik/Informatik der Universität Kassel verlieh Aloys Wobben den Ehren-Doktortitel für seine »Unbeirrtheit, den

Weitblick und seine Kreativität, die entscheidend dazu beigetragen haben, dass Windenergie heute zum Motor Erneuerbarer Energie geworden ist.«

Seit 1990 hat sich der Anteil des Windstroms in Deutschland mehr als verhundertfacht. Keine andere Energiequelle wächst weltweit seit Jahren so rasch wie die Windenergie.

Die Euphorie anderer Windunternehmer für die Offshore-Technologie kann der Ostfriese nicht teilen. Vor allem nicht die kurzen Zeiträume, in denen oft geplant wird. »Das braucht länger«, meint er. Doch eine Vision für Offshore-Technik auf hoher See hat er schon im Kopf. Mit Windmühlen im Meer ließe sich Wasserstoff gewinnen. So könne man über Wasserstoff Windenergie speichern und an Land Wasserstoff-Autos betreiben und einen Teil des Mineralöls ersetzen.

So ganz nebenbei bastelt der Ostfriese an Elektro-Autos und an der Verbesserung windkraftgetriebener Meerwasser-Entsalzungsanlagen. »Neben Energie ist Wasser das entscheidende Element für das Überleben und die Zukunft des Lebens auf unserem Planeten«, weiß er.

Aloys Wobben ist das Aushängeschild der deutschen Windkraftbranche. Die Bundeskanzlerin, die von der Naturwissenschaft in die Politik kam, schätzt den kühlen naturwissenschaftlichen Sachverstand von Aloys Wobben sehr und machte ihn zu einem ihrer energiepolitischen Berater. Dreimal vertrat Wobben die Windbranche bei den Energiegipfeln im Kanzleramt. Zweimal hat Angela Merkel die Enercon-Werke in Aurich und Magdeburg besucht und dem Wind-Mann stundenlang zugehört. Danach sagte die Kanzlerin: »Windenergie hat eine große Zukunft.«

Wir können und müssen den Dritten Weltkrieg gegen die Natur beenden, wenn wir als Spezies überleben wollen. Wer sich auf Dauer gegen die Natur stellt, hat schon verloren. Seine Mitmenschen nicht zu schädigen, ist eine Frage des Anstandes, ebenso wie die Natur nicht zu schädigen. »Es lebt sich viel entspannter, wenn man sich nicht mutwillig Feinde schafft. Das gilt gegenüber der Natur, gegenüber Kunden und gegenüber Lieferanten. Wenn wir nicht lernen, im Einklang mit der Natur zu leben, wird sie uns schlicht beseitigen. Die Kräfteverhältnisse sind klar«, schreibt der Schokoladenhersteller und Ökounternehmer Alfred Ritter.

18. Keine Energiewende ohne Verkehrswende

In Deutschland ist Verkehrspolitik Autopolitik und Verkehrsminister sind überwiegend Autominister. Die »Autofixiertheit« (Heiner Monheim) unserer gesamten Mobilität ist die Krankheit unserer Fortbewegung. Umwelt- und stadtverträglich wäre ein Mix aus Fußgänger-, Fahrrad-, Bus-, Straßenbahn-, Eisenbahn-, U-Bahn-, S-Bahn- und Autoverkehr. Aber stattdessen werden im Jahr 2009 etwa 80 Prozent aller Wege mit dem Auto zurückgelegt. Die Folgen: Jedes Jahr etwa 5000 Tote, 420000 Verletzte, immer längere Staus, viele tausend zusätzliche Tote durch Feinstaub, krebskranke Kinder, Treibhaus-Effekt und zerstörte Infrastrukturen in unseren »autogerechten« Städten.

Aber alle deutschen Autobauer entwickeln doch jetzt in der Krise umweltfreundliche Zukunftsautos, ist überall zu lesen. Das bisherige Tempo dieser Entwicklung sah aber so aus: Vor 10 Jahren sagte der Chefentwickler des Brennstoffzellen-Autos von Daimler in der ARD: »2004 können Sie dieses Zukunfts-Auto kaufen.« 2005 fragte ich einen Daimler-Vorstand, wann ich endlich ein Brennstoffzellen-Auto bei Daimler kaufen könne. Seine Antwort: »Vielleicht 2020«.

Mit der Mobilität ist es in Deutschland so, wie ich es 35 Jahre lang in der ARD erlebt habe: Es gab und gibt Autosendungen wie »Das Rasthaus«, deren Inhalte im wesentlichen Werbung für die Autoindustrie sind. Daneben gab und gibt es eine Sendung, die sich mit öffentlichen Verkehrssystemen beschäftigt. Sie hat den bescheidenen Namen »Eisenbahnromantik« – ganz so als sei die Bahn eine nostalgische Einrichtung aus dem 19. Jahrhundert, aber nicht wichtig für unsere Zukunft. Deutschland reduziert auf Rothenburg ob der Tauber!

Noch weit dramatischer als in Autoländern wie Deutschland, USA oder Japan ist die Entwicklung in den heutigen Schwellenländern. In China und Taiwan, in Indien und Korea folgte dem Fahrrad der Motorroller und diesem das Auto. Wir erleben eine in der Geschichte der Menschheit nie dagewesene Motorisierungsexplosion mit geradezu unvorstellbaren ökologischen Konsequenzen, aber auch menschlichen Tragödien. Das Auto gilt als das Symbol der Freiheit und Beweglichkeit.

Als ich 1977, gleich nach Maos Tod, zum ersten Mal in China war, sah ich auf Pekings Hauptverkehrsstraßen 16 Fahrradspuren, die von morgens bis abends stark frequentiert waren und *eine* Auto-Spur, die fast leer war.

Bei meinem letzten Peking-Besuch, 30 Jahre später, steckte ich zwei Stunden im Stau – nicht im Fahrradstau, sondern im Auto-Stau. Ich zählte

14 Autospuren, die hoffnungslos überfüllt waren und sah noch eine Fahrradspur, aber kaum ein Fahrrad.

Ähnlich ist die Situation in Shanghai und anderen chinesischen Millionenstädten. Dabei kommen heute in China auf 1000 Einwohner erst 24 Pkw. In Deutschland fahren 1000 Einwohner beinahe 600 Autos.

Bei einer Podiumsdiskussion über die Zukunftsprobleme des Riesenreichs fragte ich in Peking einen Minister, wie viele Autos es in China 2030 geben werde, wenn die Autofixierung des Verkehrs im Riesenreich so anhalte. »Es wird dann bei uns mehr Autos geben als heute auf der Welt«, war die Antwort. Weltweit fahren heute 700 Millionen Pkw, 2020 werden es schon eine Milliarde sein und 2050 wahrscheinlich zwei Milliarden.

Kurz danach hörte ich in New Delhi eine Rede des indischen Präsidenten Abdul Kalam. Er meinte, dass im Jahr 2030 in Indien mehr Autos fahren würden als in China, denn es gebe bis dahin auch mehr Inder als Chinesen!

Sollten diese Prognosen zutreffen und sollten diese vielen zusätzlichen Autos auf unserem Planeten Autos sein, wie sie die deutschen Autohersteller heute noch auf dem Weltmarkt anbieten, brauchen wir über die Zukunft nicht weiter nachzudenken, wir haben dann nämlich keine.

Eine Studie der UNO befürchtete schon vor einigen Jahren, dass die Automobilisierung der Welt in den nächsten 20 Jahren etwa 30 Millionen Verkehrstote zur Folge haben werde und über eine Milliarde Verletzte. Den Dritten Weltkrieg führen wir gegen die Natur und damit gegen uns selbst. Seit 1950 starben auf Deutschlands Straßen über 700 000 Menschen und mehr als 20 Millionen wurden verletzt, davon sitzen Hunderttausende ein Leben lang im Rollstuhl.

Die seit Jahrzehnten in Sonntagsreden von Politikern beschworene Verkehrswende gibt es, aber es ist noch immer eine Wende in die falsche Richtung. Der Tanz um unser »heilig's Blechle«, wie das Auto im Schwäbischen so vielsagend heißt, geht unvermindert weiter.

19. Höchste Eisenbahn für die Verkehrswende

Etwa 20 Prozent unserer Treibhausgase entstehen durch Mobilität. Wie aber könnte eine ökologische Verkehrswende organisiert werden? Gibt es hierfür Vorbilder?

Die Schweizer Bahn steht nicht nur für wegweisende Ingenieurtechnik, sondern auch für effizientes Bahnmanagement, von dem z. B. die Deut sche Bahn viel lernen könnte. Die Schweiz macht uns schon lange vor, wie eine moderne Verkehrspolitik aussehen kann und wie die Verkehrswende auch in Deutschland zu organisieren wäre. Demgegenüber ist die Verkehrspolitik in Deutschland in der Staugesellschaft des letzten Jahrhunderts stecken geblieben.

In der Schweiz gehört die Bahn zur nationalen Identität wie Heidi, der Schweizer Käse und die Schweizer Schokolade. Die Deutschen jedoch sind Bahnmuffel. Aber nicht nur deshalb, weil Deutschland ein Auto-Land mit vielen großen Autoherstellern ist, sondern auch deshalb, weil – im Vergleich zur Schweiz oder auch zur japanischen Bahn – die Deutsche Bahn nicht serviceorientiert und wenig kundenfreundlich ist. Sie ersetzt Personal durch Automaten, die oft nicht funktionieren und häufig kompliziert in der Anwendung sind. In den letzten 10 Jahren wurden 800 Bahnhöfe geschlossen. Auch deshalb erledigen die Deutschen nur einen von zwölf Wegen mit der Bahn. 1965 war das Verhältnis noch 1 : 4. Die Schweizer Bahn befördert unter gleichen Bedingungen achtmal mehr Gäste als die DB. Die Deutsche Bahn, welche unter Bahnchef Hartmut Mehdorn primär die Börse im Sinn hatte, versteht es zu wenig, Lust am Bahnfahren zu wecken. Sie will stattdessen auf weiteren 1500 Bahnhöfen Schalter schließen und Automaten aufstellen und zudem noch mal 6000 km Schienen abbauen. Private Konkurrenz tut der Deutschen Bahn gut. Aber mit dem Börsengang wäre sie aufs Abstellgleis gefahren wie die englische Bahn in den letzten 25 Jahren. Großinvestoren geht es nicht um verkehrspolitische Ziele, sondern um Gewinnmaximierung. Statt einer Börsenbahn brauchen wir eine attraktive Flächenbahn in öffentlichem Eigentum.

Kein Wunder, dass bei der bisherigen Bahnpolitik viele Kunden aufs Auto umsteigen. Eine kleine positive Erfahrung bei einer Bahnfahrt im Schwarzwald: Zum 100. Geburtstag der »Schwarzwaldbahn« erhielten die Bahnkunden im Zug eine kleine Aufmerksamkeit: »Ein Geschenk der Bahn« stand auf einem Bio-Joghurt, von einer freundlichen jungen Frau überreicht. Ich beobachtete die Fahrgäste dabei: Sie bedankten sich freudig überrascht – diese kleine Aufmerksamkeit hatten sie ihrer Bahn gar nicht zugetraut!

Das Straßennetz ist in Deutschland bis zur Perfektion ausgebaut, aber die Bahn legt noch immer Strecken still, anstatt neue zu bauen. In Zeiten des Klimawandels sind immer mehr Menschen heiß auf mehr öffentlichen Verkehr, aber die Bahn pennt. Auto- und Bahnfahren, Auto- und Radfahren müssten ähnlich attraktiv verknüpft werden wie in der Schweiz oder in Holland.

In den Niederlanden gibt es Zug-Taxis, die den Kunden von jedem Dorf zum nächsten Bahnhof preisgünstig fahren. Da braucht der Bahnkunde kein eigenes Auto, um zunächst einmal überhaupt zum Bahnhof zu kommen. Die Vertaktung und Vernetzung mit allen anderen Verkehrsmitteln ist die Voraussetzung für eine erfolgreiche Bahn und eine umweltfreundliche Mobilität.

Der Bus muss bis ins letzte Dorf fahren, wenn der Zug ankommt. In Baden-Baden fährt mir der Bus manchmal direkt vor der Nase weg, wenn der Zug soeben ankam. Fuß- und Fahrradwege müssen massiv ausgebaut werden. In der Schweiz wartet nicht nur der Bus oder das Schiff wie selbstverständlich auf den Zug, sondern auch die Bergbahn.

Dabei könnte die Bahn auch in Deutschland ihre einzigartigen Vorteile gegenüber der Straße nutzen:

Erstens Sicherheit: Mit öffentlichen Verkehrsmitteln zu reisen, ist etwa 100-mal sicherer als im Auto. Jeden Tag sterben auf Deutschlands Straßen 18 Menschen – mehr als 1400 werden verletzt. Es gibt keinen Grund, weiter zu töten, nur weil wir es schon lange tun.

Zweitens Umweltfreundlichkeit: Was ist eher verantwortbar – mit dem Auto zu reisen, das auf 100 km acht bis neun Liter Benzin verbraucht und entsprechend die Umwelt belastet oder mit der Bahn zu fahren, wo auf dieselbe Entfernung höchstens ein Drittel oder ein Viertel der Umweltbelastung entsteht? Mit jedem Liter Benzin verpesten wir 10 000 Liter Luft. Die Rad-Schiene-Mobilität ist generell umweltfreundlicher und energie-effizienter als die Rad-Straße-Mobilität.

Drittens: Wie ökonomisch ist Autofahren? Der ADAC schätzt, dass ein Auto-Kilometer etwa 30 bis 50 Cent kostet – je nach Größe des Pkw. Bahn fahren kostet etwa ein Drittel. Die meisten deutschen Familien geben heute fürs Auto mehr Geld aus als für Lebensmittel. Hauptsächlich Männer sind autoverrückt. Manche versuchen mit dem Auto ihre Potenzprobleme zu kompensieren. Häufig streicheln sie ihr Auto zärtlicher als ihre Partnerin. Zurzeit verbringt ein deutscher Mann im Durchschnitt jährlich mehr Stunden seines Lebens im Stau (nämlich 67 Stunden) als beim Sex (40 Stunden). Soll das modern sein? Ist das die Lebensqualität, von der wir träumen? Ich fahre, also bin ich?

Die deutsche Autopolitik der letzten 60 Jahre hat mehr städtisches Leben zerstört als die Bomben im Zweiten Weltkrieg. Der real existierende PS-Fetischismus auf unseren Straßen ist aggressiv und macht aggressiv. Zu einer wirklichen Lebensqualität gehört eine entspannte Mobilität. Doch auf Autobahnen erleben wir häufig das Gegenteil.

Auch 2008 forderte der Autoverkehr wieder etwa 1,2 Millionen Tote und viele Millionen Verletzte. Das sind mehr Opfer als in allen bewaffneten Konflikten zusammen. Tendenz stark steigend – hauptsächlich durch die zunehmende Automobilisierung in Ländern wie China, Indien, Indonesien, Brasilien, Argentinien und Südafrika.

Die Bahn ist kein Betrieb wie jeder andere. Sie steht für die großen politischen Themen Mobilität und Klimaschutz. Die Bahn ist zudem ein politisches Instrument für Wirtschafts-, Sozial-, Arbeitsmarkt- und Bildungspolitik, weil ohne Mobilität der oft kein Auto besitzenden Frauen, Ausländer, Kinder, Behinderten und Alten eine moderne demokratische Gesellschaft nicht funktionieren kann. »Nur« etwa jeder zweite Deutsche hat ein Auto.

Eine moderne Gesellschaft ist ohne zuverlässige Flächenbahn nicht sozial. Der Sozialstaat braucht mehr als Automaten an Bahnhöfen und ein paar Rennstrecken zwischen den Metropolen.

Autoverkehr heißt: Weniger Gesundheit, viele Tote und Verletzte, Lärm, Luftverschmutzung und Flächenverbrauch.

Zu Beginn des 21. Jahrhunderts werden Autos noch immer gebaut wie zu Zeiten der Dampfmaschine – technisch ist lediglich viel elektronischer Schnickschnack im Pkw dazu gekommen. Und mit der Geschwindigkeit ist es auch nicht so gut bestellt wie häufig vermutet.

In unseren Innenstädten erreicht ein heutiger Pkw durch die vielen Staus und Straßen-Baustellen eine Durchschnittsgeschwindigkeit von etwa 16 km pro Stunde – Pferdefuhrwerke im Mittelalter fuhren 17 km/h.

Wie aber kommen wir raus aus der Autofalle und Auto-Fixiertheit? Verkehrsplaner haben seit Jahren Alternativen entwickelt, die menschenfreundlicher, umweltverträglicher und preiswerter sind als das bisherige Motto »Jedem Deutschen sein Auto«. Die wichtigsten Vorschläge für eine zukunftsfähige Mobilität:

- Ausbau des Fußgängerverkehrs durch verbreiterte Bürgersteige und Umbau von Parkplätzen in Spiel- und Aufenthaltsorte.
- Ausbau von Fahrradwegen durch Umwandlung von Kfz-Spuren, Vernetzung von öffentlichem Verkehr und Fahrrad, Fahrradzentren an Bahnhöfen wie in Münster, Osnabrück, Freiburg oder Lindau, bequeme Mitnahme von Fahrrädern in allen Zügen, Bussen und Straßenbahnen sowie die Öffnung aller Einbahnstraßen für Fahrräder in beide Richtungen.
- Ausbau des öffentlichen Verkehrs durch mehr Investitionen für Bah-

nen und Busse, Umwandlung von Kfz-Spuren in Bus- und Taxi-Spuren, Taxi-Ruf in Bussen und Straßenbahnen, besseren Service bei der Bahn, mehr Züge im Nahverkehr, bessere Vernetzung zwischen Fern- und Nahverkehr, bessere Kundeninformation auf Bahnsteigen, mehr autofreie Innenstädte wie in Regensburg, vorbildlicher Ausbau des Straßenbahnnetzes wie in Karlsruhe und Umgebung.

Alle genannten Alternativen werden seit 30 Jahren diskutiert, aber fast nichts hat sich im deutschen Auto-Land seither verändert oder verbessert. Eher nehmen wir volkswirtschaftlich jedes Jahr 20 Milliarden Euro Verluste durch Autostaus in Kauf, als dass wir endlich eine Renaissance der Schiene und den Ausbau moderner und attraktiver Straßenbahnen in unseren Großstädten organisieren. Kaum ein Land der Welt verplempert so viel Geld und so viel tote Zeit im Stau wie Deutschland, obwohl es an Autoprivilegien kaum zu überbieten ist.

Nicht Mangel an Alternativen, sondern die Denkblockaden in der Verkehrspolitik sind das Problem. Wir haben Rückschritt statt Fortschritt. In der Fläche wurde das Netz der Eisenbahn radikal beschnitten – es schrumpfte in den letzten Jahren um 30 Prozent, das Netz der Regional- und Lokalbahnen sogar um 60 Prozent. 43 Prozent aller Bahnhöfe wurden geschlossen und die Haltestellen mit benutzerfeindlichen Fahrkarten-Automaten versehen. In der gleichen Zeit wurden über 240 000 km Straßen gebaut und 70 Millionen Parkplätze eingerichtet.

Das einst leistungsfähigste Verkehrsmittel der Welt wurde gnadenlos ruiniert und der Auto-Diktatur geopfert. Die Haushalte aller Industriestaaten wurden vom Mineralöl als wesentlicher Einnahmequelle abhängig, und damit war dem Autoverkehr höchste staatliche Aufmerksamkeit und Priorität sicher.

Um Missverständnissen vorzubeugen: Es geht nicht um die Abschaffung des Autos – es geht um eine vernünftige und menschenfreundlichere, um eine preiswertere und naturverträglichere Mobilität für alle. Es geht um die intelligente Nutzung von Ressourcen wie Energie und Flächen bei absehbaren Verkehrsbedürfnissen. Das Ziel einer modernen Verkehrswende ist natürlich nicht Immobilität, sondern eine intelligentere Verkehrsorganisation. Wir brauchen andere Prioritäten, damit die Verkehrspolitik effizienter wird. Es darf einfach nicht mehr sein, dass ein Stadtkämmerer behaupten kann, zwei Millionen Euro für einen Fahrradweg-Ausbau seien unerschwinglich, wenn er kurz zuvor 30 Millionen für ein neues Parkhaus ausgegeben hat.

In vielen Kommunen gibt es selbstverständlich Geld für neue Dienstautos, aber Dienstfahrräder sind noch immer ein Fremdwort. Nicht nur in der Energiepolitik, auch in der Verkehrspolitik gilt, dass Tabus der Feind jeder Innovation sind.

Innovationen brauchen Mut für neue Wege und die kreative Suche nach Alternativen. Die »Weiter-so-Strategien« der alten Autopolitik werden in ähnliche Sackgassen führen wie in der alten Energie- oder Finanzpolitik.

Die Verminderung des Autoverkehrs – nicht die Abschaffung der Autos – ist eine zentrale Voraussetzung für die Zukunftsfähigkeit einer modernen Industriegesellschaft. Professor Heiner Monheim von der Universität Trier, einer der kreativsten deutschen Verkehrsplaner, hat in einer meiner »Zeitsprung«-Sendungen als Ziel einer Verkehrswende vorgeschlagen:

Im Jahr 2030 nicht mehr 80 Prozent Autoverkehr und 20 Prozent öffentlicher Verkehr wie heute, sondern umgekehrt. Und die Autos, die wir dann noch brauchen, sind Elektro-Autos, Biosprit-Autos oder Wasserstoff-Autos. So könnte die heutige Staugesellschaft wieder mobil und zukunftsfähig werden.

Nach den Berechnungen von Heiner Monheim könnte dieses effiziente und ökologische Verkehrs-Wirtschaftswunder durch einen modernen öffentlichen Verkehr so organisiert werden:

- Jedes Jahr 600 km neue Regionalbahnen
- 2400 km bestehende Bahnstrecken ausbauen
- 20 000 neue Triebwagen und Zuggarnituren
- Das Interregio-Netz mit insgesamt 950 Interregio-Bahnhöfen verdichten
- In Mittelgebirgslagen Pendelinos einsetzen
- Interregios fahren im Viertel- oder Halbstunden-Takt
- 160 neue Intercity-Bahnhöfe
- Eine moderne Deutsche Bahn braucht im ersten Schritt 6000 neue Bahnhöfe

Mit dieser Flächenbahn könnte die Bahn ihre Fahrgastzahlen vervierfachen, wenn die Flächenbahn durch ein Flächenbus-System in Stadt und Land ergänzt wird.

Heiner Monheim: »Die Systeme ergänzen sich gegenseitig. In Kleinstädten würden 1300 neue Ortsbussysteme eingesetzt, mit 13 000 neuen Niederflurbussen und 130 000 neuen Haltestellen. Hotels, Pensionen, Museen, Theater, Kinos, Schwimmbäder etc. wären in das Netz integriert, das Zentrum feinmaschig erschlossen. Ortsbussysteme setzen komfortable Niederflurbusse mit drei großen Türen ein, bieten im Schnitt jeweils

60 Haltestellen und vier Linien je 10 000 Einwohner, bedienen mindestens im Halbstundentakt, meist Viertelstundentakt, haben klar strukturierte Linien und eine attraktive, zentrale Haltestelle.

Da sich Ortsbusse auf die lokale Versorgungsaufgabe konzentrieren, bedarf es für die anschließenden Streusiedlungslagen am Ortsrand sowie für das zersiedelte Umland ergänzender ÖPNV-Systeme. Hier sind attraktive Regionalbussysteme gefragt, die im Liniennetz eine ähnlich gute Erschließung bieten wie früher Post- und Bahnbusnetze.«

Ein solches Flächenbus-System würde eine Revolution im Verkehr ermöglichen. Eine Utopie? Nur, wenn wir in den alten Denk-Blockaden verharren. Aber eine mögliche Realität, wenn wir die Autofixierung überwinden. Für viele Menschen entfiele die Notwendigkeit, ein Auto besitzen zu müssen, weil ein Generalabonnement für alle öffentlichen Verkehrssysteme ähnlich selbstverständlich und viel preiswerter würde so wie schon lange in der Schweiz. Beinahe jeder zweite Schweizer besitzt ein Jahres-Generalabo.

Durch diese ökologische Verkehrswende entstehen neue Aufgaben und viele Arbeitsplätze in der Wirtschaft. Der Bau moderner, stadt- und umweltverträglicher Bahnen, Busse und Straßenbahnen, Regional- und Güterbahnen und der notwendigen Bahnhöfe, Haltestellen und Güterumschlaganlagen bedeutet Arbeit für Jahrzehnte. Heiner Monheim hat errechnet, dass dabei etwa eine Million neuer Arbeitsplätze benötigt würden, zugleich würden jedoch Arbeitsplätze bei den Autobauern entfallen. Doch die Autobauer von heute können morgen natürlich auch Busse und Bahnen, Straßenbahnen, U-Bahnen und S-Bahnen bauen und auch die Infrastruktur für die neuen öffentlichen Verkehrssysteme organisieren. An vielen Stellen Deutschlands funktionieren Teillösungen bereits erfolgreich wie bei der Karlsruher Straßenbahn, der Weser-Ems-Bahn, der Dürener Kreisbahn, der Geißbockbahn, dem Seehas und Seehäsle am Bodensee. Sie funktionieren, weil an diesen Orten aufgeschlossene, innovationsfreudige Stadträte, Stadtverwaltungen, Umweltverbände und Verkehrsexperten, die mehr sind als Autoexperten, Pionierarbeit geleistet haben. Japan und die Schweiz beweisen schon lange, dass öffentlicher Verkehr weit mehr leisten kann, als die meisten deutschen Kommunalpolitiker oder gar Bahnvorstände bislang vermuten.

Tokio ist die Stadt mit dem höchsten Anteil an öffentlichem Verkehr in Japan – es sind 92 Prozent. Freiburg ist in Deutschland die Stadt mit dem höchsten öffentlichen Verkehrsanteil – 34 Prozent!

Die Verkehrswende kann freilich nur gelingen, wenn in den Bereichen

Umweltrecht, Bau- und Planungsrecht, Verkehrsrecht, Verkehrsfinanzierung und Verkehrsinvestitionen zusammengearbeitet wird.

Die erste Frage gegenüber solchen Vorschlägen heißt fast immer: Wer, bitte schön, soll das alles bezahlen?

Klar ist: Alle bezahlen immer alles. Heute gibt fast jede Familie mehr Geld für ein Auto aus, als künftig ein intelligenter öffentlicher Verkehr für eine Familie kosten würde. Wir können zwar auf den Mond fliegen und den Weltraum erforschen, aber eine intelligentere Mobilität als 44 Millionen private Pkw in Deutschland soll nicht möglich sein?

Entscheidend ist nicht das Geld, entscheidend wird sein, Tabus zu durchbrechen und kreativ zu denken. Dann würde viel Geld gespart werden können. Professor Monheim hat ausgerechnet, dass ein gut organisierter öffentlicher Verkehr gegenüber dem heutigen Pkw-Verkehr etwa ein Drittel weniger kosten würde. Ein Anfang in den Köpfen der Bürger ist schon mal gemacht. Bisher galt das Auto als »der Deutschen liebstes Kind«. Inzwischen ist es das Internet. Auf die Frage, auf welches technische Gerät sie am wenigsten verzichten möchten, nennen 80 Prozent das Internet, aber nur noch 58 Prozent das Auto. Datenautobahnen sind bereits wichtiger als die klassischen Autobahnen. Ein Bewusstseinswandel.

20. Loremo: Das Traumauto der Zukunft?

Aber selbstverständlich wird es auch in Zukunft Autos geben. Das Auto ist ja eine viel zu interessante und hilfreiche Erfindung, um es wieder abzuschaffen. Aber allmählich spricht sich herum, dass wir andere Autos brauchen und diese auch bauen können. Wie viel Auto braucht der Mensch?

Im Jahr 2002 hatte ich in der ARD das Ein-Liter-Auto von Volkswagen vorgestellt. Die beiden VW-Bosse Piëch und Pischetsrieder sind damit von Wolfsburg nach Hamburg gefahren. Spritverbrauch auf 100 km: 0,89 Liter. Ich hatte damals das Ein-Liter-Auto sofort bestellt – und habe es bis heute nicht. Fünf Jahre nach seiner Jungfernfahrt sah ich das kleine Auto wieder: Im Auto-Museum in Wolfsburg anstatt auf den Straßen. Jetzt hat VW angekündigt, das Ein-Liter-Auto soll ab 2010 in die Produktion gehen. Wir dürfen gespannt sein.

Die deutschen und amerikanischen Autobauer haben ihre Produkte hergestellt, wie George W. Bush regiert hat – verantwortungslos und klimaschädlich. Doch jetzt in der selbstverschuldeten Krise wollen sie Milliarden-Gelder vom Staat, den sie zuvor ruinieren halfen. Doch lebensverlängernde Subventionen haben einen schwerfällig gewordenen Industriezweig und lernunfähige Manager noch nie gerettet.

Die alten Autobauer haben nach dem Dinosaurier-Prinzip gehandelt – die Dinos sind bekanntlich ausgestorben, weil sie in der Krise nicht anpassungsfähig waren. Hilfreich – gerade in Krisenzeiten – ist ein ganz anderes Prinzip, das der Schmetterlinge – das Prinzip der Wandlung (Ei – Larve – Raupe – Schmetterling). Die Schmetterlinge leben nach dem Evolutionsrhythmus: Werden, wachsen, wandeln. Darüber haben die Autobauer bisher nur gelächelt. Doch inzwischen ist ihnen das Lachen vergangen. Mit Barack Obama könnte in Politik und Wirtschaft die Intelligenz zurückkehren und eine Dekade der Ignoranz zu Ende gehen. Change ist angesagt!

Das wird in Deutschland freilich schwieriger als in den USA. Denn 2009 z. B. ist ein endloses Jahr von Geschichtsjubiläen: 60 Jahre Bundesrepublik, 70 Jahre Zweiter Weltkrieg, 20 Jahre Mauerfall, 2000 Jahre Schlacht im Teutoburger Wald. Wir Deutschen sind geradezu vergangenheitsbesoffen und zu wenig zukunftsoffen. Vor lauter Vergangenheits-Gedusel verdrängen wir allzu gerne die Probleme der Zukunft. Und die vielen Wahlkämpfe im Jubiläumsjahr werden auch nicht unbedingt zur Aufklärung über eine bessere Zukunft beitragen.

Das ökonomische System versagt bei seiner Aufgabe, das ökologische System zu schützen, und das politische System versagt bei seiner Aufgabe, die Fehler des ökonomischen Systems zu korrigieren. Dabei sind die ökologischen Niedergänge gigantisch: Artensterben, Waldvernichtung, Wüstenbildung, Klimawandel, Wasserknappheit, Zusammenbruch der Fischbestände, toxische Vergiftungen weltweit – auch durch Autos.

Schon vor einigen Jahren hat Volkswagen das Drei-Liter-Auto, den Lupo, angeboten, aber die Produktion schon nach drei Jahren wieder eingestellt. Begründung: Zu wenige Kunden kaufen das Auto! Das hatte freilich Ursachen: Der Lupo war zu teuer und wurde von VW nicht attraktiv beworben. Umso gespannter darf man auf die neuen Ankündigungen der gesamten Autobranche sein, wenigstens jetzt kleinere, leichtere, spritsparendere und elektrisch betriebene Autos und Hybridautos bauen zu wollen. Dass dies alles technisch geht, ist schon lange bewiesen.

Viele Jahre war der Loremo nur eine Vision. Doch jetzt fährt das Auto, das mit 1,8 Litern Benzin auf 100 km auskommt, tatsächlich. 2010 soll die Serienfertigung des Öko-Flitzers beginnen. Gerhard Heilmaier hatte,

Der erste von einem Handwerker selbst umgebaute Elektro-Porsche beschleunigt in 6 Sekunden von Null auf 100 km/h. Die Kosten für den Strom liegen bei einem Zehntel gegenüber einem Benzin-Porsche.

nachdem er 20 Jahre in der Autobranche tätig war, die Vision eines leichten und sparsamen, aber doch schnellen und schönen Autos schon Anfang der neunziger Jahre. Sein Traum-Auto fährt 160 km/h, wiegt 600 Kilogramm und hat einen CO_2-Ausstoß von 50 Gramm je km. Davon können die Bosse von BMW, Daimler und Volkswagen nur träumen. Angela Merkel und Sigmar Gabriel streiten in der EU im Auftrag der deutschen Autobauer für Grenzwerte über 120 Gramm pro km.

Doch während die alten Autobauer ankündigen, jetzt endlich sparsamere Autos in Serie auf den Markt zu bringen, ist Heilmaiers Loremo, den er schon seit Jahren auf der Internationalen Automobilausstellung zeigt, ein Einzelstück. Die Milliarden, welche die Entwicklung eines Serienautos verschlingt, hat der Visionär Heilmaier natürlich nicht.

Loremo steht für LOw REsistance MObile, also der Wagen des geringsten Widerstands. Aber dafür muss das Auto anders konstruiert sein als alle früheren Autos, nämlich flach und leicht. Zum Einsteigen wird eine Seitentür hochgeklappt. »Man steigt dann wie über den Rand einer Badewanne« (Spiegel-Online) in das Auto. Hinter dem Fahrer und dem Beifahrer finden noch einmal zwei Passagiere Platz. Der Zwei-Zylinder-Turbodiesel ist 20 PS stark und schafft den Sprint auf Tempo 100 in etwa 18 Sekunden. Daneben soll ab 2010 ein 3-Zylinder mit 50 PS in weniger

145

als 10 Sekunden auf 100 km/h beschleunigen. Und bald soll es eine Elektroversion des Loremo geben. Verbrauch: 0,5 Liter Benzinäquivalent. Der Benziner fährt mit einer Tankfüllung 1300 km.

10 000 Modelle sollen etwa ab 2012/2013 pro Jahr zum Stückpreis von 15 000 Euro produziert werden. 50 000 Interessenten, sagt Gerhard Heilmaier, hätten sich schon gemeldet – unverbindlich im Internet. Derzeit arbeiten 13 Personen an dem Projekt. Aber allein das fünfköpfige Management hat zusammen 65 Jahre Berufserfahrung in der Automobilbranche.

Zahlreiche Crash-Simulationen deuten darauf hin, dass der Loremo aufgrund seines innovativen Karosseriedesigns eines der sichersten Autos unter den vielen Kleinwagen der Zukunft werden könnte. Sein sportliches Design dürfte auch ein hohes Fahrvergnügen bieten. Millionen Umweltbewusste könnten in diesem Auto ihren Traumwagen der Zukunft finden.

Die bisherige Marktbeobachtung prognostiziert, dass allein in Europa pro Jahr 100 000 Loremos verkauft werden können, in Asien 250 000. Niemand weiß, ob sich in Zukunft das Elektroauto, das Hybrid-Auto, das Brennstoffzellen-Auto oder das Wasserstoff-Auto durchsetzen wird: In der Energie-Effizienz wie bei den Kosten wird der Loremo bei allen Varianten mithalten können.

Der Loremo wurde von einer Aktiengesellschaft gebaut, die von 45 Investoren finanziert wurde. Jeder gab mindestens 60 000 Euro. Angelina Jolie und Robbie Williams gehören zu den Unterstützern. Auf die Frage, warum sie so etwas tue, sagt die Schauspielerin Jolie: »Als Weltbürgerin habe ich Verantwortung für die Zukunft. Punkt.«

21. Neue Autos braucht das Land

Die Entwicklung des Loremo durch Idealisten hat inzwischen auch die alten Autoproduzenten elektrisiert. Der größte Autozulieferer der Welt, das Stuttgarter Traditionsunternehmen Bosch, steigt endlich in die Entwicklung von Autobatterien ein, mit deren Hilfe das Benzinauto massenhaft abgelöst werden kann. Die Bosse von Bosch wollen sich auf die Zeit nach der Krise vorbereiten. Das reine Stromauto soll mit Lithium-Ionen-Batterien fahren.

Neue Mercedes-Autos sollen künftig 200 km Reichweite mit Batterien, 400 km mit einer Brennstoffzelle fahren und Wasserstoff tanken oder mit einem kleinen Verbrennungsmotor selber Strom erzeugen und damit 600 km fahren können.

Über Preise und Einstiegszeiträume in die Technologien gibt es keine konkreten Angaben. Die Tüftler vom Loremo haben zwar auch schon mehrfach ihre Zeit-Ankündigungen in die Zukunft verschieben müssen. Aber beim Preis scheinen sie unschlagbar gegenüber den Großen zu sein.

Inzwischen sind sich alle Autobauer einig, dass die Batterie im Auto der Zukunft zur Schlüsseltechnologie wird. Das bedeutet natürlich mehr Stromverbrauch – in Deutschland etwa 20 Prozent. Dabei wird es freilich darauf ankommen, dass auch dieser Strom künftig ökologisch erzeugt wird.

Es wird auch morgen noch Benzinautos geben – aber viel mehr als einen Liter Sprit dürfen sie nicht verbrauchen, wenn sie wirklich zukunftsfähig sein sollen. Kostengünstigere und sparsamere Autos müssen – nach allen Gesetzen der Physik – kleinere und leichtere Autos sein, die weniger Energie verbrauchen. Sind diese Autos auch noch sicher und chic, ist ihr Erfolg garantiert.

»Wir müssen unsere Wirtschaftsweise um den Faktor 10 dematerialisieren«, sagt der Zukunftsforscher Professor Friedrich Schmidt-Bleek. Das gilt natürlich auch für Autos. Also: Wenn in Zukunft noch Benzinautos, dann statt zehn Liter Verbrauch pro 100 km noch einen Liter. Ob unsere Zivilisation überlebt, hängt ganz entscheidend davon ab, ob es uns rechtzeitig gelingt, auf eine kohlenstofffreie oder zumindest kohlenstoffarme Produktionsweise umzusteigen. Die Einsparung beim Ausstoß von Treibhausgasen ist der zentrale Faktor für eine ökosoziale Marktwirtschaft.

Die umstrittene Pendlerpauschale ist ökologisch kontraproduktiv. Eine Ressourcensteuer am Anfang des Produktionsprozesses wäre ein entscheidendes umweltpolitisches Instrument, um eine ökologische Effizienzrevolution in Gang zu bringen. Darauf muss sich eine Autoindustrie, die Zukunft haben will, einstellen. Auch eine deutlich verlängerte Haltbarkeit von Produkten und ihre Reparaturfreundlichkeit erhöht die Ressourcenproduktivität ganz wesentlich.

In Japan muss innerhalb von drei Jahren das energie-effizienteste Haushaltsgerät zum Standard für die übrigen Produkte werden. Wenn es in Deutschland ähnliche gesetzliche Vorgaben auch für Autos gäbe, würde das die Effizienzrevolution so beschleunigen, dass das Ziel der Kanzlerin, die Energie- und Rohstoff-Effizienz bis 2020 gegenüber 1990 zu verdoppeln, erreichbar schiene.

Die japanische Regierung hat schon 2001 beschlossen, langfristig den

Faktor 10 zu erreichen. Das heißt: künftig mit einem Zehntel der Ressourcen so viel Wohlstand zu produzieren wie heute.

Neben einer neuen Finanz-, Energie- und Verkehrspolitik braucht das Land eine neue Landwirtschaftspolitik – nur dann schaffen wir Frieden mit der Natur.

22. Es macht keinen Sinn, der Reichste auf dem Friedhof zu sein

Oft habe ich wohlhabenden Menschen gesagt: »Gebt her von eurem Reichtum, schenkt in barer Münze, macht eine sinnvolle Stiftung und ihr bekommt so viel zurück in anderer Währung, an Begegnungen, Gedanken ... Es macht doch keinen Sinn, der Reichste auf dem Friedhof zu sein.«

Das meint ein Mann, auf dessen Briefkopf als Berufsbezeichnung »Metzgermeister« steht und der einmal 5000 Mitarbeiter beschäftigte. Er hatte bis 1985 einen der größten Lebensmittelkonzerne Europas aufgebaut – Laden um Laden, Fabrik um Fabrik. Bei ihm ging es immer »um die Wurst«.

In Herten/Westfalen geboren, wo schon der Großvater das nach der Stadt benannte Unternehmen »Herta« gegründet hatte, setzte der Metzgermeister und Unternehmer Karl Ludwig Schweisfurth eineinhalb Milliarden DM pro Jahr um – dann verkaufte er alles und wurde Biobauer.

»Ich hatte erkannt«, erzählte er in meiner »Querdenker«-Sendung, »dass die bisherige Lebensmittelproduktion keinen Sinn mehr macht und wollte jetzt zeigen, wie man es besser machen kann.« Statt konventioneller Lebensmittel produziert er jetzt seit über 20 Jahren »Lebens-Mittel, also Mittel zum Leben« auf seinen Hermannsdörfer Landwerkstätten südöstlich von München, in Zusammenarbeit mit etwa 30 Biobauern der Umgebung.

Das Leitbild seiner Schweisfurth-Stiftung ist »Gutes Wirtschaften im Ernährungssektor«. Das heißt:

- Die Lebensbedingungen der Nutztiere werden verbessert.
- Das Lebensmittelhandwerk muss nachhaltig entwickelt und die Qualität der Lebensmittel verbessert werden.
- Ländliche Räume haben nur eine Zukunft, wenn agrarethische und agrarkulturelle Perspektiven gefunden werden.
- Die Ernährungsaufklärung ist eine zentrale soziale Aufgabe der Stiftung.

In unserer Zeit verspeist ein deutscher Mensch im Laufe seines Lebens durchschnittlich 22 Schweine, sieben Rinder, 20 Schafe, 600 Hühner so-

Karl Ludwig Schweisfurth

wie zusätzlich Wildtiere, See- und Meeresfische. Der Fleischhunger des Menschen scheint so unersättlich, wie seine Respektlosigkeit gegenüber dem Tier grenzenlos ist. Die meisten Tiere, die wir uns einverleiben, werden heute künstlich erzeugt, maschinell gemästet und am Fließband geschlachtet – genau so, wie es Reinhard Mey in seinem Lied »Die Würde des Schweins ist unantastbar« besungen hat. »Artgerechte« Tierhaltung ist zwar gesetzlich vorgeschrieben, doch hunderte Millionen Tiere werden auch in Deutschland geboren, gefoltert und getötet für »ökonomische Sachzwänge«. Die meisten Hühner und Schweine kennen nur diesen Lebensrhythmus: aufstehen, fressen, hinlegen, aufstehen ... sterben. Was aber ist, wenn der Mensch tatsächlich ist, was er isst? Schweisfurth ist überzeugt, dass wir die Angst der Tiere mitessen.

Eine nachhaltige Landbewirtschaftung sieht nach seiner Vorstellung so aus:

- in ökologischer Hinsicht: Reinhaltung des Wassers und der Luft, verantwortungsbewusster Umgang mit Ressourcen sowie umweltfreundliche Energie nutzen;
- in gesundheitlicher Hinsicht: biologische Qualitäts-Lebensmittel produzieren;
- in marktwirtschaftlicher Hinsicht: Wirtschaften in der Region für die Region;

- in sozialer Hinsicht: soziale Absicherung der Mitarbeiter, Integration von Benachteiligten, Erhalt und Verbesserung des ländlichen Raums als Kulturraum;
- in pädagogischer Hinsicht: Initiativen zur Umwelterziehung;
- in ethischer Hinsicht: Ehrfurcht vor dem Leben und der Natur und Sicherung der Lebensgrundlagen künftiger Generationen.

Der ernährungsbiologische Grundsatz von Karl Ludwig Schweisfurth heißt: »Das Leben ist zu schön und die Gesundheit zu kostbar, um schlechte und tote Nahrung zu essen – und schlechten Wein zu trinken«. Den vorherrschenden Ernährungsgrundsätzen »Hautsache viel, Hauptsache billig, Hauptsache schnell, Hauptsache satt« begegnet Schweisfurth mit seinem Motto: »Lieber halb so viel, aber dafür doppelt so gut«.

Die Industrialisierung der Landwirtschaft in den letzten 60 Jahren hat zum größten Bauernsterben der Geschichte geführt. Immer mehr jahrhundertealte Familienbetriebe schließen und immer mehr Agrarfabriken sprießen. Diesen Prozess will Schweisfurth stoppen und umkehren: »Wir sollten wieder Handarbeit im Handwerk lernen. Alles, was in der Lebensmittel-Produktion mit der Hand gemacht werden kann, sollte die Maschinen ersetzen.« Schweisfurth ist davon überzeugt, dass immer mehr Menschen Bio-Produkte schätzen, auch wenn sie etwas teurer sind als maschinengefertigte Ware. Qualität, Geschmack und glückliche Tiere seien unbezahlbar.

Der westfälische Metzgermeister mit Bio-Hof in Bayern erzählt, dass seine Kinder und seine Frau bei langen Wanderungen im Himalaya sein Umdenken bewirkt hätten. »Was ich in der herkömmlichen Lebensmittelproduktion Jahrzehnte gemacht hatte, war sehr produktiv, hatte aber immer weniger Sinn.« Heute sind seine Landwerkstätten, in denen er neben Biobauern auch Bäcker, Metzger, Käser und Brauer beschäftigt, zum Mekka für umweltbewusste Kunden und aufgeklärte Landwirtschaftspolitiker geworden.

Der Mann, der mit 54 Jahren auf dem Höhepunkt seiner früheren Karriere eine radikale Umkehr vollzog, wurde von Europas Fleisch-Lobbyistem Nr. 1 zum Bio-Vorbild für viele. Seine heutigen Produkte sind in seinen Bio-Supermärkten praktisch verkauft, bevor sie produziert sind, obwohl seine Qualität natürlich ihren Preis hat. Schweisfurth beweist, dass den Ökos nicht das Müsli aus den Ohren laufen muss und Qualitäts-Landwirtschaft sich auch rechnet.

In seinen Sturm- und Drangjahren, als er vom Metzger zum Großindustriellen avancierte, war sein Leben voller Ideen, Sehnsüchten und Brüchen –

er wollte immer schneller, weiter und mehr, doch nach zwei Jahrzehnten stellte er fest, dass ihn dieses Leben im Hamsterrad nicht glücklich macht.

Wer heute den sozial und ökologisch engagierten Manager trifft, ob im Fernsehstudio, beim Vortrag, auf dem Acker in Hermannsdorf oder im Büro seines schicken Schlosses, hat es mit einem rundum glücklichen Menschen zu tun. Früher hat er erfolgreich Massenprodukte hergestellt, heute sind Lebens-Mittel für ihn auch Heilmittel. Er will, dass eines Tages alle Menschen sich ökologisch ernähren können. Daran arbeitet er. Schweisfurth ist überzeugt, dass billige Lebensmittel dem Einzelnen, aber auch der Gesellschaft sehr teuer zu stehen kommen – über teure Krankheitskosten.

In seiner Autobiographie »Wenn's um die Wurst geht« schreibt der Bekehrte: »Wir haben heute überwiegend tote Nahrungsmittel vor uns auf den Tellern.«

Landwirte, so die Vision von Schweisfurth, sollten wieder Lebenswirte werden. Immerhin heißt das Landwirtschaftsministerium in Wien seit einigen Jahren Lebensministerium. Für Karl Ludwig Schweisfurth gilt heute in seinem ganzen Schaffen der Dreiklang: Gesunde Böden – gesunde Tiere – gesunde Menschen. Deshalb müssen wir – nach seiner festen Überzeugung – so wirtschaften, dass ein fünffacher Friedensvertrag möglich wird:

- Frieden mit dem Boden
- Frieden mit dem Wasser
- Frieden mit der Luft
- Frieden mit den Tieren und
- Frieden mit den Pflanzen.

23. Die ökosoziale Transformation

Das auf den Abgrund zulaufende kapitalistische System hat keine Zukunftsperspektive. Die einzige Chance besteht in einer Transformation zu einer öko-sozialen, humanen Marktwirtschaft mit dem Ziel »Wohlstand für alle«.

Kann die Transformation gelingen? Ist das Ziel erreichbar?

Auch im Kapitalismus nimmt die Öko-Effizienz zu, ist aber nicht ausreichend, solange das Kapital der entscheidende Wirtschaftsfaktor ist und Gewinnmaximierung das oberste Ziel. Der ökologische Niedergang des

Kapitalismus wird durch den Strukturfehler umweltschädlicher Milliardensubventionen dramatisch verschärft. Das politische System hat vor der Aufgabe versagt, die sozialen und ökologischen Fehler des ökonomischen Systems zu korrigieren.

Der bisherige Umwelt-Aktivismus der kapitalistischen Welt reicht bei Weitem nicht aus, die Umwelt vor Zerstörung und die Menschheit vor Armut, Hunger und Elend zu schützen: Die beinahe eine Milliarde hungernder Menschen, die Klimazerstörung, die Waldvernichtung, der Wassermangel, die Ausbreitung der Wüsten, das Artensterben, der Zusammenbruch der Fischbestände und die toxische Vergiftung – all diese sich verschärfenden Probleme konnte der Raubtier-Kapitalismus nicht lösen.

Der von Obama eingeleitete grüne Wandel könnte vielleicht die letzte Chance für die anzustrebende, gerade noch mögliche Transformation in eine ökosoziale Marktwirtschaft sein. Freilich: Die Billionen-Schulden, die der neue US-Präsident zu Beginn seiner Amtszeit macht oder machen muss, werden ihn während seiner gesamten Amtszeit belasten und bedrängen.

Die ökologische Chance habe ich in diesem Kapitel aufzuzeigen versucht. Elemente einer sozial-ökologischen Marktwirtschaft, die in der Krise hilfreich sein könnten: Die Preise sollten die ökologische Wahrheit sagen, Wachstum und Gewinne um jeden Preis müssen vermieden werden, das bisherige Bruttosozialprodukt könnte erweitert werden zu einem Ökosozialprodukt. Wir brauchen Maßstäbe zum Messen wahren Wohlstands und gesellschaftlicher Zufriedenheit. Das bisherige Konsumverhalten kann zu einem grünen, umweltverträglichen Konsumverhalten ermutigt werden. Der Maßstab hierfür: Intelligent statt verschwenderisch! Small kann nicht nur beautiful, sondern auch powerful sein. Macht und Einfluss von Großunternehmen können begrenzt werden. Hilfreich dabei wäre ein gesellschaftliches Bewusstsein, das immaterielle Werte für ebenso wichtig hält wie materielle. Wichtig ist auch die Frage: Wie kann eine starke, lokal verankerte Demokratie entstehen, die ernst macht mit einer fundamentalen Umwelt- und Sozialpolitik?

Peter Spiegel beschreibt in den folgenden Kapiteln – ebenfalls an konkreten Beispielen – die Notwendigkeiten, aber auch die Chancen einer sozialen Transformation des jetzt herrschenden kapitalistischen Systems. Warum kluge Unternehmer bei der Bewältigung der Krise mitmachen werden? Auch deshalb, weil Menschen gerne etwas Gutes tun. Und weil es mehr Freude macht, Wege aus der Krise zu finden und Teil der Lösung zu werden, als noch länger Teil des Problems zu bleiben.

Der beinahe 100-prozentige Umstieg auf Erneuerbare Energie könnte nach einer Studie des Wuppertal-Instituts in Europa bis 2050 so aussehen:

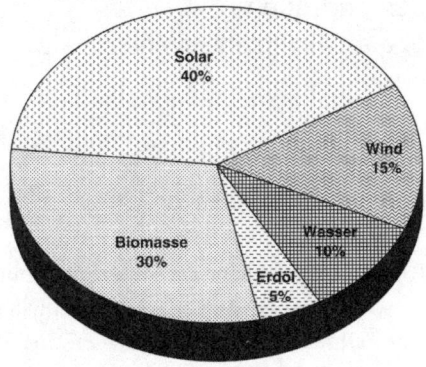

Geld bringt mehr Menschen um ihren Verstand als Liebe oder Sex. Das destruktive Geld- und Finanzsystem ist *der* Konstruktionsfehler der kapitalistischen Marktwirtschaft. Die Zukunft gehört der sozial-ökologischen Marktwirtschaft. Die Wirtschaft wird dann dem Leben dienen – *allem* Leben, den Menschen, den Tieren, den Pflanzen. Im Zeitalter der medialen Vernetzung und ökonomischen Globalisierung lernen wir allmählich, dass alles Lebendige mit allem Lebendigen zusammengehört.

Unser wunderschöner blauer Planet, ein einzigartiges lebendiges System im Kosmos, kann zu dem Paradies werden, das Gott für uns vorbereitet hat. Vielleicht finden wir Menschen den Sinn unseres Hierseins leichter, wenn wir lernen, die Schutzengel dieses Planeten zu sein. Gott hat nur unsere Hände. In diesem Sinn ist auch die jetzige Krise eine Chance, aufzuwachen.

Mehr Infos: franzalt@sonnenseite.com

Kapitel 3

Das Kapital des Vertrauens –
Basis des globalen ökosozialen Wirtschaftswunders

1. Die Weichen werden *jetzt* gestellt!

Die großen Weichen in der Geschichte der Menschheit wurden immer in Zeiten der Krise gestellt. Wir befinden uns gegenwärtig in Krisenzeiten. Also ist es auch eine Zeit für Chancen oder genauer: eine doppelte *Stellzeit* – Zeit, die entscheidenden Weichen in unserer *Gesellschaft* auf lohnende und motivierende Ziele auszurichten, und Zeit, *uns* den mit den neuen Chancen verbundenen Herausforderungen zu stellen.

Dabei lauten die entscheidenden Fragen: *Wer* stellt die Weichen neu? Tun *wir* es selbst – oder überlassen wir es erneut den Lobbyisten von Sonderinteressen? Sind wir das Volk oder nur die Folgsamen? Und zweitens: In welche Richtung führt der eingeschlagene Weg?

Wir haben die konkrete Chance, Ludwig Erhards Vision vom »Wohlstand für alle« aufzugreifen, an die heutigen ökonomischen und technischen Möglichkeiten anzupassen und *weltweit* Wirklichkeit werden zu lassen. Ein soziales Wirtschaftswunder würde uns bevorstehen, von dem sowohl die aufholenden Ökonomien als auch die alten Industrieländer mehr profitieren würden als von jedem bisherigen Boom. Wir haben die realistische Chance, in den nächsten längstens zwanzig Jahren die Armut in der Welt komplett zu überwinden. Viele internationale Vordenker sind sich inzwischen darüber einig, dass die Schaffung von Wohlstand für die drei bis vier Milliarden heute noch Armen in der Welt nicht nur die einzig realistische Chance zum Erhalt unseres Wohlstands ist, sondern zugleich die entscheidende Grundlage für Frieden, Sicherheit und Lösbarkeit nahezu aller globalen Probleme. Wir haben ferner die realistische Chance, einen weltweiten Boom der Nachhaltigkeit, ein riesiges ökologisches Wirtschaftswunder zu organisieren, das sich aus der Umstellung auf nachhaltige Energieversorgung und nachhaltige Kreislaufnutzung aller verwendeten Basismaterialien speist.

Vor uns kann ein weltweites Wirtschaftswunder liegen, das alles bisher Dagewesene weit in den Schatten stellt. Die technischen Voraussetzungen sind gegeben: Nie gab es mehr technischen Erfindungsreichtum und mehr Handlungsoptionen für die Menschheit. Wir können diese überaus wohlbringend einsetzen, wenn wir klare Entscheidungen treffen. Die ökonomischen und finanziellen Voraussetzungen sind ebenfalls gegeben. Zu keiner Zeit verfügten Menschen über so reiche ökonomische Gestaltungsoptionen und finanzielle Mittel. Nach der Mobilisierung von zig Billionen Euro für Konjunkturprogramme und Rettungspakete in nur wenigen Wochen kann dieses Faktum niemand mehr bestreiten. Wir können, wenn wir klug genug sind, die nun anstehenden Zukunftsinvestitionen auch auf Social Businesses anwenden. Die konzeptionellen Voraussetzungen für eine menschliche und nachhaltige Entwicklung sind – entgegen weit verbreiteter Meinungen – ebenfalls vorhanden und haben sich bestens bewährt.

Doch bevor wir uns weiter der konkreten Gestaltbarkeit dieses neuen globalen ökosozialen Wirtschaftswunders zuwenden, sollten wir einen kurzen Moment innehalten. Wir müssen uns bewusst machen, wie entscheidend unsere Haltungen und Handlungen der nächsten Monate für unsere eigene Zukunft und die der gesamten Menschheit sind. Dazu eine historische Parallele:

Erinnern wir uns an die Situation nach dem Zweiten Weltkrieg. Ganz Europa und insbesondere Deutschland lag danieder. Alles sprach für eine sehr lange sehr düstere Zeit in diesem Lande. Nachdem die ersten Aufräumarbeiten beendet waren, formulierte Ludwig Erhard für den westlichen Teil das Leitbild vom »Wohlstand für alle« und entwickelte als Weg dorthin die Rahmenordnung einer sozialen Marktwirtschaft. Die außerordentliche Leistung des Wiederaufbaus wurde verstetigt durch die Perspektive und die Erfahrung, dass der Aufbau wirklich allen zugute kommt. Ein Trümmerland entwickelte sich in kurzer Zeit zum Exportweltmeister und konnte zugleich viele soziale Wünsche erfüllen. Für mehrere Jahrzehnte war die gesamte Gesellschaft von dieser Vision des Wirtschaftswunders begeistert. Die ganze Welt staunte über ihre Strahlkraft und Gestaltungsmacht. Der Erfolg der deutschen Wirtschaft war nicht zuletzt einer der Gründe, weshalb sich immer mehr europäische Länder zunächst zu einer Wirtschaftsunion und später zur Europäischen Union zusammenschlossen. Die soziale Marktwirtschaft erwies sich schließlich dem Sozialismus sogar in dessen selbstzugeschriebener Schlüsselkompetenz des Sozialen als überlegen, so dass letzterer mangels Wohlstandsperspektive nicht mehr zu halten war und vor zwanzig Jahren Konkurs anmelden musste.

Doch just in diesem Augenblick erlebten wir den Beginn eines fatalen Missverständnisses und einer Fehlentwicklung, die sowohl der sozialen Marktwirtschaft wie auch der Umweltbewegung erheblich zu schaffen machten. Angelsächsische Thinktanks rissen die Deutungshoheit über den Zusammenbruch des sozialistischen Systems an sich und erklärten dieses Ereignis schlicht zum finalen Sieg des Kapitalismus. Autoren wie Francis Fukuyama verstiegen sich sogar zur Formulierung vom »Ende der Geschichte«. In diesem Rausch spielte für die gefühlte Siegernation, die einzig verbliebene Weltmacht USA, die Unterscheidung zwischen dem angelsächsischen, sogenannten »freien« Kapitalismus und dem Konzept der sozialen Marktwirtschaft, wie er in den meisten Ländern Europas dominierte, keine Rolle. Es war »ihr« Sieg und damit fraglos der Sieg des angelsächsischen, neoliberalen Kapitalismus. Und so schickte man sich an, die sich zeitgleich mit dem Untergang des Sozialismus dynamisch entwickelnde Globalisierung der Ökonomie mit aller Macht nach ihrem Verständnis von freier Marktwirtschaft zu gestalten und dementsprechende Rahmenbedingungen weltweit durchzusetzen.

Selbst die *soziale* Marktwirtschaft war dem radikalen Verständnis vom Kapitalismus zufolge nur eine etwas abgemilderte Form des Sozialismus und damit ebenso Abräummasse einer gescheiterten Gedankenverirrung. »Marktwirtschaft ohne jegliche Attribute«, also ohne Beiworte wie »sozial« oder »ökologisch«, galt diesem ultraliberalen Denken als das Nonplusultra. Dabei warnten durchaus einige vor dieser Entwicklung. Lester C. Thurow, einer der bekanntesten Ökonomen der USA von der weltberühmten Denkfabrik MIT (Massachusetts Institute of Technology), sah sogar die Demokratie gefährdet, sollte der »freie« Kapitalismus sich überall Bahn brechen: »Ohne konkurrierende Idee muss sich das kapitalistische System nicht mehr rechtfertigen oder an anderen Maßstäben messen lassen. Der Kapitalismus glaubt, dass es Aufgabe der wirtschaftlich Fähigen ist, den Unfähigen aus dem Geschäft zu drängen. Das ist politischer Kannibalismus, und der hat mit demokratischen Idealen wenig zu tun.«

In dieser historischen Situation haben die Sachwalter der sozialen Marktwirtschaft sträflich versagt. Die Folge war eine zutiefst unsoziale Phase der Marktwirtschaft, eine historisch einmalig tiefe Spaltung der Weltgesellschaft und eine historisch ebenfalls einmalige Vernichtung von ethischen Werten wie letztlich auch von Vermögenswerten: Nie zuvor hatte sich die Kluft zwischen Arm und Reich in der Welt so schnell und radikal vergrößert wie in den 1990er Jahren. Geiz und Gier wurden zu den positivsten Werten einer »freien« Marktwirtschaft erklärt, und infolge einer historisch einmaligen Privatisierungswelle konzentrierten sich gigantische Vermögenswerte in den Händen von wenigen – plötzlich besaß ein globaler Minizirkel von 350 Superreichen so viel wie die Hälfte der Weltbevölkerung. Und am Ende dieser Phase stand dann die »Sozialisierung« von Billionenverlusten.

Warum hatte es dieses einseitige neoliberale Denken zu Beginn der 1990er Jahren so leicht, sich nicht nur gegen sozialistisches Denken, sondern auch gegen das zuvor doch überaus erfolgreiche Leitbild einer sozialen Marktwirtschaft durchzusetzen? Die überlegene politische Macht der USA, ihre Interessen und Interpretationen im Sinne eines »Kapitalismus pur« durchzusetzen, ist der vielleicht entscheidende, aber keineswegs der einzige Grund. Der Sozialstaat hatte im eigenen Erfolgsrausch der 1950er bis 1980er Jahre manche Patina angelegt. Während viele soziale Errungenschaften der sozialen Marktwirtschaft in den ersten Jahrzehnten zu besserer Bildung, besseren Arbeitsbedingungen und besseren Chancen für alle beitrugen, entwickelte sich der Sozialstaat mit der Zeit immer mehr in Richtung schwerfälliger Bürokratie und Anspruchsdenken auf Seiten der von ihm Begünstigten. Was einst als Leistungsanreiz funktionierte, verwandelte sich, zumindest für einen Teil der Gesellschaft, immer mehr zu persönlichem wie auch gemeinschaftlichem Antriebsverlust. Eine über das Ziel hinausschießende Regelungswut schuf ferner einen immer dichteren Bürokratiedschungel, der sowohl bürgerschaftlicher wie auch unternehmerischer Kreativität und Initiative, ohne die keine soziale Gesellschaft und auch keine soziale Marktwirtschaft funktionieren kann, immer festere Zügel anlegte. Ein zu geringer Teil war noch bereit, unternehmerisches Risiko auf sich zu nehmen, und so schrumpfte das Arbeitsplatzangebot, was wiederum die Finanzierung der Sozialleistungen erschwerte und die Lasten für den produktiven Teil der Gesellschaft weiter erhöhte.

Der Sieg des marktwirtschaftlichen Ansatzes über den sozialistisch-planwirtschaftlichen traf die *soziale* Variante der Marktwirtschaft somit auch in einer handfesten hausgemachten Krise an. Die soziale Marktwirtschaft auf nationaler Ebene geriet ferner auch deswegen unter Druck, weil sich zwar die Wirtschaft globalisierte, aber nicht die *Rahmenordnung* einer *sozialen* Marktwirtschaft. Je weniger die sozialen Standards der wenigen *nationalen* sozialen Marktwirtschaften auf der *globalen* Ebene, also im offenen globalen Wettbewerb der Unternehmen, verbindlich waren, desto leichter fiel es den Protagonisten des »Kapitalismus pur«, soziale Errungenschaften betriebsintern sowie im Wettbewerb der Nationalökonomien als unnötige Kostenfaktoren und Wettbewerbsnachteil anzugreifen und systematisch zu schleifen.

Da die soziale Marktwirtschaft an Zugkraft verlor, verengte sich der Blick immer mehr auf neoliberale Gier- oder sozialstaatabbauende Hartz-IV-Perspektiven. Das Modell einer sozialen Marktwirtschaft hatte immer weniger Chancen auf Globalisierung. Und ökologische Elemente gerieten ebenfalls in die Defensive. Auf nationaler Ebene konnte die bis dahin bereits sehr starke Umweltbewegung den Rückbau des Erreichten zumindest dämpfen, in manchen Ländern sogar verhindern. Aber auf internationaler Ebene scheiterten selbst so überlebensnotwendige und zukunftsweisende Projekte wie das globale Klimaabkommen an der Blockadehaltung der neoliberal dominierten Länder.

Doch zwanzig Jahre nach dem Fall des Sozialismus erleben wir nun den Fall genau dieser Variante des Kapitalismus. Der ungebremste Lauf des freien Kapitalismus bescherte der Welt einen historisch einmaligen Stau an ungelösten Problemen globaler Dimension – von milliardenfachem Hunger über Terror und Atomwaffenverbreitung bis zur drohenden Klimakatastrophe. Und er bewirkte einen dramatischen Niedergang jener Nation, die bis vor kurzem als weitaus größte Macht aller Zeiten galt. Der Grund für diesen Niedergang könnte kaum demütigender sein: Es sind die inneren Widersprüche ihrer eben noch unbesiegbar und überlegen gewähnten Ideologie. Selbst einige der größten Nutznießer des Systems wenden sich mit Schaudern ab. George Soros meint seit längerem, der »Casino-Kapitalismus« müsse radikal in Richtung einer echten ökosozialen Marktwirtschaft reformiert werden. Warren Buffett, einer der reichsten Männer der Welt, nennt Derivate und die vielen anderen unlängst noch gefeierten »innovativen« Finanzinstrumente »todbringende finanzielle Massenvernichtungswaffen«.

Ist jetzt der Weg frei für eine weltweite Rahmenordnung einer ökosozialen Marktwirtschaft? Wird die soziale Marktwirtschaft, ergänzt um das Attribut ökologisch, einen zweiten Frühling erleben, nun sogar nicht nur auf nationaler, sondern auch auf jener Ebene, die so dringlich eines Ordnungsrahmens bedarf: der globalen Ebene?

Die Antwortet, die dieses Buch gibt, lautet: Ja, ABER. Die soziale Marktwirtschaft muss sich *erstens* grundlegend neu erfinden auf der Höhe der heutigen Zeit, auf der Höhe einer echten »Social-Business-Ökonomie«. Und *zweitens* muss sie von uns, der Gesellschaft, mit der notwendigen Klarheit und Entschiedenheit gewollt und betrieben werden. Dies bedeutet konkret:

- Soziale Marktwirtschaft, die nur auf das soziale Wohl im eigenen Land fokussiert bleibt, ist definitiv passé. Soziale Marktwirtschaften verhielten sich in ihren Beziehungen zu Entwicklungsländern zumeist alles andere als sozial. Die wirtschaftliche Kluft zwischen entwickelten sozialen Marktwirtschaften und den meisten ihrer Zulieferländer hat sich zwischen 1950 und 1990 um ein Vielfaches vergrößert. In Hinblick auf die globalen Wirtschaftsbeziehungen kann man nur von einer asozialen Marktwirtschaft sprechen. Im Zeitalter der Globalisierung darf soziale Marktwirtschaft somit nur als eine *globale* soziale Marktwirtschaft gedacht werden, die ihr oberstes Ziel im »Wohlstand für wirklich alle« – weltweit – sieht.

- Soziale Marktwirtschaft muss heute deutlich weiter im Sinne des englischen Wortes »social« gefasst werden, das »gesellschaftlich« meint. Es geht heute um den Vorrang gesamtgesellschaftlicher Verantwortung vor jeglichen Partikularinteressen bis zur Ebene unseres Planeten, für die *jeder* Bürger, *jede* Nation und *jede* internationale Organisation einzustehen hat. Dies schließt insbesondere unsere Verantwortung für den Erhalt aller Ökosysteme mit ein. Es geht somit um eine globale *ökosoziale* Marktwirtschaft.

- Der Begriff des Sozialen muss sich ferner von jeder Attitüde des Bevormundenden befreien, das dem noch immer weit verbreiteten Helferdenken anhaftet. Das *Ziel* jeglichen sozialen Denkens und Handelns müssen heute *mündige, aktive, lebensunternehmerische Menschen* sein, nicht Menschen, die in entmündigenden Dauerabhängigkeitskreisläufen gefangen bleiben. Eine moderne soziale Marktwirtschaft ist eine Gesellschaft, in der alle Menschen ein Höchstmaß an Verantwortung für die bestmögliche selbstständige Weiterentwicklung eines jeden übernehmen. Auf der Ebene von Unternehmen bedeutet dies, sie betrachten die bestmögliche Weiterentwicklung ihrer Mitarbeiter und Partner als ihr bestes, ja letztlich einziges Kapital.

- Und schließlich setzt eine zeitgemäße soziale Marktwirtschaft einen fundamentalen Wandel in der Zweckbestimmung von Unternehmen voraus – in Richtung von Sozialunternehmen, die in diesem Buch ausführlich beschrieben werden.

Eine solcherart im globalverantwortlichen und sozialunternehmerischen Sinne fortentwickelte ökosoziale Marktwirtschaft bedarf schließlich eines neuen Begriffs, denn sie erschafft nicht nur jene Attraktivität neu, wie sie einst die soziale Marktwirtschaft eines Ludwig Erhard hatte – sie wird durch eine wesentlich höhere lebensunternehmerische Vitalität aller Menschen geprägt sein. Eine solche Marktwirtschaft verdient den Namen »humane Marktwirtschaft«, denn in ihr wird jeder Mensch eine wesentlich aktivere Rolle spielen und humane Werte und Ziele werden zu den stärksten ökonomischen Antriebskräften avancieren. Eine *humane Marktwirtschaft* wird nicht nur Einzelregionen ein Wirtschaftswunder bescheren, sondern global wirken, so dass niemand befürchten muss, auf der Verliererseite zu stehen. Diese zeitgemäße Form der Marktwirtschaft wird ferner derart viel Phantasie, Kraft, Motivation und Kooperation freisetzen, dass auch die radikale Umstellung auf eine weltweit nachhaltige Wirtschaft gelingen kann – ohne Verluste an Wohlstand, vielmehr bei wesentlich höherwertigem und nachhaltigem Wohlstand.

Nach dem Ende des Zweiten Weltkriegs entschied sich die westliche Welt für eine lange Zeit sehr tragfähige Vision. Nach dem Zusammenbruch des Kommunismus haben wir selbiges gründlich versäumt und bahnten damit den Weg in die jetzige globale Krise. Wie werden wir auf den Zusammenbruch der einseitig kapitalistischen Marktwirtschaft antworten? Eine globale humane Marktwirtschaft in der konkreten Ausformung einer Social-Business-Ökonomie ist nach Überzeugung der beiden Autoren dieses Buches die intelligenteste und tragfähigste Vision für die nächsten Jahrzehnte. Aber die Menschen müssen sich klar und vehement für diese Vision einsetzen, sonst können wir absolut sicher sein, dass die Vordenker und Lobbyisten des eigenen Vorteils auch die nächste Phase der menschheitlichen Entwicklung für sich organisieren. Wer wissen will, wie die Weichen in der jetzigen Krise schon wieder im Interesse von sehr Wenigen gestellt werden, dem seien die fortlaufenden Kommentare von Thomas L. Friedman in der »New York Times« oder von Harald Schumann im Berliner »Tagesspiegel« empfohlen oder auch Artikel von Helmut Schmidt. Er warnte nicht nur frühzeitig vor der gegenwärtigen Weltfinanzkrise, sondern wies auch darauf hin, dass die Politik in ihrem gegenwärtigen Krisenmanagement erneut Rat bei jenen Experten sucht, die uns mit ihren Ratschlägen in die heutige Weltlage gebracht haben.

Noch einmal: Die Bestimmung unserer Vision und unserer Ideen ist *unser* Job als mündige Bürger. Nichts wäre gefährlicher und dümmer, als diese Aufgabe erneut Lobbyisten zu überlassen.

2. Globale Armutsüberwindung als die Rettung der Industrieländer

Viel ist bereits über das Wunder der Kleinkredite geschrieben worden. Die Verleihung des Friedensnobelpreises im Jahr 2006 an den Banker für die Ärmsten, Muhammad Yunus, hat dessen höchst innovativen unternehmerischen Ansatz zur Lösung der dringendsten gesellschaftlichen Probleme international bekannt gemacht. Die Kleinkreditidee ist jedoch weit mehr als ein intelligenter Weg, wie man aus Abhängigen und Bettlern selbstständige Kleinunternehmer machen und die Armut in den Armutsregionen der Welt bekämpfen kann. Die Kleinkreditidee ist das zugleich kostengünstigste Instrument, um ein *weltweites* humanes Wirtschaftswunder zu initiieren, von dem die gesamte Weltökonomie nachhaltig profitiert – gerade und besonders auch die Industrieländer. Dieser Ansatz kostet nur einen Bruchteil dessen, was die jetzigen weltweit angestoßenen Rettungs- und Investitionsprogramme verschlingen, und wird dennoch eine weit größere und nachhaltigere Wirkung erzielen.

Warum soll ausgerechnet die Überwindung der Armut der rund vier Milliarden Unterprivilegierten in der Welt den Wohlstand der reichen Länder retten? Hier nur eine kurze Zusammenfassung der Argumente, die ich in meinem Buch »Eine humane Weltwirtschaft« ausführlich darstelle:

Gerade mit der Nord-Süd- und West-Ost-Problematik verbinden sich in den alten Industrieländern spätestens seit der Diskussion um die Folgen der Globalisierung große Ängste: Bedeutet Globalisierung für den Norden bzw. Westen nicht offensichtlich die Abwanderung von ganzen Industriezweigen, den Verlust von Arbeitsplätzen und letztlich großen Wohlstandsverlust, während sich im Süden und Osten die Lage verbessert und die Lebensbedingungen wachsender Schichten der Bevölkerung humaner werden? Haben wir nicht nur dann eine Chance auf Verteidigung unseres mühsam errungenen Wohlstands, wenn wir einen harten Konkurrenzkurs gegen diese aufstrebenden Länder fahren, unsere Märkte abschotten, unsere Grenzen dicht machen, unser Know-how für uns behalten?

Unter den Rahmenbedingungen einer weltweiten Wissens- und Lerngesellschaft wäre dies der sicherste Weg, um das eigene Land in den Ruin zu treiben: Wie sollen die vorhandenen oder potenziellen Exportmärkte aufblühen, ohne dass in den aufholenden Ländern die Nachfragekapazität steigt? Wie sollen die Hochlohn-Arbeitsplätze in den alten Industrieländern gesichert werden, wenn die reichen Länder die armen weiterhin in einen Niedriglohn-Konkurrenzkampf auf den Weltmärkten zwingen?

Dadurch werden lediglich die hiesigen Ökonomien in Niedriglohngebiete verwandelt. Wie wollen wir Firmen im Norden und Westen halten, wenn die westliche Art von »Weltpolitik« dafür sorgt, dass die Löhne im Süden und Osten möglichst niedrig bleiben und damit die Lohnkluft breit? Genau so fördern wir die Abwanderungstendenzen »unserer« Firmen und Arbeitsplätze am meisten.

Das Gegenteil ist richtig: Wir im Norden und Westen können heute kein größeres Interesse haben, als dass sich die Lebensbedingungen im Süden und Osten schnell verbessern und dort die Löhne möglichst rasch steigen. Ferner: In einer offenen globalen Wissens- und Lerngesellschaft lässt sich aufgrund der längst zur Realität gewordenen neuen weltökonomischen Zauberformel von »Hightech plus Low-income« der Transfer modernen Fortschrittswissens in die ärmeren Weltregionen nicht mehr aufhalten.

Der Norden ist also nicht nur deshalb auf eine dynamische Wirtschaftsentwicklung im Süden und Osten angewiesen, damit die Löhne in den alten Industrieländern auch in Zukunft stabil bleiben. Das nächste Weltwirtschaftswunder liegt vielmehr im Wesentlichen in der Entwicklung des Südens und Ostens, und zwar aller dortigen Regionen, nicht nur der heutigen Tiger- und Aufholländer. Von allen auch weiterhin zu erwartenden technischen Innovationen und deren ökonomischen Effekten abgesehen, birgt der Nord-Süd-Ausgleich ein ökonomisches Wachstumspotenzial, von dem die gesamte Menschheit über viele Jahrzehnte hinweg profitieren kann. Mehr als 1,3 Milliarden Menschen leben von weniger als einem US-Dollar pro Tag. Um mit dem Niveau des durchschnittlichen Bruttosozialprodukts in einem Land wie Deutschland gleichzuziehen, müsste diese Menschenmasse von der Einwohnerzahl Chinas einen Wachstumsschub vom Faktor 70 bewältigen, also einen Zuwachs von 7000 Prozent. Noch einmal so viele Menschen fristen ihr Dasein mit einem Einkommen zwischen einem und zwei US-Dollar. Hier wäre immer noch ein Wachstumsfaktor von etwa 35 aufzuholen. Selbst bei einem exorbitanten Wachstum von 10 Prozent jährlich würde es für diese Hälfte der Menschheit zwei Generationen, also ein halbes Jahrhundert, dauern, bis sie auf das deutsche Niveau zu Beginn des dritten Jahrtausends aufgeschlossen hätte.

Die theoretische Wachstumsdimension eines möglichen Nord-Süd-Ausgleichs kann also niemand bestreiten. Jene Länder, die derzeit noch einen deutlichen technologischen Vorsprung haben, können vom Aufholen des Südens sehr kräftig profitieren, doch nur unter der Bedingung, dass sie eine kluge *Politik des fairen und offensiven globalen Ausgleichs* verfolgen. Ansonsten können sie von Wachstumsgiganten wie China und Indien in wenigen Jahrzehnten in einem »Weltkrieg um Wohlstand«, wie ihn Gabor Steingart apostrophiert, an die Wand gedrückt werden. Das neue Weltwirtschaftswunder *kann* also in seinem Charakter ein zutiefst humanes sein, wenn wir erkennen, dass der *eigene* Vorteil allein durch die Wahrung des größtmöglichen *gemeinsamen* Vorteils zu sichern ist.

3. Die Mobilisierung des kostbarsten Kapitals der Menschheitsgeschichte: Jeder Mensch ist Unternehmer

Von wenigen Ausnahmen abgesehen, haben wir Menschen nur eine relativ überschaubare Zahl von Talenten vom lieben Gott oder von der Natur mitbekommen. Diese Vorstellung ist tief in das Unterbewusstsein fast jedes Menschen eingepflanzt. Vor allem bei der Verteilung von unternehmerischen Qualitäten soll heftig gegeizt worden sein: Nur wenige Menschen taugen zum Unternehmer, so das weit verbreitete Menschenbild. Noch viel seltener seien die Armen mit diesem Gen gesegnet. Das Faktum ihrer Armut sei der schlagende Beweis dafür.

Peter Spiegel organisierte im Juni 2007 eine mehrtägige Deutschlandreise von Muhammad Yunus im Umfeld des G8-Gipfels, darunter einen Besuch beim Bundespräsidenten Horst Köhler sowie eine Diskussion mit Bundeskanzlerin Angela Merkel über die Ergebnisse des G8-Gipfels beim Deutschen Evangelischen Kirchentag.

163

Muhammad Yunus zertrümmerte dieses Vorurteil wie niemand vor ihm. Mehr noch: Er trat mit seiner inzwischen bereits seit 30 Jahren bestehenden Grameen Bank millionenfach den Beweis für das genaue Gegenteil an. Indem er ausgerechnet den Ärmsten, Ungebildetsten und Verachtetsten, die niemals zuvor in irgendeiner Form unternehmerisch tätig waren, kleine Darlehen für Existenzgründungen gab, traten plötzlich bei nahezu all diesen Menschen erstaunliche unternehmerische Fähigkeiten hervor.

Er gewährte nur jenen Menschen Kredite, die nachweisen konnten, dass sie absolut mittellos waren und keine Sicherheiten besaßen. Sie kamen zudem aus Bangladesch, dem seinerzeit noch ärmsten Land der Welt. Alle seine Klienten waren Analphabeten. Und fast alle sind Frauen, die im muslimisch geprägten Bangladesch traditionell den geringsten gesellschaftlichen Status innehaben.

Doch selbst in dieser sozialen Gruppe, in der man nach unseren tradierten Vorurteilen das Unternehmer-Gen wohl am wenigsten vermuten würde, lag das unternehmerische Potenzial bei knapp unter 100 Prozent: 99 Prozent der hier vergebenen Existenzgründerdarlehen wurden pünktlich zurückbezahlt. Nahezu alle unternehmerischen Vorhaben gelangen. Und dies in Bangladesch, das nur in zweierlei Hinsicht das reichste Land der Welt ist: Es ist das bevölkerungsreichste Flächenland der Welt, und es ist im Wechsel von Stürmen und Fluten das naturkatastrophenreichste. Noch mehr: In der Statistik für Korruption der politischen und wirtschaftlichen Eliten belegt Bangladesch konstant einen der vordersten Plätze. Nicht einmal diese äußeren Umstände konnten das vielleicht bedeutendste soziale Experiment unserer Zeit vom Erfolgsweg abbringen: Nach jeder neuen Flut- und Hungerkatastrophe und trotz der zuverlässigen Unzuverlässigkeit in Politik und Wirtschaft standen diese geborenen Unternehmerinnen wieder auf und setzten ihre geschäftliche Tätigkeit erfolgreich fort.

Was bedeutet dies für unser Menschenbild sowie für unser Bild von der Gestaltbarkeit unserer Gesellschaft?

Auch wenn nun nicht unbedingt alle Menschen Unternehmer werden müssen, so sind dank Yunus zumindest die Denkbarrieren vor einer solchen revolutionären Vorstellung niedergerissen. Wahrscheinlich wird es beispielsweise einem Beamten im zivilisierten Mitteleuropa aufgrund seiner persönlichen Entwicklungsgeschichte und seines ausgeprägten Sicherheitsbedürfnisses schwer fallen, sich plötzlich als Unternehmer neu zu erfinden. Aber das gilt für eine Frau in Bangladesch ohne Bildung und soziale Anerkennung ganz sicher nicht in minderem Maße. Natürlich ist es eine persönliche Herausforderung, sein Leben plötzlich unternehmerisch zu gestalten. Und natürlich kann die Gesellschaft sehr viel Förderliches dazu beitragen, dass jeder Mensch besser auf derartige Herausforderungen vorbereitet ist. Wenn aber Menschen mit den denkbar schlechtesten Voraussetzungen es schaffen, ist ein »unmöglich« nicht mehr ernsthaft haltbar. Diese Schlussfolgerung trifft prinzipiell für alle Menschen zu. Wir müssen unser Menschenbild also radikal korrigieren. Jeder Mensch kann prinzipiell ein Unternehmer werden!

Welche Bedeutung diese Erkenntnis für die Industrieländer und ihre weiteren gesellschaftlichen Perspektiven hat, werden wir später noch ausführlicher diskutieren. Bleiben wir zunächst bei Ländern und Gesellschaften mit ähnlich schwierigen Lebensumständen wie in Bangladesch.

Immer wieder hielt man Yunus vor, sein Kleinkreditkonzept funktioniere nur aufgrund seiner persönlichen Autorität. Daher forderte er seine Kritiker auf, ihm jenes Gebiet der Welt zu nennen, in dem sein System unmöglich funktionieren könne. Sie benannten den indischen Bundesstaat Uttar Pradesh, der für seine Korruption und Immunität gegen jeglichen Entwicklungsansatz berühmt war. So initiierten Mitstreiter von Yunus dort den Aufbau eines Grameen-Kreditsystems und waren erfolgreich. Dann hieß es, weite Teile Afrikas seien von unternehmerischen Tugenden so weit entfernt, dass das Projekt dort garantiert scheitern würde. Als auch diese Prophezeiung nicht eintraf, wurde als nächster Einwand vorgebracht, das Konzept könne nicht in den Slums westlicher Metropolen wirksam werden. Also eröffnete Yunus mitten in der Welthauptstadt westlicher Kultur, in New York, seine nächste Bank. Wiederum mit Erfolg. Grameen startete inzwischen in 40 Ländern eigene Projekte – ohne einen einzigen Flop.

Um der Innovationskraft seines Ansatzes die Krone universeller Anwendbarkeit aufzusetzen, wagte Yunus sich vor wenigen Jahren an die einzige Personengruppe, von der man sagen könnte, dass sie noch problematischer sei als die der mittellosen Analphabetinnen in einem besonders frauendiskriminierenden Land. Grameen setzte ein Kreditprogramm für Bettler in Bangladesch auf. Auch die Bettler entwickelten plötzlich ihre völlig verschütteten unternehmerischen Qualitäten. Mehr als ein Fünftel verließ das Programm schon nach kurzer Zeit mit sich selbst tragenden Kleinunternehmen. Der Rest ist immerhin bereits zu »Teilzeit-Bettlern« aufgestiegen: Sie haben gelernt zu unterscheiden, in welchen Haushalten sie als Straßenhändler und in welchen sie als Bettler schneller zum Erfolg kommen. Wären alle ihre »Kunden« bereit, sie in ihrer neuen Rolle als Straßenhändler anzunehmen, könnten sie vollständig auf ihr neues »Geschäftsmodell« umsteigen.

4. Die menschliche Weltmacht namens Vertrauen

Warum funktioniert das Konzept von Yunus? Was aktiviert das oft tief schlummernde Unternehmer-Gen der Menschen ausgerechnet bei dieser Gruppe so zielsicher und scheinbar so einfach?

Natürlich fällt es auch den Menschen, denen die Grameen Bank einen Kredit gewährt, alles andere als leicht, an ihre Fähigkeiten zu glauben. Niemand hatte je Vertrauen in sie gesetzt, und so taten sie es auch selbst nicht. Als Yunus beschloss, etwas gegen die Armut in seinem Land zu tun, fragte er die Armen, welche Art von Arbeit sie in ihrem Alltag verrichten. Zur Antwort kam: Körbe flechten, Fische fangen, etwas anpflanzen und ernten und vieles mehr. Yunus und seine Mitarbeiter erklärten ihnen nun, selbstständige Menschen würden genau dasselbe, nur eben in selbstständiger Arbeit tun, das heißt, die Wertschöpfung ihrer Arbeit fließt nicht mehr an andere, die ihre schwache soziale Situation ausbeuten. Mit einem kleinen Kredit könnten sie die Rohstoffe für ihre Arbeit selbst kaufen, und der Mehrwert ihrer Arbeit würde bei ihnen verbleiben.

Man muss keine Schule besucht haben, um zu erkennen, dass es in aller Regel jenen besser geht, die etwas von Wirtschaft verstehen und deswegen wirtschaftlich unerfahrene Menschen für sich arbeiten lassen können. Aber wie lernt man, auch selbst unternehmerisch sein zu können? Für Menschen, die niemals in ihrem Leben einen Kredit erhielten und nur zu genau wissen, dass ihnen und allen anderen Armen im Lande niemals eine Bank einen Kredit geben würde, ist es ein zutiefst revolutionäres Ereignis, wenn sie plötzlich einen Kredit bekommen – und dies zu fairen Bedingungen, die Lichtjahre von den Konditionen der Wucherer entfernt sind.

In den von der Grameen Bank gewährten Kleinkrediten steckt die Botschaft: Wir vertrauen dir! Wir vertrauen auf deine Kräfte, auf deinen Willen, auf dein Können, auf deine Entscheidung. »Kredit« kommt von »credere« und bedeutet wörtlich »Vertrauen«. Grameen macht also nichts Anderes, als den Begriff Kredit beim Wort zu nehmen – im Gegensatz zur normalen Bankenwelt, die diesen Begriff wohl eher als »Misstrauen« versteht. Man vertraut dort »dinglichen Sicherheiten«, der Überschreibung von Sachwerten im Schadensfall – und misstraut Menschen. Da Arme keine Sachwerte vorweisen können, vernichtet das herkömmliche Kredit-wesen all ihre unternehmerischen Potenziale. Wer vor diesem Hintergrund Armen Kredite zu normalen Konditionen gewährt, gewährt ihnen das Wichtigste und Entscheidendste überhaupt: Würde. Die von vielen als positiv angesehenen Almosen für die Armen tragen im Gegensatz dazu die Botschaft in sich: Du kannst nichts, aus dir wird nie etwas. Yunus selbst sagt es so: Wir verleihen nicht Geld, sondern Würde.

Der Glauben an sich selbst kann die Menschen grundlegend verändern. Durch ihn werden sie in die Lage versetzt, ihr Leben aktiv selbst zu gestalten. Sie sind plötzlich Unternehmer ihres eigenen Lebens!

In den armen Regionen der Welt stellen Kredite somit ein besonders machtvolles Instrument dar, um Lebensangstgetriebene aus ihren Nöten zu befreien. In der Frage, wie die Wende aus der weltweiten Armut bewerkstelligt werden kann, stellt das Vertrauen in die Lebensgestaltungskräfte der Menschen eine Schlüsselkraft dar.

Die Möglichkeit eines derart fundamentalen Wandels ist aber selbstverständlich kein Privileg der Ärmsten der Welt. Auch in der westlichen Welt kann eine Revolution im Hinblick auf das eigene und wechselseitige Lebensvertrauen stattfinden. Während der Kleinkredit in Entwicklungsländern der beste Schlüssel und wirksamste Hebel ist, um aus tief entmutigten Menschen (wieder) tatkräftige Lebensunternehmer zu machen, ist es in Industrieländern die Förderung von Schlüsselqualifikationen wie Lernkompetenz, Teamkompetenz, Konfliktlösungskompetenz oder unternehmerische Kompetenz. Im nächsten Kapitel wird berichtet, wie in Deutschland Hartz-IV-Empfänger von ihrem wiedererweckten Selbstbewusstsein an die Weltspitze ihres angestammten Fachgebietes getragen wurden – weniger durch fachliche Weiterqualifikation als durch die Weiterentwicklung allgemeiner menschlicher Kompetenzen. Sie wurden Intrapreneure – angestellte Unternehmer innerhalb eines Unternehmens –, aber auch Entrepreneure – unabhängige Unternehmer. Der Berliner Wirtschaftswissenschaftler Günter Faltin zeigt in seinem Buch »Kopf schlägt Kapital«, wie überflüssig und unsinnig der Glaube ist, dass nur wenige zu selbstständigen und erfolgreichen Unternehmern »auserwählt« seien. Aufgrund der heutigen technischen Möglichkeiten durch IT-Programme etc. bedarf es auch bei uns weniger eines BWL-Studiums, um ein erfolgreicher Unternehmer zu werden, sondern der Entwicklung unternehmerischer Haltungen. Und diese sind lernbar.

Gewisse Ansätze einer Philosophie »Jeder Mensch ist Unternehmer« und »Weltmacht Vertrauen« gab es, wenn auch in deutlich abgeschwächter

Form, in Deutschland nach dem Zweiten Weltkrieg. Ein überdurchschnittlich großer Teil der Bevölkerung entschied sich in jener ungewissen Notzeit für das Risiko der Selbstständigkeit. Viele der mittelständischen Unternehmen, von denen Deutschland bis heute am meisten profitiert, wurden in dieser Zeit gegründet. Ein kleines Beispiel:

Als mein Vater trotz seiner eindeutigen Hitlergegnerschaft erst zu Weihnachten 1949 aus russischer Kriegsgefangenschaft zurückkehrte, stand er mit ruinierter Gesundheit vor dem Nichts. Ohne jegliches Geld, hatte er nur eines: den entschiedenen Willen, trotzdem sein Leben in die Hand zu nehmen und etwas aufzubauen, von dem seine Familie leben konnte. Er wollte seinen Bäckerberuf wieder ausüben und brauchte dafür einen Existenzgründerkredit. Seine Frau und sein neunjähriger Sohn, der ihn seit seinem dritten Lebensjahr nicht mehr gesehen hatte, lebten in einem Dorf, das überwiegend evangelisch war. Sobald das Gerücht umging, dass sich Philipp Spiegel mit einer kleinen Bäckerei und einem winzigen angehängten Lebensmittelladen selbstständig machen wollte, ging in abgewandelter Nazi-Manier im Dorf der Satz um: »Kauft kein katholisches Brot!«.

Bei seiner Bank sprach mein Vater Klartext: »Das einzige Kapital, das ich Ihnen als Sicherheit anbieten kann, bin ich.« Was damals noch möglich war, doch aufgrund des »Fortschritts« in der Bankenwelt inzwischen völlig undenkbar ist, geschah: Die Bank schenkte ihm Vertrauen und gewährte den Kredit. Analog verliefen die Gespräche mit seinen Lieferanten. Keiner von ihnen musste sein Vertrauen bereuen. Sein Familienunternehmen besteht in dritter Generation fort, inzwischen mit einem regionalen Netz aus mehreren Lebensmittelmärkten.

Neben dem Geld fehlte meinem Vater auch jegliche unternehmerische familiäre Vorgeschichte. Die Generationen vor ihm arbeiteten als Steineklopfer in Steinbrüchen, also noch unter sklavereiähnlichen Bedingungen. Das Einzige, was er hatte, war Vertrauen in seinen Lebens- und Gestaltungswillen. Nach dem Zweiten Weltkrieg mussten Bankiers noch die Fähigkeit besitzen, Menschen auf gleicher Augenhöhe zu begegnen und allein auf dieser Grundlage zu entscheiden, wem und in welcher Höhe sie Kredite gaben – unabhängig von der unternehmerischen »Vorbelastung«, den dinglichen Sicherheiten, der formalen Bildung oder vielen anderen vermeintlichen »Sicherheiten«. In der gegenwärtigen Weltwirtschaftskrise stehen jene Banken, die auch heute noch nach dieser Devise arbeiten, am besten da, so beispielsweise die GLS-Bank, der seit der Wirtschaftskrise die Kunden in Scharen zulaufen.

Ein Unternehmer ist, wer erstens an sich und seine Sache glaubt und zweitens das dafür Notwendige tut. Diese schlichte Erkenntnis ist das Erfolgsrezept von Yunus – als Unternehmer für seine eigenen Vorhaben und als Banker in der Beurteilung der Kreditwürdigkeit seiner Klienten. Wenn es einem Banker – oder besser: einer ganzen Gesellschaft – gelingt, den unternehmerischen Geist zu wecken, der in jedem Menschen schlummert, steht ihm und uns allen eine Zukunft mit sehr vielen Erfolgsgeschichten bevor. Auf diese Weise würden Existenzgründer und Banker wieder lernen, Probleme als Gelegenheit zum kreativen Weiterlernen und zur konstanten Verbesserung der eigenen Leistung zu begreifen, anstatt sie durch banktechnische oder sonstige Konstrukte »ausfiltern« und vermeiden zu wollen. Die Zukunft jeder Gesellschaft entscheidet sich heute zunehmend danach, wie viele ihrer Mitglieder ihre lebensunternehmerischen Fähigkeiten entdecken und ob wir eine intelligente Kultur des Vertrauens entwickeln. »Wie können Sie so vielen Menschen vertrauen?«, wollten Jugendliche von Yunus wissen, als sie ihn für ein Buchprojekt befragten. Je ernsthafter man die Menschen kennenlernt, desto besser kann man mit ihnen umgehen und Vertrauen aufbauen, so seine schlichte Antwort, mit der er bis heute von einem Erfolg zum nächsten gelangt.

Um keine Missverständnisse aufkommen zu lassen: Vertrauen funktioniert nicht ohne sein Pendant, die Verpflichtung. Wer von der Grameen Bank einen Kredit erhält, geht die Verpflichtung ein, diesen auch zurückzuzahlen. Erst dadurch ist die zwischenmenschliche Beziehung in Balance. Der Kreditgeber vertraut nicht nur darauf, dass der Kreditnehmer in der Lage ist, mit dem Kredit verantwortungsvoll umzugehen. Er vertraut auch darauf, dass der Kreditnehmer mit Schwierigkeiten fertig wird beziehungsweise dies immer besser lernen kann. Dasselbe Vertrauen sollte auch der Kreditnehmer in sich selbst haben, so dass es ihm eine Ehrensache ist, einen erhaltenen Kredit zurückzuzahlen. Wenn ein Kreditnehmer, aufgrund welcher Umstände auch immer, Probleme mit den vereinbarten Kreditbedingungen hat, kann und muss man vertrauensvoll miteinander sprechen und die Bedingungen flexibel anpassen. Grameen erlässt keine Kredite, selbst nicht in schwierigen Lebenssituationen. Aber Grameen steht immer und zuverlässig bereit, bei Bedarf Probleme lösen zu helfen und die Rückzahlung des Kredits zeitweise auszusetzen oder zu strecken. Auf diese Weise wird Vertrauen zu einer runden Sache: zu einem permanenten Fortentwicklungsmittel für alle.

5. Das entscheidende Wirtschaftswachstum der nächsten Jahrzehnte kommt »von unten«

Für die großen Armutsregionen der Welt ist der Kleinkreditansatz als Schritt aus der hoffnungslosen Abhängigkeitsspirale in die Kleinselbstständigkeit eine wahre Wunderwaffe im Kampf gegen die Armut. Eine hinlängliche Kultur der Selbstständigkeit bildet hier das Fundament für die Entwicklung einer Mittelschicht, die von allen Experten als das Rückgrat jeglicher dauerhaft erfolgreichen Gesellschaftsentwicklung angesehen wird.

Bangladesch als Ganzes ist hierfür inzwischen ein wertvoller Beleg. Obwohl das Land seit der Einführung von Korruptionsindices immer einen der Spitzenplätze für besonders schlechte Regierungsführung innehat, verzeichnet es seit einiger Zeit besonders hohe wirtschaftliche Wachstumsraten von um die 8 Prozent pro Jahr. Es gehört damit beim Wirtschaftswachstum zur internationalen Spitzengruppe. In Bangladesch haben inzwischen dank Grameen und zwei weiteren Kleinkreditsystemen namens ASA und Brac mehr als 80 Prozent der Ärmsten Zugang zu Krediten. Das zweitbeste Land in dieser Hinsicht kommt auf kaum 8 Prozent. Bangladesch ist somit das einzige Land der Welt, in dem ein stabiles Wirtschaftswachstum ganz auf einem echten »Wachstum aus der Armut« basiert. In anderen Entwicklungsländern mit hohen Wachstumsraten sind diese auf eine vergleichsweise gute Regierungsführung zurückzuführen, die aber immer noch fast ausschließlich die Reichen fördert, in der Hoffnung, dass deren Reichtum irgendwann zu den Armen hinunterträufeln wird. Meist funktioniert dieser Ansatz jedoch nicht, und die soziale Kluft vertieft sich weiter.

Wenn man die Innovation von Yunus konsequent in ein flächendeckendes Kleinkredit-Förderprogramm umsetzen würde, könnte schon nach kurzer Zeit die »Entwicklung von oben« durch die »Entwicklung von unten« ergänzt werden. Dadurch wären in den Entwicklungsländern ein konstantes *zusätzliches* Wirtschaftswachstum und ein *stabiles Fundament* von Selbstständigen und einer wachsenden Mittelschicht gewährleistet.

Eine solche Doppelstrategie würde mehr als die reine Addition des »Wachstums von unten« mit dem »Wachstum von oben« bedeuten. Beides würde sich bei kluger politischer Steuerung wechselseitig verstärken. Die entstehende Mittelschicht könnte dabei eine analoge Funktion einnehmen wie in den erfolgreichsten Ökonomien der Welt: als Kreativpool der stärksten Innovationen, als Brücke zwischen den gesellschaftlichen Polen und als Antriebskraft bürgerschaftlichen Selbstbewusstseins.

6. Von der Bettler- zur selbstbewussten Bürgergesellschaft

Demokratie führt man nicht von außen und nicht von oben ein, so wie es von mancher Seite in den letzten Jahren als Konzept einer weltweiten Demokratieförderung versucht wurde. Demokratie braucht ein festes Fundament aus selbstbewusster Bürgerlichkeit. Kleinkreditsysteme fördern deren Entstehung so sicher, so intensiv und so breitflächig wie kein anderes Instrument. Warum?

Die Grameen Bank vergibt keine Einzelkredite. Vielmehr müssen sich fünf Kreditnehmer zusammenschließen, die füreinander bürgen. Da niemand mit materiellen Sicherheiten bürgen kann, achten die Teilnehmer wechselseitig darauf, dass jedes der fünf Geschäftsmodelle gut durchdacht ist und jeder diszipliniert agiert. Ferner überlegt man gemeinsam, wie man sich untereinander unterstützen und mit welchen Initiativen die Entwicklung der Infrastruktur im Dorf befördert werden kann. In der gesamten Gemeinschaft entsteht somit ein stabiles Bewusstsein für gesellschaftliche Entwicklung auch über den Kreditnehmerkreis hinaus. So ist es nicht verwunderlich, dass in vielen Regionen, in denen Grameen tätig ist, mehr als die Hälfte der Sitze in den regionalen Parlamenten Grameen-Frauen einnehmen.

Aber auch bei jenen Kleinkreditprogrammen, die nicht mit Kreditgruppen arbeiten, sondern Einzelkredite vergeben, entsteht, wenn auch nicht so schnell wie beim Grameen-Ansatz, durch die wachsende Zahl von Kleinselbstständigen ein bürgerschaftliches Bewusstsein und ein mittelständisches Rückgrat für eine gesunde Entwicklung dieser Regionen und Länder. *Jede* entwicklungsfördernde Maßnahme, von zwischenstaatlicher Entwicklungshilfe für z. B. Infrastrukturmaßnahmen bis zu lokalen Entwicklungsprojekten von Hilfsorganisationen, kann auf einer Basis selbstbewusster Bürgerlichkeit wesentlich besser gedeihen. Weil jedes Kleinkreditsystem das bürgerliche Selbstbewusstsein der Kreditnehmer fördert, verbessert es auch die Voraussetzungen für andere entwicklungspolitische Maßnahmen.

7. Selbsttragende »Wirtschaft aus der Armut« statt Helfersyndrom oder neue Ausbeutung

Wie kann man die möglichst flächendeckende Entstehung von Kleinkreditsystemen in den Regionen der Welt, wo die Masse der Menschen noch keinen Zugang zu Krediten hat, offensiv fördern? Durch den Aufbau von

Kleinkreditsystemen, die sich nach einer überschaubaren Aufbauzeit selbst tragen, also unabhängig von weiteren Zuschüssen von außen sind, aber auch unabhängig von Geldgebern, welche die Kleinkreditidee nur wieder zu einer neuen Form der Ausbeutung umfunktionieren möchten, indem sie erneut viel zu hohe Zinssätze einführen.

Durch den Erfolg der Grameen Bank entstanden in den vergangenen zwanzig Jahren weltweit mehrere Tausend Kleinkreditprojekte. Die Träger dieses sehr vielfältigen Spektrums reichen von kirchlichen bis zu privaten Entwicklungsorganisationen, von staatlichen Einrichtungen bis zu Kleinkreditprogrammen, die von traditionellen Banken etabliert wurden. Manche dieser Kleinkreditprogramme arbeiten ähnlich erfolgreich wie die Grameen Bank und mit analogen Konzepten. Andere weichen in sehr grundlegenden Aspekten vom Grameen-Konzept ab, wie noch dargestellt werden wird. Generell kann man sagen: Der ideelle Hintergrund der jeweiligen Träger – kirchliche Hilfswerke, staatliche Entwicklungsorganisationen, privatwirtschaftliche Entwicklungsbanken – färbt bisher stark auf deren Konzeptabwandlungen ab.

Viele Hilfswerke tun sich beispielsweise mit dem Gedanken von systemtragenden Zinssätzen schwer. Grameen verlangt von seinen Kunden Zinssätze um die 20 Prozent. Das von Grameen entwickelte Kreditvergabesystem kann damit *selbsttragend* arbeiten – nicht mehr, aber auch nicht weniger ist das Ziel dieser Zinssatzfestsetzung. Vielen Hilfswerken erscheinen 20 Prozent Zinsen für die Ärmsten als zu hoch. Sie verlangen daher niedrigere Zinssätze und subventionieren die Differenz zu einem selbsttragenden System durch Spenden ihrer Förderer oder durch Zuschüsse von internationalen Entwicklungsfonds.

Yunus lehnt diesen Ansatz aus drei Gründen ab: Erstens bietet nur ein selbsttragendes Kleinkreditsystem die Voraussetzung dafür, dass dieses auch tatsächlich allein den Armen selbst gehört und wirklich unabhängig von anderen Einflussnehmern ist. Bei der Grameen Bank sind die Kreditnehmer auch die Eigner der Bank. Grameen arbeitet genossenschaftlich, jeder Kreditnehmer wird immer zugleich Mitglied der Genossenschaft. Im Jahr 2006 zahlte die Grameen Bank erstmals eine Dividende aus, im Jahr 2007 sogar eine Dividende von 20 Prozent. In jedem Fall kommt auf diese Weise der *volle* Nutzen bei den Grameen-Kreditnehmern an, sei es durch die gewährten Kredite, sei es durch die permanente Ausweitung der Dienstleistungen der Grameen Bank, sei es durch Dividenden.

Ein zweiter Grund, weshalb Yunus nicht selbsttragende Kreditsysteme ablehnt: Der Einstieg in subventionierte Zinssätze löst einen Subventionswettkampf der verschiedenen Kleinkreditvergabeeinrichtungen aus, der schon manches Kleinkreditsystem in den Ruin trieb.

Und drittens habe Grameen hinlänglich bewiesen, dass ein selbsttragender Zinssatz von 20 Prozent keineswegs ein Problem für die Kleinkreditnehmer darstelle. Diese Zinsen sind wesentlich weniger als das, was sie zuvor an Wertschöpfung ihrer Arbeit bei jenen belassen mussten, die ihre schwache Position schamlos ausnutzten – und erst recht niedriger als die Zinssätze der Kredithaie in der informellen Wirtschaft, die bei umgerechnet über 10 000 Prozent Jahreszinsen liegen. Bei Grameen werden Kleinkreditnehmerinnen zu Eignern ihrer tatsächlichen Wertschöpfung, und diese ist erheblich höher als der Zinssatz für ihre Kleinkredite.

Nachdem Grameen den Beweis angetreten hatte, dass Kleinkreditsysteme wirtschaftlich tragfähig sind, begannen traditionelle Bankhäuser und andere Unternehmer, Kleinkredite als neues Geschäftsfeld zu betrachten. Manche blieben dabei bei Zinssätzen, die kaum höher als jene bei Grameen waren, aber sie beschränkten sich auf »leichtere« Zielgruppen, z. B. Menschen, die bereits nicht mehr ganz so arm sind, oder auf Existenzgründer, die besonders aussichtsreiche Geschäftsmodelle vorlegen konnten. Die Equity-Bank in Kenia baute damit bereits einen Kundenstamm von mehr als einer Million Menschen auf. Andere verlangen, wie die Mexikaner Carlos Danel und Carlos Labarthe von der Kleinkreditbank Compartamos, bis zu 90 Prozent Zinsen, um den Investoren eine Rendite von 25 Prozent auszahlen zu können.

Yunus fordert angesichts dieser Entwicklungen zweierlei. Erstens: In jedem Falle sollte für alle Förderer sowie die Öffentlichkeit transparent gemacht werden, in welchem sozialen Spektrum das jeweilige Kleinkreditinstitut tätig ist. Grameen fokussiert sich auf die Allerärmsten, weil Yunus dort den größten Bedarf und die größte soziale Hebelwirkung für die Überwindung von Armut sieht. Aber deshalb ist die Kreditvergabe an nicht ganz so arme Menschen keineswegs falsch. Zweitens: Um maßlos überhöhte Zinssätze zu verhindern, bedarf es dringend klarer Festlegungen, was als ein gutes Kleinkreditsystem bezeichnet werden kann und was nicht. Yunus ist es wichtig, dass Qualitätssiegel eingeführt werden bezüglich des »sozialen Nutzens«.

Standards und Transparenz sind sicher auch in der Welt der Kleinkredite das beste Rezept, um Fehlentwicklungen vorzubeugen oder entgegenzuwirken. Die Kleinkreditidee hat die besten Chancen, wenn sich der Prozess sowohl auf Seiten der Hilfswerke als auch auf Seiten der kommerziellen Akteure weiter entideologisiert. Social Business ist weder ein Konzept traditioneller Sozialarbeit noch ein Konzept traditionellen Wirtschaftens. Die beste und erfolgreichste Umsetzung des Social-Business-Konzepts liefert nach meiner Beobachtung die Grameen Bank. Sie sollte daher noch für einige Zeit die pragmatische Leuchtturmfunktion behalten, an der sich alle anderen Ansätze messen lassen müssen. Dies ist keineswegs als Herabsetzung anderer Ansätze gemeint, sondern lediglich als pragmatische Zwischenstandsmeldung. Grundsätzlich kann es nur richtig sein, wenn es ein vielfältiges Lernen gibt.

Eine Reihe von Hilfswerken, die schon vor längerer Zeit mit Kleinkreditprogrammen begonnen hatten, hat zwischenzeitlich den Wert von selbsttragenden Zinssätzen schätzen gelernt. Sie haben nicht nur festgestellt, dass sie mit den ihnen zur Verfügung stehenden finanziellen Mitteln wesentlich besser und wesentlich mehr neue Kleinkreditsysteme initiieren können, sondern auch, dass eine klare Disziplin bei der Rückzahlung selbsttragender Zinssätze eine insgesamt gesündere soziale Entwicklung in den betroffenen Regionen erzeugt. Die Kleinkreditnehmer werden erst dadurch zu vollwertigen Teilnehmern am Wirtschaftsleben und verlassen den Status von Abhängigen und Hilfsbedürftigen, der ihrem Selbstwertgefühl und ihren Selbsthilfekräften nur schadet. Die Stimmen, die aus ideologischen Gründen selbsttragende Zinssätze bei der Vergabe von Kleinkrediten ablehnen, werden durch diese Lernprozesse immer weniger.

Im Bereich der Wirtschaft ist die Entwicklung derzeit noch gegenläufig. Hier wendet sich eine wachsende Zahl von neuen Akteuren auf dem Kleinkreditsektor von den Empfehlungen und Erfahrungen der Grameen Bank ab. Neue Kleinkreditorganisationen, die aus dem traditionellen Finanzsektor heraus gegründet werden, weichen immer deutlicher von dem Grundsatz ab, dass die Investoren bei Social Businesses mit den Ärmsten Zurückhaltung üben und nicht mehr oder nur wenig mehr als die Rückzahlung ihrer Einlagen erwarten sollten. Die Ideologie des Vorrangs hoher Renditen für die Anleger schlägt hier gegenwärtig eher mehr statt weniger durch.

Umso wichtiger ist es, sich die gesamtgesellschaftliche Bedeutung eines Paradigmenwechsels in der Wirtschaft in Richtung auf Social Business bewusst zu machen und diese Wirtschaftsphilosophie und -ethik als neues Leitbild in unserer Gesellschaft zu etablieren.

Vor diesem Hintergrund kann die Frage, wie die innovative Kraft von Kleinkrediten am besten gefördert werden kann, vorläufig so beantwortet werden: Es soll so schnell wie möglich ein Katalog von Standards entwickelt werden, nach denen Geldgeber und Öffentlichkeit bewerten können, welchen »Social Profit«, also welchen gesellschaftlichen Nutzen, die jeweiligen Kleinkreditsysteme und -organisationen bewirken. Eine Reihe von internationalen Einrichtungen, darunter auch die Bertelsmann Stiftung, arbeitet bereits an einer neuen Art von Rating für soziale Einrichtungen wie auch für Sozialunternehmen. Ein anderer Weg wäre dieser: Jene Nichtregierungsorganisationen, die heute unter anderem auch Mikrofinanzdienstleistungen anbieten, lagern diese Arbeit in eigenständige Sozialunternehmen aus und konzentrieren ihre Arbeit auf die Finanzierung von Ratings und Siegeln für Mikrofinanzeinrichtungen.

8. Ein Global Marshall Plan für ein flächendeckendes globales Netz von Kleinkreditsystemen

Welcher Betrag ist erforderlich, um eine flächendeckende Ausbreitung von Kleinkreditsystemen innerhalb der nächsten drei bis fünf Jahre erreichen zu können? Die Schätzungen liegen hier weit auseinander, weil nicht wenige traditionelle Entwicklungsexperten und -lobbyisten davon ausgehen, dass man dafür ein Heer von westlichen Entwicklungsexperten braucht und finanzieren muss. Bei manchen staatlich geförderten Kleinkreditprogrammen fließt mehr als die Hälfte des aufgebrachten Geldes an westliche Berater.

Auch hier bietet Yunus eine wesentlich kostengünstigere und zugleich effektivere Alternative an: Über seinen Grameen Trust schickt er erfahrene Mitarbeiter seiner Grameen Bank in Regionen überall auf der Welt, in denen neue Kleinkreditsysteme nach dem Vorbild der Grameen Bank aufgebaut werden. Die Erfahrungen zeigen: Mit zwei bis drei Millionen Euro lassen sich alle Vorlaufkosten für den Aufbau eines neuen Kleinkreditsystems finanzieren. In der Regel können die neuen Systeme nach drei Jahren selbsttragend arbeiten. Mehr als fünf Jahre waren bei keinem der von Grameen betreuten Projekte erforderlich. Auch eine ganz andere Einrichtung, die KfW-Bankengruppe, die im Auftrag der Bundesregierung unter anderem den Aufbau von Kleinkreditprojekten in zahlreichen Ländern fördert, kam zum selben Ergebnis: Drei Jahre Anlaufzeit und drei Millionen Euro Anlaufkosten reichen für die selbsttragende Etablierung eines neuen Kleinkreditsystems.

Geht man von diesen Relationen aus und legt einen weltweiten Dreijahresplan zur intensiven Förderung von neuen Kleinkreditsystemen auf, der mit jährlich 10 Milliarden Euro ausgestattet ist, dann können in diesen drei Jahren mehr als 10 000 neue Regionen mit Kleinkreditsystemen versorgt werden. Damit würde ein weltweit flächendeckendes System von selbsttragenden Kleinkreditinstitutionen geschaffen!

Die Gelder eines solchen Global Marshall Plans für Kleinkredite sollen ausschließlich für die *Aufbauphase* solcher Systeme eingesetzt werden. Die Grameen Bank zeigt seit mehr als zehn Jahren, dass alle weiteren Gelder für den fortlaufenden Betrieb aus den bis dahin vergebenen, also nun zurückfließenden Krediten und den mittlerweile gebildeten Spareinlagen der Kreditnehmer finanziert werden können. Lediglich für den weiteren Ausbau des Systems, also für die Versorgung von Neukunden mit Kleinkrediten, sind weitere Gelder erforderlich. Diese können über das bis dahin ebenfalls aufgebaute Sparverhalten der Kleinkreditnehmer finanziert werden. Darüber eventuell hinausgehende Bedarfe können über vorhandene Mikrofinanzfonds sowie über den normalen Finanzmarkt besorgt werden.

Eine gigantische weltweite Entwicklung käme auf diese Weise in Gang, durch die die weltweite Armut überwunden werden könnte. Die Grameen Bank mit ihren 8 Millionen Kunden in Bangladesch hat bis heute ganz aus eigener Kraft knapp die Hälfte ihrer Klienten aus dem Bereich absoluter Armut nach der UN-Definition (weniger als 1 Dollar pro Tag) geführt. Spätestens bis 2015 will sie 100 Prozent ihrer Kunden oberhalb der Armutsgrenze angelangt sehen, und – noch sensationeller – sie will das große Millenniumsziel der Vereinten Nationen, die Halbierung der Zahl der Armen, für das 150-Millionen-Volk von Bangladesch *im Alleingang* erreichen. Ihre Zwischenstände liegen seither in jeder Entwicklungsphase immer klar oberhalb der dazu erforderlichen Etappenziele.

10 Milliarden Euro pro Jahr für einen derartigen Global Marshall Plan für Kleinkreditsysteme – das sind weniger als 10 Prozent der jährlichen weltweiten Entwicklungshilfeausgaben. Oder, um eine andere Bezugsgröße zu wählen, 30 Milliarden Euro Gesamtsumme sind weniger als der Schaden von 50 Milliarden Dollar, den ein einzelner Mensch, der Investmentbanker und frühere Chef der US-Börse Nasdaq, Bernard Madoff, anrichtete, indem er die Löcher in den von der Politik bewusst lax gestalteten Kontrollmechanismen der Finanzwirtschaft geschickt ausnutzte. Wenn man 50 US-Dollar als Einstiegskredit ansetzt – bei Grameen waren es sogar weniger als 30 Dollar –, könnte man mit 50 Milliarden Dollar einer Milliarde Menschen lebensverändernde Kleinkredite gewähren. Da erfahrungsgemäß im Durchschnitt fünf Menschen von der Vergabe eines Kleinkredits profitieren, entspricht das Gewicht eines einzigen Speku-

lanten dem Gewicht der Versorgung aller Armen der Welt mit Kleinkrediten! Die für eine solche historische Heldentat notwendige Summe
wurde an anderer Stelle einfach verzockt. Für die Rettung einzelner Bankhäuser wie beispielsweise der Hypo Real Estate in Deutschland oder die
Garantieabsicherung eines Drei-Monate-Verlustes eines einzigen Versicherungskonzerns wie der AIG in den USA setzen wir heute mehr Geld
ein als für die Rettung der Menschheit aus der milliardenfachen Armut.
Welch beschämende Relation!

Angesichts der jetzigen Weltfinanz- und Wirtschaftskrise kann keiner
mehr behaupten, so viel Geld, wie für die Überwindung der Armut von
drei Milliarden Menschen nötig ist, sei nicht vorhanden. Erst recht nach
den inzwischen weltweit bekannten Erfolgen des Kleinkreditansatzes
sollte es ein politisches Ziel sein, den hier vorgeschlagenen Global Marshall Plan für Kleinkredite kurzfristig durchzusetzen. Sollte dies nicht ein
Punkt auf der Agenda des nächsten G8-Gipfels sein oder bei den Treffen
der G20-Staatschefs, die über Lehren und Auswege aus der Weltwirtschaftskrise nachdenken? Vordenker wie der Präsident des Club of Rome,
Ashok Khosla, und der Präsident des Club of Budapest, Ervin Laszlo, Heiner Geißler, Rupert Neudeck und Ernst Ulrich von Weizsäcker schrieben
jedenfalls am 5. März 2009 auf Initiative der beiden Autoren dieses Buches an die Staatschefs und Finanzminister der G20-Länder. In einem offenen Brief schlugen sie für das G20-Treffen am 2. April 2009 in London
folgendes vor:

»Erstens: Die G20-Staaten sollten einen gemeinsamen Fonds auflegen,
in den innerhalb der nächsten drei Jahre jeweils 10 Milliarden US-Dollar
fließen. Diese Gelder sollten ausschließlich dafür eingesetzt werden, um
flächendeckend in allen Armutsregionen der Welt, in denen noch nicht
genügend Kleinkreditorganisationen vorhanden sind, solche aufzubauen …

Zweitens: Derzeit entstehen weltweit immer mehr Unternehmen und
Joint Ventures, deren Mission ausschließlich in der Lösung der dringlichsten gesellschaftlichen Probleme wie der Versorgung mit nachhaltiger
Energie, dem Zugang zu sauberem Wasser etc. liegt. Muhammad Yunus
nennt dies *Social Business* und stellte beim World Economic Forum 2009
in Davos die Forderung, dass mindestens 10 Prozent aller Sondermaßnahmen im Rahmen der gegenwärtigen Weltwirtschaftskrise an Investitionen in solche Social Businesses gebunden sein sollten. Dieser Empfehlung schließen wir uns nachdrücklich an. Immer mehr Social Businesses
entwickeln sich gerade auch im ökologischen Sektor wie beispielsweise

Grameen Shakti. Dieses hat bisher 160 000 Solaranlagen in Armutshaushalten in Bangladesch installiert, bis 2012 sollen es bereits 7 Millionen sein. Social Business ist somit auch für die dringend notwendige ökologische Wende ein höchst attraktiver Ansatz.«

Von der Klugheit der handelnden Politiker und dem Druck der globalen Zivilgesellschaft hängt es nun ab, ob und wann diese Vorschläge realisiert werden. Als Zwischenerfolg kann angesehen werden, dass die G20-Staatschefs am 2. April 2009 in London beschlossen, den Schwellen- und Entwicklungsländern mehr als eine Billion US-Dollar zur Bewältigung der Krise zur Verfügung zu stellen. Im nächsten Schritt muss nun noch die Bindung eines angemessenen Anteils davon an die Investition in Social Businesses erreicht werden.

9. Selbsttragende Kleinkreditsysteme sparen erhebliche Kosten bei traditioneller Entwicklungshilfe

Obwohl bei diesen Vorschlägen nicht einmal zusätzliches Geld investiert, sondern die vorhandenen Entwicklungshilfeetats, die beschlossenen zusätzlichen IWF- und Weltbankgelder sowie Konjunkturprogramme lediglich umgeschichtet werden müssten, würden sich ein solcher Global Marshall Plan für Kleinkredite sowie eine 10-Prozent-Bindung an die Förderung von Social Businesses selbst unter investiven Gesichtspunkten in kürzester Zeit »rechnen«. Als neu generiertes, zusätzliches »Wirtschaftswachstum von unten« würde es ein Vielfaches der eingesetzten Summe zurückbringen. Die Effekte wären weitaus größer als beim historischen Marshallplan nach dem Zweiten Weltkrieg.

Und mehr als dies: Ein solches Vorgehen würde gleichzeitig viele der brennenden sozialen Probleme lösen, so dass der Großteil der Ausgaben in diesem Bereich wegfallen würde. Die Kosten, die durch Hungerkatastrophen, durch die Abwehr von Migrationsströmen, durch Umweltschäden infolge auswegloser Armut und durch terroristische Bedrohungen entstehen, sind in jedem einzelnen Jahr höher als die Gesamtkosten für den hier vorgeschlagenen Global Marshall Plan für Kleinkredite.

Anhand einiger zentraler Entwicklungsthemen sei kurz erläutert, wie weitreichend und mehrdimensional die sozialen Effekte sind, die allein schon von gut funktionierenden Kleinkreditsystemen ausgehen:

• *Frauen:* Ursprünglich wollte Yunus nur eine Geschlechterparität bei der Vergabe von Kleinkrediten erreichen. Die empirische Erfahrung überraschte auch ihn: Frauen zahlten ihre Kredite zu mehr als 99 Prozent zurück, Männer zu 85 Prozent. Da Grameen kein soziales Projekt ist, sondern eine funktionsfähige Bank, wenn auch eine, die ausschließlich der sozialen Entwicklung ihrer Kunden dient, war klar, welche Gruppe Kredite erhält. Heute sind es zu mehr als 96 Prozent Frauen – genau umgekehrt als bei traditionellen Banken. Kein Entwicklungsprojekt in der Welt, das sich speziell die Emanzipation der Frauen zum Ziel nahm, hat auf diesem Feld mehr erreicht als der Kleinkreditansatz von Grameen.

- *Bildung:* Nahezu alle Frauen waren Analphabetinnen. Ganz aus eigenem Antrieb investierten sie, sobald etwas Geld übrig war, in die Bildung ihrer Kinder. Der Effekt: Die Analphabetenrate bei den Kindern von Kreditnehmern liegt bei null Prozent. Inzwischen bietet Grameen auch spezielle Bildungsdarlehen und Stipendien an. Der Effekt: Immer mehr Kinder der ehemals Ärmsten im Lande studieren heute erfolgreich und sind meist die Eifrigsten. Nur wenige Bildungsprojekte in der Welt dürften in diesem Feld ähnlich erfolgreich sein wie eine Kleinkreditbank.

- *Geburtenkontrolle:* Ab dem Augenblick, in dem eine Frau in Bangladesch einen Kredit erhält, ändern sich ihre Lebensprioritäten schlagartig. Sie konzentriert sich auf den Aufbau und Erfolg ihrer geschäftlichen Tätigkeit. Die Bevölkerungsexplosion wird auch deshalb sofort gestoppt, weil die Familien mit Grameen-Darlehen nicht länger eine große Kinderschar zur Altersabsicherung brauchen.

- *Einkommen:* In Regionen, in denen die Grameen Bank tätig ist, erhöht sich nicht nur das Einkommen der Familien der Kreditempfänger. Die alten Hungerlöhne lassen sich in diesen Regionen nirgendwo mehr durchsetzen. Kleinkreditsysteme tragen somit zur Einkommenssteigerung der gesamten Gesellschaft bei.

- *Partizipation:* Von der starken Beteiligung der Grameen-Frauen am Dorfleben und der kommunalen Entwicklung haben wir bereits gesprochen. Sie engagieren sich stark bei demokratischen Wahlen, ein sehr hoher Anteil von ihnen sitzt heute in den regionalen Parlamenten.

Selbstverständlich spricht viel dafür, die Mittel für Entwicklungszusammenarbeit *nicht* zu reduzieren, denn es gibt viele sinnvolle Infrastrukturmaßnahmen, die damit finanziert werden können. Aber auch hier wäre es sinnvoll, diese Gelder in Sozialunternehmen oder Social Joint Ventures zu investieren anstatt in reine Zuschussprojekte.

Machen wir uns nicht länger etwas vor: Die Nichtbeseitigung der Armut in der Welt ist der teuerste Luxus überhaupt, den wir uns noch im-

mer leisten. Einen Global Marshall Plan für Kleinkredite *nicht* zu beschließen und schnell umzusetzen, ist nicht länger ein Zeichen von Geiz
oder mangelndem Verantwortungsbewusstsein, sondern schlicht Aus-
druck von erschreckender Dummheit und mangelnder ökonomischer Re-
chenkunst.

Machen wir daher die Entscheidung über einen Global Marshall Plan
für weltweit flächendeckende Kleinkreditsysteme zur Nagelprobe der
Reife und Klugheit unserer Politiker.

10. Die besten Experten sind die Betroffenen –
das radikal andere Expertenwesen

Die Urmutter der gesamten Social-Business-Philosophie, das Kleinkreditsystem der Grameen Bank, beschert uns neben der Einsicht, dass jeder
Mensch ein Unternehmer sein kann, weitere Erkenntnisse, die unser Denken radikal verändern werden. Die zweite kann man wie folgt zusam-
menfassen: »Die qualifiziertesten Experten, um Lösungen für bestimmte
soziale Probleme zu finden, sind ausgerechnet jene Menschen, die man
bisher als die eindeutig Ungeeignetsten einstufte: die Betroffenen selbst.«

Welchen Stolz hat die zivilisierte Welt entwickelt ob ihrer breiten Schar
an Experten. Wir haben ihnen fraglos sehr viel zu verdanken, ohne sie wäre
unsere Gesellschaft ganz erheblich ärmer. Aber Stolz – sei es seitens der Experten selbst oder ihrer Bewunderer – ist gleichzeitig eine psychologische
Falle. Er macht sukzessive blind, und dies in gleich doppelter Weise.

Auf diesen Prozess wies der Direktor des Berliner Wissenschaftszen-
trums, Wolf Lepenies, hin. Er stellte für sein Heimatland Deutschland
fest: Je sicherer wir uns als Weltmeister aller Klassen – der Wissenschaft,
der Technik, der Demokratie etc. – fühlen, desto weniger bemerken wir,
wie wir von Experten anderer Länder und Kulturen überholt werden.
Warum? Weil Fortschritt nicht linear verläuft. Stolz lässt uns zu sehr an
unsere vertrauten Denkmuster klammern, die jedoch bereits veraltet sein
können. Ein gutes Stück des Niedergangs in den USA in der Bush-Ära ist
sicher auf diese Weise zu erklären, auch wenn Lepenies auf Tendenzen in
allen entwickelten Ländern hinweisen wollte.

Die Entwicklungen in China und Indien beispielsweise beurteilen wir
noch immer viel zu arrogant aus längst überholten westlichen Perspektiven. Kann es sein, dass wir mit unserem Überlegenheitsdenken in Sachen
Demokratie die Schwächung der Demokratie bei uns und die Stärkung

180

bürgerlicher Partizipation in China übersehen haben? Kann es sein, dass wir mit unserem Überlegenheitsdenken in Sachen Umwelt viele Anzeichen für eine sehr hoffnungsvolle Ökowende in China nicht wahrgenommen haben? Immerhin baut China im Nordwesten des Landes die größte Solarfarm der Welt und im Delta des Jangtse-Flusses 40 Kilometer nördlich von Shanghai die erste Ökostadt der Welt, die ausdrücklich als das neue Muster für radikal nachhaltigen Städtebau weltweit gelten soll. Kann es sein, dass wir sehr weitreichende und sehr clevere Geschäftsmodelle indischer Unternehmen im Dienstleistungs- und Hightech-Sektor nicht richtig einschätzen, weil wir sie mit unserem europäisch geprägtem Ökonomiedenken nicht in den Blick bekommen? Immerhin untersuchen indische Internetdienstleister wie Wipro und Infosys derzeit den gesamten europäischen Dienstleistungssektor daraufhin, was davon via moderner Softwareweiterentwicklungen nach Indien transferiert werden kann. Eine McKinsey-Studie geht dabei bereits nach dem jetzigen Stand der Software für Dienstleistungen davon aus, dass in wenigen Jahren bis zu 30 Prozent aller Dienstleistungen in Europa digital nach Indien verfrachtet werden können.

Einen zweiten, mindestens ebenso bedeutsamen Erblindungsprozess legt Muhammad Yunus offen, wenn er beschreibt, wie er zu seinen innovativsten Erkenntnissen gelangt ist. Nachdem er als hoch qualifizierter Wirtschaftsprofessor aus den USA in sein Heimatland Bangladesch zurückgekehrt war, stellte er angesichts der nächsten Hungersnot mit Entsetzen fest, dass sein Expertenwissen allein dazu taugte, die wenigen Reichen in seinem Land noch reicher zu machen. Er hatte nicht die geringste Idee, wie er den Ärmsten und den Verhungernden helfen könnte. Selbst in einem sogenannten Entwicklungsland aufgewachsen, konnte er zwar die gravierende Mangelhaftigkeit der Konzepte westlicher Entwicklungsberater und westlicher Hilfswerke leicht identifizieren, aber auch ihm gelang es nicht, irgendeinen wirklich hilfreichen Gedanken im Angesicht entsetzlicher Armut zu entwickeln.

Die Konsequenz, die er daraus zog, war höchst ungewöhnlich, wenn auch nur allzu logisch: Er sprach mit den von Armut betroffenen Menschen auf gleicher Augenhöhe. Mehr noch: Er bezeichnete sie später als »seine neuen Professoren«, denn erst sie brachten ihn auf jene weltbewegenden Ideen. Die neuen Erkenntnisse für den erfolgreichen Aufbau eines funktionierenden Finanzdienstleistungssystems für die Armen der Welt waren alle im Kern sehr einfach – wie die meisten weltbewegenden Ideen. Aber dennoch versagte die gesamte Wirtschafts- und Entwicklungsexpertenwelt, ein solches derart notwendiges und erfolgreiches System zu entwickeln.

Die Ärmsten teilten Yunus mit, was sie, entgegen allem herkömmlichen Expertenwissen, am dringendsten brauchten: Keines der vielen gut gemeinten Entwicklungsprogramme, sondern schlicht das sehr wenige Geld, mit dem sie sich aus der totalen Wertabschöpfungsfalle der bisherigen Nutznießer ihrer Arbeitsleistung befreien konnten.

Der neue Blickwinkel – durch die Augen der Betroffenen selbst statt durch jene von Experten, die nur wenig lebensnahen Bezug zu deren Lebenssituation haben – brachte viele weitere innovative Konzepte für den Weg aus der Armutsfalle hervor. Die Wirkung von Fünfer-Kreditgruppen wurde bereits beschrieben. Die ethischen Standards, zu deren Einhaltung sich alle Kreditempfänger verpflichten müssen, sind ein weiteres Beispiel. Auf die Formulierung dieser Standards drängten die Kreditnehmerinnen selbst. Auf diese Weise konnten sie via ethische Selbstverpflichtungen so revolutionäre soziale Innovationen durchsetzen wie die Abschaffung der Mitgifttradition, die zuvor so viele Familien in die Verarmung trieb, oder die Verpflichtung zur bestmöglichen Bildung für ihre Kinder.

Selbstverständlich verpflichtete Yunus die Mitarbeiter des schnell wachsenden Grameen-Banksystems, in ihrer täglichen Arbeit die Haltung der gleichen Augenhöhe und des permanenten Lernens von den Betroffenen zu übernehmen. Die Bank wurde von Beginn als »lernende Organisation« geführt. Was moderne Systemforscher seit einigen Jahren wärmstens, aber in der Praxis oft nur mit mäßigem Erfolg empfehlen, ist in der Grameen-Welt von Anfang an gelebte Praxis. »Wir haben gelernt, Probleme als den besten Rohstoff für Innovationen zu betrachten«, fasste Yunus einmal seine Erfahrungen zusammen.

Mit der Zeit entdeckte Yunus eine Metaebene dieses Weges innovativer Lösungsentwicklung: »Irgendwann habe ich verstanden, wie wir unsere Probleme am effizientesten lösen können: Wir mussten einfach nur schauen, wie die traditionellen Banken arbeiten und dann das genaue Gegenteil davon probieren.«

Grameen ist längst mehr als eine innovative Bank oder ein kreatives Sozialunternehmen: Grameen ist ein Labor für Innovationsentwicklung auf der Grundlage eines bisher völlig brachliegenden Expertenwissens.

Dies ist beispielsweise die Erklärung dafür, warum immer mehr führende internationale Unternehmen, die über die besten Expertenteams und Forschungsabteilungen der Welt verfügen, bei Grameen Rat suchen, wenn sie Produkte für bisher unerschlossene Märkte entwickeln. Im nächsten Kapitel werden wir mehr über Social Joint Ventures erfahren und darüber, mit welch einfachen Impulsen Yunus eine grundlegend neue Kreativität in global agierende Unternehmen bringt und sie aus der einseitigen Abhängigkeit von durchaus klugen, aber zu eng orientierten Experten befreit.

11. Weltweiter Innovations- und Wohlstandssprung für alle dank Einstellung auf die Bedarfe der heutigen Armen

Der indische Wirtschaftswissenschaftler C.K. Prahalad führt in seinem Buch »Der Reichtum der Dritten Welt« die systemischen Gründe an, weshalb das bisherige Expertenheer so erstaunlich hilflos und unkreativ ist bei der Entwicklung von Produkten, die in den neuen und gerade entstehenden Märkten erfolgreich sind. Westliche Experten gehen von vielen Voraussetzungen aus, die einer Prüfung vor Ort nicht standhalten, beispielsweise: Die Kostenstruktur sei fix, denn in westlichen Märkten sei längst jede Kosteneinsparung um ein Produkt herum ausgereizt worden; ein armengerechter Vertrieb sei viel zu teuer, weil die Infrastruktur nicht vorhanden sei, um die entsprechenden Produkte beispielsweise in die weiten und unwegsamen ländlichen Regionen von Indien oder China zu transportieren; Arme könnten mit Hightech-Errungenschaften wie Mobiltelefonen oder Internet nichts anfangen. Prahalad widerlegte all diese Annahmen.

Die Marketing- sowie Forschungs- und Entwicklungsabteilungen sind nicht bereit, sich wirklich auf die gleiche Augenhöhe und damit auf die realen Bedarfe der Menschen in diesen kommenden Märkten einzulassen. Sie stellen weder ihre Produkte noch ihre Vertriebswege ernsthaft auf die grundlegend anderen Voraussetzungen ein, sondern drücken einfach jene Produkte, die für andere, westliche Märkte entwickelt wurden, in die neuen Märkte.

Somit bleiben Global Players weit davon entfernt, mit ihren Produkten und Strategien die Möglichkeiten dieser Märkte zu nutzen. Sie verkennen, wie entscheidend es für ihre Zukunftschancen ist, in der jetzigen globalen Entwicklungsphase in diesem Marktsegment richtig aufgestellt zu sein. Immerhin ist dieser Markt nach der Zahl der Menschen der größte überhaupt, beinhaltet also immense Volumina. Studien weisen darauf hin, dass in den nächsten Jahren und Jahrzehnten in diesem Markt die weitaus größten Zuwächse zu erwarten sind.

Wie sich Produkte und Dienstleistungen an diesen Märkten orientieren und sie auch verändern können, dafür sei ein Beispiel aus Indien stellvertretend, das in der Social-Business-Studie des Genisis Institute beschrieben ist:

Im Jahr 1976 wurde die erste Aravind-Augenklinik mit 11 Betten eröffnet. Die Vision der Gründer war, am Grauen Star erkrankten Menschen das Augenlicht zurückzugeben. Diese Dienstleistung richtete sich vor allem an die Ärmsten, die sich in der Regel eine solche Operation nicht leisten konnten. Inzwischen betreuen die insgesamt 230 Aravind-Ärzte knapp 230 000 Patienten im Jahr. Dies ist möglich, weil jeder einzelne Schritt, von der ersten Diagnose bis zur Nachbetreuung, auf den Prüfstand gestellt wurde. Die teuersten Kräfte, die Ärzte, konzentrierten sich fortan allein auf die eigentliche Operation. Für andere Stufen im Ablauf wurden Laien im nötigen Maße zu ausreichend qualifizierten Kräften ausgebildet.

2004 erwirtschaftete Aravind bei einem Umsatz von zehn Millionen US-Dollar und Kosten pro Operation von 20 US-Dollar einen Gewinn von 25 Prozent. Dabei behandelt Aravind rund 70 Prozent seiner zum Großteil mittellosen Patienten kostenlos. Nur die restlichen 30 Prozent der wohlhabenderen Patienten zahlen für die Behandlung – abhängig vom Standard ihrer Unterbringung zwischen 88 bis 212 Euro.

Der fachliche Anspruch, den Aravind an sich stellt, ist hoch. Die Qualität und Effizienz der Eingriffe ist exzellent, denn aufgrund der Vielzahl an Operationen konnten Erfahrung, Glaubwürdigkeit und Kompetenz entscheidend vergrößert werden. Dadurch gibt es heute sogar mehr zahlende Patienten als zuvor. Aus der ganzen Welt reisen vermögende Patienten nach Indien in die Aravind-Augenkliniken! Durch den wirtschaftlichen Erfolg konnte man beispielsweise in ein selbst entwickeltes Verfahren der Kunstlinsen-Herstellung investieren und erzielt damit heute sogar Exportgewinne.

Der durch dieses System geschaffene Mehrwert ist von unschätzbarer Bedeutung. Menschen, die vornehmlich in der ländlichen Region Indiens leben, können anstelle von Erblindung und wirtschaftlicher Abhängigkeit selbst wieder arbeiten und ein eigenes Leben führen.

Die Kosten für eine Augenoperation bei Aravind konnten auf ein Zwanzigstel im Vergleich zu jenen anderer indischer Kliniken gesenkt werden. Dies war nur möglich, weil die Abläufe rund um die Operation mit innovativem Geist betrachtet wurden. Entscheidend war, in enger Zusammenarbeit mit den Menschen in den Dörfern Indiens gemeinsam neue Organisationsstrukturen zu entwickeln. Es würde zu weit führen, alle diese

Schritte hier aufzufächern. Das Ergebnis ist jedoch mehr als verblüffend: Erschließung einer wichtigen gesundheitlichen Dienstleistung für besonders arme Menschen durch Kostensenkung bei gleichzeitiger Qualitätssteigerung auf Weltspitzenniveau und höchster Profitabilität. Die Gewinne werden – ganz im Sinne von Yunus – dazu genutzt, nun weltweit neue Augenkliniken im Stil von Aravind aufzubauen.

Prahalad weist an zahlreichen weiteren Beispielen nach: Wenn Unternehmen sich darauf einlassen, ihre Dienstleistungen und Produkte gemeinsam mit den Betroffenen neu zu entwickeln für die Bedarfe der Armen, setzt dies eine beispiellose Kreativitätswelle in Gang. Nicht nur werden immense Effizienzpotenziale in der Entstehungs-, Wertschöpfungs- und Vermarktungskette entdeckt – bei den bisher umgesetzten Beispielen ergaben sich – analog zu Aravind – Kostenvorteile zwischen dem zehn- und zweihundertfachen! Erstaunlicherweise führt diese Herausforderung auch zu ausgesprochen wertvollen technischen Innovationen: Die Produkte werden qualitativ besser, weil sie sich auch unter den teilweise sehr widrigen Umständen in den Armutsregionen der Welt behaupten müssen. Und sie werden in der Konstruktionsweise und Handhabung einfacher, was unter anderem höhere Skaleneffekte ermöglicht.

Prahalad erwartet somit ausgerechnet von der Beschäftigung mit den Bedarfen der Armen eine neue, außergewöhnliche Innovationswelle, welche die bisherigen Entwicklungen, die aus der Beschäftigung mit den Bedarfen der Reichen resultierten, weit in den Schatten stellen wird. Durch den Fokus auf die riesigen Armutsmärkte wird die modernste Technologie für die breite Masse der *gesamten* Menschheit, also auch in den reicheren Ländern, leichter handhabbar, robuster und wesentlich preisgünstiger werden. Von dem angestoßenen humanen Weltwirtschaftswunder werden somit auch die alten Industrieländer profitieren, und zwar in doppelter Weise: Einerseits werden ihre Unternehmen sicher teilhaben an der Entwicklung und Herstellung vieler dieser Produkte. Andererseits werden nicht nur die Neukunden in den Entwicklungsländern, sondern auch die Kunden in den Industrieländern die Nutznießer dieser Kosten- und Qualitätsvorteile sein.

Prahalad formulierte in »Der Reichtum der Dritten Welt« zwölf Leitlinien für die Entwicklung von Innovationen in den heutigen Armutsmärkten und für das damit verbundene weltweite neuartige Wirtschaftswunder:

1. Die Konzentration auf ein gutes Preis-Leistungs-Verhältnis von Produkten und Dienstleistungen. Die Aravind-Klinik hat vorgemacht, was hier alles möglich ist.

2. Innovation erfordert Hybridlösungen. Die Probleme der Kunden in den heutigen Armutsmärkten lassen sich nicht mit Technologien von gestern lösen. Das indische Unternehmen Amul, das Milch verarbeitende Produkte herstellt, hat 3000 automatische Milchsammelstellen in Dörfern aufgestellt, die die Milch wiegen, ihren Fettgehalt ermitteln und für die Mitglieder von insgesamt mehr als 10 000 Kooperativen ein PC-basiertes Milchbezahlsystem bereitstellen. Amul wie auch die angeschlossenen Kooperativen profitierten von dieser hochmodernen Technologielösung enorm, weil Anlieferung, Abholung und Bezahlung für alle Beteiligten erheblich effizienter geregelt sind.

3. Da die heutigen Armutsmärkte riesengroß sind, müssen Lösungen skalierbar sowie über Landes-, Kultur- und Sprachgrenzen hinweg transferierbar sein.

4. Die Armutsmärkte umfassen fünf Milliarden Menschen. Alle Neuentwicklungen müssen daher darauf abzielen, Ressourcen zu sparen: Reduzieren, Wiederverwenden und Recyclen sind bei der Entwicklung dieser Märkte unverzichtbare Schlüssel. Prahalad sieht den größten Impulsgeber für ökologisch nachhaltige Lösungen in der Erschließung dieser Märkte.

5. Die Bedingungen, unter denen Kunden der heutigen Armutsmärkte leben und arbeiten, verlangen ein radikal neues Nachdenken über die Funktionalität der Produkte.

6. Aufgrund der deutlich weniger gut ausgebildeten Infrastruktur in den heutigen Armutsmärkten gehört das Durchdenken der Arbeitsprozesse zu den zentralen Innovationsfeldern. Der Erfolg der Aravind-Klinik zeigt sich beispielsweise vor allem in der Entwicklung eines verlässlichen Diagnosesystems in den Dörfern durch entsprechend ausgebildete Laien.

7. In den meisten Armutsmärkten fehlt es an gut ausgebildeten Kräften. Produkte und Dienstleistungen müssen daher so vereinfacht werden, dass auch Ungelernte sie bedienen und ihrem Wert entsprechend nutzen können.

8. Für die Kundeninformation und -ausbildung in diesen Märkten stehen Rundfunk und Fernsehen sehr oft nicht zur Verfügung. Hier müssen andere innovative Informationswege entwickelt werden, z. B. kostengünstige kleine Theaterstücke, die in Zusammenarbeit mit Nichtregierungsorganisationen oder auch mit bereits vorhandenen Kunden eingesetzt werden können.

Frauen in Bangladesch wird eine kleine Photovoltaikanlage vorgestellt, die erstmals Licht in ihre Häuser bringen kann.

9. Produkte müssen auch unter härtesten Bedingungen funktionieren. Dadurch sind nicht nur in Bezug auf Lärm, Staub, unhygienische Bedingungen und Fehlbedienung hohe Funktionalitätsanforderungen gestellt, sondern auch in Bezug auf schlechte Infrastrukturbedingungen bei der Stromversorgung oder der Wasserqualität.

10. Bedienoberflächen technischer Geräte müssen einen einfachen Einstieg ermöglichen und gleichzeitig in möglichst vielen unterschiedlichen Kulturen eingesetzt werden können. Sobald dies gegeben ist, überraschen die neuen Nutzer in den Armutsmärkten in aller Regel, wie schnell sie in der Lage sind, beispielsweise im Internet die für sie nötigen Informationen abzurufen.

11. Sowohl der verstreute ländliche als auch der enge städtische Markt in Armutsregionen fordert dazu heraus, die bisherigen Vertriebsmethoden zu überdenken. Es müssen Absatzwege gefunden werden, die die Armen erreichen und trotzdem nur geringe Kosten verursachen. Das Unternehmen HLL, eine Tochterfirma von Unilever, gewann beispielsweise Frauen in ländlichen Regionen als Händler, die die Produkte den Frauen in ihrer Nachbarschaft anboten. Dadurch entstanden viele neue Arbeitsplätze auf dem Lande, und mehr als 200 Millionen Neukunden wurden erschlossen, die vorher nicht erreichbar waren.

187

12. Paradoxerweise kann sich die Entwicklung von Produkteigenschaften in den Armutsmärkten sehr schnell vollziehen. Produktentwickler müssen sich hier auf eine weite Architektur – die Plattformlösung – konzentrieren, der schnell neue Eigenschaften hinzugefügt werden können. Mit dieser Denkweise können durch die Beschäftigung mit den Herausforderungen der heutigen Armutsmärkte Innovationen entwickelt werden, die dann auf Wohlstandsmärkte innerhalb der Entwicklungs- und Schwellenländer wie auf Industrieländer übertragen werden können. So hat das Unternehmen Voxiva ein Frühwarnsystem für drohende AIDS- oder SARS-Epidemien in Entwicklungsländern entwickelt, das nun auch in Industrieländern eingesetzt wird.

Prahalads Studien haben das Denken in vielen Vorstandsetagen bereits radikal verändert, bisher allerdings fast ausschließlich im Bereich der Global Players. Sobald seine Impulse auch bei der mittelständischen Wirtschaft im Süden und Norden ankommen, wird der Damm westlicher Arroganz sehr schnell gebrochen sein. Diese Frischzellenkur kann unserer Wirtschaft nur guttun. Von der bereits einsetzenden Innovationswelle in den heutigen Armutsmärkten wird die gesamte Weltwirtschaft profitieren, z. B. durch sehr überraschende Kostensenkungen bei gleichzeitigen weiteren Qualitätssteigerungen.

12. Wie das vielleicht innovativste Bildungssystem entstand – weil die Betroffenen als Experten erschlossen wurden

Muhammad Yunus und C.K. Prahalad sind keineswegs die einzigen, die auf das Innovationspotenzial aufmerksam wurden, das durch die Einbeziehung von Betroffenen erschlossen wird. Unabhängig von ihnen entwickelten Wissenschaftler der Stiftung FUNDAEC auf gleicher Augenhöhe mit den Bewohnern entlegener ländlicher Gebiete in Kolumbien ein radikal neues Bildungssystem. Nahezu jeder einzelne Baustein des menschlichen Bildungsprozesses wurde neu durchdacht und neu konzipiert. Die Jury der Expo 2000, die in einem jahrelangen Auswahlprozess weltweit viele Tausend Projekte begutachtete und gut 700 als beispielgebend würdigte, erkannte in diesem Bildungssystem das derzeit innovativste soziale Projekt überhaupt in der Welt.

Eine Gruppe von Wissenschaftlern ging der Frage nach, welche Ursachen die rapide Urbanisierung in Lateinamerika hat. Sie diskutierten diese

Frage intensiv mit den Betroffenen in den entlegenen ländlichen Regionen des Landes, die noch nicht in die Städte abgewandert waren.

Die Antworten, die dabei zum Vorschein kamen, waren einfach und gleichermaßen ungewöhnlich: Niemand auf der Welt hatte je ernsthaft darüber nachgedacht, die Fortschritte wissenschaftlichen Denkens auf die Lebensbedarfe der ländlichen Bevölkerungen in den ärmeren Regionen der Welt anzuwenden. Lehrbücher wurden von Städtern geschrieben und waren auf städtische Lebenssituationen ausgelegt. Je mehr Bildung somit ein Kind genoss, gleich wo es lebte, desto mehr war es gezwungen, sein erworbenes Wissen dort anzuwenden, wofür es bestimmt war: in den Städten der Welt.

Das Land blutete aus und verlor systematisch seine besten Talente an die Städte, und irgendwann waren auch die Zurückgebliebenen so perspektivlos, dass sie in die Städte nachfolgten. In manchen Ländern Lateinamerikas verkehrte sich das Verhältnis von Stadt- und Landbevölkerung in wenigen Jahrzehnten von 10 zu 90 auf 90 zu 10 Prozent. Diese radikale Einseitigkeit in den Schulbüchern der Welt ist zwar nicht die einzige, aber eine der bedeutsamsten Ursachen der dramatischen Verstädterung besonders in den armen Ländern. Die Möglichkeiten zur Nutzbarmachung des eigenen Wissens entscheiden darüber, wo Menschen ihre Lebensperspektive suchen.

Was also tun? Das Wissenschaftlerteam um Farzam Arbab und Gustavo Correa schrieb im Rahmen einer privaten Bildungseinrichtung alle Lehrbücher neu, baute den Fächerkanon um, führte ein neues Ausbildungssystem für Lehrer ein, entwickelte interaktive Trainingsbücher mit hoher Teamlernverantwortung. Ihr Konzept legte hohen Wert auf unmittelbare Umsetzungskompetenz bei den Schülern und gestaltete die Zeitpläne für die Wissensvermittlung sehr flexibel.

Das Bildungsprogramm von FUNDAEC ist schon seit langer Zeit staatlich anerkannt. Es reicht von der Vorschule bis zu Post-Graduate-Studiengängen. Mehr als 30 000 Hochschulabsolventen hat es bis heute hervorgebracht. Das Kultusministerium in der Hauptstadt Bogota lobt die intellektuellen Fähigkeiten der FUNDAEC-Absolventen in den höchsten Tönen, denn sie sind den Abiturienten des staatlichen Bildungssystems meist um mehr als ein Schuljahr voraus. Dennoch bleiben mehr als 90 Prozent der Absolventen dauerhaft auf dem Lande. Viele von ihnen werden bereits mit ihrer Volljährigkeit mit 21 Jahren zu Bürgermeistern in ihren Dörfern gewählt. Viele gründen landwirtschaftliche Unternehmen oder arbeiten in landwirtschaftlichen Forschungseinrichtungen, die ebenfalls aus FUNDAEC hervorgingen. Einige bauten Kleinkreditsysteme auf, mit denen sie während ihrer Ausbildung vertraut gemacht worden waren.

Die wenigen, die sich bisher mit dem FUNDAEC-System näher befasst haben, kamen zu dem Ergebnis, dass auch die verkrusteten Bildungssysteme der Industrieländer sehr viel von dieser Bildungsinnovation aus Kolumbien lernen könnten. So hat FUNDAEC für die gymnasiale Stufe den Fächerkanon auf fünf Fächer reduziert:

- Alle bei uns separat behandelten wissenschaftlichen Fächer wurden beispielsweise in das eine Fach *Wissenschaft* integriert. Themenbezogen werden die relevanten physikalischen, chemischen, biologischen, ökologischen und ökonomischen Aspekte integriert behandelt.

- Im Fach *Technologie* folgt die Behandlung der praktischen Anwendung wissenschaftlicher Prinzipien.

- Ein anderes Fach heißt *Kommunikation*. Dort fließen sprachliche, psychologische und soziologische Kompetenzen zusammen.

- *Mathematik* wird als unmittelbar praktisch nutzbare angewandte Sprache der Wissenschaft gelehrt anstatt als weltferne Zahlenakrobatik, was dazu führt, dass noch nie ein Schüler wegen dieses Fachs sein Abitur verfehlt hat. Mathematik wird als etwas erlebt, mit dem man die Zusammenhänge in der Welt lebenspraktisch fassen und einordnen kann.

- Im Fach *Gemeinschaft* werden beispielsweise Wertebezogenheit jeglichen Handelns und Teamkompetenzen vermittelt. Ethik wird dadurch ebenfalls sehr lebenspraktisch.

Neben der inhaltlichen Vermittlung existiert ein zweiter Lehrplan, den man als Meta- oder Schlüsselkompetenzenlehrplan bezeichnen könnte.

- In der ersten gymnasialen Jahrgangsstufe wird Wissen über den Schwerpunkt *Fragen* vermittelt. Am Beginn jeder Stunde stehen eine oder mehrere Fragen zur Diskussion. Mangel an Motivation oder intrinsischer Neugier ist nach diesem Schuljahr bei keinem Schüler mehr ein Problem.

- In der nächsten Jahrgangsstufe lautet das Vorzeichen jeglicher Wissensvermittlung: *Begriffsklärung*. Zentrale Begriffe der Natur werden von verschiedenen Seiten beleuchtet. Damit wird dem präzisen Denken und einem sensiblen Umgang mit Sprache das dauerhafte Fundament gelegt.

- Ab der dritten gymnasialen Jahrgangsstufe steht die »*lebenspraktische Anwendung des erworbenen Wissens*« auf dem Metalehrplan. Die Schüler wenden ihr Wissen in konkreten kleinen Projekten in ihren Dörfern an. Gemeinsam mit ihren Eltern und Dorfmitbewohnern wirken sie so als einheimische Entwicklungshelfer. Hier erlangen die Schüler Selbstbewusstsein und Lebenstauglichkeit. Sie erleben erworbenes Wissen als unmittelbar nützlich, was die Lernmotivation noch einmal erheblich anhebt.

Insgesamt kann man sagen: Das FUNDAEC-System vermittelt jene Kompetenzen, die man für erfolgreiches Social Business braucht: lebenspraktisches Wissen, Werteorientierung, Kooperationsfähigkeit, unternehmerisches Zupacken.

Warum ist dieses innovative Bildungssystem noch immer nur wenigen Insidern bekannt? Dieselbe Frage muss man auch für das nächste Beispiel stellen.

13. Die neuen Entwicklungsexpertinnen von WORTH

In Nepal stellte ein Entwicklungsprojekt ebenfalls viele Standards der ordentlichen Entwicklungsarbeit infrage. Unter der Bezeichnung »Women's Empowerment Program« wurden in einem dreijährigen Pilotprojekt 125000 besonders arme Frauen in fünf Trainingseinheiten ausgebildet. Neben Lesen und Schreiben lernten die Frauen, wie man ein kleines Unternehmen gründet, wie man ein eigenes Kleinkreditsystem auf der Grundlage eigenen Sparens aufbaut, wie man Projekte für eine selbstbestimmte Dorfentwicklung konzipiert, umsetzt, kontrolliert und nachbereitet, und schließlich, wie man die sozialen Rechte, die man in seinem Land hat, auch aktiv wahrnehmen kann.

Das Besondere an diesem Projekt war, dass externe Entwicklungsorganisationen ganz bewusst nur in der ersten Phase involviert waren. Über interaktive Trainingsbücher vermittelten sie das neue Wissen einer Gruppe von Einheimischen, die dann den Stab der weiteren Wissensvermittlung in die eigenen Hände nahm. Dadurch erlangten die Teilnehmer des Programms sehr schnell ein hohes Maß an Unabhängigkeit von den traditionellen Hilfswerken. Spätestens nachdem sie den Kurs für Projektmanagement absolviert hatten, definierten sie ihre Ziele selbstständig. Sie wandten sich mit großem Selbstbewusstsein an die Hilfswerke, um ihre Vorstellungen zu äußern, welchen Part diese weiterhin spielen können und sollen, und welchen eben auch nicht mehr.

Nach drei Jahren haben sich zwei Drittel der Projektteilnehmer mit einem Kleinunternehmen selbstständig gemacht, haben insgesamt mehr als 1000 autarke Dorfbanken ins Leben gerufen und mehr als 100 000 kleine Dorfentwicklungsprojekte in eigener Konzeption und Regie umgesetzt. Das Einkommen der Familien stieg in dieser Zeit im Durchschnitt um 800 Prozent. Nachdem die Pilotphase des Projektes beendet war, musste das koordinierende Hilfswerk Pact wegen des Bürgerkrieges in Nepal das Land verlassen. Als der Bürgerkrieg schließlich vorüber war, konnten die Pact-Mitarbeiter feststellen: Die Einheimischen haben die Impulse selbstständig und erfolgreich fortgeführt. Inzwischen führt Pact dasselbe Programm unter dem neuen Namen WORTH in immer mehr afrikanischen Ländern ein.

Auch dieses Projekt ähnelt in Konzeption und Ausführung dem Social-Business-System. Dank WORTH werden die Betroffenen zu aktiven Lebens- und erfolgreichen Sozialunternehmern. Auch die Finanzierung dieses ungewöhnlichen Bildungsprogramms trug erste Elemente von Social Business: Die Teilnehmer mussten zumindest die reinen Herstellungskosten für die Trainingsbücher selbst tragen. Die Entwicklungskosten für die Bücher und auch die Personalkosten werden bisher noch durch Spenden finanziert. Doch auch dieser Betrag würde für die Trainingsteilnehmer kein Problem darstellen, sofern sie ihn nicht gleich zu Beginn des Programms entrichten müssten.

Das Genisis Institute sucht derzeit gemeinsam mit der Projektleiterin von WORTH einen Weg, wie sich das gesamte Programm als ein Social Business selbst finanzieren kann. Die Teilnehmer könnten mit den Einkommenszuwächsen, die durch das Programm erzielt werden, problemlos alle Kosten bezahlen. Dafür müsste jedoch ein System von Langzeitdarlehen etabliert werden. Sobald dieses steht, kann das WORTH-Programm mit einem völlig anderen Tempo skaliert werden. Als Social Business aufgesetzt, dient der Finanzkreislauf von Anfang an allein der Ausweitung des Bildungssystems, das viele weitere Social Businesses hervorbringen wird.

Die Entdeckung der Betroffenen als Quelle für innovative Lösungen bedeutet gerade auch für die Industrieländer eine unschätzbare Chance, sich aus manchen Gedankenverengungen zu befreien, in die wir durch unseren blauäugigen Expertenglauben hineingeraten sind. Das »andere Expertenwissen« bildet auch in Industrieländern die vielleicht wichtigste Voraussetzung, neue Felder für Social Businesses zu erschließen. Social Business löst keineswegs nur Probleme am untersten Ende der sozialen Skala einer Gesellschaft. Das Hauptfeld für Social-Business-Initiativen und -Unternehmen in Industrieländern wird vielmehr dort liegen, wo staatliche Behörden oder auch ständische Organisationen innerhalb der Wirtschaft verkrustete und reformfeindliche Strukturen geschaffen haben.

14. Ein globale Bildungsrevolution für eine unternehmerische Kultur organisieren

Die Projekte von FUNDAEC und WORTH stehen nicht nur für den Ansatz, die Betroffenen als Experten auf gleicher Augenhöhe für die Lösung grundlegender Zukunftsprobleme zu sehen. FUNDAEC und WORTH sind zugleich Vorläufer einer Bildungsrevolution, die in kurzer Zeit einen breitflächigen Durchbruch zu einer neuen unternehmerischen Kultur im Allgemeinen und zu einer Social-Business-Kultur im Besonderen ermöglichen kann.

Das Konzept von WORTH kann zum ersten systematischen weltweiten Erwachsenenbildungsprojekt skaliert werden, das eine neue unternehmerische Kultur in allen Entwicklungs- und Schwellenländern initiiert. Kernbestandteile sollten dabei überall die Trainingsprogramme sein zur Gründung von Kleinunternehmen, zur Etablierung von Kleinkreditsystemen sowie zum Projektmanagement. Überall, wo dies notwendig ist, kann das Trainingsmodul zur Alphabetisierung hinzukommen. Andernorts können Trainingsmodule zum Schutz vor Aids sinnvoll sein.

Ein solches globales WORTH-Programm kann über klassische Entwicklungsorganisationen wie z. B. UNICEF aufgesetzt oder, wie bereits angedeutet, über ein Social-Business-Bildungsunternehmen initiiert werden, das zu diesem Zweck gegründet wird. Es könnte über das Projekt der Sozialbörsen skaliert werden – ein weiteres Vorhaben, das den schrittweisen Aufbau einer Social-Business-Infrastruktur zum Ziel hat. Die ersten Sozialbörsen sind bereits gegründet. Wie sie funktionieren und sich derzeit etablieren, ist Thema des nächsten Kapitels.

Weil Erwachsenenbildung praktisch in keinem Land der Welt in Konkurrenz zu staatlichen Bildungseinrichtungen tritt, eignet sich der WORTH-Ansatz überall in der Welt, ein oder viele dezentrale Social Businesses aufzubauen. Das ist beim FUNDAEC-Konzept anders. Dieses konnte in Kolumbien deshalb relativ leicht staatliche Anerkennung erlangen, weil das staatliche Bildungssystem in jenen Regionen des Landes, wo die terroristische Organisation Farc Einfluss hatte, den Bildungsnotstand ausrufen musste. Die meisten staatlich ausgebildeten Lehrer waren nicht mehr bereit, an den dortigen Schulen zu unterrichten und das staatliche Bildungssystem aufrechtzuerhalten. Das Bildungsministerium ließ den betroffenen Regionen daher sehr viel Spielraum, das Mögliche zu tun, um die Bildung der Schüler zu gewährleisten. In diesen Regionen entstand eine Vielzahl von innovativen Bildungskonzepten. Die alte Weisheit, dass Not erfinderisch macht, bewahrheitete sich erneut.

Das FUNDAEC-Konzept kann zwar auch private Bildungsanbieter in anderen Ländern zur Nachahmung animieren, aber ebenso als Vorlage dienen, nach der nationale Bildungssysteme in Ländern mit stark zurückbleibenden ländlichen Regionen reformiert werden können. In einem Gespräch, das ich mit dem früheren Präsidenten Indiens, Abdul Kalam, führen konnte, beklagte dieser, dass die ländlichen Regionen Indiens so gut wie keine Unternehmer hervorzubringen scheinen. Darin sah er eines der größten Probleme seines Landes. Während die städtischen Gebiete mit Zuwachsraten von mehr als 10 und 15 Prozent aufwarten, gehe diese Entwicklung vollständig am ländlichen Leben vorbei. Damit sei eine noch weitaus größere Landflucht absehbar, einschließlich der Slumbildung in den Städten und einer sich vertiefenden sozialen Kluft.

Das FUNDAEC-Konzept bietet hierfür einen Lösungsweg. Die Organisation arbeitet inzwischen auch daran, ihre Prinzipien Kleinstädten und Slums anzupassen.

Wir können diese beiden innovativen Bildungsansätze dazu nutzen, eine globale Bildungsinitiative zu starten. Dies wäre neben dem Global Marshall Plan für Kleinkredite ein zweites Instrument zur schnellen Realisierung eines weltweiten humanen Weltwirtschaftswunders. Sofern eine solche globale Bildungsinitiative durch Sozialunternehmen getragen wird, wofür vieles spricht, können diese finanziert werden, indem 10 Prozent der investiven Gelder zur Bewältigung der Weltwirtschaftskrise an den Einsatz in Social Businesses gebunden werden. Ansonsten könnten sie aus nationalen und internationalen Bildungs- und Entwicklungsetats finanziert werden.

15. Kooperation macht alle viel reicher – der Quantensprung von der Konkurrenz- zur Win-Win-Ökonomie

Ein drittes zentrales Merkmal der Social-Business-Philosophie ist ebenfalls bereits in der Social-Business-Urmutter der Kleinkreditökonomie, der Grameen Bank, konstituierend: Der Konkurrenzgedanke, der seit

Im Februar 2008 besuchte eine siebenköpfige Reisegruppe verschiedene Projekte von Grameen in Bangladesch.

Adam Smith als der unverzichtbare Antriebsmotor der Marktwirtschaft verehrt wird, wird im Konzept der Grameen Bank durch Teamgeist und Kooperation abgelöst.

Konkurrenz wird durch Kooperation nicht abgeschafft, aber motiviert und dominiert nicht länger das ökonomische Handeln. Eine wachsende Zahl moderner Unternehmen erkennt längst das große Entwicklungspotenzial dieses Paradigmenwechsels. Als Marianne Obermüller 1993 das Unternehmen Dynamic Systems gründete, das sich auf Robotersysteme spezialisierte, wurde sie noch als Exotin belächelt. Sie diskutierte mit ihren Partnerunternehmen und selbst ihren Konkurrenten offen über ihre neuen oder weiterentwickelten Geschäftsideen. Natürlich wurde dies von einigen ausgenutzt. Aber insgesamt profitierten davon alle, indem sie ihre Konzepte schneller weiterentwickeln und besser aufeinander abstimmen konnten. In wenigen Jahren war Marianne Obermüller eine der erfolgreichsten in ihrer Branche. In der immer mehr miteinander vernetzten Welt macht Kooperation die Unternehmen agiler, nachhaltiger und überlebensfähiger.

Wenn – wie bei Social Businesses – das treibende Motiv wirtschaftlichen Handelns unmittelbar auf die Maximierung gesellschaftlichen Nutzens ausgerichtet ist, dann reicht der kooperative Gedanke solcher Unternehmen noch einmal deutlich tiefer. Eine Social-Business-Ökonomie verstärkt somit die ohnehin zunehmend anerkannten Vorteile kooperativen Wirtschaftens. Und deshalb hat sich Marianne Obermüller nach dem Verkauf ihres Unternehmens dazu entschieden, sich auf die Förderung von Social Business zu fokussieren. Später dazu mehr.

Bei der Grameen Bank ermöglichte der Kooperationsgedanke überhaupt erst die Funktionsfähigkeit von Kleinkrediten. Wie sonst hätte auf die bei traditionellen Banken unabdingbare materielle Sicherheit der Kreditnehmer verzichtet werden können? Wie konnten Kleinkredite überhaupt kostendeckend vergeben werden? Bei klassischer Betreuung von Kleinkrediten hätte der Personalaufwand in keinerlei Verhältnis zur Kreditsumme gestanden. Die Lösung fand Yunus in der Etablierung der bereits erwähnten Kreditgruppen.

Einen Kredit erhält bei Grameen nur jemand, der sich auf folgende Team- und Kooperationslogik einlässt: Er muss bereit sein, seinen eigenen Erfolg von einer engen Schicksalsgemeinschaft aus insgesamt fünf Kreditnehmern abhängig zu machen. Jeder bürgt vollständig für die vier weiteren Personen im Kreditteam. Da keiner im Team über dingliche Sicherheiten verfügt, ist es der durch dieses Prinzip zur Pflicht gemachte Kooperationsgeist, der die dinglichen Sicherheiten komplett und mit bestem Erfolg ersetzt. Was löst der so installierte Teamgeist aus?

Die Teammitglieder kooperieren bei der Prüfung der jeweiligen Businesskonzepte der anderen. Sie lernen so, worauf es nicht nur beim eigenen Geschäft ankommt, sondern allgemein beim Erfolg eines Businesskonzepts. Sie lernen von den guten Ideen der anderen Teammitglieder. Gemeinsam diskutieren sie, wie man das Business jedes Teammitglieds weiter verbessern kann. Wenn diese Kooperation funktioniert, kann es jeder Einzelne im Team zunächst einmal als persönlichen Erfolg verbuchen, dass keiner für den Misserfolg eines anderen Teammitglieds einstehen muss.

Doch der Weg der hier grundgelegten kooperativen Beratung führt weiter. Jeder im Team lernt, gemeinsam über kooperatives Wirtschaften nachzudenken, also über die intelligente Vernetzung der wirtschaftlichen Tätigkeiten der einzelnen Teammitglieder. Als nächster Schritt können die wirtschaftlichen Tätigkeiten einer Gruppe mit denen anderer Kreditgruppen im Dorf oder in der Region verknüpft werden. Dies setzt sich in der Planung und Umsetzung kommunaler Projekte fort, welche die öffentliche Bildung und Kommunikation verbessern. So errichtet die Grameen Bank zusammen mit den Kreditgruppen eines Dorfes ein eigenes Dorfzentrum, das nicht nur als Schalterhalle für Kreditvergaben und Kreditrückzahlungen fungiert, sondern ein sehr lebendiges bürgerschaftliches Kommunikations- und Beratungszentrum darstellt.

Die Grameen Bank installierte den Kooperationsgeist selbst dort, wo uns die Abschottung bis heute ganz besonders heilig ist: Bei Grameen finden grundsätzlich alle Bankgeschäfte in aller Öffentlichkeit statt. Jede Gewährung eines neuen Kredits wie auch jede Rückzahlung ist Teil der regelmäßigen Treffen im Dorfzentrum. Die Kreditangelegenheiten sind damit Teil eines öffentlichen und vertrauensbildenden Prozesses, in den die gesamte Kreditnehmer- beziehungsweise Dorfgemeinschaft integriert ist. Ein solches vertrauenbasiertes System gewinnt eine völlig andere Stabilität als ein System, das vorrangig auf Konkurrenz und somit auf Misstrauen aufbaut.

Vertrauen und Kooperation auf der einen Seite und Konkurrenz auf der anderen müssen sich nicht zwangsläufig widersprechen. Selbstverständlich versucht jedes Unternehmen, das eigene wirtschaftliche Spielfeld so gut wie möglich zu bestreiten. Und manche werden dabei erfolgreicher sein als andere. Wenn aber gleichzeitig Transparenz und Vertrauen herrschen, kann sich jeder darauf verlassen, dass Erfolg tatsächlich das Ergebnis von besonderer Leistung ist und nicht von besonderen Tricks oder Privilegien. Auf dieser Grundlage gedeiht enge Kooperation und kann die ihr innewohnende Kraft der intelligenten Verknüpfung vieler Elemente besser entfalten.

Solche Systeme gleichen gesunden Ökosystemen, in denen zwar jede einzelne Blume ihre Schönheit in Konkurrenz zu allen anderen Blumen entfaltet, aber dennoch »weiß«, wie sehr sie vom Wohl der Ökosystemgemeinschaft abhängig ist. Nur wenn das Ökosystem als Ganzes wächst und gedeiht, wächst und gedeiht auch der Spielraum zur Entfaltung jedes Einzelnen. Gesunde Konkurrenz ist somit auf Dauer nur auf der Grundlage von gesunder Kooperation möglich. Der Publizist Jost Herbig schrieb in seinem Buch »Am Anfang war das Wort« auf der Grundlage entsprechender Forschungen die Evolutionsgeschichte von Charles Darwin um. Er zeigte auf, dass die wirklich großen Fortschritte der Menschheit ausschließlich durch Kooperation möglich wurden und nicht, wie zahlreiche Wirtschaftsdarwinisten uns weiszumachen versuchen, durch Konkurrenzkampf.

Der Mensch hat nur als Gemeinschaftswesen eine Chance zu überleben, nicht als heroischer Individualist und stoischer Egoist, so Herbig. Auch die großen Eroberer der Menschheitsgeschichte konnten ihre Eroberungen nur dann längere Zeit halten, wenn sie die Kultur der Unterworfenen konstruktiv aufnahmen, also sich durch sie selbst weiter kultivierten. Die arabische Hochblüte entstand nicht nur durch Eroberungsfeldzüge, sondern auch durch die kluge Aufnahme des Wissens, des Könnens und der geistigen Prinzipien der Kulturen, in welche die Araber vordrangen. Reine Schlächtermentalität besiegt sich in der Geschichte meist schnell selbst.

Dasselbe gilt für Unternehmensübernahmen in der Wirtschaft. Firmenzusammenlegungen ohne die Entwicklung integrativer Kooperation scheitern über kurz oder lang immer.

Nur durch die beschriebene Kooperationskultur in den Kreditgruppen konnte Yunus das eherne Bankprinzip der dinglichen Sicherheiten knacken. Endlich konnte mehr als nur ein Fünftel der Menschheit Zugang zu Krediten erhalten, die für wirtschaftliches Gedeihen so wichtig sind wie das Licht für die Natur. Ein Kreislauf wurde eröffnet, der die Armen endlich aus den Abhängigkeit schaffenden und erhaltenden Zuständen befreite. Dass der Paradigmenwechsel von einer Konkurrenzwirtschaft zu einer vorrangig auf Kooperation basierenden Ökonomie auch für die gesamte Weltwirtschaft befreiend wirken kann, sehen wir im nächsten Kapitel dieses Buches.

Kapitel 4

Der beste neue Antriebsstoff für Gesellschaft und Wirtschaft: Verantwortung aller für alle

1. Die Vollendung der bürgerlichen Revolution

Die enorme wirtschaftliche Entwicklung in den vergangenen zweihundert Jahren wurde von fast allen Wirtschaftswissenschaftlern vor allem mit dem Konzept einer auf Wettbewerb beruhenden Marktwirtschaft in Verbindung gebracht. Dieses Erklärungsmuster greift jedoch viel zu kurz.

Jahrhunderte lang war die Verwaltung und Weiterentwicklung von Wissen das Privileg einer kleinen Schicht, das durch klerikale oder adelige Weihen legitimiert und abgeschottet wurde. Diese vormoderne Wissensobrigkeit stand ferner in gedeihlicher Beziehung zu den Mächtigen im Lande, die ihre Macht ebenso zu verklären verstanden, sei es gleichfalls durch klerikalen Segen, sei es auf andere ideologisch überhöhende Weise. Das historisch wichtigste Kapital, das Wissen, war einigen Auserwählten vorbehalten. Wissen *und* Macht waren bei einer verschwindend kleinen Minderheit konzentriert. Der Preis dieses Systems waren geistige Inzucht und ein relativ langsamer Fortschritt.

Dieses Konzept fand sein Ende durch verschiedene Abstufungen bürgerlicher Revolutionen.

Im Bereich der Wissenschaft setzte ausgerechnet der heute vielerorts so mittelalterlich und kleingeistig wirkende Islam ein beispielloses Aufbruchsignal. In der Blütezeit des Islam wirkte das Wort Muhammads »Wissen ist gut, gleichgültig, woher es kommt« wie ein Fanfarenruf, das Wissen in aller Welt zu entdecken und weiterzuentwickeln. Der aus China, Griechenland oder Spanien mitgebrachte Wissens- und Erfahrungsschatz ermutigte zu weiterem Denken und Forschen. Diese relative wissenschaftliche Freigeistigkeit steckte auch die europäischen Orientreisenden an. Fasziniert vom Wissen des Orients, begehrten mutige Europäer gegen die Kleingeistigkeit der Kirchengelehrten auf und eroberten sich erste bürgerliche Freiräume im Bereich der Wissenschaften.

Die damit verbundenen und sich schrittweise beschleunigenden wissenschaftlichen und technischen Fortschritte machten es immer lukrativer, die bürgerlichen Freiheiten auch auf das Feld der Wirtschaft und Politik auszuweiten. Zuerst in Frankreich, dann in immer mehr Ländern verlangten Bürger Rechte, die es ihnen ermöglichten, auch ihrerseits mit den wissenschaftlich vorbereiteten neuen technischen Möglichkeiten Kapital aufzubauen und wirtschaftlich zu nutzen. Sowohl das Feld des Wissens und der Wissenschaft als auch das Feld der Wirtschaft und der Politik wurden für neue Bevölkerungskreise jenseits der alten Privilegiertenburgen zugänglich gemacht. Am Fortschritt in beiden Bereichen waren plötzlich deutlich mehr Menschen beteiligt als zuvor. Diese Verbürgerlichung und damit Verbreiterung der Partizipation konnte gesamtgesellschaftlich eine große Kreativität und Dynamik wirksam werden lassen. Die bürgerliche Revolution auf der einen Seite und die wissenschaftliche, industrielle und ökonomische Revolution auf der anderen waren Etappen derselben Entwicklung.

Doch wie bürgerlich ist die Weltgesellschaft inzwischen? Die erste Welle bürgerlicher Revolution verteidigte ihre schwer errungenen Freiheiten erfolgreich mit dem Argument, die Gesellschaft von der Willkür, Selbstsucht und Selbstgefälligkeit einer träge gewordenen Adelsclique befreit zu haben. Was nunmehr zählte, sei echte Leistung. In einem freien Wettbewerb gewinne nicht länger der Privilegierte, sondern der Bessere.

Die neue Konkurrenzfreiheit führte allerdings auf einer anderen Ebene wiederum zu einer Verfestigung von Machtverhältnissen, diesmal jener Machtverhältnisse, die aus der ersten Industrialisierungsphase hervorgingen und deren Machtbasis die Verfügungsmacht über Kapital war. Diese neue Machtkonstellation war zwar bürgerlicher als die vorherige, aber ebenso kapitalbezogen und dadurch wiederum noch sehr verengt. Sie gebar daher einige besonders radikale Ideologien. Die neuen Mächtigen setzten im Überlebenskampf auf die vermeintliche Überlegenheit der vermeintlich Fittesten. Der Bogen der »Survival-of-the-Fittest«-Ideologien reicht vom Kolonialismus und rüdem Manchesterkapitalismus über den Rassismus, den Nationalismus bis zum jüngsten Neoliberalismus.

In weiteren Etappen einer großen bürgerlichen Revolution, die sich über mehrere Generationen hinzog, eroberten sich immer weitere Kreise der Bürgerschaft freiheitliche Rechte und Chancen auf Bildung. Die soziale Marktwirtschaft, bei der ein konservativer Ökonom, Ludwig Erhard, ursprünglich sozialistische Ziele mit marktwirtschaftlichen Ansätzen verknüpfte, war eine der jüngeren Stationen auf diesem Weg. Die Internetgeneration erschloss eine weitere Stufe: den offenen Zugang zu weltweitem Wissen und weltweitem Handeln.

Dennoch: Die Verbürgerlichung des Zugangs zu den technischen, kommunikativen und letztlich auch ökonomischen Entwicklungen erreicht noch immer nur einen sehr kleinen Teil der Menschheit. Der heute verfügbare Wohlstand pro Erdenbürger hat sich in den letzten 100 Jahren immerhin mehr als verzehnfacht – trotz gleichzeitiger Vervielfachung der Zahl der Erdenbürger. Dennoch lebt mehr als eine Milliarde Menschen von weniger als einem Dollar pro Tag und mehr als die Hälfte der Menschheit muss mit weniger als zwei Dollar auskommen. Gleichzeitig hat sich bei weniger als 350 Menschen mehr als die Hälfte des Weltvermögens konzentriert. Die dadurch in den vergangenen 20 Jahren noch einmal stark verdichtete Handlungsmacht einer sehr überschaubaren Gruppe von Superreichen und ihren kräftig mitverdienenden unverzichtbaren Zuarbeitern hat die Entwicklungsfreiheiten selbst der klassischen Mittelschicht in den wohlhabenden Ländern deutlich eingeengt, erst recht die Entwicklungschancen jener Zwei-Drittel-Menschheit, die wir bis heute einem höchst unproduktiven und unnötigen tagtäglichen Überlebenskampf überlassen.

Oder anders formuliert: Die Menschheit ist noch immer weit entfernt von der vollen Entfaltung ihrer kreativen Kräfte. Wenn die vielen Millionen, die in den traditionellen Industrieländern während der vergangenen zwei Jahrzehnte in die Perspektivlosigkeit gedrängt wurden, wieder für die Mobilisierung ihrer Potenziale gewonnen werden können, wenn den vier Milliarden Menschen, die noch immer am Existenzminimum statt am Entwicklungsmaximum leben, eine Hoffnung stiftende Entwicklungslinie gegeben werden kann, wenn die bürgerliche Revolution endlich auch jene etwa 90 Prozent der Menschheit einschließt, die noch immer in völlig anachronistischen Beschränkungen gefangen gehalten werden, werden die wahren menschlichen Entwicklungsmöglichkeiten freigesetzt. Die Sorge um Wohlstandsverluste ist angesichts der positiven Erfahrungen mit der bürgerlichen Befreiung völlig überflüssig. Wenn die tatsächlichen Chancen niemandem mehr vorenthalten werden, kann es nur Vorteile geben:

Wenn alle Menschen eine positive Entwicklungschance erhalten, können wir auf eine wesentlich friedlichere Welt hoffen. Wenn das umfassende menschliche Potenzial wirklich freigesetzt wird, ist eine radikale Umstellung der Weltwirtschaft auf Nachhaltigkeit weder technisch noch ökonomisch ein Problem – sie wird dadurch zwingend notwendig und ist aus einem immensen wirtschaftlichen Wachstumsschub problemlos finanzierbar. Und wenn materielle Absicherung durch die neue technologische

Dynamik gewährleistet ist, wird schließlich das Verständnis von Wohlstand von sozialen, künstlerischen und ethischen Werten geprägt sein. Weil wir das ganze Potenzial der Menschheit nutzen können, werden wir in dieser neuen Entwicklungsphase auch qualitativ reicher.

2. Die neue Ökonomie ist eine Ökonomie der Verantwortung

Das Wesen des neuen möglichen Weltwirtschafts- und allgemeinen Weltentwicklungswunders bedeutet letztlich die Vollendung der bürgerlichen Revolution. Die neuen wirtschaftlichen Wachstumsmärkte liegen insbesondere in den Entwicklungs- und Schwellenländern, von deren aufholender Entwicklung die westliche Welt in analoger Weise stark profitieren wird wie vom bisherigen schrittweisen Erweiterungsprozess der Europäischen Union. Aber auch in Industrieländern, in denen ebenfalls mindestens zwei Drittel der Bevölkerung weit von ihren eigentlichen lebensunternehmerischen Potenzialen entfernt leben, setzt die derzeit wachsende Lebensunternehmerkultur viele neue Wachstumspotenziale frei. Das neue Wirtschaftswunder wächst somit dort, wo Menschen und Unternehmen die wirklichen sozialen und ökologischen Probleme und Entwicklungsbedarfe erkennen und ökologisch, sozial und ökonomisch nachhaltig darauf reagieren. Der neue Wirtschaftsfaktor – und ebenso der Faktor weiterer gesellschaftlicher Entwicklung – lautet somit nach dem Zusammenbruch des Gier-Kapitalismus: Verantwortungsübernahme! Wir werden eine Ökonomie der Verantwortung erhalten. Dies ist der Kern des Social-Business-Impulses und der Social-Business-Ökonomie.

Die Ökonomie der Verantwortung wird die Menschen motivieren, weil sich die Sinnhaftigkeit des Lebens nicht länger im Kauf irgendwelcher sinnverheißender Produkte erschöpft, sondern zum Zentrum menschlicher Arbeit und Kommunikation wird. Die Ökonomie der Verantwortung wird Menschen und Kulturen näher zueinander bringen und wesentlich intensiver und kreativer miteinander wirken lassen, und sie wird die bisher sehr einseitig materielle Deutung von Wohlstand um tiefere qualitative Dimensionen bereichern.

Die Ökonomie der Verantwortung ist heute bereits dort, wo sie sich inmitten einer auf Gewinnmaximierung orientierten Wirtschaft schon ein Stück entfalten konnte, einer rein gewinnmaximierenden Ökonomie deutlich überlegen. Yunus sagte einmal: »Ich freue mich auf den Wettbewerb zwischen Sozialunternehmen und traditionellen Unternehmen, den die Sozialunternehmen ohne jeden Zweifel für sich entscheiden werden.« Dieser neue Konkurrenzkampf zwischen wettbewerbsversessenen und kooperativ orientierten Unternehmen, zwischen Shareholder-orientierten und globalverantwortlich agierenden Unternehmen, zwischen gewinnmaximierenden und gesellschaftlichen Nutzen steigernden Unternehmen hat längst begonnen. Werfen wir einen Blick auf die damit verbundenen Prozesse und die Wandlungschancen.

3. Von der Notwendigkeit der Not-Wendigkeit – oder: Gewinnbringende Beziehungen dank Social Joint Ventures

Von dem indischen Wirtschaftswissenschaftler C.K. Prahalad haben wir in Kapitel 3 gelernt, wie sehr global agierende Unternehmen darauf angewiesen sind, ihre Produkt- und Dienstleistungspalette konsequent auf die Bedarfe der Märkte der heute noch Armen auszurichten. An diesem Punkt, so Prahalad, entscheiden sich die Zukunftschancen der Unternehmen, denn diese Märkte dürften schon in wenigen Jahren die größten sein. Und hier entscheidet sich auch die Kreativität und Flexibilität der Unternehmen, die nirgends mehr gefordert sein wird als dort, wo jegliches einzelne Produkt radikal auf seine preisliche und qualitative Tauglichkeit hinterfragt werden muss.

Prahalad erwartet die neue Innovationswelle in Technologie, Logistik, Management und Marktorganisation an dieser Schnittstelle. Eine Ökonomie der Not-Wendigkeit, also der effektiven Wende der Not der Ärmsten, ist somit eine Notwendigkeit für das weitere Überleben der Global Players. Nur wer sich der Herausforderung stellt, sehr viel preisgünstigere und trotzdem gleichzeitig sehr viel robustere Produkte zu kreieren, kann die immens große Zahl von Neukunden nutzen und weiterhin sein Geld am Markt verdienen.

Bisher gibt es nur wenige Berater, die den Global Players die damit verbundenen konkreten Aufgaben überhaupt darlegen können. Aufgrund der Erfolgsgeschichte der Grameen Bank und der weiteren Grameen-Unternehmen und nicht zuletzt auch aufgrund seiner weltweiten Popularität hat Muhammad Yunus hier zumindest für die nächsten Jahre einen einmaligen Platzvorteil. Wer klug ist, wird seinen Rat suchen.

4. Das erste Social Joint Venture: Grameen Danone

Franck Riboud, der Chef des Lebensmittelkonzerns Danone, war der erste Topmanager eines globalen Konzerns, der diesen Weg beschritt. Im Frühjahr 2006 erreichte Yunus die Nachricht, dass der Danone-Chef ihn gerne treffen würde. Riboud war von der Idee der Kleinkredite fasziniert und wollte Yunus eigentlich einen Scheck überreichen, um dessen Arbeit zu unterstützen. Doch Yunus signalisierte ihm, er sei nicht an Spenden, sondern an einer geschäftlichen Zusammenarbeit mit Danone interessiert. Er skizzierte Riboud folgende Vision:

Grameen und Danone würden ein Social Joint Venture gründen, das einen Joghurt produziert, der für die Klientel der Grameen Bank bezahlbar ist und eine Lücke in deren Ernährung füllt. Joghurt, so Yunus, sei ideal als Trägermasse für Nahrungsbestandteile, die in der Ernährung der Armen zumeist fehlen. Joghurt nicht nur als leckeres Milchprodukt, sondern als universelles Nahrungsergänzungsmittel, so die Geschäftsidee von Yunus. Riboud bestätigte die Machbarkeit dieses Ansatzes. In der Organisation der Zulieferung und des Vertriebs müsse Grameen behilflich sein, da die Grameen-Organisationen über ein beispielloses Netzwerk in den ländlichen Regionen Bangladeschs verfügen. Der Bau der Fabrik hingegen wäre Sache von Danone.

Grameen Danone war das erste Social Joint Venture, das im November 2006 in Bogra im Norden Bangladeschs eröffnet wurde.

Yunus hatte weitere Ansprüche: Wenn die Armen für den Joghurt sowie für die Verpackung bezahlen müssten, dann sollte auch die Verpackung essbar sein, so meinte er. Könnte Danone nicht anstatt eines Plastikbechers einen essbaren Becher entwickeln? Das würde auch die Umwelt weniger belasten. Riboud versprach, auch dies durch seine Forschungsabteilung prüfen zu lassen.

Danone sollte, so Yunus, den Hauptteil der finanziellen Vorleistungen erbringen. Aber nachdem das Social Joint Venture Unternehmen »Grameen Danone« alle Investitionen hereingewirtschaftet haben würde, sollte sich Danone aus dem Unternehmen verabschieden, auf dass es ab diesem Zeitpunkt allein den Armen gehöre.

Riboud besiegelte den Deal per Handschlag. Noch im selben Jahr eröffneten Yunus und Riboud gemeinsam mit Zinedine Zidane, der die Patenschaft übernahm, in der Kleinstadt Bogra im nördlichen Bangladesch die erste kleine Joghurtfabrik von Grameen Danone. Am Ende soll es in Bangladesch 50 solcher Fabriken geben, die jeweils eine Region vom Radius von maximal 50 Kilometern abdecken. Der essbare Joghurtbecher konnte zwar noch nicht realisiert werden, aber die Danone-Forscher arbeiten an einer Lösung auf Maisbasis und sind zuversichtlich, diese bald industriell einsetzen zu können. Als Zwischenlösung wird bislang ein kompostierbarer Joghurtbecher produziert.

Franck Riboud war schnell von der Idee des Social Joint Venture eingenommen. Da Danone aber eine Aktiengesellschaft ist, musste er auch die Aktionäre überzeugen. Er fragte sie nach einem Partner, von dem Danone besser mit solcher Zuverlässigkeit lernen könne, wie diese Märkte funktionierten und was deren wirklichen Bedarfe seien. Er wollte, dass seine Aktionäre dieses Projekt nicht nur als eine PR-Aktion verstehen, sondern als eine zentrale Maßnahme strategischer Unternehmensplanung. Sein Kalkül ging auf und die Aktionärsversammlung folgte seiner Argumentation, auch wenn sie den Mitteleinsatz vorerst begrenzte. Dafür entstand jedoch zusätzlich eine Initiative von Grameen-Mitarbeitern und einigen Danone-Aktionären, die gemeinsam einen Fonds bildeten, um den Aktionsradius des Grameen-Danone-Projektes zu erweitern.

Riboud war ferner klar: Die Zusammenarbeit mit Grameen bringt Danone immense Vorteile, selbst wenn Danone nach dem »Return on Invest« aus dem Gemeinschaftsunternehmen aussteigt und die Anteile den Armen überlässt. Neben dem Kennenlernen eines Marktsegments, für das es schlicht keine ernstzunehmenden Produkt- und Marketingberater gibt, wirkt sich für Danone besonders die frühe Marktpositionierung positiv aus. Die Kunden von Grameen arbeiten sich bereits mit vergleichsweise großen Schritten aus der Armutsfalle heraus. Je erfolgreicher sie dabei sind, desto eher werden sie auch andere Produkte als den »Einstiegsjoghurt« nachfragen.

Für Yunus ist es sehr wichtig, dass die Wirtschaftswelt in dem Segment der Produkte, die wie der Joghurt von Grameen Danone eine Brücke aus der Armut bilden, keine Gewinne abzieht. Er selbst entschied sich im Jahr 2006, nur noch mit solchen Unternehmen zu kooperieren, die sich auf seine Bedingung einlassen, auf jegliche Kapitalrendite jenseits der Rückzahlung des reinen Kapitaleinsatzes zu verzichten. Es ist jedoch nichts dagegen einzuwenden, wenn sich oberhalb der Armutsgrenze dieselben Unternehmen mit Produkten positionieren, die auch Gewinne versprechen. Insofern gibt es keinen Konflikt zwischen den langfristigen Zielen von Grameen und Danone beziehungsweise anderen Partnerunternehmen. Auf die Sinnhaftigkeit dieses Grundsatzes werden wir später noch eingehen.

5. Das Interesse an der Gründung von Partnerunternehmen gemeinsam mit Grameen ist groß

Auf dieser Grundlage sucht Muhammad Yunus seit der Verleihung des Friedensnobelpreises am 10. Dezember 2006, anlässlich der er die Vision von Social Business und Social Joint Ventures skizzierte, verstärkt Partner für derartige Social Joint Ventures. Seither steht dieses Thema, das weit über die Kleinkreditidee hinausreicht, im Mittelpunkt seiner Reden. Im Frühjahr 2008 veröffentlichte er ferner das programmatische Buch »Creating a World Without Poverty. Social Business and the Future of Capitalism« (deutsche Ausgabe: »Die Armut besiegen«). Die Resonanz in der Wirtschaftswelt ist enorm. Im Jahr 2008 schloss Yunus weitere bedeutsame Kontrakte ab:

Mit dem französischen Wasserkonzern gründete er das Unternehmen Grameen Veolia, dessen Ziel die Bereitstellung von bezahlbarem sauberen Wasser für die Armen in Bangladesch ist. Das Grundwasser in weiten Bereichen des Landes ist stark mit Arsen belastet. Mit jedem Schluck Wasser werden die 30 Millionen Bangladeschi, die sich kein abgefülltes Trinkwasser der großen Wasserkonzerne leisten können, schlicht ein Stück weiter vergiftet. Die gesundheitlichen Folgen sind verheerend. Das Problem ist zumindest mittelfristig nicht anders lösbar als durch die Belieferung dieser Menschen mit sauberem Trinkwasser. Eine flächendeckende Reinigung des Grundwassers von Arsen ist selbstverständlich ein dringliches Handlungsfeld für die Politik, würde aber zu lange dauern. Antoine Frérot, der CEO von Veolia, stimmte dem Social Business Konzept von Yunus zu. Das Unternehmen wird zu je 50 Prozent von Veolia Water und Grameen Healthcare finanziert. Die erste Fabrikanlage in Goalmari, einer Kleinstadt nördlich der Hauptstadt Dhaka, versorgt dank einer Gesamtinvestition von 500 000 Euro 25 000 Einwohner. Alle Gewinne, die trotz des günstigen Preises erzielt werden, fließen vollständig in den Bau weiterer Anlagen. Die Wasseraufbereitungsanlage reinigt das durch die Industrie zusätzlich stark verschmutzte Oberflächenwasser und liefert sauberes Wasser zu einem Preis von umgerechnet 0,1 Eurocent pro Liter. Von der Anlage führen 14 Wasserleitungen in den Umkreis von zwei Kilometern. An diesen Wasserstellen können dann »Wasserhändlerinnen« Wasser abnehmen und in die umliegende Gegend bringen und verkaufen.

Im Mai 2008 unterzeichnete Grameen Healthcare einen Social-Business-Vertrag mit der Saudi-German Hospital Group. Sie werden gemeinsam eine Serie von kleineren Hospitälern aufbauen. In diesem Rahmen kam es auch zu einem ersten Abkommen mit dem Pharmakonzern Pizer, der vorerst jeweils drei Manager zu Grameen entsendet, um die dortigen Bedarfe und Entwicklungen zu beobachten und zu unterstützen.

Mit General Electric kam im September 2008 ein ähnlicher Vertrag zustande. Ziel dieser Partnerschaft ist die Entwicklung einer Vielzahl von Social-Business-Geschäftsmodellen im Gesundheitsbereich. Hier geht es vor allem um medizinische Geräte, die den Bedarfen der Armen gerecht werden, also für die häufigsten Krankheiten innovative und dabei bezahlbare Behandlungen und Heilmethoden ermöglichen. Derzeit testet Grameen Healthcare mit Hilfe von General Electric den Einsatz von Ultraschallgeräten für Vorsorgeuntersuchungen und Diagnosezwecke beim Mutterschutz.

Die Gründung eines weiteren Social Joint Venture gab das Unternehmen Intel im Frühsommer 2008 bekannt. Grameen Intel soll die Erfahrungen des größten Grameen-Unternehmens, Grameen Phone, auf den Einsatz von Computern in den ländlichen Regionen Bangladeschs übertragen. Grameen Phone gibt inzwischen mehr als 100 000 Menschen in Bangladesch Arbeit. So genannte »Telefonladies« vermieten seit etwa zehn Jahren Telefonminuten mit Handys in den Dörfern und tragen so zum Anschluss von Millionen Menschen an die moderne Kommunikationswelt bei. Die Kleinkreditnehmerinnen von Grameen konnten sich dadurch selbst über die Marktpreise für ihre Produkte informieren und ihre Spannen erhöhen. Grameen Phone wuchs in wenigen Jahren zum größten Unternehmen und Steuerzahler in Bangladesch heran. Die Perspektiven von Grameen Intel sind sicher nicht geringer. Durch dessen Tätigkeit soll das Internetzeitalter nun auch für die Abermillionen Armen vor allem auf dem Lande anbrechen. Entscheidend ist, Geschäftsmodelle umzusetzen, die wirtschaftlich unabhängig funktionieren und zu einer nachhaltigen wirtschaftlichen Entwicklung in den ländlichen Regionen führen. Diese Erfahrungen sollen dann auf andere Länder übertragen werden.

6. Social Joint Ventures mit deutschen Unternehmen – BASF macht den Start

Am Rande des 1. Vision Summit Anfang Juni 2007, den ich unmittelbar vor dem G8-Gipfel in Deutschland mit dem Ziel organisierte, dort besonders zukunftsweisende Konzepte der Öffentlichkeit sowie den Entscheidungsträgern in Wirtschaft und Politik zu präsentieren, arrangierte der Unternehmer Hans Reitz die ersten Treffen von Muhammad Yunus mit deutschen Unternehmensführern, um analoge Social Joint Ventures auch in diesem Lande vorzubereiten. Er berät mehrere große deutsche Unternehmen und ist mit seiner Eventagentur circ einer der Gesellschafter des Genisis Institute. Auf den ersten derartigen Treffen entwickelte Hans Reitz die Idee zu sogenannten Grameen Creative Labs und ich die Idee zur Gründung des Genisis Institute for Social Business and Impact Strategies. Beide Einrichtungen sind inzwischen sehr erfolgreiche Promotoren von Social Business sowie von Social Joint Ventures.

In der Folge entschied sich einer der größten deutschen Global Players, BASF, dazu, das Jahrestreffen seiner 200 internationalen Führungskräfte im Herbst 2008 weitgehend in einen Social-Business-Workshop zu verwandeln. Das Unternehmen verschickte vorab an jeden Teilnehmer ein Exemplar von Yunus' Social-Business-Buch mit der Aufforderung, dieses bis zur Jahreskonferenz genau zu studieren. Im Unternehmen begann man darüber nachzudenken, wie man mit neuen technologischen Forschungsprojekten dem Ziel von Social Business dienen kann.

Das erste Ergebnis wurde am 3. März 2009 in Ludwigshafen von Muhammad Yunus und dem BASF-Chef Jürgen Hambrecht bekannt gegeben. Sie gründeten das Social Joint Venture BASF Grameen Ltd., das sich einer besseren Gesundheitsversorgung sowie dem Aufbau von neuen Geschäftsmöglichkeiten für die Armen in Bangladesch verschreibt. Dieses Unternehmen startet zunächst mit zwei BASF-Produkten: beschichtete Moskitonetze, die vor krankheitsübertragenden Insekten schützen, sowie Portionsbeutel mit Vitaminen und Spurenelementen, die als Nahrungsergänzung dienen.

Die Weltgesundheitsorganisation WHO schätzt die Zahl der an Malaria erkrankten Menschen in Bangladesch auf rund drei Millionen. Insgesamt sind nahezu drei Viertel der Bevölkerung von der Krankheit bedroht, also allein in Bangladesch weit mehr als 100 Millionen Menschen. Moskitonetze sind hier der effektivste und kostengünstigste Schutz. Doch einer derart großen Zahl von Menschen »können wir auf Dauer nicht mit Spendenprogrammen helfen, sondern besser mit einem Geschäftsmodell, das nutzbringende Produkte und Dienstleistungen zu erschwinglichen Preisen anbietet«, begründet Yunus das erste Projekt. Das zweite erschließt sich aus dem UNICEF-Kinderbericht des Jahres 2008. Demnach sind in Bangladesch mehr als 8 Millionen Kinder unter fünf Jahren mangelernährt, und auch die Mangelernährung der Mütter ist eine der höchsten weltweit.

Als Firmensitz wählte BASF Grameen Dhaka in Bangladesch. Es ist mit einem Startkapital von 200 000 Euro ausgestattet worden, zusätzlich stellte BASF 100 000 Moskitonetze und eine Million Vitamin-Portionsbeutel zur Verfügung. Durch den Verkauf dieser beiden Produkte soll sich das neue Sozialunternehmen die finanzielle Grundlage für eine nachhaltige und unabhängige Entwicklung erarbeiten und sich sukzessive ausweiten. Bis 2013 will man jährlich 200 000 Moskitonetze und 15 Millionen Vitaminpäckchen vertreiben. Die Imprägnierung und später die gesamte Herstellung sollen nach Bangladesch verlagert werden.

Zunächst sollen zwei Vertriebswege beschritten werden: Da die Grameen Bank lange Zeit nur die Lizenz erhielt, auf dem Lande zu arbeiten und erst seit kurzem auch in den Städten arbeiten darf, sollen hier die etablierten Vertriebswege der Apotheken, Lebensmittelläden, Kleidungsgeschäfte und Großverbraucher wie Schulen genutzt werden. Auf dem Lande wird Grameen das bewährte Vertriebsnetz seiner acht Millionen Kunden und deren Familien einsetzen. Grameen plant, diese Menschen beim Aufbau eines eigenen Vertriebs, der Finanzierung von Moskitonetzen sowie bei Schulungen über den richtigen Einsatz von Vitaminpäckchen und Moskitonetzen zu unterstützen.

Nach der erfolgreichen Etablierung dieser beiden Produkte wollen BASF und Grameen ihr Social Joint Venture auf weitere Produkte und Regionen ausweiten: »Sind wir erfolgreich, überlegen wir gemeinsam auch in anderen Ländern und mit weiteren Produkten aufzutreten, zunächst in Asien und dann möglicherweise in Afrika«, verkündeten Yunus und Hambrecht anlässlich der Vertragsunterzeichnung.

Inzwischen ist Jürgen Hambrecht selbst als Botschafter für Social Business unterwegs. Beim Weltwirtschaftsforum 2009 in Davos ermutigte er viele seiner Kollegen aus der deutschen Wirtschaft, dem Beispiel seines Unternehmens zu folgen. Seine Argumente: »Unser gemeinsames Social Business soll Menschen die Möglichkeit eröffnen, am Geschäftsleben aktiv und erfolgreich teilzunehmen. Je mehr Menschen das tun – sei es als Geschäftspartner, Kunden oder als Mitarbeiter – desto besser für die wirtschaftliche und soziale Entwicklung eines Landes und seiner Menschen. In die unternehmerischen Fähigkeit von Menschen zu investieren, liegt daher auch in der Verantwortung von Unternehmen.«

Doch schafft sich das Unternehmen nicht mit einem separaten Social-Business-Unternehmen selbst Konkurrenz, und das zu Bedingungen, unter denen es niemals Geld verdienen kann? Hier argumentiert Jürgen Hambrecht ähnlich wie Franck Riboud von Danone: Neben dem unbestreitbaren Reputationsvorteil, der durch die ernsthafte Übernahme gesellschaftlicher Verantwortung erlangt wird, führt Hambrecht auch den ökonomischen Vorteil der Erschließung neuer Märkte an: »Das ist für uns ein völlig neuer und zudem kostengünstiger Weg für das Pre-Marketing«, also für die Einführung des Markennamens sowie für die Entwicklung von marktgerechten Produkten.

Immer weitere Global Players aus Deutschland folgen diesem Beispiel beziehungsweise stehen inzwischen in engen Gesprächen mit Yunus.

Einer dieser Gesprächspartner ist die Solarfabrik in Freiburg/Breisgau. Bei einem Gespräch zwischen ihrem Geschäftsführer und Yunus fragte dieser, welcher Anteil an den Kosten für die Herstellung von Solarmodulen westlichen Luxusbedürfnissen geschuldet sei, die keinen Nutzen für deren reine Funktionalität haben. Schnell wurde klar, dass dieser Anteil nicht unbeträchtlich ist. Warum beispielsweise müssen Solarmodule besonders glänzen? Ganz einfach weil sie sich in den Industrieländern dadurch besser verkaufen lassen. Die Hersteller von Solarmodulen haben sich deshalb nie die Frage gestellt, ob man die Solarmodule durch Einsparungen, die die Leistung nicht schmälern, zu günstigeren Preisen in die weniger wohlhabenden Länder verkaufen könnte.

Dieses einfache Beispiel macht die Denkweise von Yunus und seinem Grameen-Team sowie dessen Wert für westliche Industrieunternehmen deutlich. Yunus stellt Fragen, auf die sie selbst nicht kommen. Dank der Einsparungen in der Höhe von 20, 30 oder 50 Prozent können völlig neue Märkte erschlossen und wie in diesem Fall regenerative Energien weltweit etabliert werden. Dass Solarenergie schon jetzt in den ländlichen Regionen von Entwicklungsländern kostendeckend eingesetzt werden kann, hat Grameen Shakti bewiesen. Wenn nun noch kostensenkende Innovationen bei Solarmodulen hinzukommen, kann die vorgezeichnete Entwicklung entscheidend beschleunigt werden.

Das Spektrum der Geschäftsbereiche, für die Grameen in den nächsten Jahren Social-Joint-Venture-Partner finden möchte, ist weit. Als Beispiele nennt Yunus unter anderem:

- »Sozialunternehmen, die hochwertige, nahrhafte Lebensmittel produzieren und zu sehr niedrigen Preisen an in Armut lebende und unterernährte Kinder liefern«,
- »Sozialunternehmen, die Krankenversicherungen anbieten, die den Armen Zugang zu einer medizinischen Versorgung geben, die sie sich leisten können«,
- »Sozialunternehmen, die Systeme zur Gewinnung erneuerbarer Energie entwickeln und zu angemessenen Preisen an ländliche Gemeinden verkaufen, die sich ansonsten keine Stromversorgung leisten können«,
- »Sozialunternehmen, die Abfälle und Abwässer wiederverwerten, die andernfalls in armen oder politisch marginalisierten Stadtvierteln die Umwelt belasten würden«.

7. Gewinnbringende Beziehungen zwischen Wirtschaft, Armen und NGOs dank Social Joint Ventures

Yunus selbst nennt vorrangig gesellschaftliche Herausforderungen, die sein Land betreffen und typischerweise für Entwicklungs- oder Schwellenländer akut sind. Die Entwicklungschancen, die sich für diese Länder, aber auch für die potenziellen Partner auf Seiten der Wirtschaft ergeben, sind immens. Wie bereits erwähnt, ist Grameen Phone das inzwischen größte Einzelunternehmen von Bangladesch überhaupt und initiiert sogar gemeinsam mit anderen Unternehmen analoge Social Businesses in weiteren Ländern. So entstehen derzeit Village-Phone-Projekte in Uganda und Ruanda, und weitere afrikanische Länder stehen auf der Warteliste. Das Ziel von Grameen Intel ist erklärtermaßen, den Zugang zur IT-Welt für alle Armen weltweit zu verwirklichen.

Das Konzept von Social Joint Ventures ist selbstverständlich nicht auf Partnerschaften mit Grameen begrenzt. Yunus promotet Social Business und Social Joint Ventures als allgemeine Modelle neuer Beziehungen zwischen der traditionellen Wirtschaft, den bereits vorhandenen Social-Business-Unternehmen, jenen Nichtregierungsorganisationen, die bereit sind, ihre sozialen Projekte in Social Businesses zu verwandeln, und – last but not least – den Armen selbst.

Ein Beispiel hierfür ist die Initiative »Cotton made in Africa« von Michael Otto. Der Leiter der Otto Group organisierte über seine Aid by Trade Foundation ein Netzwerk von afrikanischen Baumwollbauern, ortskundigen Nichtregierungsorganisationen und Textilunternehmen in Europa, das die sozialen, ökologischen und ökonomischen Bedingungen der Baumwollproduktion entscheidend verbessern will.

Bisher haben 150 000 Kleinbauern in Benin, Burkina Faso, Sambia und Mosambik Methoden des integrierten Pflanzenschutzes gelernt sowie Praktiken, mit denen sie sowohl die Quantität erhöhten als auch die Qualität der erzeugten Baumwolle verbesserten, um sie für den Weltmarkt attraktiver zu machen. Dank der Vermittlung von effizienten Anbaumethoden, der guten Betreuung der Felder während der Anbausaison und der Mittel zum Erhalt der Bodenfruchtbarkeit lassen sich die Ernteerträge auf das Doppelte und mehr steigern. Die Einnahmen verbleiben vollständig bei den Kleinbauern, so dass dieser Ansatz der strengen Definition von Muhammad Yunus für Social Businesses entspricht.

Durch die Zusammenarbeit mit Nichtregierungsorganisationen werden insbesondere auch ökologische Aspekte berücksichtigt. So werden Pflanzenschutzmittel nur in Grenzfällen eingesetzt. Durch ein ausgeklügeltes System wird festgestellt, wie lange es besser ist, einen Teilverlust der Ernte in Kauf zu nehmen, als für den gesamten Anbau teure Pestizide zu bezahlen. Auf diese Weise sind ökonomische und ökologische Anliegen sinnvoll miteinander verbunden.

Mehrere der großen Textilmarken haben sich bereits dem Bündnis »Cotton made in Africa« angeschlossen, so dass alle beteiligten Kleinbauern auf eine verlässliche und pünktliche Bezahlung bauen können.

Initiativen dieser Art nahmen in den vergangenen Jahren dank der Lohas-Bewegung für einen bewussteren und verantwortungsvolleren Konsum deutlich zu. Die von Muhammad Yunus gestartete weltweite Social-Business-Initiative hat ihnen noch einmal einen erheblichen Schub gegeben. Der 2. Vision Summit Anfang November 2008 war hierfür in Europa eine wichtige Wegmarke. Diese erste internationale Konferenz, die sich ganz dem Thema Social Business widmete, nahm sich zum Ziel, den Social-Business-Impuls in alle Bereiche der Gesellschaft zu tragen. Werden sich die internationalen Konzerne schnell und weit genug bewegen, um durch Social Joint Ventures eröffnete Chancen für Wirtschaft und soziale Anliegen zu nutzen? Werden regionale und internationale Nichtregierungsorganisationen ihre Kontakte zu den betroffenen Menschen vor Ort dazu nutzen, um die besseren Social-Business-Geschäftsmodelle und Social Joint Ventures zu gestalten? Oder werden völlig neue Initiativen aus dem Kreis der Betroffenen selbst, also von den Armen dieser Welt, ausgehen, vielleicht auch in Zusammenarbeit mit engagierten Bürgern, die sich geeignete Partner in der Weltwirtschaft für Social Joint Ventures suchen? Noch ist es keineswegs sicher, woraus die erfolgreichsten Social Businesses und Social Joint Ventures hervorgehen werden, also jene mit dem größten »Social Profit«, dem nachhaltigsten gesellschaftlichen Nutzen. Sollte mit dem Siegeszug von Social Business die Machbarkeit einer Synthese von ökonomischem Wirken und gesellschaftlichem Nutzen in das Bewusstsein einer breiten Öffentlichkeit dringen, wird dies ganz sicher auch das Kaufverhalten weiter Bevölkerungskreise beeinflussen. Eine gesunde Konkurrenz zwischen allen genannten Sektoren kann die weitere Entwicklung nur beflügeln.

Viele der klassischen Nichtregierungsorganisationen sind wegen des chronischen Finanzmangels bei der sozialen Arbeit in den Armutsregionen der Welt längst dazu übergegangen, soziale Projekte möglichst selbsttragend zu organisieren. Die Not erzeugte hier die notwendige Wendigkeit in Richtung Social Businesses. Das klassische Charity-Denken ist jedoch noch immer sehr virulent und wirkt als Denkblockade fort. Das Beispiel des langen Widerstands gegen selbsttragende Zinssätze für Kleinkredite steht hier stellvertretend für viele andere Denkhindernisse, die den Wandel in der Arbeit vieler Nichtregierungsorganisationen von Charity zu Social Business aufhalten. Vor allem kommt man noch viel zu schnell zu dem Urteil, dass dieses oder jenes Feld sozialer Herausforderung für Social Businesses ungeeignet sei. Das Genisis Institute hat es daher zu einem seiner Ziele erklärt, an dieser Stelle Nichtregierungsorganisationen beratend zur Seite zu stehen. Besonders hilfreich für diesen Wandel wird dabei die Dokumentation von Erfolgsbeispielen sein, wo soziale Projekte von Nichtregierungsorganisationen bereits den Schritt zum Sozialunternehmen geschafft haben. Um einem möglichen Missverständnis vorzubeugen: Es wird weiterhin ein weites Feld von sozialen Projekten geben, die dauerhaft von Spenden abhängig bleiben werden und alle Würdigung und Unterstützung verdienen. Dennoch ist es sinnvoll zu prüfen, ob sich manche nicht zu Social Businesses entwickeln lassen.

Ein breites Entwicklungspotenzial für den Wandel von sozialen Projekten zu Social Businesses ist ferner in der sogenannten Social-Entrepreneurship-Bewegung zu finden. Diese Bewegung wurde von Bill Drayton ins Leben gerufen, einem früheren McKinsey-Partner. Seine Idee war, Persönlichkeiten zu identifizieren, die ihre unternehmerischen Talente nicht innerhalb der Wirtschaft, sondern im sozialen Bereich erfolgreich zur Entfaltung brachten. Draytons Augenmerk lag dabei auf den innovativen Qualitäten ihrer Ideen zur Lösung eines gesellschaftlichen Problems.

Folgende Fragen waren für ihn maßgeblich: Sind diese Ideen in ihren Ansätzen wirklich ungewöhnlich? Zeigen sie eine deutliche Wirkung an den avisierten sozialen Brennpunkten? Und sind sie skalierbar, also auch auf andere Regionen und durch andere Menschen übertragbar? Dass derartige Innovationen sich auch noch wirtschaftlich rechnen, ist aus dieser Perspektive eher der Einzelfall. Die Organisationen, die sich der Förderung von Social Entrepreneurs gewidmet haben, wie beispielsweise die von Drayton selbst ins Leben gerufene Organisation Ashoka, die Schwab Foundation for Social Business oder die Skoll Foundation, konzentrieren sich zwar durchaus darauf, die Social Entrepreneurs auf dem Weg zu besseren Fundraisern und Haushältern zu begleiten. Oft bedeutet dies jedoch eher eine Unterstützung beim Beantragen von Fördergeldern oder bei Medienkontakten, die für öffentliches Fundraising hilfreich sein können.

Erst in jüngster Zeit erkennt diese Szene, dass viele der von ihnen entdeckten Social Entrepreneurs sehr wohl das Potenzial haben, ihre Projekte zu Social Businesses zu entwickeln und sogar Wirtschaftspartner für Social Joint Ventures zu finden.

8. Soziale Projekte zu Sozialunternehmen fortentwickeln – die Beispiele von Rodrigo Baggio und Murat Vural

Ein Beispiel dafür ist Rodrigo Baggio. In einer Mittelklasse-Familie in Rio de Janeiro aufgewachsen, erkannte Baggio früh die Bedeutung des Zugangs zur IT-Welt für die soziale und wirtschaftliche Entwicklung der Jugend. Er hatte in den Favelas mit Jugendlichen gearbeitet und wusste daher auch, dass deren Traumjob meist der des Drogendealers war – das versprach Macht, Waffen, Geld, Autos und Frauen und war oft die einzige Verdienstmöglichkeit. Rodrigo Baggio suchte und fand Auswege für diese

Jugendlichen aus ihrem Dilemma. Nach dem Studium gründete er eine Softwarefirma und später den Verein CDI, Komitee für Demokratisierung und Informationstechnologie. Er wollte sich für das Recht dieser Jugendlichen auf ein würdiges Leben einsetzen und baute zu diesem Zweck Computerschulen in Favelas auf.

Bis zu 120 Jugendliche pro Monat erwerben in jeder dieser Schulen IT-Kenntnisse, indem sie ein Thema bearbeiten, das für sie in dieser rauen Welt wichtig ist, wie Drogenhandel oder Abtreibung. Um mehr darüber zu erfahren, surfen sie im Internet. Mit Fotoprogrammen und Power Point gestalten sie beispielsweise Infoposter. Ihren Newsletter schreiben sie mit Word-Programmen. Datenbänke legen sie mit Exel an. So werden sie ganz nebenbei nicht nur fit am Computer, sondern beschäftigen sich mit Problemen, die ansonsten in der Gesellschaft tabu sind, zu denen das glamouröse Image der modernen Technik auf einmal einen attraktiven Zugang bereitet.

Der Erfolg von Baggios Projekt lässt sich in nüchternen Zahlen messen: Er gründete inzwischen über 800 Schulen in 11 Ländern in Südamerika, Asien und Afrika. Fast eine halbe Million Kinder und Jugendliche haben die Kurse besucht, mehr als 1600 junge Menschen wurden als Lehrer ausgebildet. Und fast 90 Prozent der Absolventen fanden das Angebot des CDI so »cool«, dass sie ihre Chance beim Schopf packten und nun zusätzlich auch eine »normale« Schule besuchen. Bisher tragen sich die Schulen finanziell selbstständig, aber der Überbau von Baggios Organisation CDI benötigt nach wie vor finanzielle Zuwendungen und Spenden. Inzwischen denkt Baggio darüber nach, welche Anknüpfungspunkte er finden kann, um aus seinem Projekt echte Social Businesses und echte Social Joint Ventures zu machen.

Cisco Systems z. B. gründete 1998 die Cisco Networking Academy, die inzwischen in 165 Ländern jährlich 500 000 junge Menschen im Umgang mit IT-Technologien ausbildet, mit zertifizierten und anerkannten Abschlüssen als Netzwerktechniker. Wäre es nicht ausgesprochen sinnvoll, wenn die Regierungen der Länder, in denen Rodrigo Baggio arbeitet, ihm den Auftrag für ein neu zu gründendes Social Business geben würden, das seine Slumkinder zu Netzwerktechnikern ausbildet? Eine sinnvollere Investition könnte ein Entwicklungsland kaum tätigen, um soziale Probleme zu lösen und gleichzeitig mit eigenen Nachwuchskräften den Anschluss an die modernsten Technologien zu erreichen.

Ein anderes Beispiel ist Murat Vural. Er hat es nach einer kleinen Bildungsodyssee durch deutsche und türkische Schulen geschafft, sich in unserer Gesellschaft mit einem Hochschulabschluss zu etablieren. Aber die vielen demütigenden Erfahrungen, die er als Migrant, der weder in Deutschland noch in seinem Herkunftsland richtig zuhause war, machen musste, ließen ihn einen »Interkulturellen Bildungs- und Förderverein für Schüler und Studenten« (IBFS e. V.) in seiner jetzigen Heimatstadt Castrop-Rauxel gründen. Dieser organisierte an mehreren Schulen in der Region so erfolgreich Motivationsveranstaltungen und Nachhilfeunterricht für Migrationskinder, dass Ashoka ihm eine dreijährige finanzielle Unterstützung anbot, um sein Modell weiter ausbauen zu können.

Vurals Erfolgsrezept: Er gewinnt Migranten, die sich durch ein Hochschulstudium, ebenso wie er selbst, in Deutschland etablieren konnten und die ihre eigene Erfolgsstory motivierend an Migrationskinder weitergeben möchten. Ihre Botschaft lautet: Seht, ich habe es geschafft, also könnt ihr es ebenso. Und dies sind Wege, wie ihr es schafft … Durch die angebotenen konkreten Hilfen beim Lernen in Problemfächern zeitigt das Programm erstaunliche Wirkungen. Bei drei Viertel der bisher mehr als 500 Teilnehmer waren die Lernfortschritte erheblich.

Aber Murat Vural will mehr erreichen. Gemeinsam mit Michel Aloui vom Genisis Institute und dessen BrandStiftung dachte er darüber nach, wie er seine Arbeit skalieren, also einem Vielfachen von Migrantenkindern nutzbar machen kann. Der Engpass beruht vor allem darauf, dass das Projekt bisher ehrenamtlich organisiert ist. Außerdem ist die Zahl der Hochschulabsolventen mit türkischem Migrationshintergund in Deutschland noch so niedrig, dass es nur schwer möglich ist, ein solches System bundesweit umzusetzen. Was ist die Lösung? Die Umwandlung dieses sozialen Projekts in ein Social Business. Die relativ überschaubare Zahl der türkischstämmigen Hochschulabsolventen kann sich darauf konzentrieren, Studenten und Schüler aus höheren Jahrgängen mit Migrationshintergrund beim Lernen so zu unterstützen, dass sie das Studium bzw. die Schule erfolgreich abschließen. Als Gegenleistung müssen sie dafür die Verpflichtung eingehen, ihrerseits eine bestimmte Anzahl von jüngeren Schülern beim Lernen zu unterstützen. Die jüngeren Schüler zahlen ihnen dafür eine gewisse Gebühr, die jedoch weit unter normalen Nachhilfetarifen liegt. Murat Vural ist überzeugt, dass er mit diesem Konzept ein funktionierendes Social Business und ein breitenwirksames System aufbauen kann, das mit minimalem Kostenaufwand viele Migrantenkinder aus dem Teufelskreis der Entmutigung herausführt. Das Genisis Institute sieht eine seiner Aufgaben darin, Wandlungsprozesse wie diesen zu begleiten.

9. Die Armen zu Eigentümern machen

Gleichzeitig könnten die neuen Social-Business-Unternehmen so konzipiert sein, dass sie eine weitere Idealvorstellung von Social Businesses und Social Joint Ventures erfüllen: Sie sollten möglichst den Betroffenen selbst gehören oder zumindest nach einer Anlaufzeit, nach der die Investoren ihre Einlagen zurückerhalten, in das Eigentum der Betroffenen übergehen.

Gerade in Entwicklungsländern ist die Frage der Ownership unter entwicklungspolitischen wie ökonomischen Gesichtspunkten entscheidend für den dauerhaften Erfolg eines derartigen Unternehmens. Viele der traditionellen Entwicklungsprojekte scheitern, weil sie die Frage nach den Eigentumsverhältnissen falsch beantworten.

Von staatlichen Entwicklungshilfeeinrichtungen initiierte Projekte laufen im Nehmerland fast immer über dortige staatliche Stellen. Dies bedeutet in der Konsequenz, dass sie meist von den dortigen Machteliten und deren Günstlingen dominiert werden. Diese lassen es sich in aller Regel nicht entgehen, ihren Vorteil dauerhaft zu sichern und als Machtinstrument einzusetzen. Auch bei Projekten, die von nichtstaatlichen Einrichtungen betrieben werden, wirken ähnliche Mechanismen. Selbst kirchliche Hilfswerke haben oft kein Interesse daran, dass ihre Klientel allzu selbstständig wird. Warum werden die Menschen, denen ein Projekt eigentlich helfen sollte, nicht gleichzeitig zu dessen Eigentümern gemacht? Diese Nichtbeteiligung hat zur Folge, dass die Menschen keine besonders hohe Motivation entwickeln. Sie wissen nur zu gut, wie die Eliten mit Projekten umgehen, die in ihre Verfügungsgewalt kommen.

Soziale Projekte, die ernsthaft in das Eigentum der Armen übergehen, erwiesen sich als entschieden erfolgreicher. Erst wenn Menschen wissen, dass sie wirklich für das eigene Unternehmen arbeiten, werden sie all ihre Energie investieren. Das ist einer der Gründe, weshalb Menschen, die sich mit kleinen Krediten selbstständig machen, wesentlich engagierter, freudiger und kreativer arbeiten als Menschen, die in Abhängigkeitsverhältnissen tätig sind, selbst wenn sie von staatlichen oder sonstigen Entwicklungsprogrammen profitieren.

Ähnliches gilt auch für Social Businesses und Social Joint Ventures, deren Angestellte zwar nicht im engeren Wortsinne Selbstständige sind, dafür aber Miteigner. Yunus legte daher größten Wert darauf, dass die Grameen Bank den Kreditnehmern selbst gehört. Bis auf wenige Prozent, die aus rechtlichen Gründen beim Staat verbleiben müssen, befindet sich Grameen im Besitz der Armen. Die Bank ist genossenschaftlich strukturiert. Seitdem Grameen als wirtschaftlich autonome Einheit, also als Unternehmen, arbeitet, flossen die Überschüsse in neue Projekte, von denen die Eigner auf unterschiedliche Weise unmittelbar profitierten. Im Jahr 2006 zahlte die Grameen Bank darüber hinaus erstmals eine Dividende aus. Der Aufstieg der Grameen-Unternehmensfamilie zu einem effizienten Dienstleister für die Bedarfe der Armen und Ärmsten basiert nicht zuletzt darauf, dass die Armen nicht nur die mittelbaren Nutznießer sind, sondern auch die Eigner. Vor diesem Hintergrund schlägt Yunus vor, Social Businesses mit derselben Logik und Dynamik der Ownership auszustatten.

Die Investoren in diesem sozialunternehmerischen Feld sollten sich nicht als Spender, sondern als Sozialinvestoren sehen. Gleichzeitig sollten sie den Faktor der Eigentümerschaft in ihr Kalkül und ihre Entscheidungen einbeziehen, das heißt, in solche sozialen Projekte investieren, bei denen die Betroffenen zu Miteigentümern werden.

Social Business nach der Definition von Muhammad Yunus bedeutet, dass sich Investoren nach der Erwirtschaftung und Rückzahlung der geleisteten Einlagen aus der *finanziellen* Beteiligung an einem Social Business zurückziehen, die *konzeptionelle Mitbestimmung* bei der weiteren Unternehmensentwicklung aber fortbesteht. Es sei hier allerdings noch einmal betont, dass es auch nach Yunus ein Spektrum gibt, das jenseits dieser Anforderungen liegt. Sobald die Armen die Armutsgrenze überwunden haben, macht es Sinn, dass partiell anders gelagerte Sozialinvestments mit gedeckelten Gewinnerwartungen ihren Platz finden.

Yunus will Social Business vor allem für einen Teil der Ökonomie umsetzen – dort, wo es um die Beseitigung existenzieller gesellschaftlicher Probleme geht wie Hunger, absoluter Armut, Mangelernährung, Wasser- und Energieengpässe. Für diesen Bereich ist es konsequent und richtig, von den Investoren zu erwarten, dass sie sich ohne »Return on Investment«, also mit einem reinen »Return of Investment«, der Rückzahlung der ursprünglichen Anschubfinanzierung, zufrieden geben, denn für die Ärmsten ist in erster Linie wichtig, dass sie ökonomisch festen Boden unter den Füßen spüren. Hier sollten alle Sozialinvestoren für das *Grameen-Social-Business*-Konzept gewonnen werden und allein mit der Rückzahlung ihres Investments nach der erfolgreichen Anlaufzeit zufrieden sein.

Für alle anderen sozialunternehmerischen Einrichtungen, die sich nicht mit derart existenziellen, aber dennoch gesellschaftlich bedeutsamen Problemen befassen, stellt eine moderate Verzinsung des Kapitaleinsatzes keinen Widerspruch dar. Dadurch könnten noch sehr viel mehr Menschen und Unternehmen für einen Einstieg in derartige Projekte gewonnen werden, für die jedoch ein eigener Begriff eingeführt werden soll: *Social Impact Businesses.*

10. Social Business als beste Unternehmensstrategie – von Corporate Social Responsibility zu Sozialunternehmen

Welche weiteren Ansatzpunkte gibt es für den Durchbruch der Social-Business-Philosophie und von konkreten Sozialunternehmen? Eine wesentliche Voraussetzung ist die seit Anfang der 1990er Jahre immer stärker werdende Forderung einer kritischen und engagierten Öffentlichkeit an die Unternehmen, gesellschaftliche Verantwortung zu übernehmen. Corporate Social Responsibility (CSR) lautet der Fachbegriff, der sich hierfür durchgesetzt hat.

Im Vorfeld des Rio-Umweltgipfels 1992 rief der Schweizer Unternehmer Stephan Schmidheiny, damals Mehrheitseigner von ABB, eine internationale Initiative von Unternehmen ins Leben, die sich im Bereich Umweltschutz engagieren wollten. Er gründete den »World Business Council for Sustainable Development« (WBCSD), der bis heute zu den engagiertesten Einrichtungen innerhalb der Wirtschaftswelt gehört. Eine aktuelle Initiative von führenden WBCSD-Unternehmen aus der Bauwirtschaft will beispielsweise erreichen, dass bis 2020 in den bedeutendsten Metropolen der Welt der Standard von Null-Energie-Häusern umgesetzt ist. Sie betreiben dafür nicht nur Lobbyarbeit, sondern zunächst die erforderliche Forschungsarbeit in den eigenen Unternehmen, die Bereitstellung entsprechender Produkte sowie die Umstellung der gesamten Unternehmensstrategien, die diesem weitreichenden Ziel dienlich sind.

Ein Beispiel aus Deutschland, das auf die Zeit der damaligen Bemühungen von Schmidheiny um Corporate Social Responsibility zurückgeht, ist das POEMA-Projekt für nachhaltige Nutzungsformen des Regenwalds in Brasilien. Der deutsche Soziologieprofessor Thomas Mitschein und Willi Hoss, Mitbegründer der Grünen sowie seinerzeit Betriebsratsmitglied bei Daimler, gewannen den Stuttgarter Autokonzern für ein Projekt zur industriellen Nutzung von Kokosfasern aus dem Regenwald der Region Belem. Kokosfasern können in größerem Stil produziert werden, ohne dass der Regenwald geschädigt wird.

Die von Daimler unterstützte Forschung führte zu dem Ergebnis, dass

Kokosfasern beispielsweise in Kopfstützen von Pkw eingesetzt werden können. 1994 wurde eine kleine Fabrik gegründet, 2000 dann eine größere, in der mit Kokosfasern gepolsterte Sitze und Kopfstützen hergestellt werden. Dieses Unternehmen arbeitet seit längerer Zeit eigenständig und profitabel. Aus einem CSR-Projekt wurde ein erfolgreiches soziales Unternehmen. Sobald es eine Sozialbörse für derartige Projekte gibt, können diese wesentlich besser und schneller multipliziert werden.

Georgios Zervas schildert in seinem Buch »Global Fair Trade« viele weitere Beispiele für funktionierende Corporate Social Responsibility. Ein Beispiel ist die Kaffeemarke »Perfect Day«. Die verwendeten Kaffeebohnen wachsen nicht auf Plantagen, sondern im Urwald Südindiens. Der naturbelassene Urwald wird als das ideale Anbaugebiet für Kaffee angesehen. Die Qualität des Produktes und der Respekt vor der Umwelt und den beteiligten Mitarbeitern haben allerdings ihren Preis. Es zeigt sich, dass CSR bisher nur in bestimmten Marktsegmenten wirklich konsequent umgesetzt werden kann: bei hochpreisigen Produkten.

Vor allem in hart umkämpften Märkten hat CSR häufig eher eine Alibifunktion für die Unternehmen. Solange CSR noch in den Marketing- und Public-Relations-Abteilungen angesiedelt ist, wird sich diesbezüglich wenig ändern. Zervas weist zu Recht darauf hin, dass der Spielraum für ernsthafte CSR für Unternehmen, die unter einem starken Wettbewerbsdruck stehen, ziemlich begrenzt ist. Er selbst schlägt daher die Einführung eines Global Fair Trade-Systems durch die Europäische Union vor. Unternehmen sollten demnach nur noch dann mit und in der Europäischen Union Handel treiben können, wenn sie bestimmte ökologische und soziale Standards erfüllen.

So richtig und letztlich zwingend dieser politische Ansatz ist, so wertvoll ist der Ansatz der Sozialunternehmen, weil dieser die sofortigen Handlungsoptionen von Unternehmen erweitert: Mittels eigener ausgelagerter Sozialunternehmen können traditionelle Unternehmen CSR aus dem PR-Bereich in die strategische Unternehmensentwicklung hieven. In den angegliederten, aber eigenständigen Sozialunternehmen können sie im eigenen Kompetenzfeld mit Produkten und Dienstleistungen experimentieren, die konsequent ökologisch und sozial zu Ende gedacht sind, bis sich deren allgemeine Markttauglichkeit erwiesen beziehungsweise entwickelt hat. Wenn die Erfahrungen positiv sind, können sie auch in die Neuausrichtung der gesamten Unternehmensstrategie implementiert werden.

Sozialunternehmen sind in jedem Fall die intelligenteste Form von Corporate Social Responsibility. Ein traditionelles Entwicklungshilfeprojekt einer anerkannten Nichtregierungsorganisation zu unterstützen ist sicherlich begrüßenswert. Aber ist es nicht weitaus sinnvoller, gemeinsam mit derselben Nichtregierungsorganisation darauf hinzuwirken, dass aus deren Aktivitäten irgendwann selbsttragende Sozialunternehmen werden?

Nichtregierungsorganisationen kennen den sogenannten »Bottom of the Pyramid«-Markt meist sehr gut, haben besseren Zugang auch zu besonders problematischen Gebieten wie den Favelas und verfügen nicht selten auch über höher motivierte Mitarbeiter als traditionelle Wirtschaftsunternehmen. Diese sind hingegen sind in der Regel findiger darin, funktionierende und sich wirtschaftlich tragende Projekte zu organisieren. Beide Seiten lernen so voneinander, dass Soziales und Ökonomie sich nicht ausschließen muss, und die Menschen, denen man helfen will, werden in jedem Sinne des Wortes selbstständiger.

11. Sozialunternehmen können sozialen Dienstleistungen weitreichende neue Wirkmöglichkeiten geben

Sozialunternehmen können in einem weiteren Problembereich der Gesellschaft willkommene Lösungen bieten.

Friedrich Kiesinger, ein Berliner Psychologe, gründete in seinen Studienjahren den Verein Albatross. Dieser konzentrierte sich zunächst auf die Betreuung von Suizidgefährdeten, später auch auf die Betreuung vieler anders psychisch gehandicapter Menschen. Ziel war unter anderem, diese Menschen so zu unterstützen, dass sie in den ersten Arbeitsmarkt integriert werden können. Dieses Konzept scheiterte, jedoch nicht an der Entwicklung der Menschen, sondern in aller Regelmäßigkeit an der Aufnahmebereitschaft der Wirtschaft: Der Arbeitsmarkt wollte partout keine psychisch Gehandicapten aufnehmen, auch nicht, wenn sie ihr Handicap überwunden hatten. Wer einmal psychisch krank war, wird immer ein Risiko sein, so schien die Logik bei fast allen Unternehmen zu sein.

Friedrich Kiesinger und seine Frau Andrea wollten sich mit dieser sozialen Mauer, gegen die ihre Klienten zumeist liefen, nicht zufrieden geben. Ihre Lösung war die Gründung eines eigenen Unternehmens, das sie Pegasus nannten und das ihren Klienten Arbeitsplätze bot. Pegasus nahm keine staatlichen Zuschüsse in Anspruch, sondern wollte und konnte sich am regulären Markt behaupten. Das Sozialunternehmen Pegasus, das ein gesellschaftlich relevantes Problem auf unternehmerische Weise löste, ist inzwischen als Restaurantbetreiber und Caterer, als Gebäudereiniger, im Gartenbau und mehreren weiteren Branchen erfolgreich. In jedem der Unterbetriebe arbeiten aktuell und ehemals Gehandicapte mit Menschen vom »normalen« Arbeitsmarkt zusammen – sowohl sozial als auch wirtschaftlich erfolgreich. Inzwischen bietet Pegasus mehreren Hundert Mitarbeitern ein stabiles Einkommen.

Arbeit ist laut Kiesinger ein entscheidendes Element jede Heilungs- beziehungsweise Rehabilitierungsprozesses. Damit ist nicht nur der soziale Status eines Arbeitsplatzinhabers gemeint, sondern auch und vor allem die Sinnhaftigkeit, die im Arbeiten liegt. Die Schaffung von sinnstiftenden Arbeitsplätzen im normalen Markt, also jenseits von Arbeitsbeschaffungsmaßnahmen und Ein-Euro-Jobs, ist somit ein höchst sinnvolles Feld für die Entstehung vieler Sozialunternehmen nach dem Vorbild von Pegasus.

Dass man mit diesem Konzept sogar Höchstleistungsunternehmen gründen kann, zeigte das Sozialunternehmen Specialisterne in Dänemark, das ausschließlich mit Menschen mit Asperger-Autismus arbeitet. Die Autisten wenden hier ihre ganz besonderen Fähigkeiten an: Sie prüfen komplizierte Zahlenmuster, führen Softwaretests durch und prüfen Mobiltelefone auf ihre Funktionsfähigkeit. Unternehmen wie Microsoft und große Telekommunikationsanbieter sind bereits Kunden von Specialisterne. Dieses Sozialunternehmen hat den scheinbaren Nachteil seiner Mitarbeiter als klaren Vorteil nutzen können.

12. Warum soziale Unternehmer beste Voraussetzungen für erfolgreiche Sozialunternehmen haben

Eine besondere Gruppe von Unternehmern sollte unbedingt näher betrachtet werden, wenn wir das Thema Social Business diskutieren: jene, die ihr Unternehmen sozial oder ökologisch besonders vorbildlich führen, aber kein Sozialunternehmen im engeren Wortsinne betreiben. Diese Unternehmer haben die besten Voraussetzungen, ein Sozialunternehmen zu gründen, weil soziale und ökologische Prinzipien für sie keine Neuentdeckungen sind, sondern längst erprobte Erfolgsprinzipien.

Viele solcher Unternehmer und Unternehmen mit besonders hoher ökologisch-ökonomischer Kompetenz hat Franz Alt in den ersten beiden Kapiteln dieses Buches bereits vorgestellt. Ich beschränke mich hier auf nur ein Beispiel eines ungewöhnlich sozialen Unternehmers.

Dieter Reitmeyer gründete Mitte der 1990er Jahre ein Unternehmen, das zunächst einfache Dienstleistungen für die Auto- und Autozulieferbranche anbot. Heute ist seine redi-Group in ihrem Bereich Weltmarktführer mit 1500 Mitarbeitern. Reitmeyers Motto ist: »Wer Menschen führen will, muss Menschen mögen.« Seine Führungsaufgabe als Unternehmer sieht er nicht in einer Führung »von oben herab«. Ganz im Gegenteil verschreibt er sich der bestmöglichen Entwicklung seiner Mitarbeiter. Da er das Entwicklungspotenzial jedes Menschen als riesengroß und als das letztlich einzige Kapital eines Unternehmens betrachtet, entscheidet sich seiner Meinung nach der Erfolg eines Unternehmens genau an diesem Punkt: Wie wichtig werden der Mitarbeiter und seine Entwicklung genommen.

Wie radikal Reitmeyer in dieser Frage ist, wird an folgender Aktion deutlich: Mit einer groß angelegten Anzeigenkampagne suchte er vor einigen Jahren bundesweit nach Ingenieuren, die älter als 45 Jahre und länger als zwei Jahre arbeitslos waren. 120 ältere Langzeitarbeitslose meldeten sich. Reitmeyer führte Einzelgespräche mit ihnen, um sich ein klares Bild über die Gründe ihrer Langzeitarbeitslosigkeit zu verschaffen. Er identifizierte drei eindeutige Punkte: Diese Menschen sprachen im Vergleich zu ihren jüngeren Konkurrenten am Arbeitsmarkt schlechter Englisch, sie hatten den Anschluss an die raschen technologischen Entwicklungen verloren und sie kannten die speziellen technischen Systeme nicht, mit denen jene Unternehmen arbeiten, die nach Fachkräften wie ihnen suchten. Also schlug Reitmeyer ihnen vor, sie auf sein Risiko hin im zweiten und dritten Defizitfeld fortzubilden. Ihre Sprachkenntnisse mussten die Teilnehmer hingegen in privater Anstrengung aufbessern.

96 der 120 Gesprächspartner willigten ein, 78 hielten bis zum Ende durch. Aus Langzeitarbeitslosen mit großen Selbstzweifeln und dem Gefühl, als Verlierer abgestempelt zu sein, wurden in kürzester Zeit stabile Arbeitnehmer in der redi-Group – und viele schafften es sogar, zu den Weltbesten in ihrem Bereich zu zählen. Analog geht Reitmeyer mit all seinen Mitarbeitern um und will diesen Stil noch weiter in die Gesellschaft hineintragen: Er bot der Bundesagentur für Arbeit an, mit deren Hilfe bis 2010 mehr als 4000 Langzeitarbeitslose in gleicher Weise zu requalifizieren, denn Fachkräfte mit Ingenieurskompetenzen werden fast immer händeringend gesucht. Die Bundesagentur unterstützte diese Initiative. Nur auf dem Höhepunkt der Weltwirtschaftskrise, als es Auftragseinbrüche von 30 Prozent und mehr gab, musste sie ausgesetzt werden.

Mit seiner Philosophie schuf Reitmeyer eine ungewöhnlich motivierte und zufriedene Mitarbeiterschaft und auf dieser Basis zugleich ein auch wirtschaftlich ungewöhnlich erfolgreiches Unternehmen.

Reitmeyer kann die bisher so sehr gefeierte Shareholder-Value-Ideologie nicht nachvollziehen. Er sieht darin eine Dynamik, die ausgerechnet das kostbarste Element jedes Unternehmens systematisch entwertet: den Mitarbeiter, den Menschen. Er befürchtet, dass damit das Fundament unseres wirtschaftlichen Erfolges in Deutschland zerstört wird. Seine Vision ist die eines Unternehmens von Lebensunternehmern, von Menschen, die bereit sind, eine hohe eigene Verantwortung für ihre persönliche und berufliche Entwicklung zu übernehmen, und von einem Unternehmen, das sie in dieser Entwicklung so gut wie möglich bestärkt und unterstützt.

Unternehmer dieses Schlages sowie ökologisch besonders engagierte Unternehmer, wie Franz Alt sie vorstellte, gibt es in Deutschland und natürlich auch in anderen Ländern einige. Wenn es gelingt, sie für die Social-Business-Idee zu gewinnen, kann sowohl die Seite der Social-Business-Bewegung als auch die der Unternehmer von den Erfahrungen der jeweils anderen profitieren. In der Verbindung von unternehmerischen Persönlichkeiten, die eine ökosoziale Marktwirtschaft nicht nur als staatliche Gestaltungsidee verstehen, sondern mit ihrem eigenen Unternehmen Standards setzen wollen, und der Philosophie und Praxis von Social Business steckt letztlich das Hauptpotenzial, um zügig zu der zweiten Stufe einer globalen ökosozialen Marktwirtschaft, also einer humanen Marktwirtschaft, zu gelangen.

13. Die neu entstehende Finanzwelt für Social Businesses: Social-Business-Fonds und Sozialbörsen

Wie nun kann die immer größere Zahl an Social Businesses finanziert werden?

Die Kleinkreditsysteme, die ihre wirtschaftliche Bewährungsprobe bereits erfolgreich absolviert haben, werden durch eine Reihe von gut funktionierenden Fonds finanziert. Der von dem Österreicher Leopold Seiler ins Leben gerufene Vision Microfinance Fonds, der bisher größte Kleinkreditfonds im deutschsprachigen Raum, hat beispielsweise in weniger als zwei Jahren ein Volumen von 100 Millionen Euro erreicht.

Substanzieller Finanzbedarf besteht hingegen für die Anlaufphase von neuen Kleinkreditsystemen sowie für Social Businesses. Erstere ließen sich über die Einrichtung eines Global Marshall Plans für Kleinkreditsysteme finanzieren. Für den erst im Entstehen begriffenen weltweiten Social-Business-Sektor schuf Celso Grecco das wichtigste Muster: die Sozialbörsen.

Celso Grecco ist Präsident einer brasilianischen Marketing-Agentur namens Attitude. Als er im Jahr 2003 von der BOVESPA, der brasilianischen, weltweit drittgrößten Börse, den Auftrag erhielt, ein Programm für Corporate Social Responsibility zu entwickeln, schlug er ihr die Einrichtung einer Sozialbörse vor. Ihr Ziel sollte sein, einige der Grundprinzipien des Börsenhandels nunmehr auf soziale Projekte anzuwenden. An einer normalen Börse können Investoren ihr Kapital in profitablen Unternehmen einsetzen. Damit ist sowohl für die Unternehmen als auch für die Investoren eine Wertschöpfungschance verbunden. Bei der Sozialbörse sollten kapitalsuchende Nichtregierungsorganisationen ihre Projekte präsentieren können und mit unterstützungswilligen Sozialinvestoren zusammengebracht werden. Die Nichtregierungsorganisationen zahlen jedoch nicht mit monetärer Münze zurück, sondern mit einem Profit an sozialer Gerechtigkeit, mit sozialer Wertschöpfung.

In der ersten Phase der BOVESPA Sozialbörse wurden ausschließlich spendenabhängige Projekte finanziert. Das Konzept funktionierte prächtig. Viele soziale Projekte konnten schnell finanziert werden, weil die Sozialbörse es sich zur Aufgabe gemacht hat, die ausgewählten Projekte – analog zu den Unternehmen an der Börse – einer harten Prüfung zu unterziehen. Transparenz und nachgewiesene hohe Wirksamkeit waren sichergestellt und so gewannen die Sozialinvestoren schnell Vertrauen zu dieser neuartigen Einrichtung.

Die erste Sozialbörse der Welt fand rasch auch weltweite Beachtung. Die UNESCO erkannte das Projekt als einzigartig an. Die BOVESPA wurde die erste Börse der Welt, die dem Global Compact der Vereinten Nationen beitrat und dessen Prinzipien offensiv vertritt. Der Global Compact ist auf Initiative des damaligen UNO-Generalsekretärs Kofi Annan entstanden. Er definierte zehn soziale und ökologische Prinzipien für die Wirtschaft, zu deren Einhaltung sich seine Mitglieder verpflichten mussten. Immer mehr global agierende Unternehmen verlangen von ihren Geschäftspartnern, sich dem Global Compact anzuschließen.

Dennoch zögerten die meisten Börsen der Welt, das Konzept der Sozialbörse zu übernehmen, das wohl auch ihnen den Zutritt zum Global Compact erleichtern würde. Sie waren, zumindest bis zur Weltfinanzkrise 2008, zu sehr mit dem reinem Geschäftemachen beschäftigt. Nur in Südafrika wurde eine Sozialbörse nach dem brasilianischen Modell etabliert, dort allerdings nur als Online-Plattform.

Bei einer Podiumsdiskussion mit Muhammad Yunus 2006 in Oxford erklärte Celso Grecco, dass seine Idee der Sozialbörsen in anderen Ländern anders umgesetzt werden müsse als in Brasilien, wo so gut wie keine Spendenkultur existiert. Dort war der Ansatzpunkt mit reinen spenden-abhängigen Projekten richtig. In anderen Ländern sind jedoch viele Nicht-regierungsorganisationen bereits etabliert. Dort gibt es einen rasch wach-senden Bedarf für die Finanzierung von Sozialunternehmen nach dem Modell, wie Muhammad Yunus es geschaffen hat.

Als Grecco im November 2008 den 2. Vision Summit in Berlin besuchte, luden wir ihn, Yunus und weitere Aktive und Experten zu einer gesonder-ten Gesprächsrunde zum Thema der Sozialbörsen ein. Wenige Wochen spä-ter gründeten wir gemeinsam mit Celso Grecco, der früheren Weltbank-Direktorin Maritta Koch-Weser und dem Genisis-Team die Social Stock Exchange Association, die sich zwei Ziele setzte: die zeitnahe Gründung einer Sozialbörse in Deutschland und die Schaffung eines internationalen Netzwerks aller Initiativen, die sich für die Einrichtung von Sozialbörsen engagieren. Inzwischen sind Börsen und andere Einrichtungen in mehr als einem Dutzend Länder daran interessiert, und große Stiftungen haben sich bereit erklärt, den Prozess entsprechend zu unterstützen. Und nicht zuletzt: Auf diesem Wege können Sozialbörsen selbst als Sozialunternehmen arbei-ten: ihre Gewinne werden nicht an Shareholder ausgeschüttet, sondern allein für die sozialen Ziele der Sozialbörse eingesetzt.

Muhammad Yunus unterstützt mit seinem Namen und seinen Verbin-dungen solche Sozialbörsen, die sich ganz auf die finanzielle Ausstattung von echten Social Businesses nach dem von ihm und Grameen formulier-ten Standard konzentrieren, also für solche Sozialunternehmen, bei denen an die Investoren lediglich der Einsatz und keine Rendite zurückfließt. Diese Form von Sozialbörse soll ganz bewusst von einer zweiten unter-schieden werden, bei der auch Social Impact Businesses mit kleiner und klar begrenzter Rendite sowie noch teilweise spendenabhängige soziale Projekte Zugang zu Kapital erhalten sollen. Allein bei Yunus' weltweitem Netzwerk geht der Finanzbedarf für höchst sinnvolle Sozialunternehmen und Social Joint Ventures in den Milliardenbereich. Die schnelle weltweite Ausbreitung von Sozialbörsen dieser Art ist also bereits überfällig.

Die Social Stock Exchange Association, die ihren Sitz wie das Genisis Institute in Berlin hat, verfolgt somit die Strategie, künftig diese zwei Ar-ten von Sozialbörsen zu fördern: Sozialbörsen für Grameen Social Busi-nesses und Sozialbörsen für Social Impact Businesses und innovative so-ziale Projekte, die noch nicht als Social Businesses funktionieren. Mit dieser Doppelstrategie soll der Leitgedanke von Maritta Koch-Weser »From Aid to Market«, den GEXSI (Global Exchange for Social Investment), eine Nichtregierungsorganisation zur Förderung von neuen Finanzierungsinstrumenten im philanthropischen und Social-Business-Sektor, zu ihrem Motto erwählt hat, umgesetzt werden.

14. Ein New Deal für Sozialunternehmen – angetrieben mit Hilfe der Sozialbörsen

Ist es wirklich richtig, in der gegenwärtigen Weltfinanz- und Weltwirtschaftskrise nur für das alte Wirtschaftssystem einen Rettungsschirm zu konstruieren? Ist es nicht weitaus sinnvoller, eine längst überfällige Wende in der Weltwirtschaft zu fördern?

Gemeinsam mit Franz Alt und dem Glocalist-Herausgeber Christian Neugebauer veröffentlichte ich Anfang November 2008 die Berliner Erklärung »New Deal for Social Business – Globaler Pakt für Nachhaltigkeit«. Muhammad Yunus unterstützte sofort ihre Kernforderung, einen erheblichen Teil der Gelder, die in der jetzigen Finanzkrise aufgebracht werden, an den Einsatz für Social Business und allgemein für nachhaltige Entwicklung zu binden. Obwohl sich weitere Persönlichkeiten des öffentlichen Lebens anschlossen, fand die Erklärung bisher nicht das gewünschte und verdiente Echo. Zu tief saß offenbar der lähmende Schock über das, was uns einige nimmersatte Finanzjongleure und allzu handlungszahme Politiker eingebrockt hatten. Wenn wir die dort angestoßene Diskussion jedoch nicht aufgreifen, wird eine historische Chance vertan. Anfang März 2009 sandten dann zwanzig international renommierte Persönlichkeiten einen offenen Brief mit denselben Kernvorschlägen an die Staatschefs der G20-Nationen. Dieses Thema muss so lange auf die internationale Agenda gebracht werden, bis es zu entsprechenden Entscheidungen geführt hat.

Allerdings kann beim gegenwärtigen Stand der Entwicklung von echten Social Businesses unmöglich bereits eine Summe von einer Billion Euro in derartige Unternehmen investiert werden. Dies wird zwar relativ rasch, aber dennoch erst im Laufe von einigen Jahren möglich sein. Auch aus diesem Grund sollten die Bedingungen zweistufig ausgerichtet sein: Die geförderten Projekte müssen in jedem Falle einem zu definierenden Standard von nachhaltiger Entwicklung entsprechen. Sofern solche ökologischen Projekte durch Unternehmen umgesetzt werden, die zugleich den Social-Business-Kriterien entsprechen, müssen diese den Vorzug erhalten. Social Businesses, die auf die Lösung zentraler gesellschaftlicher Probleme wie z. B. die Überwindung der Armut ausgerichtet sind, erhalten generell den Vorrang, solange diese insgesamt noch nicht den Hauptanteil ausmachen.

Sehr viel Sinn macht ferner, diesen New Deal for Social Business mit den sich etablierenden Sozialbörsen zu verknüpfen. Dies kann so geschehen: Projekte beziehungsweise Unternehmen, die an der Sozialbörse gehandelt werden, müssten staatlich festgelegten und idealerweise international abgestimmten Kriterien für Social Business entsprechen. Für die Einhaltung dieser Kriterien müsste es selbstverständlich eine entsprechende Aufsicht geben. Diese Projekte und Sozialunternehmen könnten nun generell in den Genuss der Vorteile des geforderten New Deals for Social Business kommen.

Dies wiederum würde Anlegern bei den Sozialbörsen einen besonderen Anreiz und zusätzliche Sicherheit bieten. In kurzer Zeit könnten bereits hohe Milliardenbeträge aus privater Hand sowie von institutionellen Anlegern in Social Businesses fließen.

15. Der Social-Business-Boom beginnt auch in Deutschland – von eigenen Fonds bis zur Neuorientierung von Stiftungen

Auch ohne einen solchen Schub ist damit zu rechnen, dass sich immer mehr Geldgeber für die Idee des Social Business finden werden. In kürzester Zeit entstand, wie in diesem Kapitel bereits dargestellt, eine stattliche Anzahl von Social Joint Ventures, die zum größten Teil durch die involvierten traditionellen Unternehmen finanziert wurden, sehr viele weitere Social Joint Ventures sind derzeit in Vorbereitung, mehrere Social-Business-Fonds entstanden, mehrere Sozialbörsen sind bereits in Gründung, Stiftungen orientieren sich neu und vieles mehr.

Bevor wir darauf näher eingehen, sei noch einmal aus Muhammad Yunus' Social-Business-Programmbuch »Die Armut besiegen« zitiert:

»In dem Augenblick, da wir das Sozialunternehmen als funktionstüchtige wirtschaftliche Struktur anerkennen, werden Institutionen, politische Maßnahmen, Rechtsvorschriften, Normen und Regeln eingeführt werden, um es in das offizielle Wirtschaftssystem zu integrieren. Hier für den Anfang einige Hinweise dazu, wo in Zukunft Sozialunternehmen entstehen könnten:

Auf der Bundespressekonferenz im März 2008 stellte Yunus sein Buch »Die Armut besiegen« vor, in dem er sein Social-Business-Konzept präsentiert.

- Bestehende Unternehmen unterschiedlicher Form und Größe werden eigene Sozialunternehmen gründen wollen. Einige von ihnen werden sich entschließen, im Rahmen ihres bestehenden Mandats der ›sozialen Verantwortung‹ einen Teil ihres Jahresgewinns in Sozialunternehmen zu investieren. Andere werden solche Unternehmen ins Leben rufen, um neue Märkte zu erschließen und gleichzeitig den vom Glück Benachteiligten zu helfen. Sie können allein Sozialunternehmen gründen, die Hilfe anderer Unternehmen in Anspruch nehmen oder Partnerschaften mit spezialisierten Entrepreneuren eingehen.
- Stiftungen können für die Investition in Sozialunternehmen Fonds einrichten, die parallel zu ihrer bisherigen philanthropischen Arbeit tätig, jedoch von dieser getrennt sind. Die Vorteile eines solchen Fonds bestehen darin, dass seine Mittel nicht erschöpft werden, obwohl er dazu dient, sozialen Nutzen zu erzielen. Die Kapazität der Stiftung, gute Werke zu unterstützen, wird laufend erneuert.
- Einzelne Entrepreneure, die mit gewinnorientierten Unternehmen Erfolg gehabt haben, werden sich entschließen, ihre Kreativität, ihr Talent und ihre Managementkenntnisse an einem Sozialunternehmen zu erproben. Möglicherweise wollen sie der Gemeinschaft, die sie reich gemacht hat, etwas zurückgeben, oder sie verspüren einfach den Drang, etwas Neues zu versuchen. Wenn sie Erfolg haben, wiederholen sie die

229

Erfahrung möglicherweise und bauen ein Sozialunternehmen nach dem anderen auf.

- Internationale und bilaterale Geber, bei denen es sich um nationale Entwicklungshilfeagenturen, die Weltbank oder auch die regionalen Entwicklungsbanken handeln kann, können sich entschließen, Fonds zur Unterstützung von Sozialunternehmen in den Empfängerländern oder auf internationaler, regionaler oder institutioneller Ebene einzurichten. Die Weltbank und die regionalen Entwicklungsbanken können Tochterorganisationen aufbauen, deren Aufgabe die Unterstützung von Sozialunternehmen wäre.
- Regierungen können Entwicklungsfonds einrichten, um Sozialunternehmen zu unterstützen.
- Wohlhabende Personen im Ruhestand werden in den Sozialunternehmen eine attraktive Investitionsmöglichkeit erkennen. Reiche Erben oder Personen, die große Investitionsgewinne erzielen, können eine verlockende Möglichkeit darin sehen, ein Sozialunternehmen zu gründen oder in einen solchen Betrieb zu investieren.
- Idealistische Hochschulabsolventen, die eine Chance sehen, die Welt zu verändern, werden sich entschließen, statt einem herkömmlichen gewinnorientierten Unternehmen ein Sozialunternehmen zu gründen.

Junge Menschen in aller Welt, insbesondere in den reichen Ländern, werden das Konzept des Sozialunternehmens verlockend finden. Viele junge Leute finden im gegenwärtigen kapitalistischen System keine lohnenswerten und begeisternden Herausforderungen mehr. Wenn man mit der freien Verfügbarkeit sämtlicher Konsumgüter der Welt aufgewachsen ist, ist es kein besonders inspirierendes Ziel mehr, viel Geld zu verdienen. Das Sozialunternehmen kann diese Lücke füllen.

In Anbetracht der großen Zahl potenzieller Interessenten prognostiziere ich, dass die Sozialunternehmen in wenigen Jahren ein vertrautes Bild in der Unternehmenswelt sein werden.

Das Schöne ist, dass die Menschen keine kategorische Entscheidung fällen müssen. Zumeist werden sie die Möglichkeit haben, in wechselndem Verhältnis sowohl an gewinnorientierten Unternehmen als auch an Sozialunternehmen teilzuhaben, abhängig davon, welchen Zielen sie zu einem gegebenen Zeitpunkt den größten Wert beimessen. Hier einige Beispiele:

- Eine Person, die Rücklagen hat, die sie investieren möchte, könnte sich entschließen, einen Teil des Geldes in einem gewinnorientierten Unternehmen anzulegen (etwa zur Altersvorsorge) und das übrige Kapital in ein Sozialunternehmen zu investieren (um der Gesellschaft, der Menschheit und dem Planeten zu dienen).

- Die Leitung eines gewinnorientierten Unternehmens könnte sich entschließen, einen Teil des jährlichen Überschusses in den Kauf eines anderen Unternehmens zu investieren, um auf einen neuen Markt vorzudringen. Mit dem übrigen Überschuss könnte die Firma ein Sozialunternehmen gründen oder in ein bestehendes investieren, anstatt das Geld über die herkömmlichen Kanäle guten Zwecken zukommen zu lassen.

- Die Treuhänder einer Stiftung könnten sich entschließen, einen Teil der Mittel aus ihrem Stiftungsfonds zur Finanzierung von einem oder mehreren Sozialunternehmen zu verwenden, deren Ziele sich mit denen der Stiftung decken.

- Selbst wenn es um Entscheidungen über die Karriere oder das Privatleben geht, werden die Sozialunternehmen unsere Möglichkeiten erweitern, anstatt sie einzuschränken. Eine Person kann sich entschließen, eine Zeit lang für ein gewinnorientiertes Unternehmen zu arbeiten, einen anderen Teil ihres Lebens einer traditionellen wohltätigen Einrichtung, Stiftung oder NRO zu widmen und anschließend für ein Sozialunternehmen tätig zu werden. Die Entscheidung hängt davon ab, wie sich die beruflichen Interessen, privaten Ziele und sozialen Anliegen dieser Person im Lauf der Zeit entwickeln.

Es gibt keinen Grund, uns bei der Wahl unserer Investitionen oder bei den Entscheidungen über unser Leben auf ein einziges eindimensionales Modell des menschlichen Verhaltens zu beschränken. Der Mensch ist ein mehrdimensionales Wesen, und unsere Unternehmensmodelle sollten gleichermaßen vielfältig sein. Indem wir das Sozialunternehmen als Option anerkennen, werden wir zu dieser Vielfalt beitragen.«

Soweit Yunus. Was hat sich in der kurzen Zeit, seit der Social-Business-Impuls in Deutschland angekommen ist, in der von ihm vorgezeichneten Richtung ergeben?

Auf einer Konferenz der Vermögensakademie von Jörg Schallehn mit dem Titel »Die Welt des Vermögens« im November 2008, in deren Rahmen ich die Idee von Social Business erstmals unter vermögenden Persönlichkeiten und Stiftern im deutschsprachigen Raum präsentieren konnte, stellte ein Universitätsprofessor gleich nach meinem Vortrag dem Publikum die Gretchenfrage: »Werden die neuen Perspektiven, die die ersten Erfahrungen mit Sozialunternehmen bieten, Ihr Verhalten im Umgang mit Ihrem Vermögen beziehungsweise die Handlungsweise Ihrer Stiftung verändern?« Die Antworten kamen prompt und einmütig: Selbstverständlich! Alle Stiftungen, mit denen das Genisis Institute bisher sprechen konnte, zeigten sich höchst interessiert an diesem neuen Thema; die unmittelbaren Entscheidungen reichten von der Förderung von Studien über das neue Themenfeld bis zur Umstellung ihrer gesamten Förderpolitik.

16. Der Good Growth Fund

Der Gründer eines der erfolgreichsten Finanzdienstleistungsunternehmens, Michael Horbach, der sein Unternehmen vor einigen Jahren verkaufte, entschied sich, einen Großteil dieses Verkaufserlöses zur Etablierung eines neuartigen Fonds zu nutzen:

Der im Sommer 2008 gestartete Good Growth Fund positioniert sich ganz bewusst als ein Einstiegsfonds für vorsichtige Anleger, die mit stark begrenzten Risiken beobachten möchten, ob Anlagen in Kleinkreditprojekte und Social Businesses tatsächlich zumindest selbsttragend sind. Anfangs legt der Good Growth Fund nur 10 Prozent der Einlage in solchen Projekten an und 90 Prozent in traditionellen Unternehmen, die sich zumindest auf die Standards des Global Compact der Vereinten Nationen verpflichtet haben oder verpflichten wollen. Wenn sich Anlagen in Sozialunternehmen als genauso sicher erweisen wie jene in klassische Unternehmen, wird dieser Anlageanteil schrittweise ausgeweitet. Nach wenigen Monaten hat sich der Anteil von Anlagen in Mikrofinanzunternehmen und Sozialunternehmen bereits auf über 20 Prozent erhöht.

Interessanterweise schrieb der Good Growth Fund selbst in der schwierigsten Phase der Weltfinanzkrise noch schwarze Zahlen. Darüber hinaus etablierte er eine Stiftung für Soziales Unternehmertum, die aus dem Verzicht mehrerer am Fonds Beteiligter auf ihre Vergütungen gespeist wird.

Allein im Umfeld des Genisis Institute sind bereits mehrere weitere Social-Business-Fonds in Vorbereitung. Es macht sehr viel Sinn, Projekte bestimmter Themenfelder zu bündeln und für sie jeweils eigene spezialisierte Social-Business-Fonds zu gründen.

17. Inkubatoren für Social Businesses: Das Grameen Creative Lab und die Social Business Management GmbH

Beim 2. Vision Summit am 1./2. November 2008 wurde Yunus umlagert von Menschen, die sich spontan entschieden haben, ihre bisherige berufliche Erfahrung nunmehr ganz in den Dienst eines Sozialunternehmens zu stellen, das sie entweder allein oder gemeinsam mit anderen aufbauen wollen.

Da sich eine solche Entwicklung schon abgezeichnet hatte, waren zu diesem Zeitpunkt bereits zwei Gründungsprozesse im Gange für »Inkubatoren«, also von Einrichtungen, die andere Unternehmen oder auch Gründungswillige auf ihrem Weg in Richtung Social Business begleiten.

Der bereits erwähnte Hans Reitz gründete im Herbst 2008 das Grameen Creative Lab. Dieses begleitet große Unternehmen in ihrem Bestreben, mit Grameen ein Social Joint Venture zu etablieren. Der erste große Erfolg war das Joint Venture zwischen BASF und Grameen. Aber auch sonstige Gründungswillige für Social Businesses will das Grameen Creative Lab in Wiesbaden dabei unterstützen, ihre Ideen marktgerecht und in geeigneten Unternehmensformen umzusetzen. Hans Reitz kommt dabei zugute, dass er auch Muhammad Yunus bei einigen seiner Projekte berät.

Ferner gründete Marianne Obermüller, eine sehr erfolgreiche Unternehmerin aus München und Gesellschafterin beim Genisis Institute, noch kurz vor dem Vision Summit die Social Business Management GmbH. In Kooperation mit einem großen Team von erfahrenen Beratern widmet sie sich nun der Aufgabe, verheißungsvolle Ansätze für Grameen Social Businesses und Social Impact Businesses zum Erfolg zu führen. Von Abfallrecycling über Jatropha-Anbau bis zu innovativen Bildungsansätzen zur Förderung von sozialen und unternehmerischen Schlüsselkompetenzen reichen die Themen, für das sich ein ebenso breites Spektrum von Gründungswilligen engagiert, die sich nun über das Genisis Institute und das partnerschaftlich verbundene Grameen Creative Lab miteinander vernetzen und zum Teil die Dienstleistungen der Social Business Management GmbH in Anspruch nehmen wollen.

Wer das nötige Kapital hat, ist oft auch bereit, auf eigenes Risiko »sein« Sozialunternehmen zu starten. Doch oft sind die Interessierten noch unsicher, was ein erfolgreiches Sozialunternehmen ausmacht. Das gilt für Einzelgründer ebenso wie für große Unternehmen oder Stiftungen. Insofern sind Inkubatorunternehmen wie das Grameen Creative Lab und die Social Business Management GmbH besonders wichtig.

Mehrere Regierungsstellen wollen Social Business nun in ihre Arbeit einbeziehen. Social Business ist bereits auf dem Weg, als neues wesentliches Element in die Strategie der Bundesregierung zur Förderung von Corporate Social Responsibility aufgenommen zu werden. Zahlreiche führende Einrichtungen, die sich mit Corporate Social Responsibility befassen, haben sofort verstanden, dass Social Business die hochwertigste Form unternehmerischer Verantwortung für die Gesellschaft bedeutet. Der Veranstalter der international bedeutendsten CSR-Konferenz wird Social Business zu einem Leitthema der nächsten Tagung machen. Sowohl die Expo 2010 in Shanghai als auch bereits die Expo 2015 wollen Social Business zu einem ihrer zentralen Themen machen. Weitere Organisatoren führender internationaler Kongresse verschiedener Branchen wollen Yunus als Hauptredner gewinnen. Selbst dass nur dann mit seiner Zusage zu rechnen ist, wenn im Vorfeld Unternehmen aus der jeweiligen Branche gefunden werden, die ernsthaft an einem Engagement für Social Business und Social Joint Ventures interessiert sind, schreckt nicht ab.

Die Erkenntnis, dass Social Business für die Wirtschaft immer wichtiger wird, setzt sich schnell durch. Dennoch ist das Verständnis, wie sich das eigene Unternehmen oder die jeweilige Branche sinnvoll in solche Projekte einbringen kann, noch zu klein. Genau dieser Frage will das Genisis Institute nun mit einem Netzwerk von verschiedenen Universitäten und Social Business Dienstleistungsunternehmen weiter nachgehen.

18. Sinnstiftende Lebensperspektive dank Social Business

Die Sehnsucht nach sinnstiftender Arbeit ist in allen Gesellschaftskreisen riesengroß. Bei meinen Vorträgen, die ich seit der Entscheidung hielt, mich selbst ganz dem Thema Social Business zu widmen, kamen viele Menschen mit der Frage auf mich zu, wie sie in diese neue Welt einsteigen und aktiv werden könnten. Erfolgreiche Unternehmer und Arbeitlose gleichermaßen wollten wissen, was sie tun könnten, um künftig für Sozialunternehmen arbeiten zu können oder selbst Sozialunternehmen zu gründen. Stifter kündigten an, ihre Möglichkeiten schnell auf diese neuen Perspektive umzustellen. Bei einfachen Angestellten, Spitzenmanagern, Engagierten in Nichtregierungsorganisationen, bei wem auch immer – die Social-Business-Idee weckte die ernsthafte Hoffnung in ihnen, ihrer Arbeit und ihrem persönlichen Einsatz eine neue Sinnhaftigkeit zu verleihen. Was könnte erfüllender sein, als seine Zeit und Kraft tatsächlich für substanzielle Lösungen der dringendsten Weltprobleme einzusetzen – und dies noch auf eine Weise, die nicht nur privaten Wohlstand ermöglicht, sondern ein soziales und nachhaltiges weltweites Wirtschaftswunder auslösen kann?

Schließlich hat sich auch die Vorhersage von Yunus schnell bewahrheitet, dass Studenten und Hochschulabsolventen hoch motiviert sein werden, in die neue Social-Business-Welt einzusteigen. In der zweiten Augusthälfte 2008 ist Yunus zum traditionellen Nobelpreisträgertreffen nach Lindau am Bodensee gereist, wo er der einzige Friedensnobelpreisträger unter 14 Wirtschaftsnobelpreisträgern war. Außerdem waren 300 handverlesene Studenten und Doktoranden der Wirtschaftswissenschaften aus 58 Ländern anwesend. Sie feierten Yunus wie einen Superstar und gründeten ein studentisches Netzwerk, um gemeinsam mit ihm ihre berufliche Zukunft zu planen. Obwohl dieser künftigen Wirtschaftselite alle Chancen offenstehen, entscheiden sich immer mehr von ihnen, ihre Dissertationen über Social-Business-Themen zu schreiben, oder sie gründen gleich Sozialunternehmen. Andere wiederum machten es sich zur Aufgabe, für eigene Ausbildungsstränge über Social Business an ihren heimischen Universitäten einzutreten. Allein beim Genisis Institute meldete sich daraufhin eine Reihe von Universitäten, um unterschiedliche Formen von Kooperation anzuregen.

Wie kann der Wechsel zu Social Business ablaufen, wie kann eine Social-Business-Bewegung ganz konkret in Gang kommen? Gehen wir dieser Frage nach – bewusst im schwierigsten aller Länder: im eigenen.

Kapitel 5

»Yes, we can« – Wie Deutschland Musterland der Lebens- und Sozialunternehmer wird

In Deutschland hat sich nach dem 2. Vision Summit eine kritische Masse von Menschen gebildet, die willens und in der Lage sind, eine neuartige soziale Bewegung in Gang zu setzen. Ihr Ziel: einen »Social Business Change« vor Ort zu erreichen, so dass Deutschland zu einem Vorreiter für die entstehende weltweite Social-Business-Bewegung wird.

Wie insbesondere das vorangegangene Kapitel gezeigt hat, wurden bereits einige Meilensteine auf dem Weg zu einer neuen sozialen Bewegung erreicht. Am Vision Summit im November 2008 in Berlin nahmen sehr viele wichtige Multiplikatoren teil, die in ihren Wirkungsfeldern begonnen haben, die entwickelten Ideen umzusetzen. Dieses Kapitel versucht, möglichst viele möglichst konkrete strategische Vorschläge aufzuführen, wie Engagement aussehen kann. Manche davon sind bereits realisiert, andere sind reine Ideenskizzen.

Dennoch sei klargestellt, dass hier kein Masterplan zur Inszenierung einer neuen sozialen Bewegung vorgelegt werden soll. Eine soziale Bewegung unterliegt, erst recht im Zeitalter mündigen bürgerschaftlichen Engagements und des Internets, ihrer Natur nach sehr offenen Prozessen. Dies stellt ihren kostbarsten Wert dar. Und wenn eine Bewegung das Ziel verfolgt, dass möglichst alle Menschen zu selbstbewussten Lebensunternehmern und aktiven Sozialunternehmern werden, gilt dies potenziert. Der nachfolgende Text soll also lediglich einige hilfreiche Elemente beschreiben, um einen sehr viel komplexeren Prozess in Gang zu bringen.

1. »Deutschland sucht seine sozialen Helden«

Eine wichtige Grundlage für die aufblühende Social-Business-Bewegung ist die Identifizierung von Menschen mit starken Ideen für soziale Projekte und mögliche Sozialunternehmen in Deutschland, die sie möglichst bereits selbst ein Stück umgesetzt haben.

Das Genisis Institute hat hierzu ein Konzept entwickelt und die Um-

236

setzung auf den Weg gebracht. Das Motto lautet: »Deutschland sucht seine sozialen Helden«. Damit soll bewusst auf das bekannte Erfolgsformat von »Deutschland sucht den Superstar« angespielt werden. Diesmal geht es jedoch nicht um Gesangsstars, sondern um »soziale Innovatoren«.

Nach einem Pilotprojekt mit der Münchner Hochschule für angewandte Sozialwissenschaften sollen in regionalen Events Städte wie Köln, Stuttgart, Berlin, Lübeck, Passau bzw. Regionen ihre lokalen sozialen Helden suchen. Entscheidend sind folgende Kriterien: Wie innovativ ist die Idee des jeweiligen sozialen Projektes? Wie groß ist der gesellschaftliche Nutzen? Und wie groß ist das Entwicklungspotenzial in Richtung Social Business? Ein regionaler Initiativkreis soll die nötigen Partner aus Zivilgesellschaft, Verwaltung, Medien und Wirtschaft finden, um eine möglichst hohe Aufmerksamkeit zu erreichen. Nachdem von der regionalen Jury eine Vorauswahl getroffen wurde, präsentiert sich diese Anzahl von geeigneten Projekten in einem öffentlichen Event dem Publikum. Die Jury soll dabei nicht als Richter, sondern als Coaching-Team auftreten.

Ziel ist es, dass anhand der präsentierten und diskutierten Projekte deutlich wird, was gute soziale Projekte ausmacht und wie diese gegebenenfalls zu echten Sozialunternehmen weiterentwickelt werden können. Im Idealfall werden für deren Weiterentwicklung lokale Partner gefunden und gebunden werden. Um diese Projekte herum soll sich eine lokale und auch überregionale Infrastruktur entwickeln. Bei einer ersten Regionalkonferenz in Köln, bei der Genisis selbst zwei ausgewählte Projekte präsentieren ließ, die in anderen Städten bereits etabliert sind und nun auch in Köln etabliert werden könnten, fanden sich im Teilnehmerkreis sofort alle notwendigen Kontakte, um die notwendige Unterstützung zu organisieren. Teilweise können für solche regionalen sozialen Helden sicher auch bereits vorhandene Einrichtungen wie www.betterplace.org (für Spendenakquise) oder www.netzwirken.de (für Wettbewerbe) genutzt beziehungsweise weiterentwickelt werden.

Diese Events können somit Auftaktveranstaltungen für lokale Initiativen im Rahmen der Social-Business-Bewegung sein.

Als Musterbeispiele für gute Projekte kann jeweils auf die »Social Entrepreneurs« verwiesen werden, die bereits durch Organisationen wie Ashoka oder die Schwab Foundation for Social Entrepreneurship identifiziert wurden und werden, oder auch auf die besonders vorbildlichen Social Impact Businesses, die das Genesis Institute fortlaufend national wie international ausfindig macht und dokumentiert. Eine erste Auswahl von

*Muhammad Yunus in der Talkshow
von Sabine Christiansen.*

25 solchen Projekten veröffentlichte das Genisis Institute in seiner Studie
»Social Impact Businesses«.

Das Verständnis für gute soziale Projekte und Sozialunternehmen soll
keinesfalls auf bürgerschaftliche Initiativen beschränkt sein, sondern unbedingt auch unternehmerische umfassen. Zu überlegen ist, ob deren
Ideen in der hier vorgeschlagenen Kampagne integriert, oder separat, beispielsweise unter dem Motto »Deutschland sucht seine sozialen Unternehmen«, vorgestellt und diskutiert werden sollen.

2. Weltagentur der besten ökosozialen Projekte und Sozialunternehmen

In einer Welt, die zunehmend erkennt, wie sehr ihre Zukunft von der verantwortungsvollen Lösung ihrer dringlichsten gesellschaftlichen Probleme
abhängt, ist es um so wichtiger, über die innovativsten und erfolgreichsten
ökosozialen Projekte und Sozialunternehmen weltweit informiert zu sein.
Jenes Land, das als erstes eine Weltagentur für die Dokumentation solcher
Projekte und Sozialunternehmen ins Leben ruft, kann sich einen bedeutenden Standortvorteil in diesem globalen Prozess erwerben. Warum sollte
dies nicht Deutschland sein?

Deutschland hat dafür zwei sehr gute Voraussetzungen:

Zum einen arbeitete anlässlich der Expo 2000 in Hannover erstmals eine international besetzte Jury über mehrere Jahre hinweg an der Identifikation der besten ökologischen und sozialen Projekte der Welt. Damals war der Kriterienkatalog durch die »Agenda 21« definiert, die das Ergebnis der bis dahin größten internationalen Umweltkonferenz 1992 in Rio de Janeiro darstellte. Die Agenda 21 definierte nachhaltige Entwicklung bereits unter vollem Einschluss von gesellschaftlichen und sozialen Faktoren wie der Überwindung der weltweiten Armut. Die auf dieser Grundlage von der Expo-Jury gesammelten 732 »Projekte aus aller Welt« bilden somit nach wie vor ein hervorragendes Fundament für die Etablierung einer hier vorgeschlagenen »Weltagentur der besten ökosozialen Projekte und Sozialunternehmen«.

Muhammad Yunus erklärte Berlin zu einem besonderen Zentrum seiner persönlichen Bemühungen um das Thema Social Business. Dabei bezog er sich auf die bereits erwähnte Einrichtung des Grameen Creative Labs, in das auch die Freie Universität Berlin involviert ist, sowie auf das Genisis Institute, das mit einem weiten Netzwerk ähnlicher Einrichtungen verbunden ist. In Berlin existieren also bereits verschiedene Institutionen, die wertvolle Arbeit leisten.

3. »Grameen Deutschland« – ein strategisches Schlüsselprojekt

Wie bereits erwähnt, gibt es in mehreren westlichen Ländern Grameen-Programme, welche die Prinzipien der Grameen Bank auf die dortigen Bedingungen übertragen. So wurde Anfang 2008 in New York »Grameen America« gegründet. Aus einer Fülle von strategischen Überlegungen heraus macht es sehr viel Sinn, das Projekt »Grameen Deutschland« anzugehen.

Das Genisis Institute rief sofort bei seiner Gründung einen Arbeitskreis »Grameen Berlin« ins Leben. Auslöser war eine Begebenheit am 11. April 2008, als Yunus sein Buch »Die Armut besiegen« in Berlin vorstellte. Bei der Pressekonferenz fragte ein Journalist, ob Yunus sich nicht auch ein Grameen-Programm in Berlin vorstellen könne. Der bekräftigte dies ausdrücklich und verband es mit der klaren Zusage, ein solches Projekt persönlich begleiten zu wollen. Bei einem Treffen am selben Nachmittag mit 200 Aktivisten von Nichtregierungsorganisationen kam dieselbe Frage erneut auf. Yunus wiederholte seine Antwort und seine Zusage der persönlichen Unterstützung. Er stelle immer wieder fest, dass sich Menschen aus den Industrienationen trotz aller Erfolge der weltweiten Kleinkreditbewegung nur sehr schwer vorstellen können, wie diese Erfahrungen auch auf ihre Länder übertragen werden könnten. Wenn Grameen dabei helfen könne, wäre dies für ihn ein sehr sinnvolles Engagement. Die Implementierung von derartigen Projekten mitten im Herzen der traditionellen Industrieländer könnte entscheidend dazu beitragen, dass die Social-Business-Bewegung noch viel schneller und umfassender eine wirklich weltweite Bewegung wird.

Der kurze Zeit danach gebildete Arbeitskreis »Grameen Berlin« stellte vielfältige eigene Überlegungen an, wie ein solches Projekt in Deutschland aussehen könnte. In diesem Arbeitskreis wirkten auch Aktivisten mit, die bereits intensive eigene Anstrengungen unternommen hatten, die Kleinkreditidee nach Deutschland zu tragen, aber bisher nicht sehr erfolgreich waren.

Am Rande des 2. Vision Summit gab es dann ein Treffen dieses Arbeitskreises mit Yunus. Er stellte noch einmal heraus, wie man aus seiner Sicht ein solches Vorhaben angehen könne und solle. Auf dieser Linie laufen nun die weiteren Bemühungen.

Man muss sich bei einem solchen Vorhaben aber über eines sehr bewusst sein: Der Aufbau eines Grameen-Programms in Deutschland stößt auf ein grundlegendes gesellschaftspolitisches Problem. In Deutschland wie in nahezu allen Industrieländern sind die Rahmenbedingungen in fast allen Lebensbereichen ausgesprochen stark auf Sicherheit ausgerichtet. Zum einen gibt es für jene, die keinen Platz im ersten Arbeitsmarkt finden, ein schützendes soziales Netz. Gleichzeitig wird der erste Arbeitsmarkt seinerseits stark vor ungesicherten und missbräuchlichen Arbeitsbedingungen geschützt. Beides ist sehr sinnvoll, führt aber dazu, dass nur wenige Menschen in prekären Lebenslagen bereit sind, ihr Leben mit kleinen Krediten ganz oder teilweise selbst in die Hand zu nehmen. Ein Hartz-IV-Empfänger wird für jede Eigeninitiative, die ihn nicht aus dem Stand wieder im ersten Arbeitsmarkt in finanziell ausreichendem Maße etabliert, nur bestraft, weil jeder Hinzuverdienst gleich wieder verrechnet wird. Viele Formen von Selbstständigkeit sind außerdem mit hohen bürokratischen Hürden versehen, sowohl bei den dafür zuständigen Ämtern als auch bei den Banken, von denen man sich Kredite erhofft. Wir haben verlernt, Menschen auf der Basis von persönlicher Bekanntschaft zu vertrauen, und ersetzen dies durch Formulare, deren Sinn nicht einmal die Spezialisten vollständig begreifen, geschweige denn ein normaler Bürger.

Außerdem hat eine übergroße bürokratische Reglementierung für den

Armutssektor einer Gesellschaft eine weitere sehr kontraproduktive Nebenwirkung: Dürfen oder wollen Menschen sich wegen der bürokratischen und finanziellen Nebenwirkungen eigener Kleinselbstständigkeit nicht selbst helfen, wächst durch die mehr oder weniger erzwungene Untätigkeit der Bedarf an ehrenamtlicher oder professioneller Hilfe für sie. Untätigkeit und Unmündigkeit und die damit verbundenen Gefühle des Würdeverlustes sind besonders signifikante Ursachen von psychischen und physischen Erkrankungen.

In Entwicklungsländern gibt es, nebenbei bemerkt, ein sehr ähnliches Problem der Überbürokratisierung. Auch dort sind die bürokratischen Hürden zur Anmeldung und Etablierung eines eigenen Gewerbes so hoch, dass gerade Menschen, die kein oder nur ein sehr geringes Einkommen und wenige Ersparnisse haben, daran scheitern. Der international renommierte peruanische Wirtschaftswissenschaftler Hernando de Soto zeigte in Studien in sechs verschiedenen Entwicklungsländern, dass ein »normaler« Gründungsprozess in diesen Ländern oft viele Monate dauert und so teuer ist, dass dadurch der mögliche Verdienst von teilweise mehr als einem ganzen Jahr vorab verschlungen würde. Hernando de Soto sieht in dieser zumindest für die Armen einer Gesellschaft drastisch überzogenen Bürokratie den Hauptgrund für das Ausufern des so genannten »informellen Sektors«. In manchen Ländern ist mehr als ein Drittel der gesamtwirtschaftlichen Leistung dort angesiedelt. Doch dieser Ausweg in die Etablierung eines informellen Sektors ist in Deutschland nicht möglich, weil verboten und weil sich Yunus prinzipiell jeglichem Ansinnen verweigert, in einem Projekt in einer juristischen Grauzone mitzuwirken.

Yunus meint, man sollte den Start eines Grameen-Programms in Deutschland von vorneherein auch als ein gesellschaftspolitisches Projekt betrachten. Sicher sei es möglich, selbst in sehr bürokratischen Ländern kleine Nischen zu finden, in denen man ein Kleinkreditprogramm nach dem Muster von Grameen aufsetzen kann. In New York fand man beispielsweise heraus, dass der deutlich geringere rechtliche Schutz für Neueinwanderer den Nebeneffekt hat, dass dieser Personenkreis genügend Freiraum für Kleinselbstständigkeiten in Verbindung mit Kleinkrediten bietet. In diesem Milieu fand Grameen America seine erste Klientel mit durchschnittlich 1000 US-Dollar Kreditvolumen gefunden. Es ist nicht unwahrscheinlich, dass auch in Deutschland Migranten und Bettler die »sichersten« Kandidaten wären.

So sinnvoll es wäre, diesen mit einem Kleinkreditsystem eine hoffnungsvolle Alternative zu geben, so wichtig ist es, nach Lösungen zu suchen, die die Kleinkreditoption für sehr viel mehr Personengruppen eröffnen. Doch dafür bedarf es als erstes experimenteller Freiräume. Was spricht dagegen, dass beispielsweise die Bundeshauptstadt Berlin für die dort sehr zahlreichen unterschiedlichen »Problemgruppen« eingegrenzte sowie zeitlich befristete soziale Experimentierfelder für Kleinkreditansätze definiert? Yunus erläuterte, wie dies funktionieren kann und weshalb alle beteiligten Seiten dabei nur gewinnen können:

Eine Kommune kann für eine so definierte Gruppe von Menschen die bisherigen staatlichen beziehungsweise kommunalen Zuschüsse ganz oder teilweise fortzahlen, während diese gleichzeitig aus einem Kleinkreditprojekt Darlehen bekommen, um sich damit selbstständig zu machen. Oder sie kann den Menschen der Experimentiergruppe anbieten, die ihr für die nächsten ein, zwei oder drei Jahre zustehenden Zuschüsse vorab auf einmal als Darlehen auszuzahlen. In beiden Fällen sollten die betreffenden Existenzgründer für einen befristeten Zeitraum auch von den meisten bürokratischen Erfordernissen freigestellt werden. Diese müssten sie erst zu einem späteren Zeitpunkt nachholen. Funktioniert das Projekt nicht, fällt die Person zurück in den normalen Kreislauf staatlicher Hilfen. Jeder erfolgreiche Anschub entlastet den Staat erheblich und die betreffenden Menschen finden den Weg zurück zu einem erfüllten und würdigen Leben in Selbstachtung und Achtung durch die sie umgebende Gesellschaft.

Ein anderer Weg wäre, ein gesondertes Gesetz für Banken zu erlassen, die sich ausschließlich auf Kleinkredite für Menschen mit besonders niedrigen Einkommen spezialisieren. In Deutschland ist es nach den derzeitigen Gesetzen nahezu unmöglich, eine Lizenz für eine Bank nach dem Vorbild von Grameen zu erhalten. Alle Politiker aller Parteien, mit denen ich Gelegenheit hatte, über den Kleinkreditansatz zu sprechen, lobten die Arbeit von Grameen und ähnlichen Einrichtungen in den höchsten Tönen. Als ich sie darauf hinwies, dass eine Grameen Bank in Deutschland keine Zulassung erhalten würde, erklärten sie sich bereit, ernsthaft über Ausnahmeregelungen und auch gesetzliche Anpassungen nachzudenken und sich dafür einzusetzen. Hier hätte eine gesellschaftspolitische Initiative ihre ersten Ansätze.

Ein weiterer Ansatz für die Arbeit von Kleinkreditorganisationen hier bei uns ist, für Menschen unterhalb eines bestimmten Einkommens eine Art Äquivalent zu Freihandelszonen zu schaffen. Freihandelszonen werden weltweit anerkannt zur Förderung von bestimmten Industrien in bestimmten Regionen der Welt, obwohl es durchaus auch berechtigte Einwände gibt. Für Menschen unterhalb eines bestimmten Einkommens würde eine solche »Freihandelszone« bedeuten, dass sie frei oder zumindest mit wesentlich geringerem bürokratischen Aufwand und geringeren steuerlichen Belastungen wirtschaftlich agieren können. Diese Menschen könnten vom Staat eine Lizenz erhalten, die ihnen entsprechende Sonderrechte einräumt, solange sie unterhalb einer festgelegten Einkommensgrenze liegen.

Yunus bot an, ein Team von erfahrenen Grameen-Leuten zusammenzustellen und nach Deutschland zu schicken, das hier im Gespräch mit möglichen Betroffenengruppen sowie mit staatlichen Stellen innerhalb von zwei bis drei Monaten einen Plan entwickelt, wie ein Grameen-Programm in Deutschland aufgesetzt werden kann. Die Kosten hierfür sind überschaubar, sie liegen eher im unteren fünfstelligen Bereich. Danach könnten sich die Auftraggeber frei entscheiden, ob sie in eigenem Namen ein Kleinkreditprogramm in Deutschland starten möchten – in diesem Falle können sie die Empfehlungen der Grameen-Experten nutzen – oder ob es in Deutschland ein Programm geben sollte, das auf Dauer in enger Abstimmung mit Grameen-Mitarbeitern gesteuert wird und dann auch den Namen Grameen tragen kann. Die Anlaufkosten für diese zweite Phase hängen sehr stark von den konkreten Möglichkeiten und der Konstruktion des landesbezogenen Grameen-Programms ab. Drei Millionen Euro reichen aber nach den bisherigen Erfahrungen, um ein solches Programm erfolgreich zu lancieren und zur selbsttragenden Arbeit zu führen.

Eine der meistdiskutierten gesellschaftspolitischen Initiativen der letzten Jahre war jene für ein bedingungsloses Grundeinkommen. Diese Idee ist alles andere als neu, aber sie gelangte erst dann zu einem Durchbruch in der gesellschaftlichen und politischen Wahrnehmung, als sich ein bundesweit bekannter Unternehmer, Götz W. Werner, langjähriger Leiter der dm-Drogeriemarktkette, dieses Themas angenommen hat und zu dessen Promotor wurde. Vielleicht käme das Thema »Grameen Deutschland« am schnellsten voran, wenn sich auch für dieses gesellschaftspolitische Anliegen ein Götz W. Werner finden würde.

Das Projekt »Grameen Deutschland« eignet sich in besonderer Weise, um eine sehr grundlegende und überfällige gesellschaftliche Diskussion in unserem Lande zu eröffnen: Wie kommen wir aus der Situation heraus, dass Millionen Menschen auch bei uns mehr oder minder als Almosenempfänger betrachtet und behandelt werden? Wie können wir sie wieder in ein aktives, selbstgestaltetes, würdevolles Leben zurückholen – in ein im umfassenden Wortsinne selbstständiges Leben? Wie können wir gesellschaftliche Probleme intelligenter lösen als durch Bürokratie und entmündigende Betreuung? Wie können staatliche Alimentierungen in gesellschaftliche Investitionen in den Lebensgestaltungswillen von Millionen Menschen umgewandelt werden? Wie lässt sich dies mit dem sehr verständlichen und richtigen Bedürfnis der meisten Menschen nach Sicherheit verbinden?

Eine unternehmerische Kultur wird bei uns per se mit deutlich gesteigerter Unsicherheit im Leben verbunden. Grameen widerlegte auch dieses Dogma als falsches Gedankenkonstrukt. Eigene unternehmerische Aktivität kann durch das Gruppenprinzip bei der Kreditvergabe eine hochintelligente Form von ganz anderer Sicherheit erhalten. Die GLS Bank in Deutschland hat ein ähnliches »Sicherheitsprinzip« verwirklicht bei Krediten, für die sich ein Netzwerk aus Bürgen findet. Es funktioniert sehr viel besser als unser Sozialstaatsdenken, mit dem wir große Teile unserer Gesellschaft in eine Art von Gefangenschaft ihrer besten Potenziale hineinmanövriert haben.

4. Trainingsprogramme für den Weg von sozialen Ideen zu funktionierenden Sozialunternehmen

»Zu viel ›social‹ – zu wenig ›entrepreneurship‹«, so fasste ein Gesprächspartner einmal das Hauptproblem der bisherigen Social-Entrepreneurship-Szene zusammen, die zwar sehr wohl innovative soziale Ideen hervorbringt, aber daraus viel zu selten wirtschaftlich funktionierende Geschäftsmodelle zu entwickeln vermag. Wie kann dieses Defizit systematisch überwunden werden?

Eine noch relativ kleine Schar von Wirtschaftswissenschaftlern befasst sich mit dem Thema Entrepreneurship. Einer der Pioniere auf diesem Feld ist Professor Günter Faltin von der Freien Universität Berlin. Er beklagt seit langem, dass sich die Wirtschaftswissenschaften nahezu allein auf »Business Administration« konzentrieren, während »Entrepreneurship« meist unter den Tisch fällt. Business Administration sei wichtig, so Faltin, aber Entrepreneurship sei wesentlich wichtiger. Während Business Administrators darauf spezialisiert sind, vorhandene Geschäftsmodelle gut zu führen, widmen sich echte Entrepreneurs einer völlig anderen Aufgabe. Sie entwickeln neue innovative Geschäftsmodelle. Sie tüfteln an einer Geschäftsidee so lange und intensiv, bis daraus ein Geschäftsmodell reift, das seine notwendigen Partner und Unterstützer fast von alleine findet.

Laut Faltin kann man Entrepreneurship genauso gut erlernen wie Business Administration, auch wenn die Kunst des Entrepreneurship völlig andere Eigenschaften verlangt. Während es hier vor allem um Zahlen und kühle Strategien geht, sind dort eher Vision, Querdenkertum, Leidenschaft, künstlerische Kreativität und beharrliches meditatives Kreisen um eine Aufgabe gefragt, bis sich die erforderlichen innovativen Lösungen auftun.

Faltin meint, in einer Zeit, in der die eher administrativen Elemente von Unternehmertum zunehmend durch Softwareprogramme und professionelle Dienstleister abgedeckt werden können, komme es für jegliche Art von unternehmerischem Erfolg zunehmend auf Entrepreneur-Qualitäten an. Da er diese These nicht nur akademisch lehren, sondern praktisch belegen wollte, gründete er schon vor Jahren eine Entrepreneurship-Stiftung, die seine Studenten und andere Entrepreneurship-Interessierte coacht. Mit erstaunlichem Erfolg: Aus seinem Kreis ging eine Serie von sehr innovativen und erfolgreichen Neugründungen hervor. Ich fragte ihn, ob er bereit wäre, seine Kompetenz auch für Social Entrepreneurs und Gründer von Sozialunternehmen zur Verfügung zu stellen. Er willigte ein und bietet seither entsprechende Workshops an.

Dieses Modell muss Schule machen. An möglichst vielen Orten, seien es Hochschulen oder private Institute, müssen Kurse für Entrepreneurship von Sozialunternehmen entstehen. Und warum können solche Ausbildungsinstitute nicht selbst auch als Sozialunternehmen geführt werden?

5. Förderung von Lebensunternehmer-Qualitäten als ein Sozialunternehmer-Pionierprojekt

Jeder Mensch ist ein Unternehmer. In Kapitel III wurde deutlich, wie überzeugend Yunus dieses Menschenbild unter Beweis gestellt hat. Er zeigte, wie jeder Mensch unternehmerische Fähigkeiten entwickeln und damit sein Leben in die Hand nehmen kann, wie Teamkompetenz völlig neue Qualitäten in jedem hervorlockt, wie Verantwortungskompetenz die persönliche Sinnhaftigkeit und das damit verbundene persönliche Glück ebenso steigert wie die Leistungsbereitschaft und die kooperativen Fähigkeiten.

Die Ausführungen über die Bildungskonzepte von WORTH und insbesondere von FUNDAEC haben gezeigt, dass diese und weitere Schlüsselkompetenzen in Trainingsprogrammen vermittelbar sind, sogar über interaktive Trainingsbücher und über ein Train-the-Trainer- beziehungsweise Train-the-Concerned-System, bei dem gezielt in jenen Personengruppen, die jeweils erreicht werden sollen, Trainer ausgebildet werden. Wenn wir noch eine weitere Schlüsselkompetenz hinzunehmen, die Lernkompetenz, also das Erlernen, wie man sich am effektivsten allein und im Team Wissen und Kompetenz aneignet, dann haben wir den Grundstoff für eine wahre Bildungsrevolution beisammen. Mit anderen Worten: Ein erstes großes Aufgabenfeld für Sozialunternehmen, die sich in Deutschland und ähnlichen Ländern vorhandenen gesellschaftlichen Defiziten widmen, sollte die Entwicklung und Etablierung eines ergänzenden Bildungssystems zum Erwerb von Schlüsselkompetenzen sein. Warum ist dies eine so wichtige Aufgabe und wie kann diese konkret angegangen werden?

Wenn wir uns die Frage stellen, warum der Kleinkreditansatz in Entwicklungsländern derart erfolgreich ist, kommen wir zu dem Ergebnis: Die Menschen, die dort Kleinkredite erhalten, werden zu Unternehmern ihrer eigenen besten Fähigkeiten, also zu Lebensunternehmern. Wenn wir darüber nachdenken, was in Industrieländern das Geheimnis sein kann, das die Lebensenergie der Menschen in ähnlich starker Weise aufleben beziehungsweise sich besonders intensiv weiterentwickeln lässt, so ist es im Kern genau dasselbe: Wir müssen zu Lebensunternehmern, zu selbstbewussten und aktiven Unternehmern unserer besten Fähigkeiten werden. Nur der Schlüssel wird bei uns ein anderer sein. Während in Entwicklungsländern der Kleinkredit die Welt zu den wirklichen Fähigkeiten in den Menschen weit aufschließt, wird es bei uns die Etablierung eines ergänzenden Bildungssystems für lebenspraktische Schlüsselkompetenzen sein.

Das Bildungssystem in Deutschland hat sich zu einseitig auf Wissensvermittlung konzentriert. Wir haben festgestellt, dass sich das Wissen in der Welt immer schneller vermehrt. Also packten wir immer mehr Wissensvermittlung in unsere Lehrpläne. Wir haben durch die Pisa-Studie erfahren, dass wir gegenüber anderen Ländern bereits ins Hintertreffen geraten sind. Also erhöhten wir den Leistungsdruck in seiner bekannten Form als Paukdruck weiter. Wir haben festgestellt, dass Studenten in anderen Ländern ihr Studium schneller abschließen und ihr wertschöpfendes Arbeitsleben dadurch länger ist. Also verkürzten wir das Universitätsstudium durch dessen Verschulung und Intensivierung des Paukens. Obendrein legten wir bei der gymnasialen Stufe den Turbo ein, indem wir sie von neun auf acht Klassen verkürzten. Die Schüler und Studenten in unserem Land stecken längst in einem Laufrad, das sich immer schneller

246

dreht und in dem sich ein immer größerer Teil des kindlichen, jugendlichen und jungerwachsenen Lebens abspielt. Und jede Erhöhung der Schlagzahl findet stets die gleiche und scheinbar so unausweichlich logische Begründung: Wer in der heutigen Welt bestehen will, muss das dafür notwendige Wissen erwerben, und leider nimmt das nötige Wissen immer weiter zu.

Ist diese Logik richtig? Nein, ist sie nicht. Wenn sie richtig wäre, wäre folgendes Phänomen nicht zu erklären. Als das Computer- und Internetzeitalter anbrach, gab es nur wenige Schullehrer, die davon etwas verstanden. Dennoch gab es plötzlich unter den Schülern, die in der Schule eher mäßige Motivation und Leistung an den Tag legten, plötzlich wahre Leistungsfanatiker und Superexperten. Sie erwarben diese extraordinäre Motivation und Leistung auf vollständig außerschulische Weise, nämlich indem sie sich das nötige Wissen zum einen Teil als autarke, ja fast autistische Selbstlerner aneigneten, und sie lernten zum anderen Teil in höchst motivierenden informellen Teams voneinander. Am Anfang dieses außerschulischen Lernwunders stand eine sehr hohe Sinnhaftigkeit: Die jungen Leute entdeckten, dass sie sich durch Aneignung von Computer- und Internetfertigkeiten völlig neue Wissensquellen sowie Kommunikations- und Gestaltungsmöglichkeiten erschließen konnten. Dann setzte eine Form des Teamlernens ein, das sie in der Schule nie gelernt hatten, zu dem sie aber ihr jugendliches Gemeinschaftsgefühl unbewusst drängte. Bei FUNDAEC wird sowohl die Sinnhaftigkeit des Gelernten vermittelt als auch die Kompetenz des Teamlernens systematisch erworben und eingesetzt. In beiden Fällen werden Schlüsselkompetenzen erworben, und plötzlich gewinnt der Wissenserwerb eine neue Leichtigkeit und zugleich wesentlich höhere Intensität.

Was wir hieraus lernen können: Mit dem Internetzeitalter ist der Zugang zu Wissen wesentlich weniger von der Schule abhängig als zu früheren Zeiten. Wenn wir mit dem Internet und anderen Selbstlern- und Teamlernmöglichkeiten gut umgehen können und wenn die notwendige Motivation vorhanden ist, werden wir uns lebenslang die erforderlichen Wissensbausteine aneignen können. Das Internetzeitalter verlangt nach einem völlig anderen Bildungssystem: Ergänzend zur Wissensbildung brauchen wir vor allem Kompetenzenbildung, oder genauer: Schlüsselkompetenzenbildung. Je besser die folgenden zentralen Kompetenzen erworben werden, desto früher werden Schüler selbstverantwortlich und unabhängig Wissen aufnehmen und erfolgreich lebenspraktisch anwenden können:

- *Lernkompetenz:* Lernen jener Methoden, mit denen das Lernen leichter und zugleich intensiver wird, z. B. Gedächtnistraining, Teamlernen, Mindmapping, Lernen mit mentalen Modellen etc.
- *Teamkompetenz:* Sozialkompetenz, Teamlernen, Teamentscheidungsprozesse etc.
- *Konfliktlösungskompetenz:* Probleme als Triebkraft für Innovationen, Ermutigung, werteorientierte Konfliktbewältigung wie bei »Peoples Theater« etc.
- *Unternehmerische Kompetenz:* Entrepreneurial Skills, Projektmanagement, Denken mit Visionen, Projektmanagement etc. – insbesondere Aufarbeitung der Impulse von Günter Faltin zu interaktiven Trainingsprogrammen.

Obwohl unbestritten ist, dass jeder Mensch diese Schlüsselkompetenzen permanent im Leben braucht, werden sie in der Schule nur selten systematisch vermittelt. Mit gezieltem Gedächtnistraining und einem zeitlichen Aufwand von maximal 30 Stunden können Sprachen drei- bis fünfmal so schnell gelernt werden. Mit geschulter Teamkompetenz wird anderen wissenschaftlichen Studien zufolge die Grundlage für eine vielfach bessere Lebensbewältigung gelegt. Warum steht all dies nicht im Zentrum jeder Bildung und Bildungsstufe? Die konzentrierte Vermittlung von Schlüsselkompetenzen wird bisher fast nur in teuren Seminaren für Führungskräfte angeboten. Wir müssen dringend solche Trainingsprogramme entwickeln, um die Schlüsselkompetenzen in die Breite der Gesellschaft zu vermitteln. Dabei können uns die Erfahrungen von FUNDAEC und WORTH Pate stehen.

Gründen wir als ersten Schritt ein Sozialunternehmen, das sich der Aufgabe widmet, solche Trainingsprogramme zu entwickeln und in Pilotprojekten anzuwenden. Nach dessen Vorlage kann dann eine ganze Infrastruktur eines ergänzenden Schlüsselbildungssystems entstehen:
- Modulare interaktive Trainingsprogramme für Schlüsselkompetenzen können via Bücher und Internet für die eigenständige Aneignung angeboten werden. Wir müssen keineswegs warten, bis die Kulturbürokratie diese überfällige Wende vollzieht.
- Andere können dennoch auch Lehrerfortbildungen entwickeln und anbieten.
- Für Problemgruppen sollten spezielle Angebote zur stufenweisen Schlüsselkompetenzenbildung entwickelt werden. Die Umsetzung kann ähnlich erfolgen, wie dies der Social Entrepreneur Murat Vural für Migrantenkinder in Deutschland erfolgreich vorgemacht hat: Gut integrierte

studentische und erwachsene Migranten lernen, wie sie Migrantenkinder mit Schulproblemen unterstützen können.

- Da gerade Unternehmen immer mehr erkennen, wie wichtig für den Erfolg ihres Unternehmens solche Schlüsselkompetenzen sind, stellen sie eine besonders lohnende Zielgruppe dar. Interaktive Trainingsprogramme, bei denen nach dem Train-the-Trainer-Prinzip Mitarbeiter in ihrem eigenen Unternehmen darin ausgebildet werden, ihre Kenntnisse an die anderen Mitarbeiter zu vermitteln, sind zudem für die Unternehmen wesentlich kostengünstiger und werden nach den Erfahrungen von FUNDAEC wahrscheinlich sogar weitaus besser von den Mitarbeitern aufgenommen.

Deutschland – wie die meisten anderen Länder auch – braucht eine Bildungsrevolution zur Entwicklung der Schlüsselkompetenzen aller Menschen. Wie ich in meinem Buch »Eine humane Weltwirtschaft« aufgezeigt habe, braucht man hier nicht auf den Staat zu warten und sollte diesen Markt auch nicht kommerziellen Unternehmen überlassen. Für die Dynamik eines solchen informellen und komplementären Kompetenzenbildungssystems wären Sozialunternehmen die geeignetsten Einrichtungen. Die abgestuften Trainingsprogramme können in Modifikationen letztlich weltweit zum Einsatz kommen. Insbesondere für Entrepreneurial Skills wird es weltweit eine sehr schnelle und starke Nachfrage geben. Deutschland sollte die Chance ergreifen, sich in diesem sehr großen künftigen Bildungsmarkt an die Spitze zu setzen.

6. Sozialunternehmen als dritten Weg zwischen staatlichen Einrichtungen und Privatisierung erkennen

Unsere Gesellschaft hat sich in erstaunlich vielen Bereichen der wichtigsten menschlichen und gesellschaftlichen Dienstleistungen, in eine merkwürdige Sackgasse der Erstarrung manövriert. Das Konzept von Sozialunternehmen kann hier die Tür öffnen zu völlig neuen Qualitäten von Kreativität, Dienstleistung und Effizienz.

Vom Bildungssektor bis zum Gesundheitssektor fühlen sich ausgerechnet jene Menschen, die ihren Beruf ausgewählt haben, um einen besonders sinnvollen Dienst für die Menschen und die Gesellschaft zu leisten, sehr oft ausgebrannt, gegängelt, zu immer mehr administrativen Aufgaben gezwungen, kurz, in Arbeitsweisen eingepfercht, die dem Wesen ihrer ursprünglichen Vision und Motivation fremd sind.

Ein wesentlicher Grund, weshalb wir unsere sozialen Systeme oft so sehr einer Verwaltungslogik unterordnen, obwohl dieser Geist für die eigentliche Aufgabenstellung kontraproduktiv ist und sie systemisch konterkariert, liegt in der großen Skepsis gegenüber privatwirtschaftlicher Verantwortung bei gesellschaftlichen Aufgaben. Diese Skepsis ist durchaus nachvollziehbar, denn wer möchte eine Schule oder ein Altenheim einer Shareholder-Logik aussetzen? Das Dilemma: Unternehmerische Kreativität könnte auf der einen Seite einen frischen Wind in die verkrusteten Denkweisen, Strukturen wie auch physische Gebäude unserer Bildungs-, Sozial- und Gesundheitssysteme bringen, aber wie verhindert man andererseits, dass Schulen und Krankenhäuser genauso auf ungute Profitmaximierung getrimmt werden, wie es beispielsweise bei den Banken in den letzten 20 Jahren in nunmehr so offensichtlich gefährlicher Weise geschehen ist?

Die Heiligenfeld Kliniken in Bad Kissingen sind ein leuchtendes Beispiel dafür, welche Frische, Kreativität, Menschlichkeit, Ästhetik und Mitarbeiterzufriedenheit durch private Initiative und Leidenschaft erzeugt werden können. Unter der Leitung von Professor Joachim Galuska wurde diese Klinik in den letzten Jahren mehrfach für die höchste Mitarbeiterzufriedenheit im deutschen Gesundheitswesen ausgezeichnet. Galuska verfolgt konsequent das Ziel höchster Dienstleistung für seine Patienten *und* höchster Motivation seiner Mitarbeiter. Die sprichwörtliche kalte, sterile Krankenhausatmosphäre so vieler deutscher »Gesundheits«-Einrichtungen findet man in Heiligenfeld in keiner einzigen Ecke der zahlreichen Gebäude. Gesundwerden wird in Heiligenfeld konsequent ganzheitlich verstanden, und so ist man ständig auf der Suche nach weiteren gesundheitsfördernden Elementen.

Wie kann man alle deutschen Kliniken zu einem derart hohen Leistungsniveau und zu einer so umfassend vorgelebten Lebensfreude verhelfen, die sicher unter privatwirtschaftlichem unternehmerischem Gestaltungswillen besser gedeihen als unter administrativen Reglementierungsregimen? Und wie kann man gleichzeitig den möglichen Missbrauch solcher Gestaltungsfreiheit verhindern?

Derart leidenschaftliche Sozialunternehmer wie Joachim Galuska lassen sich nicht für ein der Sache schadendes Shareholder-Denken missbrauchen. Sie ziehen auch nicht ihren persönlichen Selbstwert aus der Höhe ihres Einkommens, sondern aus dem Ehrgeiz, immer bessere Leistungen für alle zu generieren. Aber Galuska ist da womöglich eher eine Ausnahme. In privatwirtschaftlichen Einrichtungen werden die Motivationsanreize in der Tat oft falsch gesetzt: Bei den Investoren wie bei manchen Führungskräften ist die monetäre Ebene zu oft die ausschlaggebende. Bei staatlich geführten Einrichtungen sind die Leitmotive zwar andere, aber letztlich nicht weniger kontraproduktiv. Hier spielt administrativer Einfluss eine alles andere als hilfreiche Rolle.

Wie kommen wir aus diesem Dilemma heraus? Da es zur konstituierenden Definition von Sozialunternehmen gehört, keine oder nur geringe und klar begrenzte Gewinnausschüttungen an Investoren vorzunehmen, können sie nicht für Spekulationen und sonstige ungute Shareholder-Motivationen missbraucht werden. Die Mitarbeiter und Führungskräfte in Sozialunternehmen sollen selbstverständlich leistungsgerecht bezahlt werden. Somit lohnt sich gute Leistung in der Logik dieser neuen Unternehmensform auch auf materieller Ebene. Wenn Mitarbeiterteams der Sozialunternehmen gut wirtschaften, erweitern sie dadurch unmittelbar ihre Gestaltungsmöglichkeiten im Rahmen der Mission ihres Unternehmens, da die Gewinne ja fast vollständig im Unternehmen bleiben und nicht anders eingesetzt werden können als im Sinne des Unternehmensauftrags. Bei Sozialunternehmen werden somit die Anreize der Akteure auf die beste unternehmerische Leistung im Dienste der Menschen und der Gesellschaft im Rahmen der gemeinsam festgelegten Mission gelenkt.

Wenn zunächst möglichst viele Bürger und Sozialunternehmer und dann der Gesetzgeber diese besondere Logik von Sozialunternehmen erkennen, kann durch unser gesamtes Sozialsystem ein ganz ungewöhnlich frischer Wind des Wandels wehen. Wir würden uns zu einer echten Dienst-Leistungs-Gesellschaft weiterentwickeln, in der sich Dienst und Leistung wechselseitig befruchten.

Gegenwärtig ist im weiten Feld der Sozialunternehmen noch die besondere Kreativität von Pionieren gefragt, um Nischen und Gestaltungsmöglichkeiten zu finden. Dennoch reicht auch der vorhandene Entfaltungsraum aus, um sofort Sozialunternehmen zu gründen, wie die Beispiele im vorherigen Abschnitt zeigen. Dass auch größere Vorhaben z. B. im Bildungsbereich durch intelligente Finanzkonstruktionen zügig finanziert und realisiert werden können, zeigt die Bewegung der Waldorfschulen. Durch eine größere Anzahl von kleineren Bürgschaften jener Eltern, die ihre Kinder gerne auf eine neue Waldorfschule schicken möchten, kann eine solche vorfinanziert werden. Das Abtragen der Bankenvorfinanzierung erfolgt dann durch die Schulgebühren. In analoger oder ähnlicher Weise können in kurzer Zeit viele Sozialunternehmen entstehen.

Parallel sollten ab sofort Gespräche mit den zuständigen Politikern beginnen, um diese zu überzeugen, durch steuerliche Erleichterungen die Gründung von Unternehmen zu beschleunigen. Hierfür sind das gesellschaftspolitische Pilotprojekt »Grameen Deutschland« und der nachfolgend vorgeschlagene neuartige Thinktank von Sozial- und Zukunftsunternehmern äußerst hilfreich. Der Staat muss in diesen Bereichen selbstverständlich klare Standards vorgeben, die von ihren eigenen Einrichtungen wie auch von Sozialunternehmen erfüllt werden müssen. Wo Sozialunternehmen Aufgaben übernehmen, die bisher von staatlichen Einrichtungen wahrgenommen wurden, kann der Staat diesen Sozialunternehmen Transferzahlungen zukommen lassen etwa in der Höhe dessen, was der Staat dank der Leistungen des Sozialunternehmens eingespart hat. Selbstverständlich muss der Staat auch dafür sorgen, dass sich Sozialunternehmen nicht vorrangig dort betätigen, wo die Refinanzierung besonders leicht ist. Die staatlichen Stellschrauben müssen insgesamt so angelegt sein, dass im Gesamteffekt keinesfalls schwächere oder schwierige Gruppen vernachlässigt werden, sondern vorrangig gerade für diese Gruppen innovative Lösungen und zielführende Leistungen angeboten werden.

7. Not-wendig: Ein Thinktank der Zukunfts-Unternehmer

Wir befinden uns in der schwerwiegendsten Finanz- und Wirtschaftskrise seit 80 Jahren. Allen ist klar: Es muss schnell und tiefgreifend gehandelt werden. Es offenbaren sich gegenwärtig immer neue Dimensionen von Fehlern in unseren bisherigen Systemen. Je lauter das Heulen und Zähneklappern ist, desto größer werden die Rettungspakete. Billionen-Schutzschilde und Billionen-Investitionsprogramme für die Bankenwelt und ganze Branchen. Doch wohin fließt all das viele Geld? Wer trifft aus welchen Interessen heraus die Entscheidungen über unsere Zukunft?

Das ist der Kern des Problems: Die Vordenker und Lobbyisten des »wohin?«, diese Einflüsterer »für wen?« und »für was?« sind weitgehend dieselben wie bisher. Sie haben auch schon nach der Enron-, der Asien- und den vielen anderen Vorläuferkrisen ihre Beratungsleistungen erbracht, mit dem bekannten Erfolg. Und mangels Alternativen greift die Politik, wie Helmut Schmidt in der »Zeit« richtig bemerkte, immer wieder auf dieselben Beraterkreise zurück.

Wir haben keine wirklich starken Thinktanks und keine wirklich starken Lobbys für eine wirklich zukunftssichernde Wende der Weltwirtschaft. Es gibt zwar durchaus sehr kluge Vordenker (im Sinne von »Intellectual Entrepreneurs«) und ebenso viele visionäre und erfolgreiche »Unternehmer einer besseren Welt«. Aber sie haben es bisher versäumt, sich zu so starken Thinktanks und zu so starken Lobbys zusammenzuschließen, dass sie Gehör finden zu der Stunde, in der sie so dringend gebraucht werden wie nie zuvor.

Die vielleicht entscheidende Dimension der gegenwärtigen Systemkrise ist die Krise des Systems der Vordenk- und Lobby-Kultur. Zu ihrer Behebung bedarf es eines weiteren, für viele vielleicht überraschenden Schritts.

Zunächst sollte man sich den immensen Einfluss von Thinktanks in der Entwicklungsphase der Globalisierung vergegenwärtigen. Nationale Politiker verloren im Dschungel der rapide wuchernden Komplexität globaler Wechselwirkungen einer globalisierten Wirtschaft immer mehr den Überblick und damit ihre Handlungsfähigkeit. In diesem wachsenden Vakuum machte sich eine Gruppe von Thinktanks breit, die vorgaben, die globalen Zusammenhänge hinlänglich zu durchblicken und daraus die richtigen praktischen Handlungsmaximen ableiten zu können. Diese Thinktanks avancierten zu den neuen eigentlichen Machthabern in der Welt.

In den 1990er und beginnenden 2000er Jahren waren es vor allem neoliberale Thinktanks in den USA, deren Einfluss derart wuchs, dass nahezu alle Regierungen aller westlichen Industrienationen ihre Weltsicht und ihre Konzepte übernahmen, gleichgültig ob diese von konservativen, liberalen oder sozialdemokratischen Parteien getragen waren. Auch nahezu alle Wirtschaftslobbys übernahmen ihre Positionen, selbst wenn die Logik und Wirkung der Vorschläge teilweise massiv deren tatsächlichen Interessen zuwiderliefen.

Ich möchte hier nicht tiefer in die Analyse der Ursachen dieser Entwicklung einsteigen, denn für unsere Zwecke genügt die Feststellung: In Zeiten einer auf die globale Handlungsebene ausgerichteten Wirtschaft und einer auf nationaler Handlungsebene (re-) agierenden Politik kamen die großen Entwürfe, die Leitbegriffe und die lobbyentscheidenden Vorschläge für die Systeme unserer Wirtschafts- und Gesellschaftsordnung von den sich wirtschaftsweise dünkenden führenden Thinktanks und den sich auf sie berufenden Lobbyisten.

Das Ergebnis der Vorschläge der bisher dominanten Global Thinktanks waren die beispiellose Umverteilung von unten nach oben, eine nie dagewesene Handlungslähmung im Bereich der Klimawende, der friedliche

Konfliktlösung und der Armutsbeseitigung sowie die tiefe Erschütterung des Vertrauens in unsere marktwirtschaftlichen Strukturen. Höchste Zeit also zum Nachdenken über unsere Kultur des Nach- und Vordenkens.

Ein Lösungsansatz ist im Kern sehr einfach: Die neue Kraft des Vordenkens für eine nachhaltigere Zukunftsgestaltung muss sich aus zwei Personenkreisen organisieren:

- aus visionären Vordenkern für eine global funktionsfähige ökologische und soziale Marktwirtschaft (anstatt eines marktradikalen Kapitalismus)
- und aus dem Kreis der überzeugendsten Praktiker sozialer und ökologischer Nachhaltigkeit.

Wir brauchen heute Vordenker, deren Horizont nicht nur auf ökonomische Zusammenhänge und ökonomische Interessen beschränkt ist, sondern die willens und in der Lage sind, globalverantwortlich im umfassenden Wortsinne zu denken. Diese müssen um erfolgreiche, unternehmerische Praktiker dieses Denkens ergänzt werden, denn die besten Vor*bilder* sind auch die besten Quellen des Vor*denkens* für eine Rahmenordnung, die Ökonomie, Ökologie und Soziales zusammenspielen lässt. Ergo: Die besten ökosozialen Zukunftsunternehmer und Sozialunternehmer müssen sich zu einem starken Thinktank zusammenschließen und diesen gemeinsam mit verantwortungsvollen Zukunftsdenkern gestalten.

Eine Steilvorlage hierzu lieferte Muhammad Yunus, der vermutlich sozialste Marktwirtschaftler der Welt, mit dem Start der weltumspannenden Social-Business-Initiative. Immer mehr Sozialunternehmer und traditionelle Unternehmer, aber auch Aktivisten aus der Zivilgesellschaft bis zu politischen Vordenkern folgen seinen Ideen – und haben bereits eine schnell wachsende weltweite Social-Business-Bewegung auf den Weg gebracht.

Im Grunde bedarf es nichts weiter, als diesen Impuls aufzugreifen und um zwei Kategorien von Zukunftsunternehmern zu ergänzen:

- die *Ökounternehmer,* wobei hier nicht nur Öko-Pionier-Unternehmer wie Alfred Ritter und Anton W. Graf von Faber-Castell gemeint sind, die mit der Erfolgsgeschichte ihres Unternehmens die höchst attraktive Kombination von ökologischer und ökonomischer Logik unter handfesten Beweis stellten, sondern auch ökologisch engagierte Bürger, die sich für Projekte der Nachhaltigkeit engagieren;
- die *Sozialunternehmer,* die dasselbe für die Kombination von sozialer und ökonomischer Logik leisteten und leisten.

Ein solcher Kreis von glaubwürdigen Zukunftspionieren könnte die Kultur des Vordenkens entscheidend verändern. Voraussetzung dafür ist vor allem, dass sich diesem Kreis tatsächlich die herausragenden Leuchttürme anschließen und dass sich ihre Vorschläge offensichtlich am Gemeinwohl orientieren und nicht an Partikularinteressen. Die aus diesem Kreis hervorgehenden Vorschläge hätten gerade nach dem Crash große Chancen, Beachtung in der breiten Öffentlichkeit, in den Medien und bei den Entscheidungsträgern in der Politik zu finden. Selbstverständlich sollte ein solcher Kreis sich auch dadurch von bisherigen Beraterkreisen unterscheiden, dass er keine Aura der allein selig machenden Wahrheit um sich schafft, sondern die Kultur der Vielfalt pflegt und lebt.

Was könnten die ersten Initiativen eines solchen Kreises sein? Nicht um etwas vorwegzunehmen, sondern um die Dringlichkeit und Sinnhaftigkeit eines solchen Kreises zu untermauern, seien mögliche Initiativen kurz aufgezählt:

- Erarbeitung einer konkreten Vorschlagsliste, in welche Themenfelder und Projekte die Gelder aus den staatlichen Investitionsprogrammen insbesondere fließen sollten,
- Etablierung eines neuen internationalen »Finanzplatzes der Nachhaltigkeit«, z. B. in Berlin,
- Unterstützung der Social-Business-Initiative als wesentliche Ergänzung unserer gegenwärtigen Wirtschaft (Schaffung eines Social-Business-Sektors) und als weltweiter Impuls für die Wende zu einer sozialen und nachhaltigen Wirtschaft und Wertschöpfung,
- Gründung einer Sozialbörse in Deutschland nach dem Modell von Celso Grecco als neue Finanzierungsquelle für Sozialunternehmen, die sich Zielen einer sozial und ökologisch nachhaltigen Entwicklung verschreiben,
- Fortentwicklung der Global Marshall Plan Initiative auf der Grundlage der neuen Weltlage, intelligente Verknüpfung mit anderen Reformvorschlägen wie dem des Grundeinkommens oder dem der Social-Business-Unternehmen,
- Entwicklung und Verbreitung von Vorschlägen für die Gestaltung eines globalen Ordnungsrahmens für eine weltweite ökologische und soziale Marktwirtschaft,
- Last but not least: Stärkung und Entwicklung einer »Medienlandschaft der Nachhaltigkeit«.

Es gilt die leichte Abwandlung eines bekannten Einstein-Zitats: Die Experten, die ein Problem verursacht haben, können nicht zugleich die Experten sein, die zu dessen Lösung beitragen. Der Leitgedanke, den wir heute brauchen, dürfte nach dem Crash relativ unstrittig sein: eine globale ökosoziale Marktwirtschaft. Doch diese braucht dringend eine starke, überzeugende, beharrliche, kreative und unternehmerische Stimme. Das Genesis Institute ist dabei, einen solchen Thinktank ins Leben zu rufen. Dennoch sei hier noch einmal betont: Der große Charme der Social-Business-Idee ist, dass man gerade nicht mehr auf den Staat warten muss, sondern jeder allein oder gemeinsam mit anderen damit beginnen kann, gesellschaftliche Probleme auf kreative Weise unternehmerisch anzupacken.

8. Berlin als Zentrum plus starke regionale Entwicklung

Ein starkes Zentrum und die starke dezentrale Entwicklung müssen sich keineswegs widersprechen. Sie können sich hervorragend ergänzen.

Wie erwähnt, betrachtet Muhammad Yunus Berlin als jenen Ort, der für seinen Beitrag zur Ausbreitung des Social-Business-Gedankens in den westlichen Ländern eine zentrale Basis darstellt. In Berlin existieren neben dem Genesis Institute for Social Business and Impact Strategies, dem Grameen Creative Lab und der Social Stock Exchange Association zahlreiche weitere Organisationen und Einrichtungen, die dem Social-Business-Gedanken weitere Substanz verleihen und seine vielfältige und erfolgreiche Umsetzung vorantreiben; beispielsweise GEXSI (Global Exchange for Social Investment), wo man sich besonders für das Thema Bottom-of-the-Pyramid-Fonds und weitere innovative Finanzierungsinstrumente auf dem Weg von Charity zu Business engagiert; die Humboldt-Viadrina School of Governance, ein universitäres Projekt, das vermutlich ab Herbst 2009 anerkannte Ausbildungen anbieten kann, die speziell an der Schnittstelle zwischen Politik, Wirtschaft und Zivilgesellschaft nützlich sind und dabei insbesondere die Impulse von Social Business aufgreifen; der Self-Hub, der auf 650 qm in Berlin-Kreuzberg schon jetzt Dutzenden von »Social Pioneers« ein offenes Bürokonzept anbietet und damit in Deutschland ein neues Konzept der Vernetzung in diesem Bereich realisiert.

Mit diesem Fundus hat Berlin eine ausgezeichnete Grundlage, eine führende Rolle in der internationalen Social-Business-Szene zu spielen und alle individuell und regional Interessierten und Engagierten miteinander zu vernetzen.

Für den Aufbau eines starken regionalen Netzwerks haben wir bereits einen Vorschlag unterbreitet. Social Business lebt nur konkret und damit lokal. Alles andere kann lediglich als Unterstützung dienen. Der Schwerpunkt in der jetzt beginnenden Phase muss auf der persönlichen und der regionalen Ebene liegen. Dort können nun die Menschen möglichst viele der Impulse dieses Buches aufgreifen, sich persönlich als Sozialunternehmer entdecken und allein oder gemeinsam mit anderen Sozialunternehmen ins Leben rufen!

9. Der Start einer Kampagne: »Next Wall to Fall«

Dieses Buch will nicht nur Leser zum Nachdenken über neue Ideen motivieren. Es will den Startschuss für eine neue soziale Bewegung setzen.

Die Initiatoren der Social-Business-Bewegung im deutschen Sprachraum starteten im Frühjahr 2009 die Kampagne »Next Wall to Fall«. Ziel ist es, dass wir alle jene Mauern in unseren Köpfen zu Fall bringen, die uns daran hindern, endlich die Armut aus der Welt zu schaffen und die grundlegenden ökologischen und sozialen Probleme und Herausforderungen auf neue, intelligente Weise anzugehen: durch den Aufbau beziehungsweise die Förderung von Social-Business-Projekten und letztlich durch die Etablierung einer globalen ökosozialen und humanen Marktwirtschaft samt einem humanen Weltwirtschaftswunder.

Eine Mauer fiel bereits zeitgleich mit dem Start dieser Kampagne: In Davos verkündete Ende Januar 2009 das Weltwirtschaftsforum, dass Social Business eine der tragenden Säulen bei der Reorganisation der Weltwirtschaft sein müsse und werde. Als Konsequenz aus dieser Erkenntnis entschied man sich, ab 2010 Social Business dauerhaft zu einem der Hauptthemen in Davos zu machen. Spätestens mit dieser Entscheidung lässt sich Social Business nun zumindest von niemandem mehr als weltferne Spinnerei abtun.

Lassen Sie uns gemeinsam auf diesem Weg voranschreiten!

Literaturhinweise

Adam, Stefan M. (Hrsg.): Die Sozialfirma – wirtschaftlich arbeiten und sozial handeln. Beiträge zur sozialwirtschaftlichen Innovation. 169 Seiten. Haupt, Bern 2008.

Alt, Franz: Die Sonne schickt uns keine Rechnung. Neue Energie – neue Arbeitsplätze. 206 Seiten 3., aktualisierte Auflage. München 2005.

Alt, Franz: Sonnige Aussichten. Wie Klimaschutz zum Gewinn für alle wird. 240 Seiten. Gütersloher Verlagshaus, Gütersloh 2008.

Alt, Franz: Zukunft Erde: Wie wollen wir morgen leben und arbeiten? 253 Seiten. 3. Auflage. Aufbau Taschenbuch, Berlin 2007.

Alt, Franz/Gollmann, Rosi/Neudeck, Rupert: Eine bessere Welt ist möglich. Ein Marshallplan für Arbeit, Entwicklung und Freiheit. 320 Seiten. Riemann, München 2005.

Anderson, Chris: The Long Tail. Why the Future of Business Is Selling Less of More. 238 Seiten. Hyperion, New York 2006.

Beck, Ulrich: Weltrisikogesellschaft. Auf der Suche nach der verlorenen Sicherheit. 439 Seiten. Suhrkamp, Frankfurt/M. 2007.

Bendixen, Peter: Das verengte Weltbild der Ökonomie. Zeitgemäß Wirtschaften durch kulturelle Kompetenz. 144 Seiten. Wissenschaftliche Buchgesellschaft, Darmstadt 2003.

Bergmann, Frithjof: Die Freiheit leben. 382 Seiten. Arbor, Freiamt 2005.

Bödeker, Sebastian/Moldenhauer, Oliver/Rubbel, Benedikt: Wissensallmende. Gegen die Privatisierung des Wissens der Welt durch »geistige Eigentumsrechte«. 96 Seiten. VSA, Hamburg 2005.

Bornstein, David: Die Welt verändern. Social Entrepreneurs und die Kraft neuer Ideen. 410 Seiten. Klett-Cotta, Stuttgart 2005.

Covey, Stephen R.: The Speed of Trust. The One Thing that Changes Averything. 384 Seiten. Free Press, Detroit 2006.

Csikszentmihalyi, Mihaly: Flow. Das Geheimnis des Glücks. 424 Seiten. 12. Auflage. Klett-Cotta, Stuttgart 2002.

de Soto, Hernando: Freiheit für das Kapital! Warum der Kapitalismus nicht weltweit funktioniert. Mit einem Vorwort von Lothar Späth. 287 Seiten. Rowohlt, Berlin 2002.

Druyen, Thomas: Goldkinder. Die Welt des Vermögens. 238 Seiten. Murmann, Hamburg 2007.

Dürr, Hans-Peter: Auch die Wissenschaft spricht nur in Gleichnissen. Die neue Beziehung zwischen Religion und Naturwissenschaften. 160 Seiten. Herder, Freiburg/Basel/Wien 2004.

Elkington, John/Hartigan, Pamela: The Power of Unreasonable People. How Social Entrepreneurs Create Markets That Change the World. Foreword by Klaus Schwab. 242 Seiten. Harvard Business Press, Boston 2008.

Erhard, Ludwig: Wohlstand für alle. 432 Seiten. Nachdruck. Anaconda, München 2009.

Faltin, Günter: Kopf schlägt Kapital. Die ganz andere Art, ein Unternehmen zu gründen. Von der Lust, ein Entrepreneur zu sein. 244 Seiten. Carl Hanser, München 2008.

Faltin, Günter/Ripsas, Sven/Zimmer, Joseph (Hrsg.): Entrepreneurship. Wie aus Ideen Unternehmen werden. 115 Seiten. C. H. Beck, München 1998.

Fransen, Boris/Scholten, Peter: Handbuch für Sozialunternehmen. 182 Seiten. Van Gorcum, Amsterdam 2008.

Friedman, Thomas L.: Die Welt ist flach. Eine kurze Geschichte des 21. Jahrhunderts. Frankfurt/M. 2006

Gamper, Jwala und Karl: Es ist alles gesagt. Jetzt braucht es Beispiele. Wie schön Wirtschaft sein kann. 22 Unternehmer/innen setzen Zeichen. 206 Seiten. J. Kamphausen, Bielefeld 2007.

Gege, Maximilian: Unterwegs zu einem ökologischen Wirtschaftswunder. 308 Seiten. Europäische Verlagsanstalt, Hamburg 2008.

Genisis Institute: Social Impact Business. 25 Beispiele für die Verbindung von ökonomischen und sozialen Zielen. 90 Seiten. Genisis Institute, Berlin 2009.

Giger, Andreas: Visionen. Alles mögliche war einmal unmöglich. Spielend visionäres Denken lernen. 158 Seiten. Horizonte, Frankfurt/M. 1992.

Gladwell, Malcolm: Der Tipping Point. Wie kleine Dinge Großes bewirken können. 315 Seiten. Goldmann, München 2007.

Goeudevert, Daniel: Das Seerosen-Prinzip. Wie uns die Gier ruiniert. 255 Seiten. Dumont, Köln 2008.

Goleman, Daniel: EQ. Emotionale Intelligenz. 432 Seiten. Deutscher Taschenbuchverlag, München 1997.

Goleman, Daniel: Kreativität entdecken. 215 Seiten. 3. Auflage. Deutscher Taschenbuchverlag, München 2003.

Gottwald, Franz-Theo/Fischler, Franz (Hrsg.): Ernährung sichern – weltweit. Ökosoziale Gestaltungsperspektiven. 271 Seiten. Murmann, Hamburg 2007.

Herbig, Jost: Im Anfang war das Wort. Die Evolution des Menschlichen. 316 Seiten. Hanser, München 1984.

Heuser, Uwe Jean: Humanomics. Die Entdeckung des Menschen in der Wirtschaft. 276 Seiten. Campus, München 2008.

Holzapfel, Jan/Lehmann, Tim/Spiecker, Matti: Expedition Welt. Vom Abenteuer, sich zu engagieren. 302 Seiten. Oekom, München 2008.

Kaiser, Thomas/Kronen, Daniel/Risch, Susanne (Hrsg.): Wo beginnt Verantwortung? Das Buch der Fragen. 319 Seiten. Brand eins, Hamburg 2008.

Karlberg, Michael: Beyond the Culture of Contest. From Adversarialism to Mutualism in an Age of Interdependence. 220 Seiten. Oxford University Press, Oxford 2004.

Kirchhof, Paul: Das Gesetz der Hydra. Gebt den Bürgern ihren Staat zurück! 384 Seiten. Droemer Knaur, München 2006.

Koch, Hannes: Soziale Kapitalisten. Vorbilder für eine gerechte Wirtschaft. 191 Seiten. Rotbuch, Berlin 2007.

Koch-Weser, Maritta/Jacobs, Wim (Hrsg.): Financing the Future. Innovative Funding Mechanisms at Work/Zukunft finanzieren. Innovative Finanzierungsinstrumente. Englisch-Deutsche Ausgabe. 176 Seiten. Terra Media, Berlin 2007.

Kuhlemann, Anne-Kathrin: Social Business Guide. Potentiale entwickeln. 80 Seiten. Genisis Institute, Berlin 2008.

Layard, Richard: Die glückliche Gesellschaft. Kurswechsel für Politik und Wirtschaft. 324 Seiten. Campus, Frankfurt/M. 2005.

Monbiot, George: United People. Manifest für eine neue Weltordnung. 285 Seiten. Riemann, München 2003.

Nicholls, Alex (Hrsg.): Social Entrepreneurship. New Models of Sustainable Social Change. 448 Seiten. Oxford University Press, Oxford 2006.

Pauli, Gunter: Upcycling. Wirtschaften nach dem Vorbild der Natur für mehr Arbeitsplätze und eine saubere Umwelt. Vorwort von Ernst Ulrich von Weizsäcker. Nachwort von Fritjof Capra. 348 Seiten. Riemann, München 1999.

Pink, Daniel H.: Unsere kreative Zukunft. Warum und wie wir unser Rechtshirnpotenzial entwickeln müssen. 304 Seiten. Riemann, München 2008.

Poostchi, Kambiz: Spuren der Zukunft. Vom Systemdenken zur Teampraxis. 448 Seiten. Horizonte, Terra Media, Berlin 2006.

Prahalad, C. K.: Der Reichtum der Dritten Welt. Armut bekämpfen – Wohlstand fördern – Würde bewahren. 525 Seiten. FinanzBuch, München 2006.

Radermacher, Franz Josef: Balance oder Zerstörung. Ökosoziale Marktwirtschaft als Schlüssel zu einer weltweiten nachhaltigen Entwicklung. 324 Seiten. 4., völlig überarbeitete Auflage. Österreichischer Argrarverlag, Wien 2005.

Radermacher, Franz Josef: Global Marshall Plan. Ein Planetary Contract. Für eine weltweite Ökosoziale Marktwirtschaft. 206 Seiten. Global Marshall Plan Verlag, Hamburg 2004.

Radermacher, Franz Josef: Globalisierung gestalten. Die neue zentrale Aufgabe der Politik. Das Wirken des Bundesverbands für Wirtschaftsförderung und Außenwirtschaft für eine globale Rahmenordnung einer Ökosozialen Marktwirtschaft. Mit Beiträgen von Christian Berner, Dieter Härthe und Peter Spiegel. 128 Seiten. Horizonte, Terra Media, Berlin 2006.

Radermacher, Franz Josef/Obermüller, Marianne/Spiegel, Peter: Global Impact. Der neue Weg zur globalen Verantwortung. Ca. 250 Seiten. Carl Hanser, München 2009.

Reitmeyer, Dieter: Unternimm dein Leben. Als Lebensunternehmer zu neuem Erfolg. Mit Peter Spiegel. 180 Seiten. Carl Hanser, München 2008.

Riegel, Enja: Schule kann gelingen! Wie unsere Kinder wirklich fürs Leben lernen. 255 Seiten. S. Fischer, Frankfurt/M. 2004.

Rifkin, Jeremy: Access. Das Verschwinden des Eigentums. 424 Seiten. 3., erweiterte Auflage. Campus, Frankfurt/M. 2007.

Rifkin, Jeremy: Der Europäische Traum. Die Vision einer leisen Supermacht. 464 Seiten. Fischer Taschenbuchverlag, Frankfurt/M. 2006.

Ripsas, Sven: Entrepreneurship als ökonomischer Prozess. Perspektiven zur Förderung unternehmerischen Handelns. 115 Seiten. Deutscher Universitäts-Verlag, Wiesbaden 1997.

Sabet, Huschmand: Globale Maßlosigkeit: Der (un)aufhaltbare Zusammenbruch des weltweiten Mittelstands. 223 Seiten. Patmos, Düsseldorf 2005.

Sachs, Jeffrey D.: Das Ende der Armut. Ein ökonomisches Programm für eine gerechtere Welt. 477 Seiten. Siedler, München 2005.

Sachs, Wolfgang/Santorius, Tilman: Fair Future. Begrenzte Ressourcen und globale Gerechtigkeit. Herausgegeben vom Wuppertal Institut. 278 Seiten. 2. Auflage. C. H. Beck, München 2005.

Schäfer-Timpner, Petra: Jugend fragt Muhammad Yunus – Held der Armen. 64 Seiten. epubli, Berlin 2009.

Scheer, Hermann: Energieautonomie. Eine neue Politik für erneuerbare Energien. 316 Seiten. Kunstmann, München 2005.

Schumann, Harald/Grefe, Christiane: Der globale Countdown. Gerechtigkeit oder Selbstzerstörung – Die Zukunft der Globalisierung. 458 Seiten. Kiepenheuer & Witsch, Köln 2008.

Schumpeter, Joseph: Theorie der wirtschaftlichen Entwicklung. 548 Seiten. 12. Auflage. Duncker und Humblot, Berlin 1993.

Sen, Amartya: Ökonomie für den Menschen. Wege zur Gerechtigkeit und Solidarität in der Marktwirtschaft. 424 Seiten. 3. Auflage. Deutscher Taschenbuchverlag, München 2005.

Senge, Peter M.: Die fünfte Disziplin. 562 Seiten. Klett-Cotta, Stuttgart 2001.

Simon, Hermann: Hidden Champions des 21. Jahrhunderts. Die Erfolgsstrategien unbekannter Weltmarktführer. 452 Seiten. Campus, Frankfurt/M. 2007.

Sloterdijk, Peter: Im Weltinnenraum des Kapitals. 415 Seiten. Suhrkamp, Frankfurt/M. 2005.

Smith, Adam: Der Wohlstand der Nationen. 855 Seiten. Nachdruck. Deutscher Taschenbuchverlag, München 2003.

Soros, George: Der Globalisierungsreport. Weltwirtschaft auf dem Prüfstand. 201 Seiten. Alexander Fest Verlag, Frankfurt/M. 2002.

Spiegel, Peter: Eine humane Weltwirtschaft. Erfolgsfaktor Mensch. Vorwort von Ernst Ulrich von Weizsäcker. Nachwort von Franz Josef Radermacher. Report an die Global Marshall Plan Initiative. 230 Seiten. Patmos, Düsseldorf 2007.

Spiegel, Peter: Muhammad Yunus – Banker der Armen. 160 Seiten. 3. Auflage. Herder, Freiburg/Br. 2007.

Spiegel, Peter/Richter, Roger: The Power of Dignity – Die Kraft der Würde. The Grameen Family. Herausgegeben von Hans Reitz. Mit einem Vorwort von Muhammad Yunus. 230 Seiten. J. Kamphausen, Bielefeld 2008.

Spiegel, Peter/Quarch, Christoph/Lechner, Silke/Dettweiler, Ulrich (Hrsg.): Die Macht der Würde. Globalisierung neu denken. Im Auftrag des Deutschen Evangelischen Kirchentags. Mit 32 Beiträgen. 288 Seiten. Gütersloher Verlagshaus, Gütersloh 2007.

Spiegel, Peter: Das Terra-Prinzip. Das Ende der Ohnmacht in Sicht. Wirtschaftler werden Revolutionäre. Vorwort von Ervin Laszlo. 234 Seiten. Horizonte, Stuttgart 1996.

Stefanska, Joanna/Hafenmyer, Wolfgang: Die Zukunftsmacher. Eine Reise zu Menschen, die die Welt verändern – und was Sie von ihnen lernen können. Mit einem Essay von Muhammad Yunus. 252 Seiten. Oekom, München 2007.

Steffen, Alex (Hrsg.): World Changing. Das Handbuch der Ideen für eine bessere Zukunft. 471 Seiten. Knesebeck, Hamburg 2008.

Steingart, Gabor: Weltkrieg um Wohlstand. Wie Macht und Reichtum neu verteilt werden. 399 Seiten. Piper, München 2006.

Streich, Jürgen: Vorbilder. Menschen und Projekte, die hoffen lassen. Der Alternative Nobelpreis. Vorwort von Ricardo Diez-Hochleitner. 453 Seiten. J. Kamphausen, Bielefeld 2006.

Taleb, Nassim Nicholas: Der Schwarze Schwan. Die Macht höchst unwahrscheinlicher Ereignisse. 442 Seiten. Carl Hanser, München 2007.

Vaihinger, Hans: Die Philosophie des Als Ob. 400 Seiten. Berlin 1911.

von Weizsäcker, Ernst Ulrich/Lovins, Amory B.: Faktor Vier. Doppelter Wohlstand, halbierter Naturverbrauch. 352 Seiten. Droemer Knaur, München 1995.

Weber, Andreas: Biokapital. Die Versöhnung von Ökonomie, Natur und Menschlichkeit. 240 Seiten. Berlin Verlag, Berlin 2008.

Werner, Götz W.: Einkommen für alle. Der dm-Chef über die Machbarkeit des bedingungslosen Grundeinkommens. 224 Seiten. Kiepenheuer und Witsch, Düsseldorf 2007.

Werner, Heinecke: Unternehmer sind die besseren Entwicklungshelfer. Nachhaltigkeit und soziale Verantwortung in der Dritten Welt. 140 Seiten. Hampp, Mering 2005.

Wicke, Lutz/Spiegel, Peter/Wicke-Thüs, Inga: Kyoto PLUS – So gelingt die Klimawende. Sichere Energieversorgung plus globale Gerechtigkeit. Mit einem Vorwort von Klaus Töpfer. Ein Report an die Global Marshall Plan Initiative. 251 Seiten. C. H. Beck, München 2006.

Williams, Anthony D./Tampscott, Don: Wikinomics. Die Revolution im Netz. 332 Seiten. Carl Hanser, München 2007.

Yunus, Muhammad: Die Armut besiegen. Das Programm des Friedensnobelpreisträgers. 297 Seiten. Carl Hanser, München 2008.

Yunus, Muhammad: Grameen. Eine Bank für die Armen der Welt. 352 Seiten. Lübbe, Bergisch-Gladbach 1997.

Záboji, Peter B.: Change! Gestalten Sie heute Ihr Unternehmen von morgen. 285 Seiten. Redline Wirtschaft, München 2002.

Zahrnt, Valentin: Die Zukunft globalen Regierens. Herausforderungen und Reformen am Beispiel der Welthandelsorganisation. 165 Seiten. Lucius und Lucius, Stuttgart 2005.

Zervas, Georgios: Global Fair Trade. Transparenz im Welthandel. 188 Seiten. Patmos, Düsseldorf 2008.

Ziegler, Jean: Das Imperium der Schande. Der Kampf gegen Armut und Unterdrückung. 320 Seiten. C. Bertelsmann, München 2005.

Zukunftsfähig. Perspektiven einer globalverträglichen Entwicklung. Herausgegeben von Peter Spiegel. 144 Seiten. Horizonte, Stuttgart 1996.

Bildnachweis

»Man muss sich die Kunden des Aufbau-Verlages als glückliche Menschen vorstellen.«

S̈UDDEUTSCHE ZEITUNG

Das Kundenmagazin des Aufbau Verlags finden Sie kostenlos in Ihrer Buchhandlung und als Download unter www.aufbau-verlag.de. Abonnieren Sie auch on-line unseren kostenlosen Newsletter.

Franz Alt
Zukunft Erde
Wie wollen wir morgen leben und arbeiten?
253 Seiten
ISBN 978-3-7466-7056-4

Von der Natur lernen

Franz Alt vermittelt Lust auf Zukunft mit vielen konkreten
Projekten und positiven Beispielen, die wir selbst mit befördern
können. Voraussetzung für ein neues, nachhaltiges Wirtschaftswunder ist freilich, dass wir von der Intelligenz der Schöpfung
lernen. Die Natur zeigt uns, wie Energie- und Rohstoffprobleme
nachhaltig gelöst sowie Lärm und Müll, Arbeitslosigkeit, Hunger
und Kriege überwunden werden können.

**»Wenn wir die ökologische Krise von innen verstehen, werden
Umwelttechnik und Umweltethik zwei Seiten derselben Medaille.«**
FRANZ ALT

Mehr von Franz Alt:
Deutschland ist erneuerbar. AtV 7061

*Mehr Informationen erhalten Sie unter
www.aufbau-verlag.de oder in Ihrer Buchhandlung*

aufbau taschenbuch

Robert Misik
Politik der Paranoia
Gegen die neuen Konservativen
202 Seiten. Gebunden
ISBN 978-3-351-02678-3

Neokonservative, ade

Die neuen Konservativen verlangen seit langem »weniger Staat«,
zumindest in der Wirtschaft; wenn es um die Bespitzelung
der Bürger geht, sehen sie das nicht so eng. Sie haben die
Finanzströme dereguliert und warnen auch nach dem Totalcrash
vor »zu viel Intervention«. Die Sozialsysteme betrachten sie als
unmoralisch, weil die Faulen dadurch belohnt werden. Ihr Herz
gehört den Tüchtigen. Sie haben das Privatfernsehen eingeführt,
jetzt monieren sie den Kulturverfall. Sie halten die Familie hoch,
doch durch türkische Großfamilien droht angeblich der Untergang
des Abendlandes. Misiks Plädoyer für linke Werte zeigt, dass eine
moderne Politik der sozialen Gerechtigkeit den konservativen
Konzepten überlegen ist.

Mehr von Robert Misik (Auswahl):
Genial dagegen. AtV 7058
Marx für Eilige. AtV 1945
Das Kult-Buch. AtV 7065

Mehr Informationen erhalten Sie unter
www.aufbau-verlag.de oder in Ihrer Buchhandlung

aufbau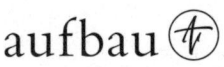

Friedrich Schorlemmer
Wohl dem, der Heimat hat
260 Seiten. Gebunden
ISBN 978-3-351-02679-0

»Hellsichtiger Theologe mit Herz«

HESSISCHE/NIEDERSÄCHSISCHE ALLGEMEINE

Für Schorlemmer umfasst Heimat alles, was unser Selbst ausmacht: Herkunft, Bindungen an Menschen und Landschaften, politische Ereignisse, Erinnerungen, Geschichten, Bilder und Bücher. Aufgewachsen in einem Pfarrhaus, prägten ihn die Weite der Elblandschaft und die bedrückende Enge der fünfziger Jahre. Er erzählt von der Gemeinschaft in Familie, Kirche, von öffentlichem Engagement, der Sehnsucht nach Freiheit wie der Angst vor Verlusten. Sein Buch ist ein Plädoyer für das Besinnen auf tragfähige Werte und innere Gewissheiten. Zugleich warnt er vor Heimatliebe, die einengt und ausgrenzt.

Weitere Titel (Auswahl):
»Ich habe keinen Gott. Aber Gott hat mich.«. AtV 8149
Lass es gut sein. AtV 7064
Die Bibel für Eilige. AtV 1920

Mehr Informationen erhalten Sie unter
www.aufbau-verlag.de oder in Ihrer Buchhandlung

Reinhard Höppner
Wunder muss man ausprobieren
Der Weg zur deutschen Einheit
Mit einem Vorwort von Richard von Weizsäcker
148 Seiten. Gebunden
ISBN 978-3-351-02680-6

»Wir sind das Volk!«

Reinhard Höppner, 1990 Vizepräsident der ersten frei gewählten
Volkskammer, schildert Ursachen und Folgen der Herbst-
revolution. Aus eigener Erfahrung und mit ebenso unterhaltsa-
men wie symbolträchtigen Episoden veranschaulicht Höppner
Geschichte der DDR und den Aufstand gegen die SED-Herrschaft
im Herbst 1989. In jenen Monaten vom Fall der Mauer bis zum
Tag der Einheit schwankten viele Bürger zwischen der Freude
über die neugewonnene Freiheit und der Angst vor künftigen
Veränderungen. Die Dynamik der Ereignisse setzte auch Politiker
in Ost und West unter Druck. Aufrichtig zieht Höppner Bilanz:
Was hätte auf dem Weg zur Einheit besser gelingen können? Oder
ließ das Tempo der Veränderung tatsächlich keinen Raum für
Alternativen? Eine aufschlussreiche und eindrucksvolle Darstellung
von einem glaubwürdigen Zeitzeugen für all jene, die diese dramatischen Ereignisse nicht unmittelbar miterlebt haben.

**»Eine ebenso kenntnisreiche wie lebhafte Schilderung dieser
Schlüsselzeit unserer Geschichte.«** RICHARD VON WEIZSÄCKER

Mehr Informationen erhalten Sie unter
www.aufbau-verlag.de oder in Ihrer Buchhandlung

Alexander Graf Lambsdorff
Karin Resetarits (Hg.)
Grenzgänge
Reden über Europa
Mit 50 farbigen Abbildungen
160 Seiten. Gebunden
ISBN 978-3-351-02704-9

Freiheit ohne Grenzen

Am Beginn des europäischen Einigungsprozesses, der 1957, noch unter dem Eindruck der Verheerungen des Zweiten Weltkrieges, einsetzte, stand der Wunsch, dauerhaften Frieden zu schaffen. Und tatsächlich erleben wir Europäer die längste Friedensepoche seit Menschengedenken. Doch die Begeisterung der frühen Jahre ist einem zwiespältigen Gefühl gewichen. Die EU wird als Quell von Bürokratie immer kritischer in den Blick genommen. Europa bedrohe die gewachsene nationale Identität, höhle die Souveränität seiner Mitglieder aus, mische sich zu stark ins tägliche Leben seiner Bürger ein, befüchten viele. Dieses Buch zeigt eindringlich, was bei aller berechtigten Kritik allerdings nicht vergessen werden darf: Dass viele Errungenschaften des europäischen Einigungsprozesses – Reise-, Bewegungs-, Niederlassungsfreiheit – unser aller Leben bereichern.

Mehr Informationen erhalten Sie unter
www.aufbau-verlag.de oder in Ihrer Buchhandlung

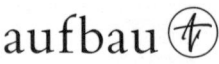

Wolfgang Engler
Lüge als Prinzip
Aufrichtigkeit im Kapitalismus
214 Seiten. Gebunden
ISBN 978-3-351-02709-4

»Ein Denker, der aufs Ganze geht.« DIE ZEIT

Aufrichtigkeit hatte dem Bürgertum einst in einer feindlichen
Umwelt zu einer Vertrauensbasis verholfen. Engler illustriert, wie
dieses Erbe entsorgt wurde, Treu und Glauben ihre Relevanz ver-
loren. Der Eigennutz von Marktteilnehmern galt weithin als der
beste, wenn nicht einzige Garant des Gemeinwohls. Nun zwingt
der drohende Crash des Systems zu Staatsinterventionismus, Wirt-
schaftskapitäne übertreffen sich in der Rolle von Bittstellern.
Englers kulturgeschichtliche Studie zeigt: Weder Markt noch
Recht, noch Ideologie allein schaffen eine tragfähige Grundlage.
Der Kampf um Existenz und Anerkennung darf den sozialen
Zusammenhalt der Bürger nicht gefährden. Nur wenn der
Kapitalismus an sein sozialmoralisches Erbe anknüpft, bleibt er
politisch mehrheitsfähig.

Mehr Informationen erhalten Sie unter
www.aufbau-verlag.de oder in Ihrer Buchhandlung

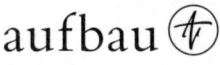